无锡文博 辛丑撷英

WUXI ARCHEOLOGY AND MUSEOLOGY REVIEW

无锡博物院 编

古吴轩出版社

图书在版编目（CIP）数据

无锡文博 辛丑撷英 / 无锡博物院编. -- 苏州：古吴轩出版社, 2021.12

ISBN 978-7-5546-1877-6

Ⅰ. ①无… Ⅱ. ①无… Ⅲ. ①文物工作 — 无锡 — 文集 ②博物馆事业 — 无锡 — 文集 Ⅳ. ①K872.533-53 ②G269.275.33-53

中国版本图书馆CIP数据核字(2021)第268881号

责任编辑：李爱华
见习编辑：任佳佳
装帧设计：刘亚丽
责任校对：俞　都
责任照排：刘亚丽

书　　名：无锡文博　辛丑撷英
编　　者：无锡博物院
出版发行：古吴轩出版社
地址：苏州市八达街118号苏州新闻大厦30F
电话：0512-65233679　　　邮编：215123
出 版 人：尹剑峰
印　　刷：无锡市证券印刷有限公司
开　　本：889×1194　1/16
印　　张：17.375
字　　数：412千字
版　　次：2021年12月第1版　第1次印刷
书　　号：ISBN 978-7-5546-1877-6
定　　价：180.00元

《无锡文博　辛丑撷英》编委会名单（以姓氏笔画为序）

邓　莉　刘宝山　许　兰　杨　潇　杨启明
肖　炜　宋保舵　张新闻　陈立新　陈如芳
陈建强　林　琰　林为民　金石声　周小东
赵建高　荣骏炎　徐　暐　翁雪花　陶　冶
盛诗澜　逯俊宁　蒋苏荣　蔡卫东　潘一东

主　　编：肖　炜
副 主 编：盛诗澜　马旭明　阎智海
执行主编：陈如芳
编　　辑：许　静　游洁洁

目录

CONTENTS

考古

历史

博物馆

艺术

“红色书信学术研讨会”成果

附录

考古

Archaeology

无锡鸿山明清土墩墓发掘及认识

张　雷　刘　杰　李永军*

【摘要】土墩型墓地是无锡鸿山片区广泛存在的一种明清墓地形式，目前经勘探确认的土墩已有百余座。此类土墩形制统一，营造方法基本一致，大多经多次堆筑形成，与江南地区商代至春秋战国时期的土墩墓堆筑过程相似，与周边汉代土墩类型墓地也有较多类同。通过对比发现，无锡鸿山片区明清土墩墓地与本地越国土墩墓外形相同，墓葬形制区别明显，土墩内墓葬分别与宁镇地区春秋时期土墩墓、汉代土墩墓有一定相似性。推测土墩墓这一墓葬形式，在吴越灭亡后仍在特定地区继续沿用至明清时期，虽然随着时代推移不断演化，但始终能显现出吴越文化的基因。

【关键词】土墩型墓地　明清　无锡鸿山　家族墓地

鸿山街道位于无锡市新吴区东北部。在鸿山片区内，分布着大大小小的土墩，此类土墩外形多为长方形覆斗状，高出地表2—3米，占地面积1000—2000平方米（图一）。根据勘探了解，此类土墩均为人工堆筑而成，部分土墩下发现石室、砖室或土坑墓葬，填土中常见青花瓷、青瓷、白瓷残片和釉陶残片，个别土墩土样中发现原始瓷片。此类土墩除少数年代可达商周时期，大多数均为明清时期的家族墓地。此类墓地与江南地区商周、秦汉时期的土墩墓形制非常相似，关于此类墓地的定名问题，学术界未形成共识，因此暂时称此类土墩墓地为"明清土墩墓"。

2018年底，在无锡梅村发现了梅里商周遗址。为了解遗址周边同时期遗存的分布情况，无锡市文化遗产保护和考古研究所（今无锡市文物保护中心）沿伯渎河进行了多次考古调查，在梅里遗址东北3公里处发现一个土墩分布比较集中的区域，共确认土墩30余座。因这些土墩位于尤家弄和顾更上两个自然村之间，所以把该土墩型墓群称为"尤家弄—顾更上墓群"。此外，在尤家弄—顾更上墓群东部的海洋公园一期工地西坟墩内发掘了20余座明清墓葬，除一座清代早期浇浆墓以外，其余均为小型砖室墓和土坑墓。随后在该区域进行调查过程中发现类似土墩10余座，因这些土墩位于西

* 张雷：无锡市文物保护中心助理馆员

刘杰：无锡市文物保护中心助理馆员

李永军：无锡市文物保护中心研究室主任，研究馆员

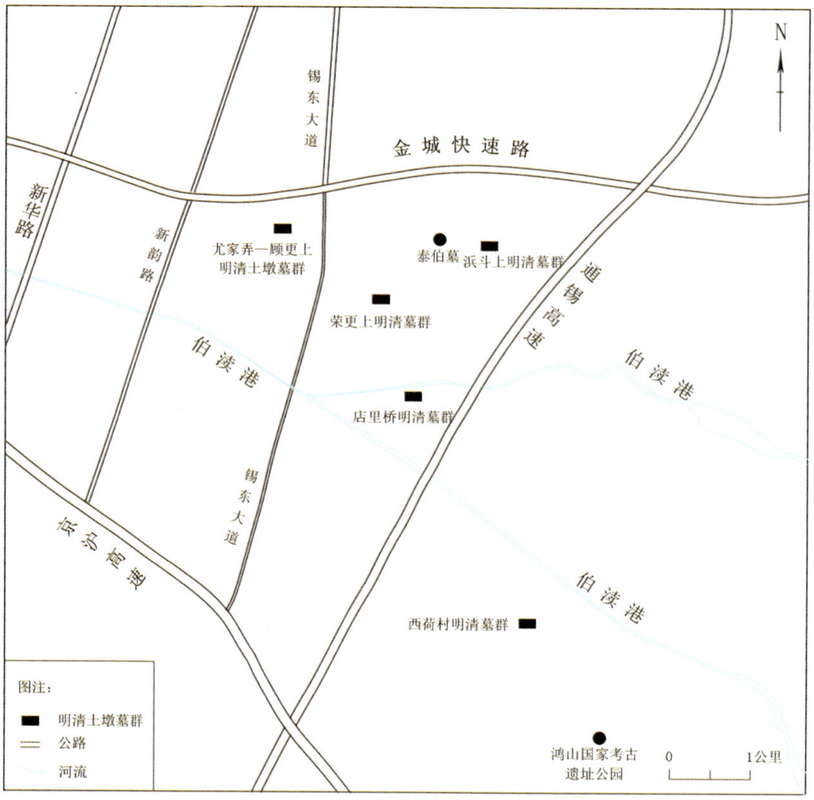

图一　鸿山明清土墩墓分布位置示意图

荷村附近，所以命名这组土墩为“西荷村土墩墓群”。

随后在鸿山遗址公园外围进行了区域系统调查。目前已基本完成对遗址公园北侧区域的调查，在未开发建设的区域发现了众多的土墩，数量接近百座，基本与尤家弄—顾更上墓群连成一片。通过近两年的发掘，目前可以基本认定这些土墩为明清以来的家族墓地。

为配合无锡市基本建设，无锡市文化遗产保护和考古研究所近两年抢救性发掘了其中几座土墩，对无锡鸿山明清土墩墓地有了初步的认识，以下以尤家弄—顾更上 D7、D32、D33 和海洋公园西坟墩为例，分别予以介绍。

一、D7

D7 位于尤家弄—顾更上墓群的东部。2019 年，因新吴区西气东输管道改线，新管路从 D7 穿过。同年 3 月，无锡市文化遗产保护和考古研究所在获得国家文物局的发掘执照后对 D7 进行发掘，至 5 月份基本完成野外工作，共发掘墓葬 24 座，出土各类文物 50 余件。

D7 平面呈弧角方形（图二），覆斗状，底部边长 20 米，顶面边长 17 米，东南角因耕种取土被破坏，占土墩面积近 1/4。土墩北侧紧靠水塘，其他三面均为农田，土墩高出地表约 2 米，上面种植香樟、玉兰等植物。为了解土墩堆积和墓葬层位关系，采取四分法发掘，以土墩中心为基点，布探方 4 个，编号为 T101—T104。根据地层解剖情况，D7 墩体堆积可划分为 5 层。

①层：表土层，土色青灰，质松。

②层：清代地层，黄灰色，土质黏硬，出土大量的青花瓷、青瓷残片。堆积呈漫坡状，该层下开口墓葬 6 座。

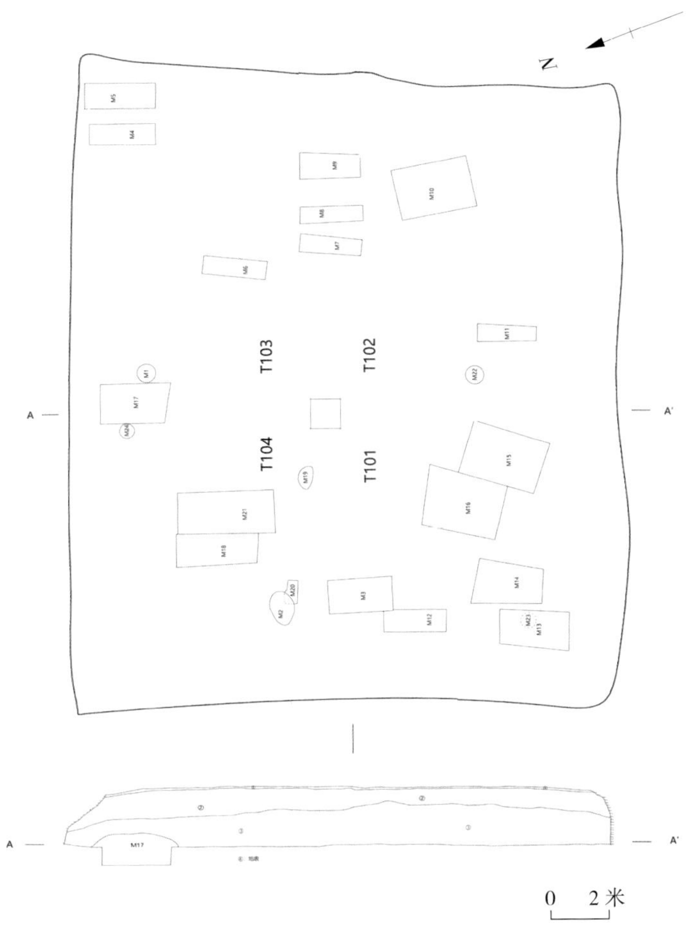

图二 D7平、剖面图

③层：淤积层，浅灰土，土质松散，含少许的青花瓷器残片。该堆积薄，主要分布于土墩北部和西部，呈缓坡状。

④层：明代地层，黄灰土，质硬，含青花、青白瓷残片，器型多为碗，还有少许的盏和盘等。该层下发现半环形土垅状坟圈3处，墓葬18座。

⑤层：黄色沙性黏土，为原始地表，墓葬多开口于该层，其下为生土。

D7墩体内共发现墓葬24座，出土遗物包括釉陶器、瓷器、铜钱等。通过墓葬形制、出土器物、铜钱年号及层位关系判断，开口于②层下的6座墓葬（M1、M2、M3、M11、M12、M13）时代为清代中晚期，其余18座墓葬开口于④层下，时代为明代晚期。除部分瓮棺墓以外，大部分砖室墓和土坑墓均打破生土。其中部分清代墓葬打破明代墓葬，明代墓葬中有部分墓葬并列下葬或略有错位，存在下葬时间略晚墓葬打破下葬时间略早墓葬一角的情况，但二者形制和随葬品基本一致，年代应相去不远。总体说来，同时期的墓葬开口层位基本一致，墓葬之间没有打破关系。

从D7堆积和墓葬分布情况推测该地在明代晚期为一处家族墓地，墓地废弃后家族后人多次祭祀、加筑封土，最终形成了这座边长20余米的近方形覆斗状土墩。清代中后期本家族或者其他家族又在土墩上建造零星墓葬，形成一个多层次的高大土墩。

二、D32

D32位于尤家弄—顾更上墓群东部偏南，

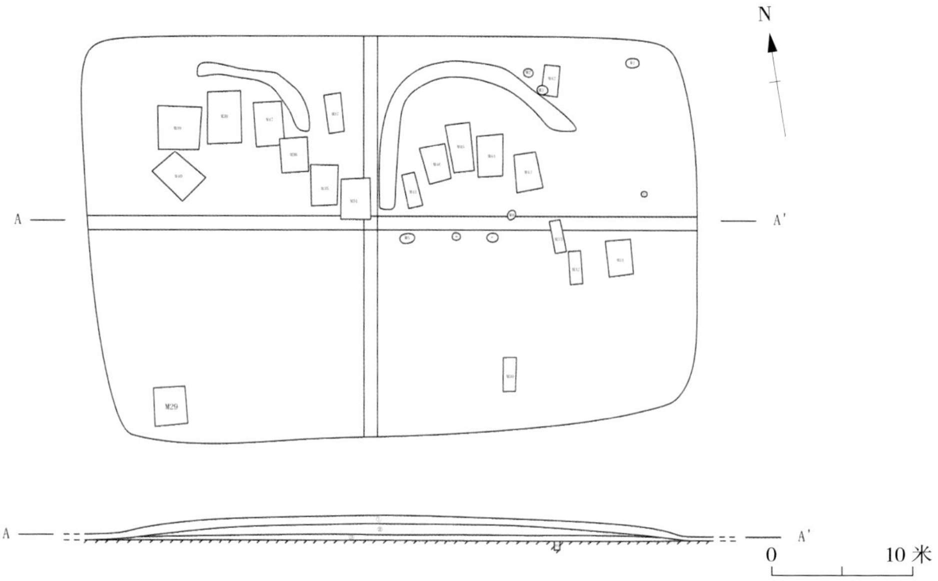

图三 D32 平、剖面图

原属于东庄巷村，后村庄拆迁作为鸿山高标准农田建设项目的预留用地。为配合该项目建设，无锡市文化遗产保护和考古研究所于 2020 年 5—9 月对 D32 进行了考古发掘。

D32 为一个覆斗状土墩（图三），平面近长方形，东西向，东西长 42 米，南北宽 36 米，现存顶部距地表高 1.82 米。土墩顶部较平整，被树木、杂草覆盖。D32 采用四分法分层揭露的方法进行发掘，根据发掘情况，D32 墩体堆积可分 3 层。

①层：近现代层。厚 55—65 厘米，灰褐土，土质松软，颗粒大，夹杂大量植物根茎及少量近现代垃圾。

②层：清代地层。厚 70—90 厘米，黄褐色土，土质较紧密，夹杂少量植物根茎及零星釉陶片、瓷片。

③层：明代地层。厚 35—45 厘米，灰褐土，夹杂黄、灰色土斑，土质紧密，湿度较大，夹杂少量釉陶片、瓷片。

③层以下为生土。

D32 发掘墓葬共 26 座，出土有釉陶器、紫砂壶、瓷器、铜钱、铜簪等遗物。其中开口于②层下的墓葬 10 座，包括土坑墓 1 座，砖室墓 1 座，瓮棺墓 8 座。根据出土的铜钱“康熙通宝”判断，墓葬年代为清代早中期。开口于③层下的墓葬 16 座，均为砖室墓，16 座墓葬分区下葬，每个区域外围有半圆形黄土堆筑的坟圈作为边界，每个坟圈内有墓葬 5—6 个，推测每个坟圈为一个家庭单位，各个家庭在同一个族墓地内分区下葬，根据墓葬形制和随葬品判断，③层下开口的墓葬年代为明代中晚期。除部分瓮棺墓以外，大部分砖室墓和土坑墓均打破生土。其中部分清代瓮棺墓打破明代墓葬，但同时期的墓葬之间没有打破关系。D32 形成过程和 D7 基本类似，最早为明代家族墓地，同一家族内以家庭为单位分区下葬，墩体内墓葬达到一定数量后封土成墩，不再葬入新的墓葬。到清代早中期，家族墓地废弃，又被普通平民用作公共墓地葬入新的墓葬，最后形成多层次的高大土墩。

三、D33

D33 位于尤家弄—顾更上墓群东部偏北，原属于马家里村，后村庄拆迁作为鸿山高标准

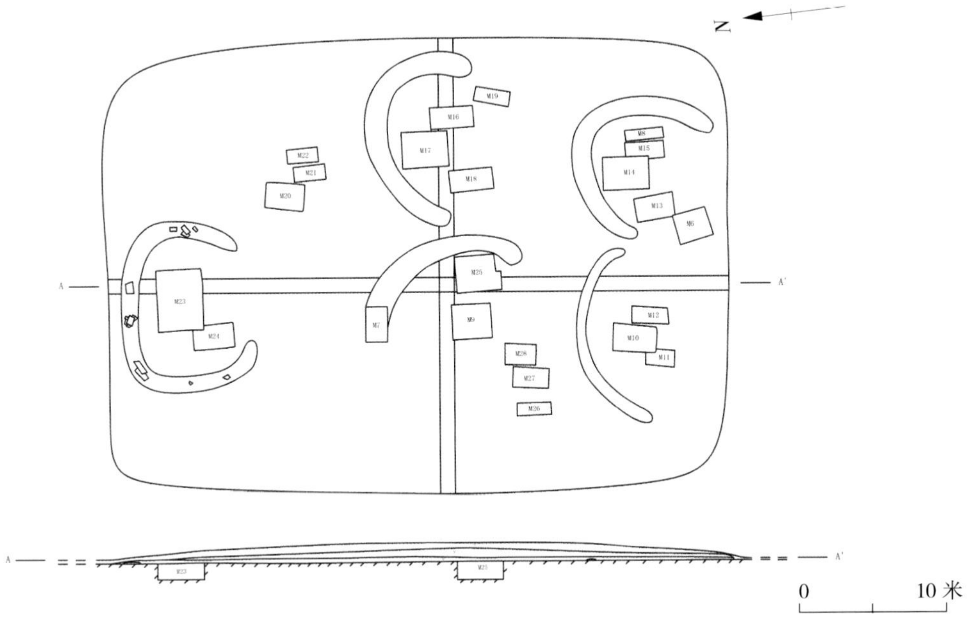

图四 D33 平、剖面图

农田建设项目的预留用地。为配合该项目建设，无锡市文化遗产保护和考古研究所于 2020 年 5—9 月对 D33 进行了考古发掘。

D33 亦为覆斗状土墩（图四），平面为长方形，南北向，南北长约 39 米，东西宽 27 米，现存顶部距地表高 1.26 米。土墩顶部较平整，被杂草覆盖。D33 采用四分法分层揭露的方法进行发掘，根据发掘情况，D33 土墩可分 3 层。

①层：近现代层。厚 30—40 厘米，灰褐土，土质松软，颗粒大，夹杂大量植物根茎，少量碎石、近现代垃圾。

②层：清代地层。厚 50—60 厘米，深褐色土，土质紧密，夹杂少量植物根茎及少量陶、瓷片。

③层：明代地层。厚 25—40 厘米，黄褐土，土质紧密，夹杂少量陶、瓷片。

③层以下为生土。

D33 发掘墓葬共 22 座，出土遗物有釉陶罐、釉陶壶、紫砂壶、铜镜、银簪、金发饰等。其中开口于②层下的墓葬仅 2 座，一座土坑墓和一座砖室墓。根据墓葬出土的铜钱“乾隆通宝”判断，墓葬年代为清代。开口于③层下的墓葬 20 座，包括土坑墓 8 座，砖室墓 11 座，石室墓 1 座，20 座墓葬分区下葬，每 2—5 个墓葬为一组，分布在 5 个坟圈内，情况与 D32 类似，也是以家庭为单位分区下葬。值得注意的是，土墩北部偏中位置的坟圈，为石块垒砌，再以黄土堆筑，级别明显高于其他纯黄土堆筑的坟圈，应为家族中地位较高者。根据 M23 的墓志记载，墓主人名为司马骏，字以瑞，生于明宣德年间而葬于成化年间。根据墓葬形制、出土遗物和墓志记载判断，此类墓葬年代为明代中晚期。

四、西坟墩

西坟墩是一个长方形的覆斗形土墩（图五），由于取土等原因，土墩现在呈不规则形，东西长 50 余米，南北宽近 40 米，高出地表 1.5 米。土墩顶部平整，上面种植香樟、玉兰、桃树等绿化树种。西坟墩发掘采取四分法整体揭露的方式，按照土墩墓常规发掘方法分层下挖。西坟墩堆积分为 6 层，分别为表土层、灰褐色清代晚期层、黄褐色清代早中期层、灰色明代晚期层、黄色淤

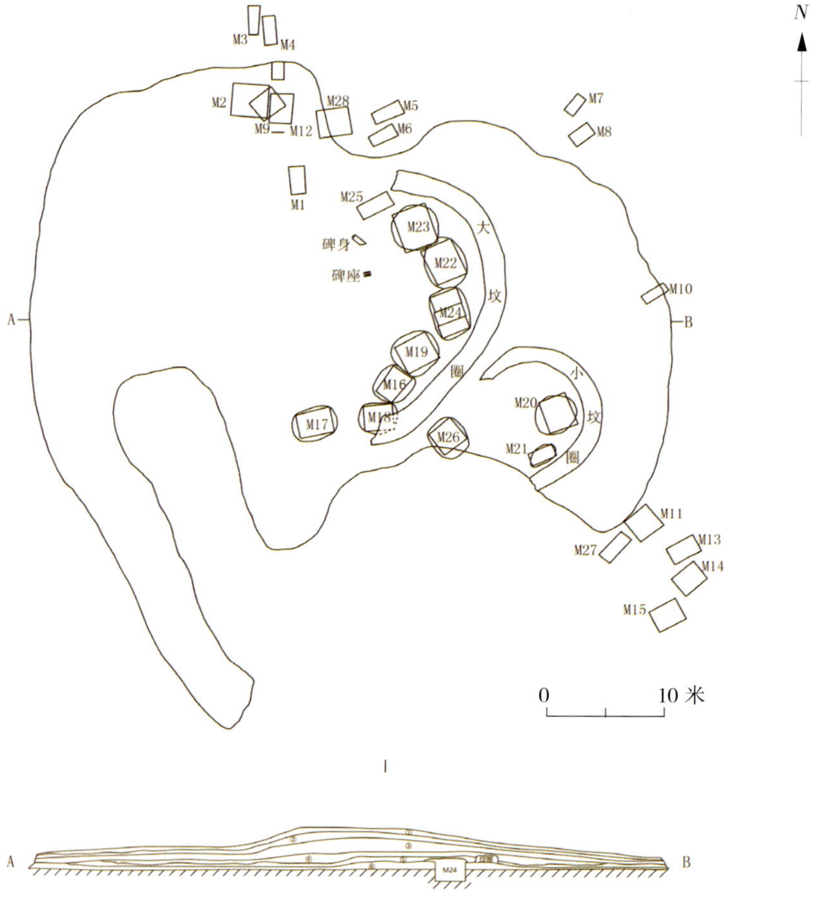

图五　西坟墩墓地平、剖面图

积层和青灰色原始地表层。

西坟墩共发掘墓葬28座,其中墩体内17座,土墩边缘11座。基本为砖室石盖板墓,券顶墓3座;三人合葬墓4座,双人合葬墓15座,单人墓9座。西坟墩墓葬内随葬品数量较少,每个墓室内仅2—3件,以釉陶罐和瓷碗为主,罐一般放在墓室顶端壁龛内,碗放在手臂位置。女性墓主人一般有发簪、耳坠等随身首饰,少量墓葬随葬有铜镜等日常生活用品。土墩边缘耕土层下即为黄褐色生土,墓葬基本开口表土层下,11座墓葬可分为4组,分别为M3、M4,M5、M6,M7、M8和M11、M13、M14、M15、M27,墓葬时代均为明代晚期。墩体内②层下开口墓葬3座,M1、M2和M12,时代为清代晚期。③层下开口墓葬3座,M9、M10和M28,时代为清代中期。④层下发现2处带墓圹的家庭墓地,大墓圹位于中部偏东位置,为半环形结构,外围直径25米,墓圹黄土堆筑,宽1.8米,残高30—60厘米。内有墓葬8座,以M22为中心向西北、西南两侧"人"字形排列,西北侧依次为M23、M25,西南侧依次为M24、M19、M16、M18、M17。小墓圹紧靠在大墓圹东南,直径13米,土梁宽0.7米,残高0.35米。墓圹内有3座墓,分别为M20、M21、M26。这些墓葬大部分保留有圆丘形封土,封土为黄色,有别于④层的灰色土,封土下为墓坑,开挖在⑥层原始地表上,墓葬时代为明代中晚期。

西坟墩从墓葬分布可以看出同一个家族的

不同家庭分区域安葬在墓地内，并且设置墓圹加以区分，待墓地不再使用后，后人堆筑封土修整墓地，开展祭祖活动。从堆积层次上看，西坟墩至少有3次加盖封土的过程，时间从明代晚期延续到清代晚期。M22墓志显示墓主人为周姓的高寿老人，下葬时间为明嘉靖癸卯（1543）年四月二十七日。除②层下3座墓葬时代为清代，其余墓葬均为明代，再结合不同时期封土内遗物判断西坟墩作为周姓家族墓地始于明代中晚期，止于明代晚期，但后期又作为公共墓地建造了一些清代至近现代的小型墓。

五、对鸿山明清墓地的初步认识

（一）土墩型墓地形成过程及葬制葬俗

通过对尤家弄—顾更上 D7、D32、D33 及西坟墩 4 座明清土墩型墓地的发掘可以基本了解墓地的形成过程及葬制葬俗。墓地最初是在平地上挖竖穴土坑营造砖室或者石室墓，下葬后填埋墓坑并堆圆丘形封土，同一家庭的直系父子兄弟按照一定的顺序排列，最后在墓葬外围堆筑不封闭的环形坟圈以区别家族其他墓葬。待墓地达到一定规模不再入葬后就近取土加高墓地，形成高出地表的方形或者长方形规则土墩，后期又经过多次加筑，最终形成一定体量的高台土墩。在加筑土墩的过程中并不会葬入太多的墓葬，这个时期应该不是作为主要的墓地。待土墩形成一定规模不再加高时，高台土墩上又开始建造大量墓葬，但这个时期的墓葬一般以没有随葬品的土坑墓、瓮罐墓为主，而且排列无序。推测由于改朝换代，原家族可能已经迁移、没落，家族墓地也早已被遗忘了，此时的高台土墩成为处于社会底层平民的公共墓地。

墓葬的分布反映出宗族观念、家庭观念根深蒂固。家庭是最基本的社会单元，家族内不同家庭墓葬多营建独立的坟圈用以区分。坟圈的排列似乎并没有严格的规矩，但坟圈内的墓葬却排列有序，成员关系一目了然。

（二）无锡鸿山明清土墩型墓地与先秦、汉代土墩墓的关系

土墩墓是江南地区商周以来一种独特的墓葬形式，其营建理念是在建墓时并非向地下深挖墓穴，而是在地上营建墓葬。一般平地起封，先筑台基，后挖墓穴，墓葬开口于台基表面，一般不打破生土，从剖面上看，墓葬高于地表，似悬空状。贵族墓葬一般一墩一墓，土著平民墓葬一般一个土墩内安葬同一个家族内 2—5 代人，墓葬数量从几个到几十个不等。就目前发掘情况来看，苏南地区先秦土墩墓大致分为 4 个区域或者类型。一是南京沿秦淮河和镇江沿长江分布的吴国高等级贵族土墩。特点为土墩高大，馒首形，平地筑台挖坑或堆坑，基本为一墩一墓。例如：江苏丹徒南岗山土墩墓 D1，外观呈馒首状，平面近圆形，一墩一墓，墓葬不打破生土（图六、图七）。[1]

二是广泛分布于句容、溧水、溧阳等茅山山麓的吴国土著居民土墩。特点是数量众多，馒首形，平地筑台挖坑，一墩多墓，分层树状分布。例如：常州金坛方山土墩墓D2，为椭圆形馒首状，一墩五墓，包括平地掩埋的石棺床木椁墓1座，土坑竖穴墓4座（图八、图九）；[2]常州金坛高庄土墩墓D1，外观为馒首状，平面近圆形，墩体下发现墓葬9座（图一〇、图一一）；[3]句容寨花头土墩墓D2，外观为馒首状，平面近圆形，墩体下发现墓葬27座（图一二、图一三）。[4]

三是集中分布于太湖西北以及江阴、常州、苏州山地上的越国土著石室土墩。特点是数量众多，圆形或长圆形，平地建狭长石室，一墩一墓。例如：苏州真山土墩墓D33，平面近圆形，为石块垒砌椁室，然后封土成墩，

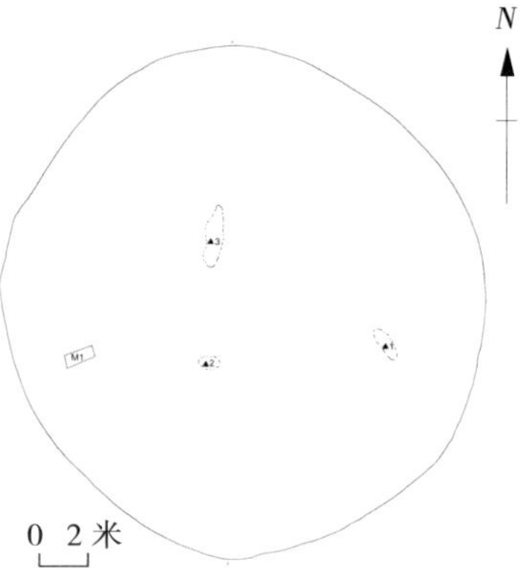

图六　丹徒南岗山土墩墓 D1 平面图

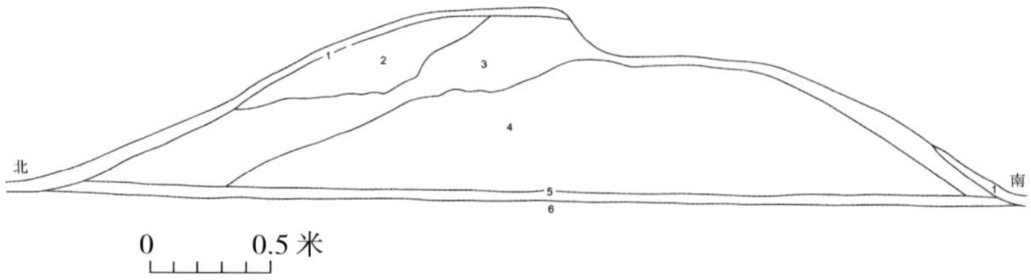

图七　丹徒南岗山土墩墓 D1 封土剖面图

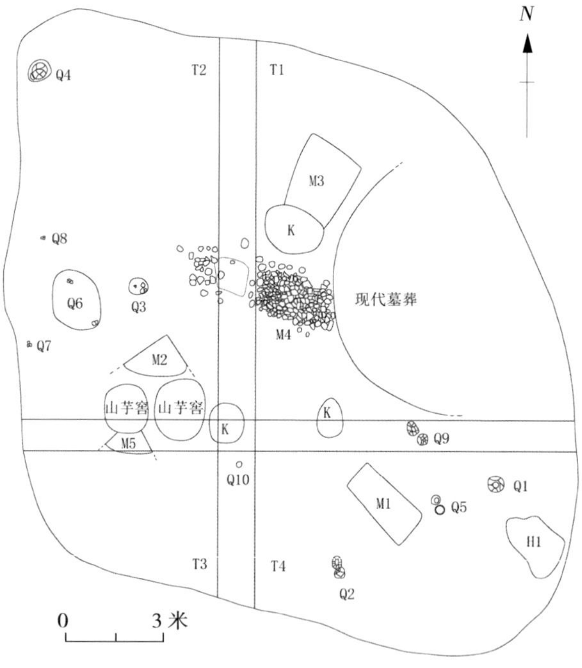

图八　常州金坛方山土墩墓 D2 平面图

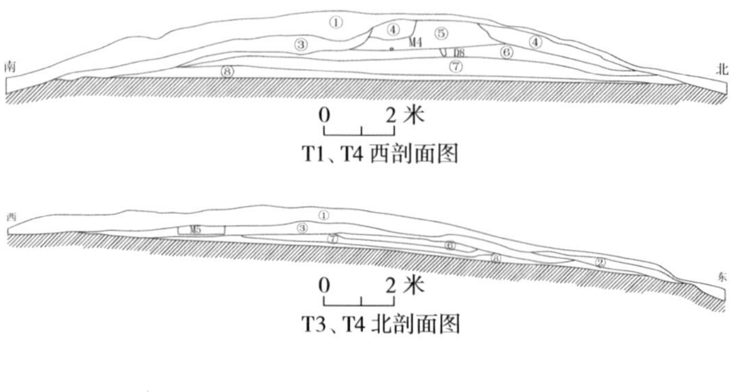

图九　常州金坛方山土墩墓 D2 剖面图

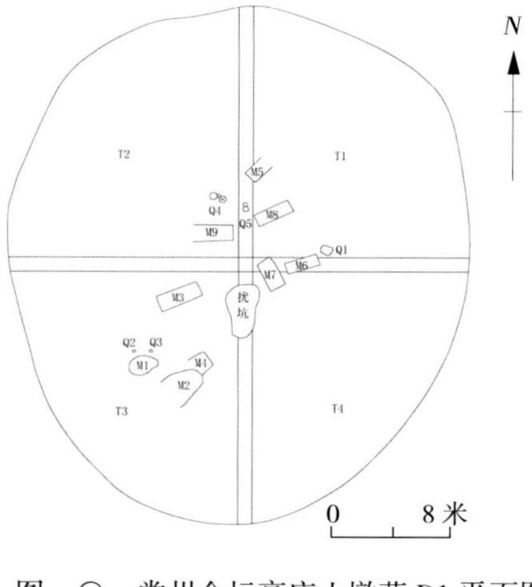

图一〇　常州金坛高庄土墩墓 D1 平面图

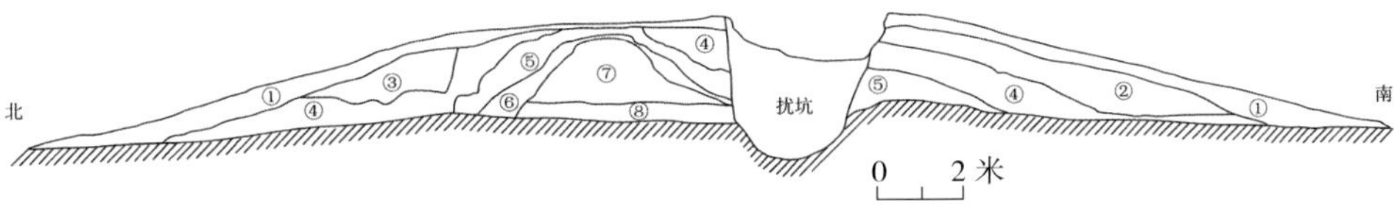

图一一　常州金坛高庄土墩墓 D1 剖面图

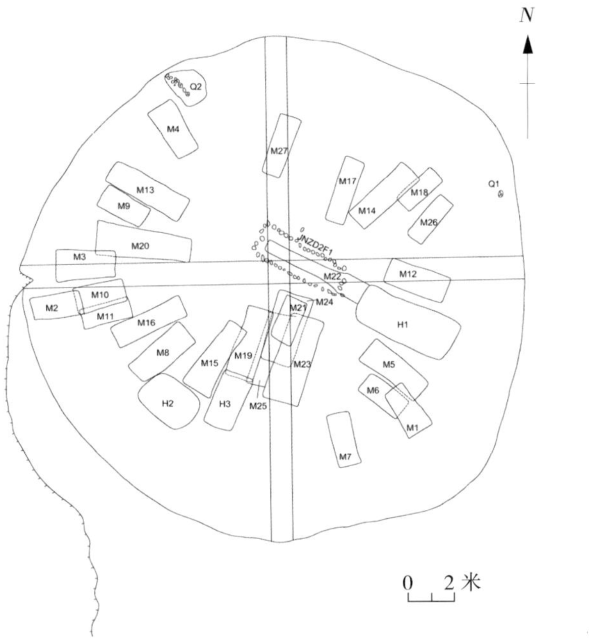

图一二　句容寨花头土墩墓 D2 平面图

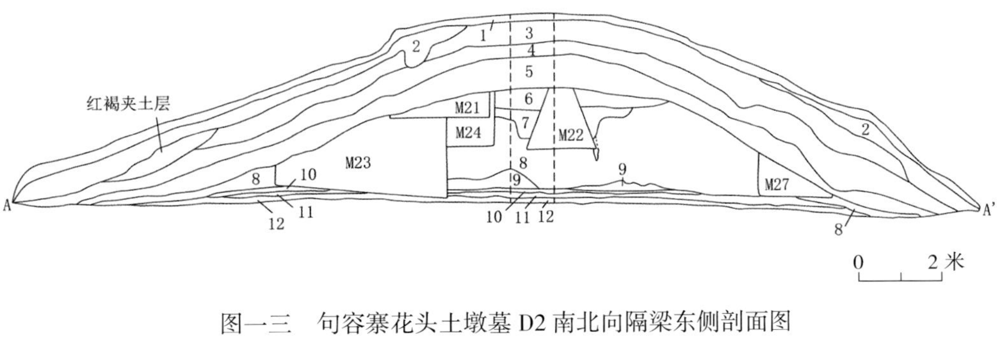

图一三　句容寨花头土墩墓 D2 南北向隔梁东侧剖面图

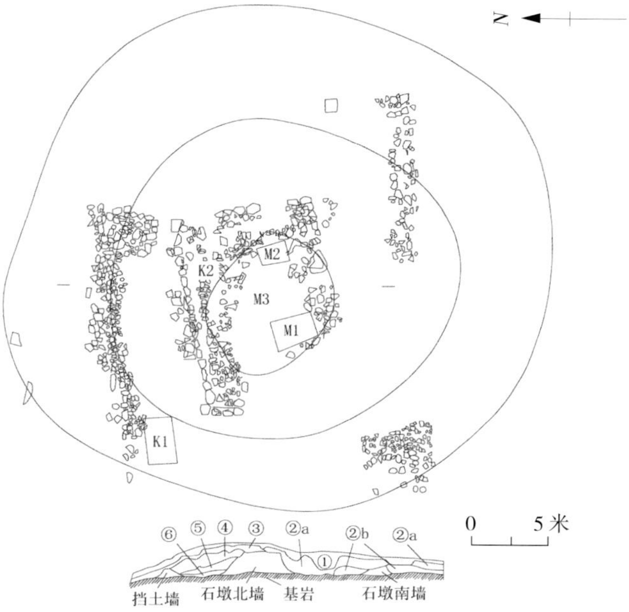

图一四　苏州真山土墩墓 D33 平、剖面图

原为一墩一墓，墓葬即为位于墩中心的M3，M1、M2为汉代墓葬（图一四）。[5]

最后一个类型是无锡鸿山越国高等级贵族土墩墓。分布区域小，目前发现仅分布在无锡鸿山一地，外形为长方形覆斗状或长圆形馒首状封土，顶部平坦，一墩一墓。例如：邱承墩（D Ⅶ）特大型墓葬，长方形覆斗状封土，东西向，营造方式是利用地势在原有土墩上堆土，对原土墩加长加宽，然后在土墩中部开挖墓坑，并将墓坑构筑成墓道、墓室、侧室、后室、壁龛及排水沟等，分别置放墓主和随葬物，再进行填土和封土，最终形成长方形覆斗状的特大型土墩（图一五）；[6] 老坟墩（D Ⅱ）小型墓葬，长圆形土墩，顶部较平，东西向，墓葬位于土墩中部，其营造方式在原表土上堆土，堆土上挖浅坑，坑内放置墓主和随葬器物，然后封土（图一六、图一七）。[7]

汉代土墩墓或者汉代土墩遗存是近年来才提出的，在浙江北部、安徽中南部、山东日照、湖南常德、苏南大部以及苏北的扬州、宿迁、连云港、淮安等地都陆续发现了一批汉代土墩

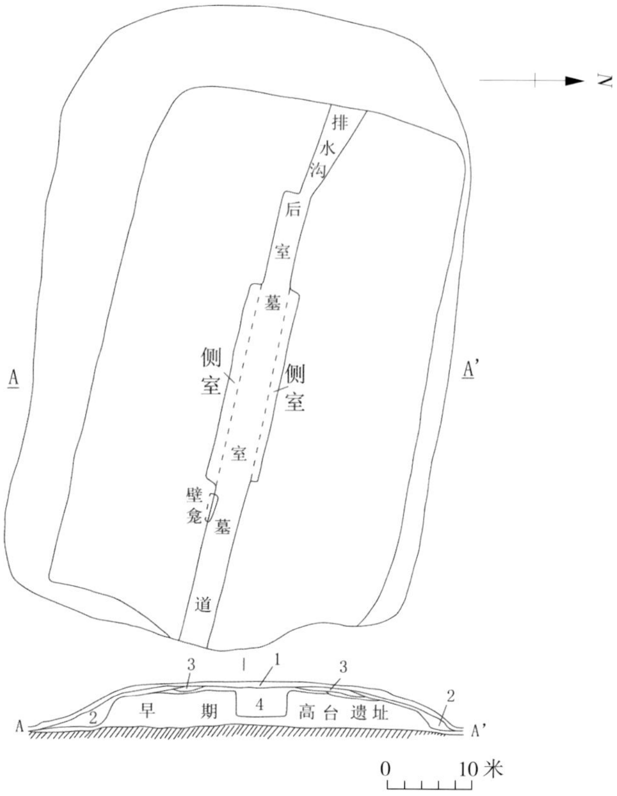

图一五　无锡鸿山土墩墓 D Ⅶ平、剖面图

墓。这些土墩墓的共同特点是都有较大的封土堆，先筑台基后挖墓穴，台基较先秦时期低矮，墓葬开口于台基表面，打破生土的情况逐渐增多。除此之外，各地的土墩形制还存在地域特点和差异。

浙北地区墓坑基本位于台基内，有的打破生土，一墩之中有两次或以上堆筑过程，形成两层或者多层墓葬。例如：浙江安吉县上马山土墩墓 D49，外观呈馒首状，平面呈椭圆形，先建土台，再挖墓坑，墩体经 4 次堆筑，内有墓葬 6 座，部分墓葬打破生土，部分墓葬有打破关系（图一八）。[8] 安徽中南部的土墩墓多为一墩多墓类型，墓葬基本开口于同一层位，相互之间无打破关系，墓葬打破生土。土墩营建方法为：先平整土地，再铺设垫土作为台基，台基比较低矮，在台基表面开挖墓穴，最后堆筑封土形成高大土墩。例如：安徽广德土墩墓 D48，墩体平

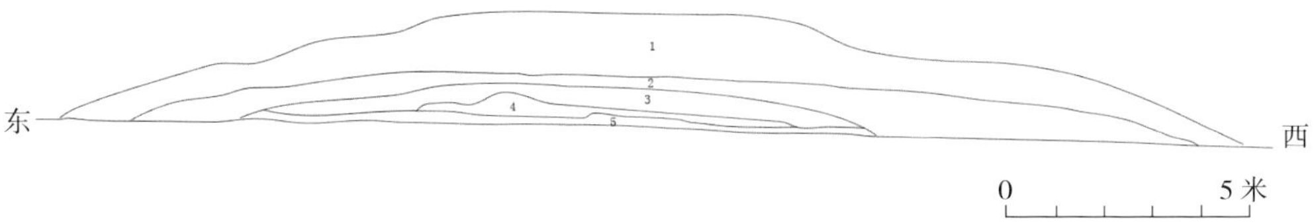

图一六　老坟墩 D Ⅱ土墩剖面图

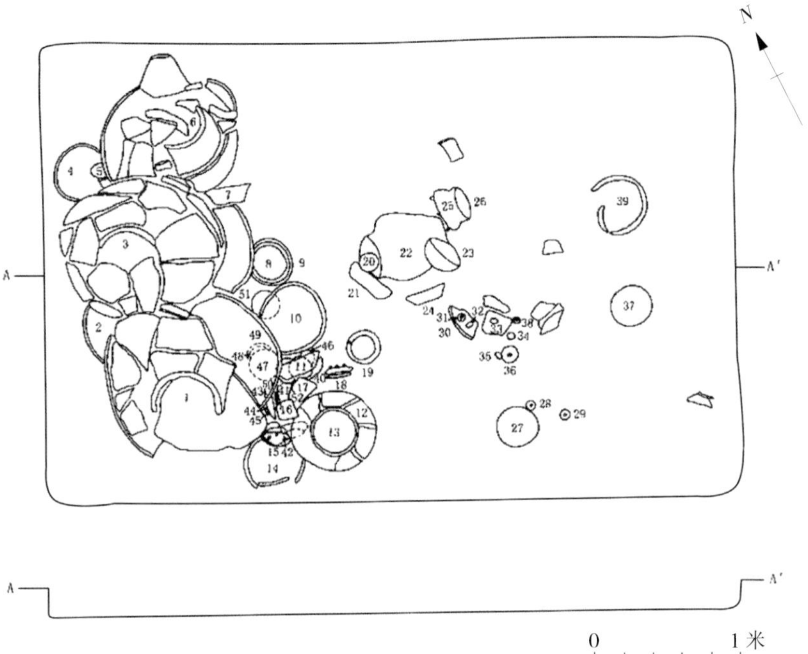

图一七　老坟墩 D Ⅱ墓葬平、剖面图

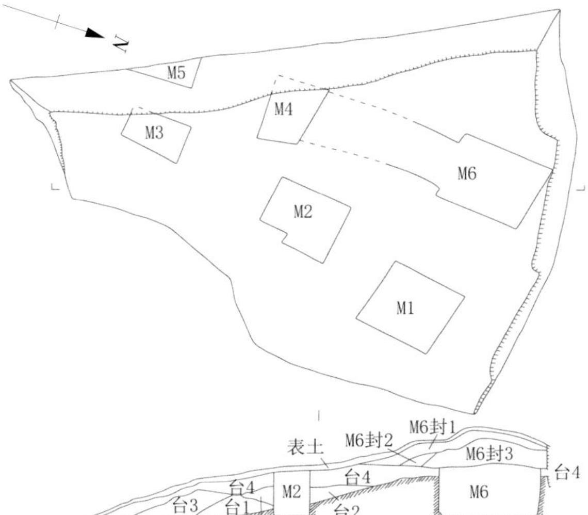

图一八　浙江安吉县上马山汉代土墩墓 D49 平、剖面图

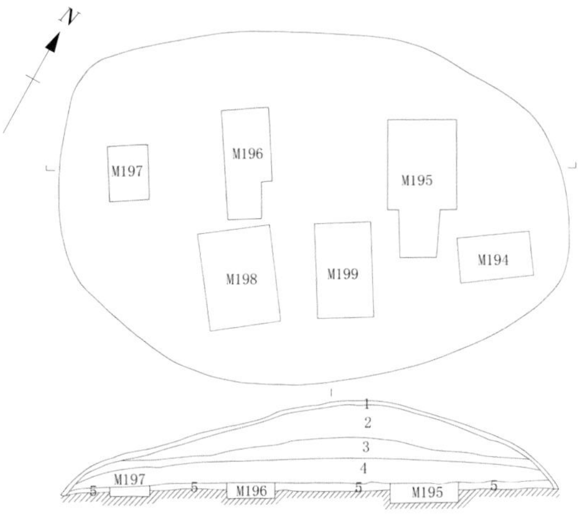

图一九　安徽广德县南塘汉代土墩墓 D48 平、剖面图

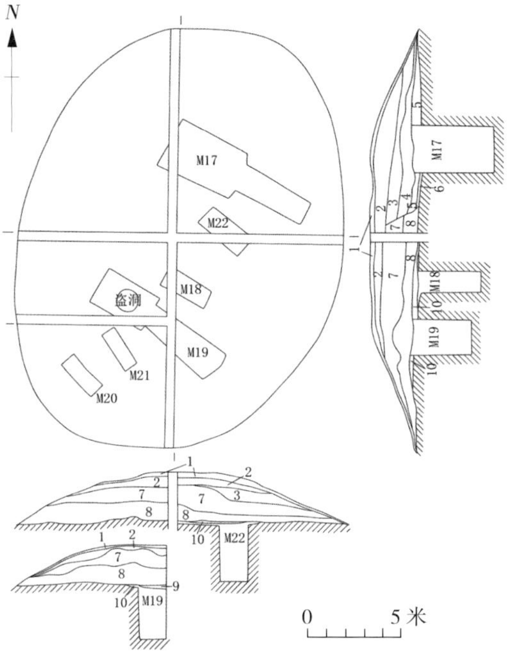

图二〇　安徽六安十里铺土墩墓 D1 平、剖面图

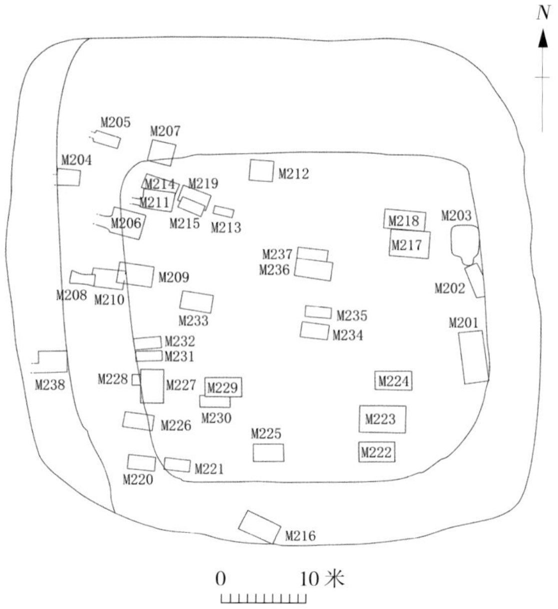

图二一　山东日照海曲土墩墓 D2 平面图

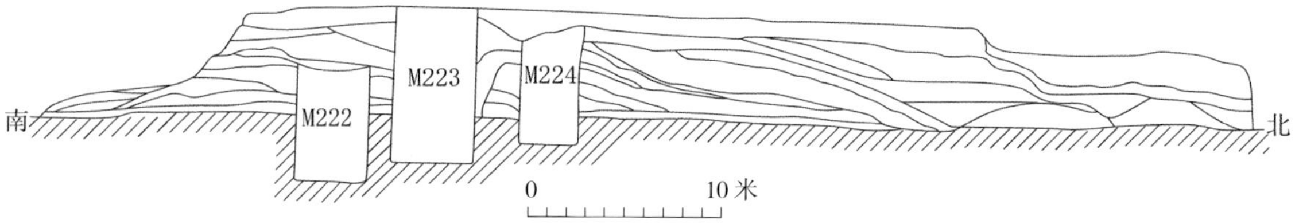

图二二　山东日照海曲土墩墓 D2 剖面图

面为椭圆形，馒首状，先垫台基，后挖墓穴，一墩多墓，墓葬开口于同一层位，向下打破生土，相互之间无打破关系（图一九）[9]。安徽六安十里铺土墩墓 D1，形制与广德 D48 类似，墩体为椭圆形，馒首状，先垫台基，后挖墓穴，一墩多墓，墓葬开口于同一层位，向下打破生土，墓葬之间无打破关系（图二〇）[10]。日照地区的土墩内墓葬开口、深度均不相同，具有打破关系，而且墓坑多打破生土或岩石层。例如：山东日照海曲土墩墓 D2，为一墩多墓类型，土墩平面呈圆形，墩体内共发现 38 座墓葬，开口层位不一致，大多向下打破生土，其中部分墓葬有打破关系（图二一、图二二）。[11]

苏南地区汉代土墩与浙北地区的相似，苏北地区两种情况兼有，但墓坑打破生土的情况更多一些。例如：常州兰陵恽家墩汉代土墩，因后期被破坏，现存土墩平面呈长方形，一墩多墓，墓葬均开口于熟土层，西汉时期的墓葬相互之间没有打破关系，东汉墓葬开始出现打破关系（图二三）[12]。新沂市乱墩汉墓DI，土墩平面为圆形，顶部因晚期破坏被削平，土墩营建方法为：在生土高台上堆筑熟土台基，然后挖坑建墓。一墩多墓，墓葬之间没有打破关系（图二四）[13]。淮安王庄村土墩汉墓，墩体平面呈圆形，顶部被破坏，在生土上建熟土台基，然后挖坑建墓，最后封土成墩。一墩

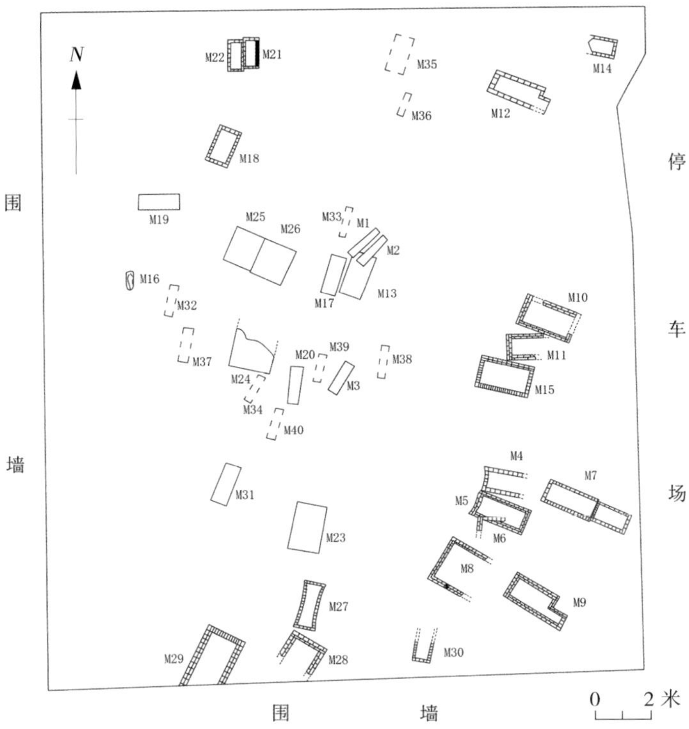

图二三　常州兰陵恽家墩汉代土墩墓平面图

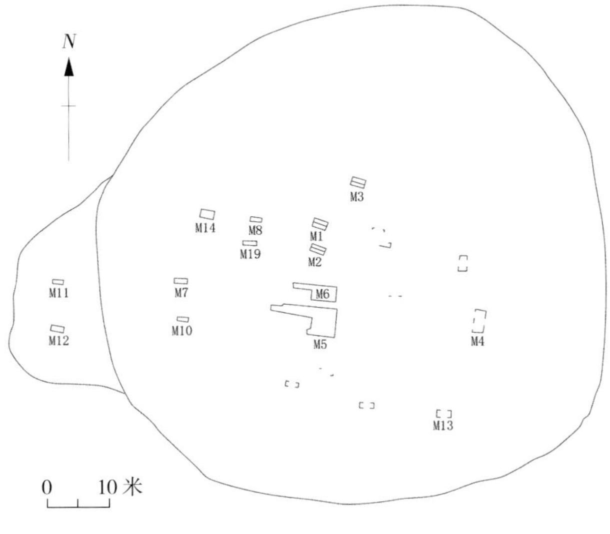

图二四　新沂市乱墩汉墓 D I 平面图

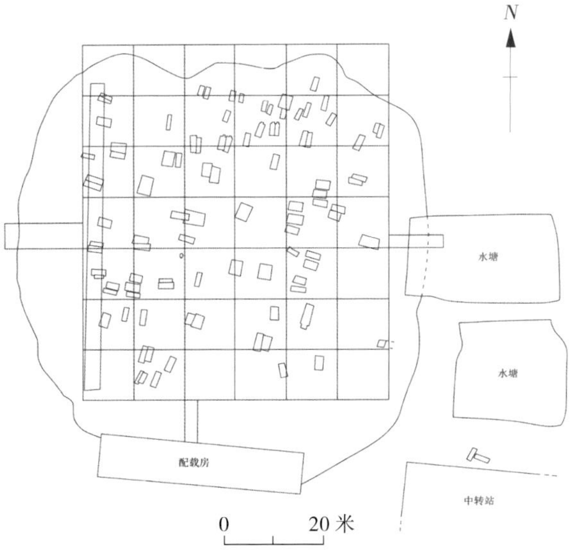

图二五　淮安王庄村汉墓平面图

多墓，墓葬均开口于同一层位，相互之间没有打破关系，墓葬多打破生土（图二五）[14]。湖南常德地区土墩封土和熟土台基明显，既有一墩一墓,也有一墩多墓，后者墓葬开口同一层位，无打破关系。例如：常德南坪西汉长沙国郎中令廖福家族墓D1—D3，D1和D3墩体平面呈圆形，D2因后期被破坏，现存平面呈不规则半圆形。其中，D1、D2均为一墩一墓；

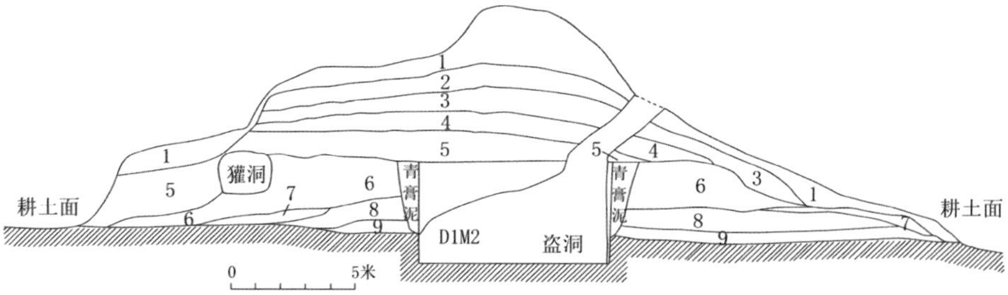

图二六　湖南常德南坪汉墓 D1 剖面图

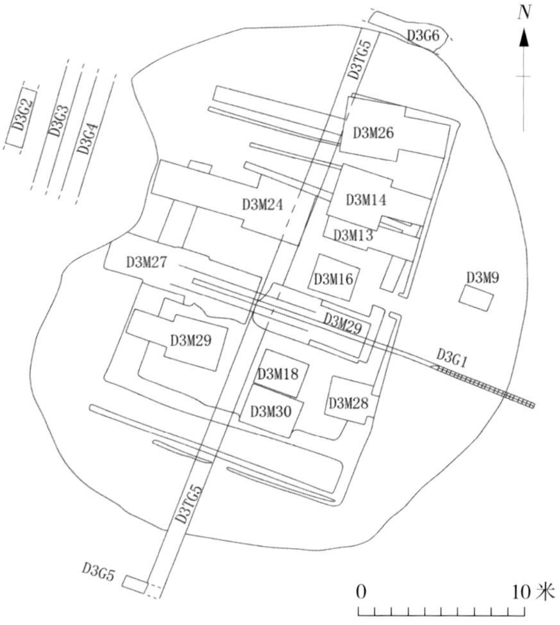

图二七　湖南常德南坪汉墓 D3 平面图

D3为一墩多墓（12座），除了一座墓葬上层开口被破坏以外，其他11座墓葬均开口于同一层位。3座土墩均为多次堆筑而成（图二六、图二七）[15]。

通过对比可以发现，尤家弄—顾更上 D7、D32、D33 和西坟墩明清土墩与鸿山高等级越国贵族土墩墓外形基本相同，但与其他地区和同时期土墩形制的差异却很明显。在墓地的规划阶段，无论是先秦土墩墓还是汉代土墩墓，一般先营建台基，然后在台基上建墓，加筑封土形成最初的土墩，再经历多代使用和营造，最后形成复杂高大的土墩墓。明清土墩型墓地则是在原始地表挖坑建墓，用挖墓坑的土直接回填和堆筑封土坟丘，待墓地达到一定规模后加筑形成土墩。在后期，虽然也经过多次加高，但却不再继续建造墓葬，而仅进行祭祖，直到改朝换代后成为其他家族的墓地或者平民的公共墓地。

（三）明清土墩型墓地产生及存在的原因分析

无锡地区明清墓葬的类型有浇浆墓、石室墓、砖室石盖板墓、砖室券顶墓、竖穴土坑墓以及迁葬的瓮罐墓，墓葬的级别和档次依次降低。具备一定经济实力的家族一般都有专属墓地，聚族而葬，墓地首选山林，然后是沿河高地，最后是农田平地。在墓地选址上除因传统的丧葬习俗外，应该跟明清时期江南人口密度相对较大、土地紧张有关系。特别是位于农田里的墓地后期可能会被重复利用，所以才会不断加高原来的墓地，然后再建造墓葬，最后形成现在的土墩。

尤家弄—顾更上片区目前调查发现的土墩数量近百座，通过 3 座土墩的发掘基本可以判断这些土墩都是明清时期墓地。通过勘探，目前鸿山遗址公园内土墩数量已经接近 200 座，但判断为春秋战国时期的不足 1/3，结合勘探资料和西坟墩的发掘情况，其他土墩也应当是明清时期的墓地。目前单纯的明清土墩型墓地在鸿山片区以外发现不多，随着以后的考古工作

图二八　民国时期鸿山片区航拍照

的进行，也许会有新的发现。参考民国时期的航拍地图（图二八）可以发现，当时鸿山片区的土墩型墓地数量远多于现在，土墩墓地应当是明清时期本地主要的墓地形式。

从外形上看，明清土墩与鸿山遗址公园的春秋战国土墩基本相同，在发掘邱承墩等其他7座春秋土墩的时候发现，土墩内也借墩葬有数量较多的明清砖室墓。这种长期存在的土墩墓形式对本地区的丧葬习俗产生了重要的影响，后世仿效和传承了这种习俗。

以往认为土墩墓随着吴越两国的灭亡也就消失了，但近年来苏浙等地区发现了大量的汉代土墩墓，其墓葬形制与先秦土墩墓有很多相同点。无锡发掘的鸿山西坟墩和尤家弄—顾更上3座明清土墩型墓地外形与鸿山遗址内的春秋战国土墩基本相同，内部结构虽然与先秦土墩墓和汉代土墩墓有较大的差异，但相似性和关联性也是显而易见的。也许土墩墓这一墓葬形式在苏浙地区并没有随着吴越的灭国而消亡，而是在特定的地区一直在沿用，其间也不断吸收了中原地区的丧葬文化，但一些吴越文化的基因却没有间断。

注　释

［1］　南京博物院：《江苏丹徒南岗山土墩墓》，《考古学报》1993年第2期，第208—210页。

［2］　南京博物院、常州博物馆 :《江苏常州金坛方山土墩墓 D2 发掘简报》,《东南文化》2020 年第 5 期总第 277 期, 第 36—37 页。

［3］　南京博物院、镇江博物馆、金坛博物馆 :《江苏金坛高庄土墩墓 D1 发掘简报》,《东南文化》2018 年第 5 期总第 265 期, 第 34—35 页。

［4］　田名利、郝明华、周润垦、张浩林 :《江苏句容寨花头土墩墓 D2、D6 发掘简报》,《文物》2007 年第 7 期, 第 2 页。

［5］　丁金龙、朱伟峰、王霞、钱海江、钱桂树 :《江苏苏州真山土墩墓（D33）发掘简报》,《文物》2016 年第 5 期, 第 5 页。

［6］　南京博物院、江苏省考古研究所、无锡市锡山区文物管理委员会 :《鸿山越墓发掘报告》, 文物出版社, 2007 年版, 第 170 页。

［7］　南京博物院、江苏省考古研究所、无锡市锡山区文物管理委员会 :《鸿山越墓发掘报告》, 文物出版社, 2007 年版, 第 12—13 页。

［8］　黄昊德、沃浩伟 :《浙江安吉县上马山第 49 号墩汉墓》,《考古》2014 年第 1 期, 第 15 页。

［9］　陈超、王峰 :《安徽广德县南塘汉代土墩墓发掘简报》,《考古》2014 年第 1 期, 第 4 页。

［10］　董哲 :《安徽六安市十里铺 1 号土墩墓》,《考古》2017 年第 2 期, 第 71 页。

［11］　郑同修、何德亮、崔圣宽 :《山东日照市海曲崔 2 号墩式封土墓》,《考古》2014 年第 1 期, 第 54 页。

［12］　江苏常州博物馆 :《江苏常州兰陵恽家墩汉墓发掘简报》,《南方文物》2011 年第 3 期, 第 2 页。

［13］　新沂市博物馆 :《江苏新沂市乱墩汉墓群 I 号墩发掘简报》,《东南文化》2003 年第 3 期总第 167 期, 第 44 页。

［14］　淮安市博物馆 :《江苏淮安王庄村汉墓群发掘简报》,《东南文化》2016 年第 5 期总第 253 期, 第 52 页。

［15］　常德博物馆 :《湖南常德市南坪汉代土墩墓群的发掘》,《考古》2014 年第 1 期, 第 38—40 页。

苏州市皇冠山浇浆墓发掘简报

何文竞　张铁军*

【摘要】2017 年 10 月，苏州市考古研究所对苏州市高新区皇冠山公墓施工过程中发现的一座明代浇浆墓进行了抢救性考古发掘工作，共出土以衣物为主的各类文物 15 件（套），具有较高的文化价值。

【关键词】苏州　皇冠山　明墓　浇浆墓

2017 年 10 月 30 日，苏州市考古研究所接到报告，苏州市高新区皇冠山公墓在建设焚化炉平整土地过程中发现一座浇浆墓。当天下午，苏州市考古研究所工作人员即前往现场进行勘查，了解到该墓浇浆大部分已经暴露，浇浆部分保存状况良好，有进一步被破坏的可能，因此决定立即进行抢救性考古发掘工作，同时申请发掘执照，并将该墓定名为 2017HGSM1（图一）。

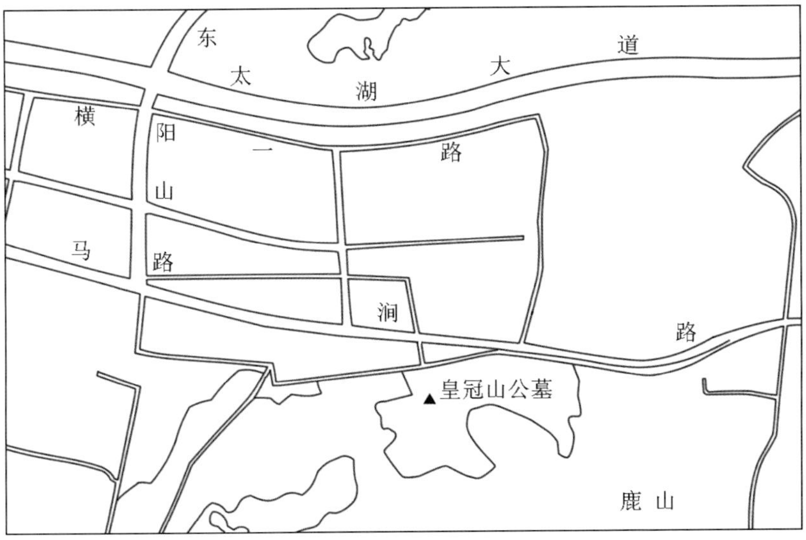

图一　皇冠山公墓 2017HGSM1 位置图

一、发掘经过

据皇冠山公墓工作人员介绍，2000 年前后在墓区做道路建设时已经发现该处有数座浇浆墓，因不在道路建设范围内，未对其造成严重破坏，故未做考古发掘。此次根据现场焚化炉建设所涉及面积，决定只对 2017HGSM1 进行发掘。10 月 31 日上午开始对 M1 外围进行清理工作，了解到墓葬封土早年已被破坏（图二）。在其北部偏东距离 M1 约 50 厘米处发现墓志

* 何文竞：苏州市考古研究所馆员

张铁军：苏州市考古研究所副研究馆员

图二 皇冠山公墓 2017HGSM1 发掘前照片

图三 皇冠山公墓 2017HGSM1 墓室及木棺

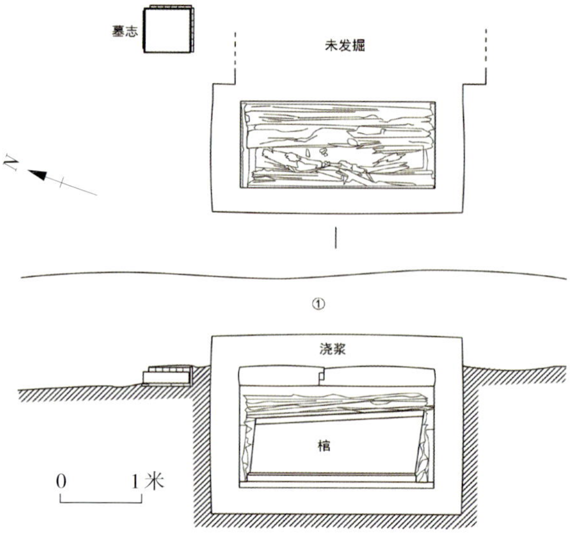

图四 皇冠山公墓 2017HGSM1 平、剖面图

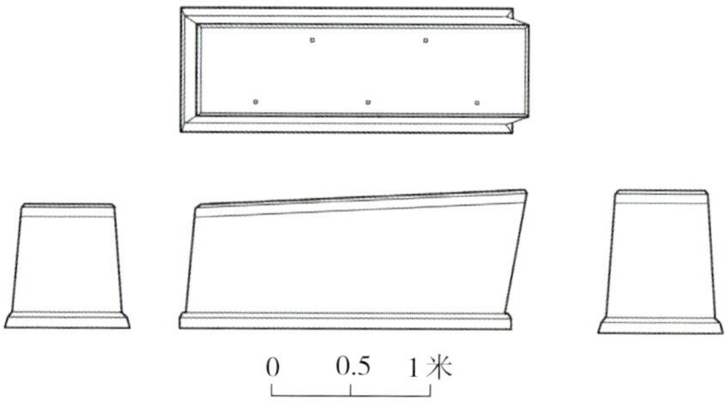

图五 皇冠山公墓 2017HGSM1 漆棺平面图

一块。由其出土位置判断应该属于 M1 东侧的另一座浇浆墓（该墓浇浆与 M1 浇浆紧密连接，应该是并列合葬墓，因其超出焚化炉范围，故未做发掘，原址保护）。M1 浇浆十分坚硬，普通工具无法打开，31 日下午联系工程机械设备。11 月 1 日上午，先使用手持式液压破碎镐打开浇浆，再用吊机协助吊取上覆石盖板，石板为两块，子母口，接口处似有松香密封。因为墓穴内部空间狭小（图三），做好记录后将漆棺吊出墓坑，漆棺外观保存尚可，11 月 1 日下午完成全部清理工作。

二、墓葬形制

M1墓室为长方形，浇浆平均厚度0.4米。其东侧还有浇浆，因不会被破坏未进行发掘。M1墓圹内长2.45米，宽1.1米，深1.3米。棺置于墓室中央，外围是椁板，都已腐朽，散落在木棺周围，黑漆木棺外观保存尚可（图四至图六），木质有一定程度腐朽，木棺外部髹黑漆，内部髹红漆。打开木棺盖板后，下面还有一层隔板。墓主上身穿衣物四层，下身穿裤，足穿靴，靴已腐朽。墓主身外用一层薄纱包裹捆扎，其上覆盖衾被，身下有席。墓主左肩旁有一长方形小木盒，盒内存放小木棒、黄泥偶、纸片（已朽碎不堪）。墓主头下丝枕填充物已朽，仅剩枕丁，其下是凹凿有如意纹的木枕，席下是垫褥和木制尸床，尸床下为厚约10厘米的石灰，棺中填有大量木炭。墓主有须，为男性，尸体干朽，一触即碎。因在公墓内发

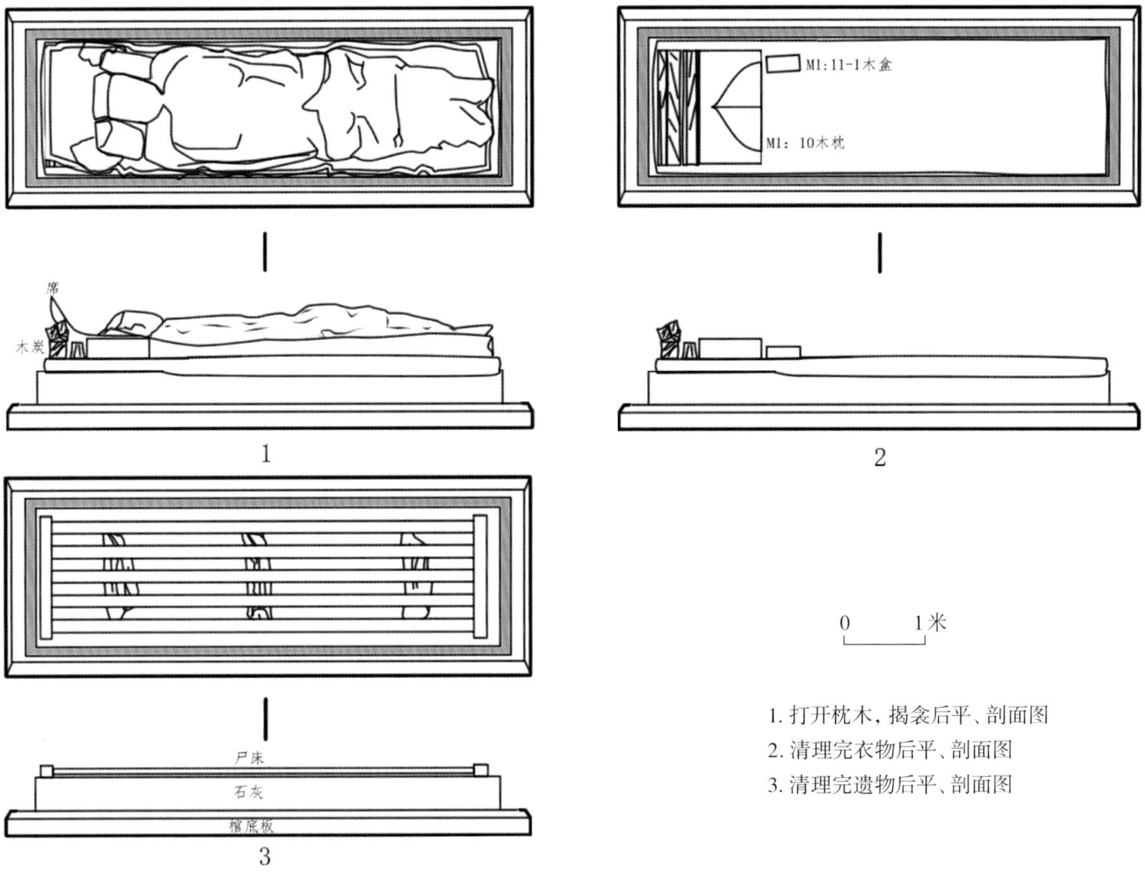

图六 皇冠山公墓 2017HGSM1 棺内情况

掘，经与公墓工作人员协商，用石棺将墓主尸骨就地安葬。

三、出土遗物

因为M1浇浆坚硬致密，墓室内部环境比较稳定，且棺内放置大量木炭和石灰，因此棺内文物保存状态尚可。出土文物以衣物为主，初步判断绝大多数为丝绸制品，已全部移交至苏州丝绸博物馆，待进一步的保护与研究。丝绸制品主要有衾、绦、覆面、帽、枕丁、上衣、下衣、靴。其他文物还有木枕、木盒、席等。另在M1北部偏东出土墓志一块（图七），虽多有漫漶不清处，但基本可以认定志主是王原清。

衾1件。2017HGSM1:1（图八），覆盖于墓主身上，棕黄色，上有如意云纹，有一定程度的腐朽。

茧状物1件。2017HGSM1:2（图九），置于墓主右臂外侧，形似蚕茧，由一根小树枝串连，共有7枚，上四下三。

绦带1件。2017HGSM1:3（图一〇），系于墓主腰部。

覆面1件。2017HGSM1:4,覆于墓主面部，深棕黄色，腐朽较严重。

帽1件。2017HGSM1:5，戴于墓主头部，下有两条帽带，腐朽较为严重。

枕丁2件。2017HGSM1:6，位于墓主头下两侧，深棕黄色，枕已朽烂，2件枕丁腐朽均比较严重。

下衣1件。2017HGSM1:7（图一一），穿于墓主下身，有两条裤筒，上部连接裙襕，整体呈棕黄色。

图七　王原清墓志拓片

图八　衾出土时照片

图九　茧状物

上衣 1 件。2017HGSM1:8（图一二），共有四层，穿于墓主上身，未完全展开，也呈棕黄色。

席 1 件。2017HGSM1:9，位于墓主身下，大部分已朽烂，仅能提取部分样品。

木枕 1 件。2017HGSM1:10，位于墓主头下，整体为长方形，正面凿有如意形纹饰，长 45 厘米、宽 25 厘米、厚 16 厘米。

木盒 1 件。2017HGSM1:11 — 1（图一三），位于墓主左肩外侧，其上板可以从侧面抽出，长 13.5 厘米、宽 6.5 厘米、高 5 厘米。

锈蚀物 1 件。2017HGSM1:11 — 2（图一四），置于木盒内，质地不明。

小木棒 1 件。2017HGSM1:11 — 3（图一五），置于木盒内，长 11 厘米、直径约 1.5 厘米。

纸片 1 件。2017HGSM1:11 — 4，置于木盒内，完全腐朽，仅能提取部分样品。

泥俑 1 件。2017HGSM1:11 — 5，置于木盒内（图一六），似是两人并肩状，不甚形象。

靴 2 件。2017HGSM1:12，位于墓主足部，保存状况不佳，腐朽严重，已分散成数片。

褥 1 件。2017HGSM1:13，位于席下，上面图案与衾同。

图一〇　绦带

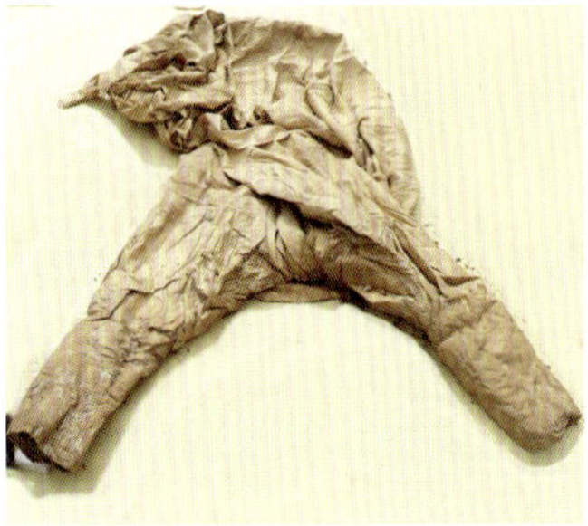
图一一　下衣及裙襕

图一二　上衣

图一三　木盒

图一四　锈蚀物

图一五　小木棒

图一六　泥俑

裙襕 1 件。2017HGSM1:14，与下衣连在一起，棕黄色。

墓志 1 件。2017HGSM1:15，石质，正方形，边长 56 厘米左右，厚 14 厘米。出土于 M1 东北侧，应属与 M1 并列合葬墓之墓主。志文保存一般，释读如下：

陆……

赐进士……右谕德……经

国……史

赐进士第嘉……（提）刑按（察）使

南京刑部郎中……

赐进士第朝列大夫山西等（处）承宣布政使……

湖广道监察御史邑……

长洲多巨室然能以诗礼世其家者则推陈□陆氏陆氏有宗厚宗博者以/□倾一时宗厚有子应龙宗博有子全卿□□□□以才名表者人以士衡/士龙[1]况之每当到哉试常居优列全入翰林之□□□□全卿登黄甲擢御史/因得日兴齐（马忝）往往道及应龙辄以老迈为愧……承……/命南畿主乡试自谓脱□而出者其在斯人呼不□应龙老时已丁内艰矣及归/省应龙以衰绖见且以志属始叹人生功名自有时而忠孝不两全也按状硕/人姓王氏讳原清世家吴县曾大父安道大父思□父□瑞母徐氏□□□贞/静寡言笑能识字于小学孝经女传颇能诵归陆氏未逾年舅姑继□□/不及□事为□岁时余祀必身亲樊之婢媵欲带其劳则曰

岂为无人□□□/为新丧使然已而常然至其终身未尝不然常又言曰妇人之义在……/人？德？夫？人之所出既不及事已之出宁忍复忘数迎养其母母为之……/动顾而否则涕泣不食每为之曲留宗厚自以内助得人□内之事……/□以吟诗为事客至则朗诵所吟移日不辍凡供客之具不待命而已……/于宣德丁未九月七日卒于弘治壬子六月五日享年六十有六……/二月一日葬于长洲花麓山之原子男五长应瞻娶郭氏继□氏……/阙氏继娶武功伯徐有贞之侄女次应麒娶张氏次□□娶□氏……/之女次应虹娶蒋氏州判蒋惟德之女继娶兴禄署正李……/□鐄孙男六兴文兴贤兴仁兴室兴让兴美孙女十有……/兴否不可得而知□可得而书耶然观其为人子不以……/□以事死而懈其诚为人妻有以相其夫之贤为人母有……/君□所宜书同不得而辞也铭曰……/有母□是不逭禄养岂非命也……

四、结语

皇冠山2017HGSM1随葬品虽然出土不多，出土器物共计15件（套），但其中包括衣物纺织品11件（套），保存状态较好，是研究明代丝织品、纺织品的珍贵实物资料。

皇冠山2017HGSM1是明代中期家族墓群中的一座，为浇浆墓，其所在位置东侧在2000年左右曾发现有多座墓葬，但未引起重视，据公墓工作人员介绍，该墓群共有墓葬10余座。陆粲《陆子余集》中的《明故南京礼部精膳司郎中南丘先生陆公墓志铭》中记载陆应龙的母亲姓王，有“五丈夫子”，“（陆应龙）公其仲也”，陆应龙卒于嘉靖辛丑年（1541），葬地为“华麓山”[2]，这些信息都与2017HGSM1墓旁出土的王原清墓志所载的“子男五”“长（子）应瞻”“葬于长洲花麓山”等非常契合，因此王原清墓志的出土为该家族墓地的定性提供了绝好的材料。

通过上面的分析可知志主王原清很可能是陆应龙的母亲，陆完（全卿）的伯母。M1的墓主则应该就是陆应龙的父亲陆宗厚（推测墓志可能早年遗失）。因此此处很可能是明代陆宗厚、陆应龙家族墓地[3]。陆完（全卿）《明史》有传[4]，《长洲县志》也有相关记载[5]，正德年间曾官至兵部尚书、礼部尚书，加太子太保，后宁王叛乱，因与宁王有交获罪，戍福建靖海卫。志文中提到的武功伯徐有贞《明史》有载，曾参加“夺门之变”，英宗时一度为内阁首辅[6]。

项目负责人：张铁军

工 作 人 员：孙明利、刘芳芳、何文竞、彭飞、王中山

执　　　笔：何文竞、张铁军

注　　释

[1] 即晋代陆机、陆云兄弟，陆机字士衡，陆云字士龙，吴郡吴县（今苏州）人。

[2] 据陆粲《陆子余集》中《明故南京礼部精膳司郎中南丘先生陆公墓志铭》载：“……妣王赠安人，有五丈夫子。公，其仲也，讳应龙……”

[3] 据《钦定四库全书·家藏集·卷六十二·陆宗博墓志铭》载，宗博有三子陆完、陆宜、陆宇，陆宗博卒于成化十三年（1477），享年41岁，葬于邑（苏州）西福寿山。故陆宗博、陆完家族墓应不在花麓山（即今皇冠山）。

[4] 〔清〕张廷玉等：《明史·列传第七十五》，中华书局，1974年版，第4953—4957页。

[5] 〔清〕顾诒禄纂，李光祚修：《（乾隆）长洲县志》卷二十四，第273页。

[6] 〔清〕张廷玉等：《明史·本纪第十二》，中华书局，1974年版，第153—155页。

延安葫芦河平水沟文殊菩萨石窟调查

杨　军　白晓龙　赵　斌*

【摘要】2016年3月，陕西省延安市富县张村驿镇修建陕西省内靖边至西安的天然压气站取土方时，在张村驿镇平水沟村发现了平水沟文殊菩萨石窟。于是，笔者等人对平水沟文殊菩萨石窟及其相关遗存进行了实地调查，同时就石窟中造像题材等相关问题进行了探讨。文殊菩萨石窟作为一处民间开凿的小型石窟，文殊菩萨的题材较为特殊，反映了当时民众对该窟题材的信仰情况。通过本文力图为人们了解宋金时期石窟造像风格和技艺，为研究陕北地区及葫芦河流域的宋金时期佛教的发展以及佛教文化与艺术的传播，提供实物资料。

【关键词】葫芦河　石窟　文殊菩萨　造像　信仰

富县地处陕西省延安市南部，东临宜川县，南接黄陵县，西同甘肃省合水县接壤，北与志丹、甘泉二县及宝塔区毗连。处于黄土高原沟壑区与丘陵沟壑区交接过渡地带。富县属黄土高原丘陵沟壑区，洛河、葫芦河及其支流河贯穿全境。葫芦河，源于甘肃华池县，向东流经合水县、太白镇入陕西富县境，经张家湾镇后汇入洛河。张村驿镇位于富县县域西南约60公里的葫芦河川道，黄直路、富张路穿境而过，由“一川（葫芦河川）二沟（党家河沟、芦村沟）一塬（白家塬）”组成，青（青岛）兰（兰州）高速公路和309国道穿境而过，这里分布有北朝、唐宋、明清的摩崖造像和石窟。

2016年3月，陕西省延安市富县张村驿镇修建陕西省内靖边至西安的天然压气站取土方时，于富县张村驿镇罗儿山村北平水沟内发现文殊菩萨石窟。石窟开凿于僻静山林间，此处人烟稀少。其石窟造像的组合题材，故事内容，造像布局及雕刻技法，在陕北石窟中非常少见，也是陕北地区唯一发现保存较好的文殊菩萨石窟。

2020年11月，笔者等人对平水沟文殊菩萨石窟进行实地详细调查、测绘、拍照和记录，在完成图文、拍照的纪录外，对石窟造像的年代、题材有了新的认识，并对石窟的开凿背景

*　杨军：延安市洛川县博物馆馆员
白晓龙：延安市文物研究所馆员
赵斌：志丹县文物管理所助理馆员

有了新的见解。现将相关调查结果介绍如下。

一、调查情况

平水沟文殊菩萨石窟开凿于陕西省延安市富县张村驿镇葫芦河支流的罗儿山村平水沟内天然砂岩崖壁底部（图一）。北依山，东南临简易生产土路，西邻水冲沟。地理坐标，东经109° 9'49"，北纬 35° 52'25"；海拔1045米。坐北向南，分布在东西长约30米的天然崖壁和黄土夹杂巨型石块上。共由2窟组成，由南向北呈阶梯状排列，编为1—2号窟。整体石窟造像漫漶、风化。

（一）1号窟（图二、图三）

1. 形制。石窟开凿于黄土夹杂的一块不规则巨型黄砂石上，距地面高8米。方形窟，又称中央佛坛窟，平面呈方形。竖长方形窟口，窟口右侧有残损，窟口宽1.28米，高1.60米，厚0.26米。窟室内宽2.22米，进深1.60米，前高1.90米，后高1.65米，中高1.77米。东、西、北三壁均有浮雕式造像。平顶，无藻井。

2. 佛坛。中央佛坛平面呈不规则长方形，长1.10米，宽0.48米，高0.24米。中央佛坛上

图一　平水沟文殊菩萨石窟位置示意图

图二　1号石窟口远景

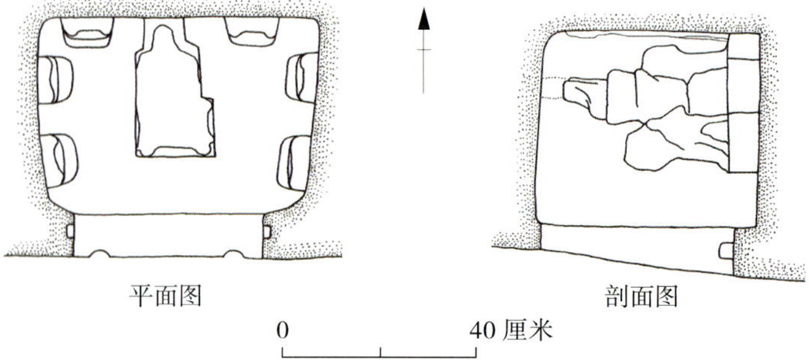

图三　1号石窟平、剖面图

图四　圆雕骑狮文殊菩萨造像

图五　文殊菩萨骑狮

图六　文殊化现老人造像

图七　佛陀波利造像

图八　北壁造像线描图

圆雕文殊菩萨造像一尊（图四），上半身背靠屏，头部和肩部已残失。菩萨胸前斜披腋络，披帛由左肩绕右臂垂于座上，两臂下垂屈肘弯曲，两手平置于左右膝上，结跏趺坐于狮背承托的圆形仰莲座上。文殊菩萨像身残高0.40米，肩宽0.26米，肘宽0.31米，膝宽0.37米；莲花座宽0.38米，座高0.30米；背靠屏残宽0.35米，高0.40米，深0.28米。

狮头面向东南，仰首，凸目，狮身脖处佩绶带，系有铃铛，四肢直立，狮爪清晰可辨，尾巴上翘呈圆筒状（图五）。狮身长0.94米，高0.80米；座高0.32米，座宽0.41米，座深1.20米。狮身左侧前方贴身驭狮者立像一尊，头朝南，背靠狮身，右臂下垂屈肘，右手搭于狮身脖处持缰绳， 左臂弯曲屈肘，左手持缰绳斜倚于左肩，右腿斜直立，左腿直立，应为狮奴像，狮奴像身高0.67米。据此推断该菩萨坐像为文殊菩萨骑狮坐像。

3. 北壁（正壁）。高浮雕文殊化现老人像（图六）和佛陀波利像（图七），共两尊，保存完好。（图八）

（1）文殊化现老人像。位于壁面右侧，头戴高冠帽，颌下胡浓须，双目微闭，目视下方，双唇。着宽袖长袍，腰系带，肚微凸，广袖，右臂弯曲屈肘，右手持杖斜倚于右肩置于胸前，左臂自然下垂搭于左膝上，露足，立于

图九　斜侍弟子造像

图一〇　天王造像

图一一　西壁造像线描图

方形高台座上。像身高1.03米，座高0.32米，座宽0.33米，座深0.28米；拐杖头部残，杖高0.83米。

（2）佛陀波利像。位于壁面左侧，光头，面目已风化，仅可辨凸目，大耳。着交领下垂式衣，广袖，双臂弯曲屈肘置于胸前，双手合十。左肩搭长条宽博带披巾至腰部左侧，腰间左侧后部挂一圆形布袋物，腰部右侧斜挂一不规则形物（不可辨），腰系长条带垂于膝上，露足，立于方形高台座上。像身高1.03米，座高0.35米，座宽0.32米，座深0.32米。

4. 西壁（右壁）。高浮雕弟子像（图九）和天王像（图一〇），共两尊，保存基本完好。（图一一）

（1）弟子像。位于壁面中部，面目已风化，仅可辨凸目，高鼻，大耳。袒上身，斜披左肩置于右侧腋络，双臂弯曲屈肘置于胸前，双手合十，下着贴身裤，博带下垂搭于右腿至座面上，跣足，立于方形高台座上。像身高0.96米，座高0.35米，座宽0.31米，座深0.20米。

（2）天王像。位于壁面前部，面相方圆，头戴盔，双瞠目。身披战袍，着战甲、战靴，左臂下垂弯曲，左手置于腹前，肚微凸，右臂残，可辨似为右臂弯曲，右手持长柄兵器，仅存下端，立于方形高台座上。像身高1.12米，座高0.26米，座宽0.38米，座深0.21米，兵器残高0.15米。

5. 东壁（左壁）。高浮雕善财童子像和天王像，共两尊，风化残损严重。（图一二、图一三）

（1）善财童子像。位于壁面中部，面貌不清。着交领下垂式衣，身有披帛，披帛由两肩绕左右臂垂于座上外飘，双臂弯曲屈肘置于

图一二　东壁造像

图一三　东壁造像线描图

胸前，双手合十，下着贴身裤，跣足，立于方形高台座上。像身高0.82米，座高0.35米，座宽0.32米，座深0.27米。

（2）天王像。位于壁面前部，头部残。身着铠甲，着战靴，披战袍，左臂下垂弯曲置于腹部，右臂弯曲平置，手持雪斧，立于方形高台座上。像身高1.02米，座高0.28米，座宽0.37米，座深0.25米；雪斧高0.80米。

（二）2号窟（图一四）

开凿于1号窟后部上方，窟口前为平台，距2号窟约10米，石窟距地表高15米。窟口外壁上方有呈“人”字形散水坡，长1.80米，散水坡上方和两侧有呈“一”字形凿槽及两个方形椽孔，凿槽长2.60米。

1. 形制。平面呈方形，竖长方形窟口，窟口左侧有残损，宽0.92米，高1.55米，厚0.23米。窟室宽1.90米，进深1.70米，高1.80米。东、西、北三壁均有造像，风化严重。平顶，无藻井。

2. 北壁（正壁）。高浮雕一佛二弟子像，整体风化残损严重，仅存轮廓。

（1）中央佛像。主尊佛像，风化严重，仅存轮廓，可辨结跏趺坐于须弥仰莲座上。像身高0.70米，座高0.90米，座宽0.60米，座深0.40米。

（2）弟子像。风化严重，仅存轮廓，可辨中央佛像两侧分别侍立一弟子。左侧弟子像应为老年比丘形象，立于方形台座上。像身高1.06米，座高0.24米，座宽0.30米，座深0.30米。右侧弟子像应为年轻比丘形象，立于方形台座上。像身高1.07米，座高0.33米，座宽0.30米，座深0.28米。

3. 西壁（右壁）。高浮雕立像和天王像，整体风化残损严重。

（1）立像（菩萨）。位于壁面后部，风化严重，仅存轮廓，可辨造像为立于方形台上。像身高1.12米，座高0.30米，座宽0.34米，座深0.26米。

（2）天王像。位于壁面前部，可辨上身严重风化，着战靴，立于方形台上。像身高1.41米，座高0.11米，座宽0.35米，座深0.24米。

4. 东壁（左壁）。高浮雕立像和天王像，整体风化残损严重。

（1）立像（菩萨）。位于壁面后部，风化严重，仅存轮廓，可辨造像下着裙，身两侧有飘带，跣足，立于方形台上，似为菩萨像。像身高1.20米，座高0.24米，座宽0.32米，座深0.24米。

（2）天王像。位于壁面前部，上身头和胳膊严重残，下身可辨着战袍，腰系带，着战靴，左臂下垂拄雪斧，立于方形台上。像身高1.20米，座高

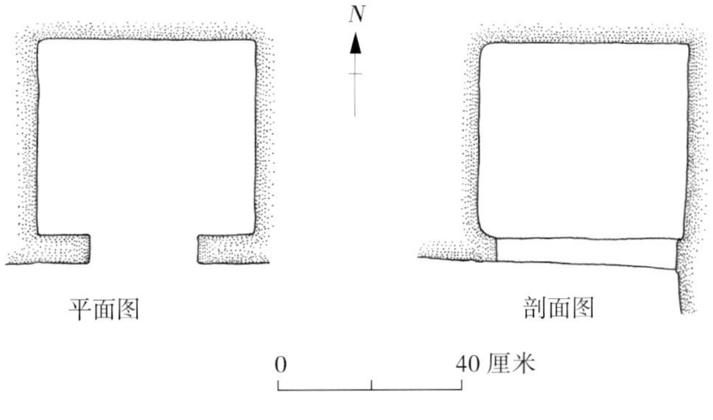

图一四　2号石窟平、剖面图

0.20米，座宽0.44米，座深0.30米。

二、其他遗存

平水沟文殊菩萨石窟东北约70米处有一寺庙古遗址，其他周围遗存物较少。现寺庙古遗址内发现有砂石质残碑碑首一块，碑首额题碑文漫漶不清，似为清代重修碑；另发现有石牌坊残件、柱础石等，为清代建筑物残件，地面散落大量残块灰陶板瓦和建筑石块等。罗儿山村七十高龄的村民王水发提到，20世纪70年代周围曾出土过大量的残砖断瓦和石碑。这种遗迹现象表明这一带在历史上可能存在寺院建筑，现无存，有待进一步考证。

三、相关问题分析

（一）关于石窟的开凿时代

平水沟文殊菩萨石窟开凿于什么时代，现无确凿的证据可考，因石窟内未发现开窟纪年题记，也无相关史料记载，只能通过比较分析来判断。从窟形上看，它与葫芦河一带的石窟是一脉相承的。因此，关于石窟的开凿年代，只能依据其窟的形制、造像风格、图像组合等，同其他地域有明确纪年的石窟及造像进行比较，由此来推断石窟的大致建造年代。

1号石窟的主尊文殊菩萨和化现老人、弟子、天王像的塑造，体现出世俗化的生活情趣，故事鲜明，其特征与延安宋代石窟类似，是延安宋代石窟的重要题材。窟内浮雕式造像身材匀称，神情庄严肃穆，体态端庄挺拔，人物比例协调，服饰的衣褶质感较强，像身动感十足，服饰鲜明，衣纹简洁流畅，具有地方艺术特色。石匠的雕刻刀法细腻，体现出高超的艺术水平。2号窟内浮雕式造像，整体风化严重，残损。造像的布局、形制，相似于1号窟的形制，两窟造像风格、形成时代相近，应为同一时期建造。

关于1号窟和2号窟的开凿时代，从造像风格来看，人物身材匀称，体态端庄，比例协调，衣褶流畅，质感较强，刀法细腻，显示出北宋晚期至金代时期的造像特征。1号窟和2号窟的释迦牟尼像、弟子像、文殊菩萨像、天王像等，与延安地区发现的并收录进《陕西石窟内容总录·延安卷》的甘泉县石马河3号石窟[1]的文殊菩萨石窟洞、富县石方头石窟[2]，以及安塞区新茂台石窟[3]等石窟内所雕释迦牟尼像、弟子像、文殊菩萨像和天王像等的造像风格较相似，为判断平水沟石窟的年代提供了旁证。通过造像对比分析，笔者认为平水沟文殊菩萨石窟始凿于宋代时期。

（二）关于石窟图像组合题材

从1号窟文殊菩萨洞窟开凿情况来看，显然是经过精心策划、设计的，在巨型石块上，两窟布局合理、错落有致。窟形虽小，但造像内容、题材较为少见。该石窟作为一处民间开凿的小石窟，开凿者从供养人的信仰需求出发，将此窟开凿题材选为文殊菩萨。

中央佛坛主尊像艺术特征较明显，从造像的着装和骑狮及狮奴像形状看，中央主尊像应为文殊菩萨。该铺造像的一个有趣的现象是主尊后面的北壁右侧为文殊化现老人像，左侧为佛陀波利像，共同组成文殊菩萨故事，将壁面的文殊化现老人像和佛陀波利像二胁侍服饰变为世俗装，且二人以主尊后面正壁出现。此二胁侍人与文殊菩萨信仰有关，其一是文殊菩萨的化身，另一是跟随文殊菩萨的弟子，这种以世俗人为胁侍的造像题材，极为少见。通过延安市文物研究所编委会编著的《延安石窟菁华》发现，甘泉县兰家川石窟[4]南壁雕文殊菩萨像，子长市钟山石窟[5]的10号窟佛坛前左侧圆雕文殊菩萨像，清凉山石窟的12号石窟[6]左壁雕文殊菩萨像，与平水沟文殊菩萨石窟内图像组合题材极为相似。1号窟正壁出现文殊菩萨化现老人的图像，手持拐杖，说明宋金时期文殊化现老人故事已在陕北流传。文殊菩萨像的出现，与陕北民众的信仰密切相关，图像题材得到民众的认可。

2号窟出现一佛、二弟子、二立像（菩萨）、二天王像，主尊为释迦牟尼佛。这类题材是陕北宋金石窟中常见的，较为流行。如延安市黄陵县银洞沟石窟[7]、百药沟石窟[8]均以一佛、二弟子、二菩萨、二天王像组合形式出现，这在延安宋金时期较为固定，已受民间信徒敬拜。

平水沟文殊菩萨石窟的图像组合题材，是陕北地区首次发现单独用来雕刻洞窟且规模最大的文殊菩萨造像组合题材，造像以近于真人比例来塑造雕刻，是陕北延安相对独立、少见的石窟模式信仰内涵，为陕北地区宋代佛教造像的重要发现。其窟形虽小，但造像故事内容丰富。其造像题材和雕刻技法等方面表现出明显的地域特征，作为一处民间开凿的小型石窟，其文殊菩萨图像的组合题材较为特殊，表明当时本区域的民众对这一题材已有信仰。以上也说明文殊菩萨像组合题材在陕北区域佛教造像中的重要性。

由此可以看出，平水沟文殊菩萨石窟体现了陕北地区不同于其他地区所独有的造像组合题材和雕刻技法，为我们研究佛教的传播和交流提供了重要实物资料。

（三）石窟艺术发展的历史地域性因素

鄜州，即今富县。唐朝时改上郡为鄜州，洛川属之。宋代，鄜州领洛川、直罗、洛交等县。后延续于明、清、民国时期。1964年，因“鄜”字生僻，改为“富县”[9]。张村驿原名“张村”，因位于鄜州通往甘肃的古道旁，清顺治九年（1652）在此设驿站，遂名“张村驿”，一直沿用至今[10]。

葫芦河，古称“华水”，为黄河支流洛河的一大支流，发源于甘肃省庆阳市华池县子午岭紫坊畔。自西北流向东南，由庆阳市合水县太白镇瓦岗川口出境，进入陕西省延安市富县境内，经张家湾镇、直罗镇、张村驿镇汇入洛川县西部，于黄陵县北部交界的交口河附近汇入洛河。平水沟文殊菩萨石窟位于富县张村驿镇的葫芦河旁，属葫芦河流域，此石窟东距葫芦河约100米。

史书记载，宋夏战争时，北宋仁宗景祐五年（1038），宋朝的藩属党项族政权首领李元昊脱宋自立，自称皇帝，建国号“大夏”，史称“西夏”。富县区域成为抗击西夏的前沿阵地，也是延安地区宋代的边防要地，今富县葫芦河流域为宋夏出入之重要交通通道。据《鄜州志》载：“西夏入侵鄜延金明（今延安安塞金明寨——引者注）以南二百里间相继不绝。”富县葫芦河和甘肃的合水川的支流，基本都是东西走向，由此向东可以直接到陕北延安富县、山西，葫芦河汇入洛河后可直通四面八方；向西连接甘肃的合水川支流，可以直接到甘肃庆阳；向南可以至长安；向北可以至延安。平水沟文殊菩萨石窟的修建与北宋和西夏的战争紧密相连，战争与人民的生活息息相关，人民把去除灾难与痛苦的希望寄托于平水沟文殊菩萨像上，以祈求国泰平安。

葫芦河流域内还有国家重点文物保护单位——富县石泓寺石窟，为隋唐、宋金时期建造。宋开宝六年（973）的大佛寺石窟，是目前陕北发现的宋早期石窟。还有北朝时期的川庄石窟，宋元祐三年（1088）的拱桥沟石窟，元祐五年（1090）的赵家沟观音洞石窟，崇宁五年（1106）的马渠寺罗汉堂石窟等。另有宋代柏山寺庙遗址，现存宋代直罗塔一座。富县葫芦河流域内发现大量南北朝时期的摩崖造像和宋金时期石窟、寺庙等古遗址，说明葫芦河流域是这一带重要的佛教区域。平水沟文殊菩萨石窟已受周边寺院佛教影响，和周边有着密切联系。葫芦河流域不仅是连接东西向和南北向的主要交通线路，也是佛教文化传播的重要交通线路。

结语

平水沟文殊菩萨石窟是陕北地区石造像保存较完整并且造像内容题材少见的石窟，始凿于宋代时期。该处石窟位于甘肃进入陕北和关中，关中进入陕北的交通要道上，对了解陕西与甘肃地带的石窟之间的相互影响、延安宋金石窟的佛教发展情况都具有一定的研究价值。此石窟造像的雕刻艺术和造像组合题材，为研究陕北乃至甘肃地区，洛河和葫芦河流域佛教文化的发展和传播提供了珍贵的实物资料。

调查：杨军、白晓龙、赵斌

线图：赵斌

摄影：白晓龙

执笔：杨军、白晓龙、赵斌

注 释

[1] 《陕西石窟内容总录》编纂委员会编：《陕西石窟内容总录·延安卷》，陕西人民出版社，2017年版，第320页。

[2] 《陕西石窟内容总录》编纂委员会编：《陕西石窟内容总录·延安卷》，陕西人民出版社，2017年版，第175页。

[3] 冉万里：《陕西安塞新茂台石窟调查简报》，《文博》2003年第6期，第25页。

[4] 延安市文物研究所编著：《延安石窟菁华》，陕西人民出版社，2016年版，第156页。

[5] 延安市文物研究所编著：《延安石窟菁华》，陕西人民出版社，2016年版，第194页。

[6] 延安市文物研究所编著：《延安石窟菁华》，陕西人民出版社，2016年版，第220页。

[7] 《陕西石窟内容总录》编纂委员会编：《陕西石窟内容总录·延安卷》，陕西人民出版社，2017年版，第138页。

[8] 延安市文物研究所编著：《延安石窟菁华》，陕西人民出版社，2016年版，第154页。

[9] 富县地方志编纂委员会编：《富县志》，陕西人民出版社，1994年版，第1页。

[10] 陕西省文物局编：《陕西第三次全国文物普查丛书·富县文物》，陕西旅游出版社，2012年版，第3页。

历 史

History

《读史方舆纪要》所记黄河及顾祖禹的治河思想研究*

张文华*

【摘要】《读史方舆纪要》中的《川渎异同》六卷是顾祖禹精心设计的篇章，是其关心国计民生与经世致用思想的重要体现。《川渎异同》对黄河的记述值得格外关注。顾祖禹记述黄河源流，将宏观的全河大势勾勒与微观的具体河段细描结合起来，将河道变迁的叙述与变迁原因的考察结合起来，做到心中有全河，笔下有全形。记述黄河水患，往往试图揭示出河患发展的大势和发生的原因，已经深刻意识到黄河水患发生的区域差异和时代差异，并做出了相应的阐释。《川渎异同》可以说是顾祖禹撰述的一部简明的黄河变迁史。河患的治理要因天时、因地利、因时势、因人事，而人事最为关键；治河与治淮治运结合，治淮是治河治运之先务；治河要疏浚堤塞并举，多方施策。只要做到与时变通、因端顺应、综合施治，黄河可治。

【关键词】顾祖禹　《读史方舆纪要》　《川渎异同》　治河思想　黄河水患

顾祖禹（1631—1692），字景范，江苏无锡人，明末清初著名的历史地理学家、军事地理学家，其所著《读史方舆纪要》（以下简称《纪要》）素为学界所称道。时人魏禧称此书为“数千百年所绝无而仅有之书”[1]，彭士望称其用力专勤，成书浩博，“使数千百年下之人不能不读”[2]；近人梁启超称誉其“实为极有别裁之军事地理学”[3]，旷古一绝作；今人施和金先生说它是“一部规模宏大、内容丰富的著作”[4]。对于《纪要》及顾祖禹思想的研究，学者们多着力于军事地理和军事思想方面，而对于自然地理、经济社会、物产风俗、水道变迁、河患治理等方面则十分薄弱。《川渎异同》六卷，专门载述水道迁流、水患治理、漕河海运及军事要隘等相关内容，是顾祖禹精心设计的篇章，是《纪要》不可或缺的重要组成部分，但长期以来未得到足够的关注与研究。鉴于此，本文拟以《川渎异同》所记的黄河篇为核心，探讨顾祖

* 本文为2020年江苏高校哲学社会科学研究重大项目“《读史方舆纪要》与顾祖禹军事思想研究”成果（项目批准号：2020SJZDA038）

* 张文华：淮阴师范学院历史文化旅游学院教授，历史学博士

禹对黄河河道变迁的认识及河患治理的思想主张，借以丰富对《纪要》的认识，深化对顾祖禹思想的研究。

一、《读史方舆纪要》所记黄河之变迁大势

顾祖禹对山川地理形势的作用和意义有独到的认识，他指出："天地位而山川奠，山川奠而州域分"[5]，"言郡邑而不详其山川，言山川而不考其同异，未可云辨于方舆者也。"[6]为此，在《纪要》中特立《川渎异同》，记载黄河、淮河、长江、汉水、盘江、漕河和海运。他对黄河格外关注，专门用两卷的篇幅来记述。《大河上》主要记载明代以前黄河的变迁，《大河下》则记载明代黄河的基本情况。

黄河是古代"四渎"之一，作为中国的第二长河，其发源远，流程长，所经各地地形地貌多样，曲折多变。对于这样一条九曲十八弯而又天性多变的大河，要将其变迁叙述清楚，还真是颇为不易。顾祖禹记述黄河源流，将宏观的全河大势勾勒与微观的具体河段细描结合起来，将河道变迁的叙述与变迁原因的考察结合起来，做到心中有全河，笔下有全形，较为完美地将黄河的流变呈现出来了。

首先，顾祖禹对黄河变迁大势进行总体的勾勒。顾祖禹在考察黄河的源流变迁时，心中是有"全河"的，对黄河的总体形势了然于心，具有高屋建瓴、鸟瞰全河之势。《川渎异同三·大河下》云：

> 考大河之流，自汉至今，流移变异，不可胜纪，然孟津以上则禹迹宛然，以海为壑则千古不易也。由孟津而东，由北道以趋于海，则澶、滑其必出之途；由南道以趋于海，则曹、单其必经之地。冲澶、滑必由阳武之北，而出汲县、胙城之间；冲曹、单必由阳武之南，而出封丘、兰阳之下。此河变之托始也。由澶、郓而极之，或出大名，历邢、冀，道沧、瀛以入海；或历濮、范，趋博、济，而由滨、棣以入海。由曹、单而极之，或溢巨野，浮济、郓，挟汶、济以入海；或经丰、沛，出徐、邳，夺淮、泗以入海。此其究竟也。要以北不出漳、卫，南不出长淮，中间数百千里，皆其纵横糜烂之区矣。[7]

顾祖禹指出，黄河变迁频仍，纷纷如如，难以胜计，但其变迁大势并非无迹可寻。大体而言，孟津以上河道与《禹贡》所记相同，无任何显著变化，黄河最终朝宗于海，这是黄河多变中的不变。黄河的变迁主要是从孟津以下河段开始的，孟津以下黄河分为北道和南道入海，北道入海又可分为二途，南道入海也可分为二途。其实总括起来看，孟津以下荥阳以东黄河入海可分三路，即北路、东路和南路，"大抵决而北则淹漳、卫，决而东则浸青、济，决而南则凌淮、泗"[8]。黄河改道变迁的北界是太行山以东以南的漳河、卫河，南界是淮河。漳河、卫河与淮河之间的广大地域则为黄河纵横泛滥之区。经过顾祖禹这样的揭示，黄河变迁大势顿时清晰地呈现出来了。不仅如此，顾祖禹所说的"澶、滑其必出之途""曹、单其必经之地""必由阳武之北""必由阳武之南"，则一定程度上具有揭示黄河变迁规律的意义了。

对于黄河自孟津而下开始发生巨大变迁的原因，顾祖禹也做出了较为科学合理的解释。他说：

> 盖河自孟津而上，多循山麓，行至孟津，两岸平阔，河势渐张，溃溢之患，于是乎见端矣。夫决在下流，河之患犹浅，决在上流，河之患乃深。孟津，河行平陆之上流也，河患及此，下流之壅阏必日甚，横决必且益多……盖以河自星宿发源，东入中国，逾万里，凡九折焉，合华夷诸水千流万派以趣于海。其源之来也远矣，其

水之积也众矣，夫以万川而归于一壑，所来之路孔多，所收之门束隘，而欲其不泛滥也难矣。况孟津已下，地平土疏，易为冲决，而移徙不常也哉。[9]

孟津以下黄河开始变迁泛滥的原因，可归结为三：其一，黄河自上游而来，汇聚了众多水流，水势大涨，容易泛滥；其二，孟津以下无山麓阻挡，地势平坦，两岸平阔，容易溃决；其三，孟津以下黄土地土质疏松，河道容易被侵蚀冲决。顾祖禹从黄河水文特征、河道特性、自然地理形势、河道流经地土质特点等方面揭示黄河变迁，已经初步具有现代地理科学的思维意识，其价值是不容忽视的。而且，顾祖禹探索河患的原因，不是局限于泛滥迁徙的某一具体河段，而是将其置于全河之中考察。孟津介于黄河中下游之交，孟津以下进入黄河下游，顾祖禹探索孟津以下的河患，考虑到黄河上游和中游的来水量，也就是说，解决黄河下游的河患问题而从上游、中游去寻找答案，这无疑是一种新思路，对于后世探索黄河下游改道变迁的原因极具启发意义。就孟津而下的河患，顾祖禹仍是将其区分为“上流”和“下流”，指出在不同流段决口泛滥所造成的危害和影响是不同的。顾祖禹对黄河变迁泛滥原因的阐释，显示出了他的眼界卓识，对于今天探索黄河变迁具有开拓视野、启迪思想的重要意义。

其次，顾祖禹对黄河各河段做出具体而细微的描写。顾祖禹不仅从总体上揭示黄河变迁大势，而且注重对黄河不同河段特征的具体阐述。如前所述，黄河源远流长，流经地域众多，各地地形地势差异往往较大，各河段水情不同，因而不能一概而论，而是需要分段揭示其阶段性特征。黄河自发源地至大禹导河起点的积石山，因所经区域山麓绵亘，黄河在山脚下随山而前行，大大小小的山涧溪水不断注入，难以计数，“南北溪涧，络绎灌注，莫知纪极”[10]。积石山以下，进入《禹贡》所记大禹导河河段。其中金县至靖远卫之间的二百余里，黄河“流入乱山中，危湍仄涧”[11]。

对于宁夏段黄河，有较为细致的记载：“大河自金城乱山中而来，泻落平川，奔流汹涌……又东北出卫城（靖远卫——引者注）北一里，山峡险隘，河经其中，悬流数仞。又东北二百余里经宁夏中卫南十五里，地势稍平，而河流益盛矣。大河自中卫而东，几三百里，经灵州所城北一里，其地亦谓之河曲。盖河自积石至中卫大抵东北流，中卫至灵州则正东流，由灵州至宁夏则益折而北，故曰河曲也。”[12]这些描述虽然文字不多，但涉及内容丰富，把该段黄河的曲折走向、方位里距、地势地貌、水文特点等都比较形象地反映出来了，可谓文省事繁、言简意赅。

在宁夏、内蒙古和陕西之间黄河屈曲而行，形成著名的“河套”，顾祖禹记载云，自宁夏卫以下，黄河先东北流，又北折而东，再折而南，曲折行至陕西府谷和山西河曲之交，“其间回环曲折几三千里，古为朔方地，今谓之河套，山川之衿要，中外之巨防也”[13]。

黄河从东胜州转折而南，沿山、陕交界而下，其中自壶口、龙门以至于潼关一段，形成独特的峡谷景观和天然瀑布，气势格外壮观，顾祖禹不无感慨地说：“两岸重山翼带深险，而华山复横亘其南，冈峦盘固，河于是复折而东。河、山之胜，甲于天下矣。”[14]自潼关以下，黄河又折而东流。如此一来，从黄河发源至于下流，曲折往复，形成了一个典型的“几”字形走势。对此，顾祖禹在《纪要》卷五二《陕西一》记载云：“大河自西域入西宁卫及河州之境，绕兰州而北，经靖远、宁夏及榆林之境乃折而南，出龙门，抵华阴，复折而东，周匝三垂，皆大河也……禹迹至今未改矣。”[15]

华阴以下至孟津河段，黄河呈东西向流淌，穿行在山陵岗阜之间，河道变化不大，“大河自芮城、阌乡而东，河之北岸则中条以接王屋，南岸则崤函以接北邙，夹河翼带，并趋而东，虽底柱扼塞中流，而旁无溃决之患，则以岗陵包络，有自然之险固耳”[16]。

自孟州而下，黄河开始泛滥决口，“至巩、洛以东，河流屡变，兆端于周，浸淫于汉，横溃于宋。自宋至今，安流不可得而数见矣”[17]。东汉永平年间，河、汴合流，泛滥兖、豫二州，王景受明帝之命治河，绝水立门，河、汴分流，自荥阳东至千乘海口千余里，“十里立一水门，令更相洄注，无复溃漏之患”[18]。王景治河取得了显著成效，“河经平原以南，自汉建始中始，而永平以后常为河之经流矣。后汉以及南北朝时，大河决塞，史多失于记注”[19]。顾祖禹认为，孟州以下黄河下游的重大变化是从阳武决口开始的，“禹迹之益不可问也，自阳武之决塞始也”[20]。应该说，阳武河决是认识黄河下游河道变迁的一个重要关节点和转捩点。

对于巩、洛以东荥阳以下的黄河河道，顾祖禹也着力揭示不同时期某些河段的基本状况。如滑县以下的河道变化，他指出：“考自滑县、开州以下，此秦汉以来之故道，非禹治河之故道也。盖自周定王以来，禹迹不可复矣。史称汉武塞瓠子，而导河北行二渠，复禹旧迹，岂其然耶？”[21]东阿以下的河道，他认为：“大抵东阿以东，往往挟济而流，又东北以达于海也。”[22]陈留、兰阳河段，“水流溢溢，冲激曹、单”[23]。萧县段河变剧烈，顾祖禹指出：“萧县在大河南五十里，亦隆、万间河流也。旧时大河自县西六十里之赵家圈经冀门集，出徐州之小浮桥，皆安流无恙。嘉靖三十七年大河北徙，其后东西靡定，一变为溜沟，再变为浊河，又变为秦沟。嘉靖末大抵自县西北崔家口、石城集、雁门集、北陈沟、梁楼沟、胡淀沟东下小浮桥，经行陆地，水深或仅一二尺，比之故道高三丈有余，停阻泛滥，萧县境内一望弥漫，城内城外皆为泽国。”[24]

综上可见，在《川渎异同》中，顾祖禹对黄河变迁的叙述，既有宏观的概括，也有微观的细述。宏观的概括揭示出了黄河变迁的大势，高屋建瓴；微观的细述描绘出了各河段的特征，栩栩如生。《川渎异同》可以说是顾祖禹撰述的一部简明的黄河变迁史。

二、《读史方舆纪要》所记黄河水患分析

黄河泥沙含量大，古有浊河之名，素以“善淤、善决、善徙”而著称。据统计，“在1949年前的三千多年里，黄河下游发生的漫、溢、决口和改道约有一千五百余次”[25]，其中大的改道二十余次，重大改道六次。顾祖禹是饱含着对国计民生的深沉忧患而撰写《川渎异同》的，在黄河上、下两篇中，记载了历代发生的大量黄河水患。顾祖禹所记黄河水患，主要有三种情况：河岸自然崩塌之灾、人为决河之灾和其他泛滥决口之灾。其中第三种情况数量最多、危害最大、持续时间最长，也是其记载的重中之重。

大江大河河岸的自然崩塌是常有的现象，《川渎异同》中仅记载了一次。吕祖谦《大事记》云：“周威烈王十三年，晋河岸倾，壅龙门，至于底柱。”顾祖禹认为此次河岸崩塌即是《春秋》中所称“梁山崩，壅河三日不流”的黄河河崩事件，他又引证吕祖谦的话说：“自春秋以后，河患之见于史传，盖始于此。”[26]河岸崩塌事件容易造成壅塞和泛滥，此次河崩因文献记载简略，具体情况难以详知，但从“壅河三日不流”“壅龙门，至于底柱”的描述来看，应该还是比较严重的。

《川渎异同》中所记录的人为决河之灾，主要有如下五次。秦始皇二十二年（前225）秦国攻打魏国，“引河沟灌大梁”[27]。唐昭宗乾宁三年（896），黄河水涨，将毁滑州，朱全忠“决为二河，夹城而东，为害滋甚”[28]。五代梁末，后唐派遣李嗣源攻取郓州，把守杨刘，后梁派

兵攻打杨刘，“决河口以限晋兵，决口益大，连年为曹、濮患”[29]。宋元丰五年（1082），黄河在内黄泛滥，人为开决大吴埽，放水北流，“以纾灵平水患”[30]。明崇祯十五年（1642），农民起义军“决开封府西北朱家寨，城陷，大河自陈、颍诸州漫入淮、泗，盖大河出阳武南，开封城外皆为浸淫沮洳之场矣”[31]。这五次河决，都是人为因素导致，其中一次是为分流缓解黄河泛滥水势而开决，其余四次都是战争中以水代兵引起的。这种以水代兵的做法，历史上发生很多次，这里仅提及四次，时间从秦始皇二十二年（前225）开始，至崇祯十五年（1642），可谓一以贯之。以水代兵决河造成的危害往往十分严重，顾祖禹说：“梁段凝于卫、滑间决河引水以限晋兵，谓之护驾水，此五代以后溃决之患所由致也。”[32]

除以上两种情况之外的黄河泛滥决口灾害是顾祖禹关注的重点所在，也即是本文所说的“黄河水患”的主要内容。顾祖禹记述黄河水患是以黄河流经地为纲、以决溢泛滥为目记载的，在记录某地的决溢泛滥时，一般是按照时间先后次序胪列，时而夹杂扼要的评述。例如，对黄河在濮阳地区决溢泛滥的记载，依次胪列了汉元光三年（前132）、五代周广顺三年（953）和宋乾德三年（965）、开宝四年（971）、开宝五年（972）、淳化四年（993）、景德元年（1004）、景德四年（1007）、大中祥符七年（1014）、天圣六年（1028）、景祐元年（1034）、庆历八年（1048）、嘉祐元年（1056）、熙宁四年（1071）、熙宁十年（1077）、元丰三年（1080）、元丰四年（1081）、元丰五年（1082）共18个年份的泛决情况，之后做了扼要评述。而这些不多的扼要评述，最能体现顾祖禹的基本态度和思想认识。

顾祖禹在记述黄河水患时，已经深刻地意识到黄河水患发生的区域差异和时代差异，并做了相应的阐释。大体而言，黄河上游无河患，有灌溉之利，“自宁夏以上，民多引渠溉田，而宁夏尤被其利，民无旱涝之灾，盖上源势稍缓，无涨溢之患，且泥沙未甚，故引河为宜也”[33]。黄河中游多流经峡谷地带，因两岸山势夹河翼带，水患甚少，“河流自东胜州折而南几千八百里，自壶口、龙门以至于潼关，两岸重山翼带深险，而华山复横亘其南，冈峦盘固”[34]；“大河自芮城、阌乡而东，河之北岸则中条以接王屋，南岸则崤函以接北邙，夹河翼带，并趋而东，虽底柱扼塞中流，而旁无溃决之患，则以岗陵包络，有自然之险固耳”[35]。至于黄河下游，则是水患发生的重灾之区。顾祖禹说：“河南境内之川，莫大于河……境内之患，亦莫甚于河；”[36]“夫黄河自塞外而来，盘曲万山之中，汇合百川之水，自巩、洛而东，已出险就平，大伾以北，地势益复广衍，大陆则又钟水之区也，乘建瓴之势，注沮洳之乡，奔腾横溢，必不能免。”[37]这些对黄河上、中、下游地区水患形势的论述，都是非常有见地、有价值的，值得重视。

对于水患发生的时代差异，顾祖禹在多处反复强调、再三致意。如《川渎异同二》：“夫自禹治河之后，千百余年，中国不被河患。河之患萌于周季而浸淫于汉，横溃于宋，自宋以来淮、济南北数千里间，岌岌乎皆有其鱼之惧也。神禹不生，河患未已。”[38]《川渎异同一》：“《周谱》云：‘定王五年，大河南徙。’九河之湮废，当始于此时。三代之时，河患见于经传者绝少……汉代河患渐多，自宋以后大河未有十年无事者，说者以为天地之气，古今不同，岂其然乎？”[39]《纪要》卷四六《河南一》：“至巩、洛以东，河流屡变，兆端于周，浸淫于汉，横溃于宋。自宋至今，安流不可得而数见矣。”[40]这些论说，是顾祖禹经过对历代河患做了系统考察之后得出的结论，互相略有补充，大体意思一致。他认为中国河患经历了几个阶段：大禹时代洪水泛滥时期，周代河患萌发时期，汉代河患增多时期，宋代以来河患大爆发时期。顾祖禹是明末清初人，所谓的“自宋至今”是指从宋代到明末清初。顾祖禹的这个结论，总体上是符合河患发生实际的，今人研究黄河水患，得出的结论与顾祖禹的观点基本一致[41]，顾祖禹的卓越见识于此可见一斑。

需要指出的是，顾祖禹已经意识到东汉王景治河以后水患减少，河道稳定，“河经平原以南，自汉建始中始，而永平以后常为河之经流矣”[42]，“自东汉至隋、唐，水之侵啮涨溢，岂能尽免，而由平原、千乘间以入海，则未经变异也。然则治河如王景，其成法讵不足遵与？”[43]诚如顾祖禹所言，自东汉至隋、唐，河患时有发生，不能尽免，但与五代以来的河患相比，显然是一个稀少时期。但顾祖禹将东汉至隋唐河患减少的原因归结于文献记载的缺失，“后汉以及南北朝时，大河决塞，史多失于记注”[44]，这显示了他认识上的局限性。谭其骧先生研究指出，东汉以来至唐末，黄河出现了大约八百年的相对稳定时期，其原因在于东汉以后大批游牧民族占据黄河中游黄土高原地区，原农耕民族内迁，中游许多土地退耕还牧，植被恢复，水土流失减少，下游河道淤积减缓，决溢泛滥自然减少。[45]可见，东汉以来河患减少是黄河自身决溢泛滥减少的结果，不是由于史书“失于记注”造成的。

顾祖禹在记述各地河患时，往往试图揭示河患发展的大势和发生的原因。如在论述温县河患时，顾祖禹指出其原因：“盖河既出险就平，复南纳洛川之注，北并济水之流，纵横震荡，势不能已。”[46]在叙述完濮阳河患后，指出其发展大势：“盖自河入御河之后，而宋澶州之患稍缓，至金大定以后河益徙而南，澶州之流遂绝。明正统十三年，河决荥阳，自阳武冲入故道，直至州治南，又东抵濮州，坏张秋堤入海，后复塞治，盖瓠子、灵平之旧迹，皆不可复识矣。”[47]再如，东阿“自昔大河之冲也，南涨则渰东平，东溢则浸济南”[48]，归德“自元以前归德去河远，患颇少。元至元二十三年河冲决河南郡县，归德始被其患”[49]。河患往往涉及范围非常广泛，具有一定的共性，顾祖禹对此也有所揭示：“大约浚、滑、澶、濮、曹、单数州县间，大河东出，实为腰膂之地，疏浚无方，病必先见。自古及今，其得免于垫溺者几希矣。”[50]顾祖禹对河患发展趋势的揭示、原因的探讨乃至规律的总结，有助于加深对河患的认识，对于探求治河方略具有一定的启发意义。

三、《川渎异同》与顾祖禹的治河思想

在《川渎异同二》的开头，顾祖禹开宗明义地指出，他撰述该篇的动机在于对国计民生的忧虑，目的在于经世致用：“河之患萌于周季而浸淫于汉，横溃于宋，自宋以来淮、济南北数千里间，岌岌焉皆有其鱼之惧也。神禹不生，河患未已，国计民生，靡所止定矣。次大河源流，而参互以古今之变为此纪也，其有忧患乎？”[51]在《川渎异同三》的末尾，顾祖禹还专门辑录了历代著名的治河方略，如汉代贾让的“治河三策”，北魏郑偕的“水门之利论”，宋代欧阳修的“旧河不可复论”，宋代苏辙的“河不并行论”，宋代任伯雨的“防河论”，元代欧阳玄的“论治水法”，明代徐有贞的“疏浚论”，明代潘季驯的“束水攻沙论”。顾祖禹指出，自古及今的治河论说，多如牛毛，意见纷呈，莫衷一是，但始终没有奇策秘计。在他看来，河患的治理要因天时、因地利、因时势、因人事，而人事最为关键；不能以单一的方法治理，而要疏浚堤塞多方并举，疏堵兼筹综合施策，如此“与时变通，因端顺应，本之以己溺己饥之心，揆之于行所无事之智”[52]，河患是可以治理的。

第一，治河要与时变通、因势利导。顾祖禹博学多识，他撰写《纪要》，深受司马迁“究

天人之际，通古今之变，成一家之言”[53]的学术旨趣和理想志向的影响。顾祖禹特别强调“变通”与“因势”，这既体现在他的学术思想里，也体现在他的治河主张上。《纪要》凡例云：“天下之形势，视乎山川；山川之包络，关乎都邑。然不考古今，无以见因革之变；不综源委，无以识形势之全。”[54]这里指出“形势”之重要，顾祖禹所说的“势”，包含了地理形势、客观形势、时势条件等内涵。《川渎异同序》中，顾祖禹明确指出他撰述的目的就是“识古今之因革，究天地之变通”[55]。

黄河流经地域广大，各地地理条件不同，水患变化万千，治河既要汲取历史经验，更要与时变通、因势利导。顾祖禹说：“后世遥堤之法即两岸宜阔之意矣，缕堤之法即归流宜深之意矣，滚水石坝及格堤之法亦即斗门回注之意矣，盖未有舍古法而可以集事者。夫得其大意，尚能随试辄效，使究其精微，而权其通变，悠悠黄河，岂终付之不可问乎？”[56]汲取历史上成功的治河经验和方法，掌握精髓，究微通变，黄河可治。五代以来尤其是宋代河患大暴发，如何治理成为“国之大事”，于是乎治河主张层出，治河意见纷呈，但顾祖禹并不认可这些没有主见的做法，他批评说：“夫自东汉至隋、唐，水之侵啮涨溢，岂能尽免，而由平原、千乘间以入海，则未经变异也。然则治河如王景，其成法讵不足遵与？自梁、晋夹河之战，苟且目前，横挑大衅，延及宋季，横决无已，而一时蜩螗沸羹之说，迄无成见。”[57]在他看来，宋人治河既不能汲取前代经验，也不能因时通变，只是“迂疏拂逆之计”“因循苟且之见”[58]而已。

宋人治河提出“回河之说”，顾祖禹认为，这种回河之法可为亦不可为，要看具体时间和形势，不能一概而论。他在系统考察了滑州的河患后指出：“滑州河患莫甚于宋之天禧以前，于此时引河北去未为不可也。其后河亦益徙而北，出于信都、勃海间，故道庶几可复矣。”[59]宋真宗天禧以前滑州河患最为严重，在这个时候主张回河是可行的；但自宋仁宗天圣五年（1027）以后，因塞河成功，“滑州之患大抵移于澶州”[60]，此时再主张回河是不可行的。尤其是宋神宗熙宁以后，仍主回河之说，后果就更为严重，“沧、景常多水患”[61]。故而顾祖禹批评说：“宋人回河而东，为千古之诮。”[62]

顾祖禹认为治河须因势利导。他推崇大禹，盛赞禹功，《川渎异同一》云：“夫黄河自塞外而来，盘曲万山之中，汇合百川之水，自巩、洛而东，已出险就平，大伾以北，地势益复广衍，大陆则又钟水之区也，乘建瓴之势，注沮洳之乡，奔腾横溢，必不能免。禹因而疏之，顺其性之所便，从其地之所近，而九河以名，此在浲洞之时，最为当机而扼要，禹平成之烈，亦莫著于此也。”[63]在顾祖禹看来，大禹之所以能够治水成功，取得丰功伟业，关键在于因势利导。大禹能够因地势、应水势、顺水性、就近地、择时机，其伟大之处也正在于此。

第二，治河要疏浚堤塞多方并举，疏堵兼筹综合施策。顾祖禹指出，自古以来没有奇策秘计，治河难以毕其功于一役，不能以单一的方法治理，而要疏浚堤塞多方并举，疏堵兼筹综合施策，“疏也，浚也，堤也，塞也，无不可用也”[64]。那么如何综合利用疏、浚、堤、塞呢？顾祖禹也做出了具体阐述。“疏”之法：“上流利用疏，暴涨利用疏。”[65]在黄河的上游，多利用引河渠道，既可稍杀黄河湍悍激荡之水势，又能灌溉沿河地区之农田，往往可收一举两得之效。当黄河漫漶四出之际，采用浚、塞难以奏效，此时宜采用疏，“多为派别，平其泛滥，而后随宜致功，轨之于正”[66]。

“浚”之法：“归流宜用浚，农隙水涸时宜用浚。”[67]黄河自孟州、巩县以东，进入中原平坦旷衍之地，无崇山峻岭阻防和大的湖泽调节，仅依恃河身自我保障是比较危险的。因黄河流经的黄土高原地区土厚又疏松，降水季节性变化很大，伏秋淫雨连绵且多暴雨，水量大增，很容易造成河决奔溃，所以须在霜降水涸季节趁水位下降、河道浅涸时组织人力浚挖，以保持河道深广如一，而此时正值农闲无事，不会影响百姓正常生活。也就是说，浚之法的目的在于保证河水归流，是预先经理河道，而不是大水溃奔之后才采取的措施。

“堤”之法：“河流散漫宜用堤，地势卑薄宜用堤。”[68]黄河流经平原地带，无山丘阻挡，河道极易变迁，如任其浸淫散漫而流，则会变化莫测。所以需要筑堤约束，使河水顺堤而行，不要旁溢。如果流经地势低洼的沙土地，则需要选择适当的距离，根据实际夷险情况，筑堤维护，多方防止河水侵蚀和奔冲河岸。顾祖禹强调，虽然是筑堤约束，但这不是塞障，而是阻防，“因其势而为之防，非逆其流而为之障也”[69]。

“塞”之法：“故道当因则新口宜塞，正流欲利则旁支宜塞。”[70]北宋欧阳修提出“故道不可复论”，顾祖禹则以为，故道可否沿用，不能一概而论。如果黄河流路没有发生大的改变，只是偶然冲决，在此情况下，应该堵塞新的决口让河复归故道，而不应任其决裂而行。在近海口地区，由于受海浪的回旋反冲，河之下流容易淤积，下流淤积，上流容易溃决。而下流的淤积，也是与上流的流速缓慢有关。因此顾祖禹认为：“近海之处，正当厚其力而速其势，不当多为之途以弱其力也。”[71]也就是堵塞旁支，增强正流水势流速和冲刷能力，从而顺利入海。正是基于此种认识，顾祖禹指出，黄河夺淮后在淮河下游地区开挖草湾河、新黄河之类，皆“非治河胜策也”[72]。

总之，顾祖禹认为治河须综合施治，只要做到“与时变通，因端顺应”，疏、浚、堤、塞都是可以使用的。

第三，治河与治淮治运结合，治淮是治河治运之先务。黄河治理与运河漕运之间是存在一定矛盾的，明代治河始终抑河南行，是与保护会通河直接相关的，“大河东则会通河废，会通河不废则大河不可得而东矣。两者不并立，此终明之世大河所以屡决而东，终抑之使南也与？”[73]虽然如此，顾祖禹仍坚持认为：“自《禹贡》以至于今，大河常为转输之道，置河而言漕，不犹因咽而废食乎？”[74]

黄河夺淮之后，淮安清口成为黄、淮、运三河交汇之冲，由于黄、淮、运水性河情不同，黄高淮低，黄强淮弱，黄浊淮清，淮又高于运，黄河的治理也因此而变得格外复杂。顾祖禹对黄、淮、运的关系以及治河与治淮治运保漕的关系做出精彩分析，指出：“病淮必至于病运者莫如河，利河即所以利运者莫如淮，黄、运两河之枢机，实自淮握之。则今日之治淮，乃治河治运之先务也。”[75]黄河、运河治理的枢机和关键在于淮河，那么淮河究竟如何治理呢？顾祖禹提出“以淮治淮”的方略。所谓“以淮治淮”，就是“高厚其堤防使淮无所旁出，修明平水之制使淮不至于涨溢”[76]。通过修筑堤防，遏制淮流，抬高水位，使其单股而行，用清淮冲刷浊黄，从而达到治河、治运与保漕的目的。

第四，治河须得其人，修举人事。顾祖禹虽然强调山川地理形势对政治、军事的作用，但他更看重人事，并认为人事才具有决定性意义，这一思想认识贯穿于《纪要》全书。他在《纪要总叙二》中云：“金城汤池，不得其人以守之，曾不及培塿之丘、泛滥之水，得其人即枯木朽株，皆可以为敌难。”[77]在《川渎异同序》中，顾祖禹感慨说：“嗟乎！其间盖有天事焉，有人事焉。”[78]《川渎异同三》中征引明代徐有贞语云：“平水土在知天时、地利、人事。天时既经，地利既纬，人事乃究。”[79]顾祖禹在考察了历代河患和治河方略之后指出：“然则治河者将如何？曰：人事修举而已矣。”[80]

顾祖禹所说的“得其人”“人事修举”内涵较为丰富，既包括谋国者、用世者、治河专家、普通百姓等多元主体，也包括正确的治河方略、严格的管理、务实的作为。顾祖禹对宋代的治河颇多批评，他说宋人治河人持一说，纷纷如如，没有创见与主见，空谈误国，坐失良机。“何意谋国者方且人持一说，非迂疏拂逆之计，则因循苟且之见而已矣。以千载一时之机，而空言坐失之，宋事之不可为也，岂惟用兵为然哉？”[81]宋代河患之严重，治河之无力，重要的原因在于谋国者、用世者的态度和作为以及采用的治河方略，亦即不得其人、不修举人事。

除了谋国者、用事者的积极作为外，治河也需要强化管理，争取得到普通百姓的支援。如前所述，治淮是治河治运的先务，而治淮的关键在于修守高家堰，“虽然淮之浸河阻之也，河之阻未必不仍自淮致之也。高堰一带，修守不严，奸商盐贩之徒，无日不为盗决计。泗州之人，未究利害之源，但见高堰增筑，势必且遏淮以入泗，惟恐堰之不速溃也。淮之旁流日多，则淮之正流日弱，于是刷沙无力，而黄流益横，清口就淤，势不得不倒灌淮南，决堤堰而败城郭，委运道于茫无畔岸中矣”[82]。顾祖禹指出，明代高家堰屡决，清口不治，黄水横流，运道阻滞，与高家堰一带特殊利益群体的行为和修守不严有莫大关系。

综上可见，治河涉及诸多方面，须得其人，修人事，多方用力，相互支援配合，方可取得理想效果。

四、结语

《纪要》作为中国古代历史地理、军事地理的集大成之作，其主要价值自然是在军事地理方面，但同时也必须认识到，《纪要》涉及的时间历程长、地域范围广、内容广博，在历史政区地理、历史经济地理、历史自然地理、历史交通地理等方面也具有重要价值。《川渎异同》六卷是顾祖禹精心设计的篇章，专门载述黄河、长江、淮河、汉水等大江大河及事关国家经济命脉的漕河与海运，是其经世致用学术思想、忧国忧民学者情怀的重要体现。黄河素来被称为中华民族的母亲河，在中华民族发展和中国历史进程中具有重要地位，顾祖禹在《川渎异同》中对黄河的记述格外重视，共计两卷，篇幅最大，内容最为详赡。顾祖禹博学多识，视野开阔，记述黄河源流，将宏观的全河大势勾勒与微观的具体河段细描结合起来，将河道变迁的叙述与变迁原因的考察结合起来，做到心中有全河，笔下有全形。他十分关注黄河水患，对历代水患做了较为系统的考察，表现出对国计民生的深沉忧患。顾祖禹记述黄河水患，往往试图揭示河患发展的大势和发生的原因，已经深刻意识到黄河水患发生的区域差异和时代差异，并做出相应的阐释，对于今天深入研究黄河水患问题不乏启示意义。顾祖禹对河患治理格外究心，在深入考察历代治黄方略的基础上，提出自己的治河思想主张。顾祖禹提出，河患的治理要因天时、因地利、因时势、因人事，而人事最为关键；治河与治淮治运相结合，治淮是治河治运之先务；治河要疏浚堤塞并举，多方施策；只要做到与时变通、因端顺应、综合施治，黄河可治。这些思想主张，闪耀着智慧的光辉，具有重要参考价值，在黄河治理史上具有一定的地位。《川渎异同》可以说是顾祖禹撰述的一部简明的黄河变迁史。

注　释

[1]　〔清〕顾祖禹：《读史方舆纪要》魏禧叙，中华书局，2005年版，第1页。

[2]　〔清〕顾祖禹：《读史方舆纪要》彭士望叙，中华书局，2005年版，第3—4页。

[3]　梁启超：《中国近三百年学术史》，山西古籍出版社，2001年版，第303页。

[4]　施和金：《中国历史地理研究》，南京师范大

学出版社，2000 年版，第 512 页。
［5］〔清〕顾祖禹：《读史方舆纪要》凡例，中华书局，2005 年版，第 1 页。
［6］〔清〕顾祖禹：《读史方舆纪要》《川渎异同序》，中华书局，2005 年版，第 5355 页。
［7］〔清〕顾祖禹：《读史方舆纪要》卷一二六《川渎异同三》，中华书局，2005 年版，第 5423—5424 页。
［8］〔清〕顾祖禹：《读史方舆纪要》卷一二六《川渎异同三》，中华书局，2005 年版，第 5424 页。
［9］〔清〕顾祖禹：《读史方舆纪要》卷一二五《川渎异同二》，中华书局，2005 年版，第 5388—5389 页。
［10］〔清〕顾祖禹：《读史方舆纪要》卷一二五《川渎异同二》，中华书局，2005 年版，第 5381 页。
［11］〔清〕顾祖禹：《读史方舆纪要》卷一二五《川渎异同二》，中华书局，2005 年版，第 5383 页。
［12］〔清〕顾祖禹：《读史方舆纪要》卷一二五《川渎异同二》，中华书局，2005 年版，第 5383 页。
［13］〔清〕顾祖禹：《读史方舆纪要》卷一二五《川渎异同二》，中华书局，2005 年版，第 5384 页。
［14］〔清〕顾祖禹：《读史方舆纪要》卷一二五《川渎异同二》，中华书局，2005 年版，第 5387 页。
［15］〔清〕顾祖禹：《读史方舆纪要》卷五二《陕西一》，中华书局，2005 年版，第 2472 页。
［16］〔清〕顾祖禹：《读史方舆纪要》卷一二五《川渎异同二》，中华书局，2005 年版，第 5388 页。
［17］〔清〕顾祖禹：《读史方舆纪要》卷四六《河南一》，中华书局，2005 年版，第 2103 页。
［18］〔南朝宋〕范晔：《后汉书》卷七六《王景传》，中华书局，1965 年版，第 2465 页。
［19］〔清〕顾祖禹：《读史方舆纪要》卷一二五《川渎异同二》，中华书局，2005 年版，第 5402 页。
［20］〔清〕顾祖禹：《读史方舆纪要》卷一二五《川渎异同二》，中华书局，2005 年版，第 5392 页。
［21］〔清〕顾祖禹：《读史方舆纪要》卷一二五《川渎异同二》，中华书局，2005 年版，第 5398 页。
［22］〔清〕顾祖禹：《读史方舆纪要》卷一二五《川渎异同二》，中华书局，2005 年版，第 5404 页。
［23］〔清〕顾祖禹：《读史方舆纪要》卷一二六《川渎异同三》，中华书局，2005 年版，第 5409 页。
［24］〔清〕顾祖禹：《读史方舆纪要》卷一二六《川渎异同三》，中华书局，2005 年版，第 5417 页。
［25］邹逸麟主编：《黄淮海平原历史地理》，安徽教育出版社，1993 年版，第 98 页。
［26］〔清〕顾祖禹：《读史方舆纪要》卷一二五《川渎异同二》，中华书局，2005 年版，第 5386 页。
［27］〔清〕顾祖禹：《读史方舆纪要》卷一二五《川渎异同二》，中华书局，2005 年版，第 5390 页。
［28］〔清〕顾祖禹：《读史方舆纪要》卷一二五《川渎异同二》，中华书局，2005 年版，第 5394 页。
［29］〔清〕顾祖禹：《读史方舆纪要》卷一二五《川渎异同二》，中华书局，2005 年版，第 5403 页。
［30］〔清〕顾祖禹：《读史方舆纪要》卷一二五《川渎异同二》，中华书局，2005 年版，第 5397 页。
［31］〔清〕顾祖禹：《读史方舆纪要》卷一二六《川渎异同三》，中华书局，2005 年版，第 5408 页。
［32］〔清〕顾祖禹：《读史方舆纪要》卷一二五《川渎异同二》，中华书局，2005 年版，第 5405 页。
［33］〔清〕顾祖禹：《读史方舆纪要》卷一二五《川渎异同二》，中华书局，2005 年版，第 5383 页。
［34］〔清〕顾祖禹：《读史方舆纪要》卷一二五《川渎异同二》，中华书局，2005 年版，第 5387 页。
［35］〔清〕顾祖禹：《读史方舆纪要》卷一二五《川渎异同二》，中华书局，2005 年版，第 5388 页。
［36］〔清〕顾祖禹：《读史方舆纪要》卷四六《河南一》，中华书局，2005 年版，第 2102 页。
［37］〔清〕顾祖禹：《读史方舆纪要》卷一二四《川渎异同一》，中华书局，2005 年版，第 5367 页。
［38］〔清〕顾祖禹：《读史方舆纪要》卷一二五《川渎异同二》，中华书局，2005 年版，第 5380 页。
［39］〔清〕顾祖禹：《读史方舆纪要》卷一二四《川渎异同一》，中华书局，2005 年版，第 5368 页。
［40］〔清〕顾祖禹：《读史方舆纪要》卷四六《河南一》，中华书局，2005 年版，第 2103 页。
［41］邹逸麟主编：《黄淮海平原历史地理》，安徽教育出版社，1993 年版，第 102 页。
［42］〔清〕顾祖禹：《读史方舆纪要》卷一二五《川渎异同二》，中华书局，2005 年版，第 5402 页。
［43］〔清〕顾祖禹：《读史方舆纪要》卷一二五《川渎异同二》，中华书局，2005 年版，第 5405 页。
［44］〔清〕顾祖禹：《读史方舆纪要》卷一二五《川渎异同二》，中华书局，2005 年版，第 5402 页。
［45］谭其骧：《何以黄河在东汉以后会出现一个长期安流的局面》，《学术月刊》1962 年第 2 期。
［46］〔清〕顾祖禹：《读史方舆纪要》卷一二五《川

读异同二》，中华书局，2005 年版，第 5389 页。
[47] 〔清〕顾祖禹：《读史方舆纪要》卷一二五《川读异同二》，中华书局，2005 年版，第 5398 页。
[48] 〔清〕顾祖禹：《读史方舆纪要》卷一二五《川读异同二》，中华书局，2005 年版，第 5403 页。
[49] 〔清〕顾祖禹：《读史方舆纪要》卷一二六《川读异同三》，中华书局，2005 年版，第 5411—5412 页。
[50] 〔清〕顾祖禹：《读史方舆纪要》卷一二六《川读异同三》，中华书局，2005 年版，第 5414 页。
[51] 〔清〕顾祖禹：《读史方舆纪要》卷一二五《川读异同二》，中华书局，2005 年版，第 5380 页。
[52] 〔清〕顾祖禹：《读史方舆纪要》卷一二五《川读异同二》，中华书局，2005 年版，第 5429 页。
[53] 〔汉〕班固：《汉书》卷六二《司马迁传》，中华书局，1962 年版，第 2735 页。
[54] 〔清〕顾祖禹：《读史方舆纪要》凡例，中华书局，2005 年版，第 1 页。
[55] 〔清〕顾祖禹：《读史方舆纪要》《川读异同序》，中华书局，2005 年版，第 5355 页。
[56] 〔清〕顾祖禹：《读史方舆纪要》卷一二六《川读异同三》，中华书局，2005 年版，第 5409 页。
[57] 〔清〕顾祖禹：《读史方舆纪要》卷一二五《川读异同二》，中华书局，2005 年版，第 5405 页。
[58] 〔清〕顾祖禹：《读史方舆纪要》卷一二五《川读异同二》，中华书局，2005 年版，第 5395 页。
[59] 〔清〕顾祖禹：《读史方舆纪要》卷一二五《川读异同二》，中华书局，2005 年版，第 5395 页。
[60] 〔清〕顾祖禹：《读史方舆纪要》卷一二五《川读异同二》，中华书局，2005 年版，第 5395 页。
[61] 〔清〕顾祖禹：《读史方舆纪要》卷一二五《川读异同二》，中华书局，2005 年版，第 5402 页。
[62] 〔清〕顾祖禹：《读史方舆纪要》卷一二六《川读异同三》，中华书局，2005 年版，第 5428 页。
[63] 〔清〕顾祖禹：《读史方舆纪要》卷一二四《川读异同一》，中华书局，2005 年版，第 5367 页。
[64] 〔清〕顾祖禹：《读史方舆纪要》卷一二六《川读异同三》，中华书局，2005 年版，第 5428 页。
[65] 〔清〕顾祖禹：《读史方舆纪要》卷一二六《川读异同三》，中华书局，2005 年版，第 5428 页。
[66] 〔清〕顾祖禹：《读史方舆纪要》卷一二六《川读异同三》，中华书局，2005 年版，第 5429 页。
[67] 〔清〕顾祖禹：《读史方舆纪要》卷一二六《川读异同三》，中华书局，2005 年版，第 5429 页。
[68] 〔清〕顾祖禹：《读史方舆纪要》卷一二六《川读异同三》，中华书局，2005 年版，第 5429 页。
[69] 〔清〕顾祖禹：《读史方舆纪要》卷一二六《川读异同三》，中华书局，2005 年版，第 5429 页。
[70] 〔清〕顾祖禹：《读史方舆纪要》卷一二六《川读异同三》，中华书局，2005 年版，第 5429 页。
[71] 〔清〕顾祖禹：《读史方舆纪要》卷一二六《川读异同三》，中华书局，2005 年版，第 5429 页。
[72] 〔清〕顾祖禹：《读史方舆纪要》卷一二六《川读异同三》，中华书局，2005 年版，第 5429 页。
[73] 〔清〕顾祖禹：《读史方舆纪要》卷一二六《川读异同三》，中华书局，2005 年版，第 5409 页。
[74] 〔清〕顾祖禹：《读史方舆纪要》卷一二六《川读异同三》，中华书局，2005 年版，第 5428 页。
[75] 〔清〕顾祖禹：《读史方舆纪要》卷一二七《川读异同四》，中华书局，2005 年版，第 5435 页。
[76] 〔清〕顾祖禹：《读史方舆纪要》卷一二七《川读异同四》，中华书局，2005 年版，第 5436 页。
[77] 〔清〕顾祖禹：《读史方舆纪要》总叙二，中华书局，2005 年版，第 15 页。
[78] 〔清〕顾祖禹：《读史方舆纪要》《川读异同序》，中华书局，2005 年版，第 5355 页。
[79] 〔清〕顾祖禹：《读史方舆纪要》卷一二六《川读异同三》，中华书局，2005 年版，第 5427 页。
[80] 〔清〕顾祖禹：《读史方舆纪要》卷一二六《川读异同三》，中华书局，2005 年版，第 5428 页。
[81] 〔清〕顾祖禹：《读史方舆纪要》卷一二五《川读异同二》，中华书局，2005 年版，第 5395—5396 页。
[82] 〔清〕顾祖禹：《读史方舆纪要》卷一二七《川读异同四》，中华书局，2005 年版，第 5438 页。

蘅塘退士孙洙简明年表

刘桂秋 *

【摘要】《唐诗三百首》在唐诗的传播和普及方面所起到的作用，一直是无与伦比的；其编选者蘅塘退士孙洙，也是自古及今无锡人才群体中的一员。因为种种原因，迄今人们对孙洙生平史迹的了解极为有限。本文用简明年表的形式，初步勾勒孙洙一生的基本事迹。

【关键词】《唐诗三百首》　孙洙　简明年表

小引

《唐诗三百首》在唐诗的传播和普及方面所起到的作用，一直到今天，都是无与伦比的。当代著名作家王蒙曾经说过："最能表达汉语汉字的特色的，我以为是中国的旧诗。一个懂中文的华人，只要认真读一下《唐诗三百首》，他或她的心就不可能不中国化了。"

《唐诗三百首》的编选者，在这本书刊行以来的各种版本上，都是署"蘅塘退士"。"蘅塘退士"姓甚名谁，在清乾隆二十八年（1763）《唐诗三百首》首次刊行以后的一二百年中，人们一直都不甚了然。20 世纪 30 年代前后，学界才基本确认"蘅塘退士"是清代无锡人孙洙。再往后，陆续有不少学人在不断追寻孙洙的生平事迹，这其中以无锡文史学者赵承中先生用力尤勤，他广泛搜辑无锡乡邑文献和其他典籍资料，勾稽考索，对孙洙的家世、著作及生平事迹等有不少新的发现，并先后写成发表《蘅塘退士及其家世》《蘅塘退士与他的遗诗》《追寻"蘅塘退士"》等文章予以介绍。在赵承中先生的研究基础上，笔者近年来进一步致力于追寻搜检这方面的文献资料，也有一些收获，乃撰成《蘅塘退士孙洙简明年表》。但这仍然只是一个初步的研究，到目前为止，我们对孙洙的生平史迹的了解，仍然非常有限。希望这份简明年表刊布以后，包括笔者在内的学人们继续努力，在对孙洙的生平史研究、对《唐诗三百首》的研究等方面不断取得新的成绩和进展。

表前

孙洙家族的远祖孙万登，仕唐为威武军节度使、左执金吾上将军。后举家南迁，卒后封

* 刘桂秋：江南大学人文学院副教授（已退休）

新安伯，成为新安孙氏的始迁祖。孙洙是孙万登三十世孙。

孙洙祖父孙允膺，字玠玉，号渭川，清顺治十四年丁酉（1657）十一月初六日生。岁贡生，就职训导，著有《嘉荫楼集》，已刊行。顾光旭编《梁溪诗钞》收其诗《山居》一首。清雍正二年甲辰（1724）九月二十一日卒。

《新安孙氏家乘》卷四：

允膺，字玠玉，号渭川，以孙洙貤赠文林郎、顺天府大成（城）县知县，著有《嘉荫楼诗词合集》行世，生顺治丁酉十一月初六，卒雍正甲辰九月廿一，享年六十八。葬锡邑许山归字号丁山癸向。配吴氏，貤赠孺人，生顺治戊戌二月廿七，卒康熙辛未十一月十九，享年三十四，合葬许山。继配江氏，貤赠孺人，生康熙己酉八月初七，卒乾隆己巳七月十八，享年八十一，合葬许山。侧室刘氏，生康熙辛亥十月廿三，卒康熙戊辰正月初十，享年十八。子二：安，侧出；锺，吴出。

孙诰鸿《孙诰鸿自述》（《锡金游庠同人自述汇刊》）：

……七世祖讳允膺，字渭川，岁贡生，就职训导，诗入《梁溪诗钞》。

顾光旭《孙允膺小传》（顾光旭编《梁溪诗钞》卷二十四）：

孙嘉荫允膺，字玠玉，一字渭川，著有《嘉荫楼集》。

按：《嘉荫楼集》二卷，乾隆五十五年（1790）刻本，是孙允膺的诗词合集，今存。南京大学《全清词》编纂委员会编纂《全清词·顺康卷》第十七册收孙允膺词九十首，系从《嘉荫楼集》中辑出。

又按：上引《新安孙氏家乘》“允膺，字玠玉，号渭川”，《孙诰鸿自述》作“讳允膺，字渭川”，《孙允膺小传》作“字玠玉，一字渭川”，此从《新安孙氏家乘》。

孙洙父孙锺，字铭功，号冰崖，清康熙二十八年己巳（1689）十一月二十七日生。国学生，著有《闲吟草》，已佚。清雍正二年甲辰（1724）七月十四日卒。

《新安孙氏家乘》卷四：

锺，字铭功，号冰崖，国学生，以子洙敕赠文林郎、顺天府大成（城）县知县，著有《闲吟草》，生康熙己巳十一月廿七，卒雍正甲辰七月十四，享年三十六。配江氏，敕赠孺人，生康熙己巳七月初三，卒乾隆戊午二月初三，享年五十。合葬江阴县定山薛家村器字二百四号丁癸兼午字。子三：洙、湘、澂。

孙诰鸿《孙诰鸿自述》（《锡金游庠同人自述汇刊》）：

……六世祖讳锺，字冰崖，国学生，俱赠直隶大城县知县。

按：上引《新安孙氏家乘》“锺，字铭功，号冰崖”，孙诰鸿《孙诰鸿自述》作“讳锺，字冰崖”，此从《新安孙氏家乘》。

孙洙仲弟孙湘，字亩南（一作茂南），号午桥、稻农，生时顶有异香，因又号香顶生（“生”一作“僧”），清康熙五十六年丁酉（1717）四月初八日生。金匮县庠生，例入国学，工诗文，善真草书，著有《戊田小草》，已佚。顾光旭编《梁溪诗钞》收其诗六题七首：《苦寒行》、《题梅花生赵舜卿诗》、《癸酉冬，家兄于署垒东偏构三楹，颜曰“补庄”，因题》、《皂河舟次即事》、《淮阴杂诗》（四首存二）、《寒夜与蘅堂兄联句》（此首系与兄孙洙联句而成）。诗之外，今又存《小金城赋》《铁砚磨穿赋》《富贵花赋》等赋数篇。清乾隆二十八年癸未（1763）四月初二日卒。

《新安孙氏家乘》卷四：

湘，字亩南，号午桥，生时顶有异香，因又号香顶生。行五，金匮县庠生，例入国学，英伟秀爽，读书过目不忘。工诗文，善真草书，著有《戊田小草》。生康熙丁酉四月初八，乾隆癸未四月初二卒山左邹平县署，享年四十七。归葬景云乡次字二百五十号辛山乙向。配许氏，生康熙丁酉正月十六，卒乾隆戊申十月初四，享年七十二，葬同穴。无出，以兄洙三子光庭继。

顾光旭《孙湘小传》（顾光旭编《梁溪诗钞》卷四十）：

孙秀才湘，字茂南，号稻农，诸生，蘅堂之弟也。出生时，颇门香者弥月，因自署曰香顶僧，著有《戊田小草》。

按：马积高主编《历代辞赋总汇》收有孙湘《小金城赋》《铁砚磨穿赋》《富贵花赋》三篇，系从鸿宝斋主人编《赋海大观》中辑出。

季弟孙澂，字澧东。清康熙五十七年戊戌（1718）八月十八日生，乾隆三十三年戊子（1768）十月初三日卒。

《新安孙氏家乘》卷四：

澂，字澧东，行六，品行端雅。生康熙戊戌八月十八，卒乾隆戊子十月初三，享年五十一。配江氏，生康熙辛丑七月初九，卒乾隆戊戌九月十二，享年五十八。合葬景云乡次字二百廿五号辛山乙向。无出，以兄洙五子光地继。

孙洙妻薛氏，直隶州州同薛振采之女。清康熙四十九年庚寅（1710）六月二十七日生，乾隆五年庚申（1740）十二月三日卒。

《新安孙氏家乘》卷四：

（孙洙）……配薛氏，敕赠孺人，生康熙庚寅六月廿七日，卒乾隆庚申十二月三日，享年三十一。

孙謨鸿《孙謨鸿自述》（《锡金游庠同人自述汇刊》）：

……传自高祖蘅塘公……妣氏薛，直隶州州同措陛公振采女。

按：州同为清代知州的佐官。薛振采为无锡薛福成家族迁锡第十一世祖。

孙洙继室徐兰英，字澧仙，清康熙五十一年壬辰（1712）八月初二日生。幼时曾从金坛书法家蒋衡（1672—1743，字湘帆，号拙存）学书，又从无锡诗人杜诏（1666—1736，字紫纶，号云川）学诗，工诗善书，御赐“江南女士”印章。与蔡如玉、邹雪虹、孙晓霞等人为友。著有《澧仙诗草》，已佚。顾光旭编《梁溪诗钞》收其诗《题二泉女史画芍药》一首，又汪启淑编《撷芳集》收其诗《寄孝女孙晓霞》一首（署名徐澧仙）。曾助孙洙编《唐诗三百首》。乾隆五十四年己酉（1789）八月十六日卒。

《新安孙氏家乘》卷四：

（孙洙）……继配徐氏，名兰英，字澧仙，敕赠孺人。幼学诗于杜云川太史诏，学书于金坛蒋拙存先生衡，书法秀劲，与蘅塘相伯仲。生康熙壬辰八月初二，卒乾隆己酉八月十六，享年七十八。

孙謨鸿《孙謨鸿自述》（《锡金游庠同人自述汇刊》）：

……传自高祖蘅塘公……继妣氏徐名兰英，工诗善书，载邑志，诗入《梁溪诗钞》，御赐“江南女士”印章。

高鑅泉《锡山历朝著述书目考》卷九：

徐兰英，字澧仙，乾隆十六年进士、卢龙等知县孙洙号蘅塘继妻，生康熙壬辰，寿七十八。《澧仙诗草》。

顾光旭《孙孺人小传》（顾光旭编《梁溪诗钞》卷五十三）：

孙孺人徐，名兰英，邹平令孙蘅堂继室，敕封孺人。幼从蒋湘帆学书，工诗赋。年六十五卒于家，诗稿尽失，偶录诸画中。

按：上引《孙孺人小传》云徐兰英“年六十五卒于家”，不确，应以《新安孙氏家乘》和《锡山历朝书目考》所记“享年七十八”“寿七十八”为是。

窦镇《国朝书画家笔录》卷四：

徐兰英，无锡人，进士孙洙继室。幼惠，学诗于杜太史诏，又从蒋衡受笔法，能擘窠书。

黄印《孙进士妻》（黄印著《锡金识小录》卷八）：

吾邑女子工书法者，自昔未闻。乾隆初有徐氏兰英者，学书于金坛蒋湘帆衡，为入室弟子，能擘窠大字。琳宫梵宇，联额多出其手。又尝学诗于杜翰林云川，颇娴吟咏，名噪一时。其父家有赀，而所出微，故世家无与为婚，而小家其父亦丑之。后归孙进士铢（洙）为继室。今东岳殿“咫尺龙光”即其所书。

侯学愈《蔡如玉小传》（侯学愈编《续梁溪诗钞》卷二十二“闺媛”）：

蔡如玉。如玉字亦环，诸生蔡焯女，过锦继室，工绘事，花翎、羽毛，点染如生。与孙进士洙继室徐兰英为友，时相唱和。

按：侯学愈编《续梁溪诗钞》中选蔡如玉《种菊》一首，没有选录她和徐兰英唱和的诗。又，顾光旭编《梁溪诗钞》中，收徐兰英《题二泉女史画芍药》一首，二泉女史名邹雪虹，《梁溪诗钞》于《题二泉女史画芍药》一诗后即接以邹雪虹的《自题所画芍药》，其《小传》云：“号二泉女史。”又，汪启淑编《撷芳集》收徐兰英《寄孝女孙晓霞》。由此可知，除蔡如玉外，徐兰英尚与邹雪虹、孙晓霞为友。孙晓霞事迹参见刘桂秋《江南风土滋养出的“孝女诗人”》，《无锡日报》2019 年 12 月 12 日第 12 版。

陶世凤《乡饮大宾选用训导优增贡生孙公传》（1924 年 4 月 6 日《新无锡》）：

……按先生之高祖母徐兰英女士，工诗善书，载邑志，御赐“江南女士”印章。余少时游惠山，见香花桥诵芬楼“山色上楼多”“更上一层楼”两匾，不留名款，仰止再三，留恋不忍去。后询之吾师周质筠先生，始知为徐兰英女士所书，今知许太恭人特命髹工钩拓，亲撰跋语，以示子孙……

年表正文

1711 年（清康熙五十年辛卯）至 1743 年（清乾隆八年癸亥） 一岁至三十三岁

孙洙，字临西（“临”一作“苓”），号蘅塘（“塘”一作“堂”）。生于清康熙五十年辛卯（1711）七月初十日。

《新安孙氏家乘》卷四：

孙洙，字临西，一字苓西，号蘅塘，晚号退士……生康熙辛卯七月初十日……

性颖敏，家贫，冬日读书，恒以一木握掌中，谓木能生火，借可御寒。

《孙诰鸿自述》（《锡金游庠同人自述汇刊》）：

……蘅塘退士隆冬读书，恒以一木握掌中，谓木能生火，借御寒冷，今汝得福已多……

侯祖述《孙先生洙事略》（侯祖述编《无锡县志补遗》）：

孙洙，字临西，号蘅塘，晚号退士。性颖敏，家贫，冬日读书，恒以一木握掌中，谓木能生火，藉可御寒。

孙洙为吴铨（生于 1672 年，字容斋）高足弟子，少工制义，为人恬退，其书法宗欧阳询，诗学宗杜甫。

顾光旭《孙洙小传》（顾光旭编《梁溪诗钞》卷四十二）：

孙郡博洙，字苓西，号蘅堂，辛未进士，历官大城、卢龙、邹平县令，改江宁教授，著有《蘅塘漫稿》。蘅堂为吴容斋工部高足弟子，少工制义，为人恬退。

《蘅塘退士小传》（古香书屋铅印本《唐诗三百首注疏》卷首）：

蘅塘退士姓孙讳洙……其书法则宗欧阳，其诗学则宗少陵。与继室徐夫人兰英皆工诗善书，名垂邑志……

1744年（清乾隆九年甲子）　三十四岁

本年，孙洙以金匮县学庠生，中甲子科顺天举人，考授景山官学教习。

《新安孙氏家乘》卷四：

孙洙……金匮县庠生，例入国学。中乾隆甲子科顺天举人，考授景山教习。

1745年（清乾隆十年乙丑）　三十五岁

本年，孙洙参加会试，入明通榜，除授江苏上元县教谕。

《新安孙氏家乘》卷四：

孙洙……乙丑会试，明通榜，除江苏上元县教谕。

按：明通榜创立于清雍正朝，而正式称作“明通榜”则是在乾隆朝。明通榜是指在会试后于正榜之外，再行公布的录取榜。入选者是在各省落卷内挑出的文理明通者。推行明通榜，旨在为更多的会试落第者解决出路问题。

道光《上元县志》卷五《历官·儒学·教谕》：

孙洙，金匮举人。

任上元县教谕期间，孙洙曾于学署后空隙之地，构筑草堂三楹，命曰“一枝巢”。

按：孙洙后来任大城县令期间，曾作《补庄》一诗，后被选入顾光旭编《梁溪诗钞》，其中有部分内容忆及任上元教谕期间的生活情境及构筑“一枝巢”之事：“广文一官嗟独冷（顾光旭‘按’：蘅堂初为上元县教谕），会遭胜地幽兴浓。秦淮十里泛烟月，珠帘夹岸琪花红。酒阑人醉逐归路，画船扰绕笙歌丛。间余隙地构虚馆，一枝聊复巢高松（孙洙自注：上元学署后有隙地数弓，余构堂三楹，颜曰‘一枝巢’）。”

1751年（清乾隆十六年辛未）　四十一岁

本年，孙洙参加辛未科会试，中二甲十七名进士。任顺天府大城县知县。宰大城时，捐廉浚河道，民食其利。公余之暇，诵读不辍，恂恂如书生。

《新安孙氏家乘》卷四：

孙洙……辛未会试成进士，任直隶大城县知县。

按：据朱保炯、谢沛霖编《明清进士题名碑录索引》，孙洙为辛未科会试二甲十七名进士。

秦国经主编《清代官员履历档案全编》第十七册：

孙洙，江苏常州府金匮县人，年叁拾五岁，乾隆拾陆年进士，引见，奉旨着以知县即用。今掣得顺天府大城县知县缺。

按：孙洙于本年考中进士时，年已四十一岁，上文云“年叁拾五岁”，或为“官年”。古代士子在参加科考时所填写的履历上的“官年”，往往和实际年龄有差异。

光绪《大城县志》卷七《官师志》：

孙洙，山东诸城人，进士。

按：上云孙洙为山东诸城人，不确，应为江苏常州府金匮县人。

1753年（清乾隆十八年癸酉）　四十三岁

本年，孙洙将大城县署东偏的数椽老屋修葺翻新，以作公退休憩之所，命曰“补庄”，并作《补庄》一诗。孙洙弟孙湘亦有诗咏其事。

孙洙《补庄》（顾光旭编《梁溪诗钞》卷四十二）

大城官署东偏，老屋数椽，向为庖湢之所，突烟熏翳。癸酉冬日，葺而新之，编楷为篱，饰墙以纸，公退聊足休憩。有感于《易传》善补过之旨，颜曰“补庄”。作长句记之。

我生自悔不为田舍翁，薄田一顷勤春农。误戴儒冠学干禄，廿年狂走迷西东。广文一官嗟独冷（按：蘅堂初为上元县教谕），会遭胜地幽兴浓。秦淮十里泛烟月，珠帘夹岸琪花红。酒阑人醉逐归路，画船扰绕笙歌丛。间余隙地构虚馆，一枝聊复巢高松（自注：上元学署后有隙地数弓，余构堂三楹，颜曰“一枝巢”）。花竹清幽人绝迹，午窗檐铎声玲珑。竭来畿辅宰偏邑，运乖所至招灾凶。前年忧潦近忧旱，孽萌时复惊蝗螽。民贫土瘠勉供役，檄书傍午疲骄骢。服官几载席未暖，萧条廨舍徒尘封。偶因休沐得小憩，庭户湫隘膝仅容。署傍数椽颇幽敞，聊除块砾披蒿蓬。图书晏暇稍罗列，一樽相属姑开胸。迹类亡羊悔迟晚，心怀炼石难磨砻。俯仰身世勉无咎，易占有象吾谁从？故园三径讵堪问，诛茅何处寻云峰？亦知无何真我里，一廛暂辟留尘踪。凭轩长啸计真得，仰看云外排锦鸿。

孙湘《癸酉冬，家兄于署垒东偏构三楹，颜曰“补庄”，因题》（《梁溪诗钞》卷四十）：

得鹿竟何补，亡羊迹已深。苞桑今日计，梨枣百年心。以我碧云思，延君春草吟。东西同廨舍，听雨夜深沉。

1755年（清乾隆二十年乙亥） 四十五岁

本年，清军征讨发生内乱的准噶尔部，孙洙奉差随军送行，作《奉檄送定北军出居庸关马上作》。

孙洙《奉檄送定北军出居庸关马上作》（顾光旭编《梁溪诗钞》卷四十二）：

天门初开日曈昽，天戈北伐诛顽凶。虎貔壮士百千队，身骑宝马腰悬弓。雷电动地碾飞毂，霜踪蹴踏纷腾空。前驱后乘各争发，高牙远出临居庸。居庸形势足险要，万山奔赴环宸宫。凌霄绝壁夹阴壑，崄岈微启岩关重。崖崩石乱路疑绝，径开一线车徒通。山巅戍楼动悲角，旌竿云矗旗骞风。天寒日暮道途远，高原驻阵依崇墉。玉帐光寒刁斗静，军门列炬千灯红。国家承平百余载，万方宁谧无传烽。蠢兹小丑负绝域，久梗圣化辜帡幪。矧今残党自戕虐，天之所弃其谁容。桓桓斧钺正天讨，摧朽宁久烦车攻。鲰生目未睹兵革，短衣匹马如从戎。凯旋会计入关日，献俘阙下看论功。

赵承忠《蘅塘退士与他的遗诗》（《古典文学知识》2011年第6期）：

清初以来，额鲁特蒙古四卫拉特之一的准噶尔部势力强盛，横亘在喀尔喀和青海、西藏之间，严重威胁着西北地区的稳定和统一。乾隆初年，准噶尔部首领噶尔丹策零卒，诸台吉相继内附，受封为郡王、亲王。十九年（1754）七月，该部诸王争立，发生内乱。清廷抓住了这个机会，于十二月任命兵部尚书班第为定北将军、陕甘总督永常为定西将军，分两路率兵征讨。次年，定北军向乌里雅苏台进发，孙洙奉差随军送行。这趟差事完全扰乱了他的饮食起居习惯，一路上劳累不堪，但短暂的军旅生活却唤起了他长埋心底的渴望建功立业、报效朝廷的豪情。此时他意气风发，当初在《补庄》一诗中所表现出来的那种低落情绪已荡然无存，就在前往居庸关的途中，他用饱满的热情写下了这首长诗。

1756年（清乾隆二十一年丙子） 四十六岁

本年，任永平府卢龙县知县。

民国《卢龙县志》卷十三《历代职官下·卢龙知县·乾隆》：

孙洙，江南金匮进士，二十一年任。

任大城、卢龙知县期间，孙洙所至必咨访民间疾苦。任大城知县时且曾捐廉浚河道。公余之暇，则诵读不辍。

侯祖述《孙先生洙事略》（侯祖述编《无锡县志补遗》）：

孙洙……辛未进士，历知直隶卢龙、大城县事。所至必咨访民间疾苦，平时与民谆谆讲叙，如家人父子。或遇事须笞责者，辄先自流涕，故民多感泣悔过。宰大城时，捐廉浚河道，民食其利。公余之暇，诵读不辍，恂恂如书生。

同年，因挂误罢官。罢官前一夕，孙洙蓄养多年的一匹花马忽不食而死，作《花马行》一诗。

孙洙《花马行（有序）》（光绪《大城县志》卷十二《艺文下》）：

余任大城时，畜花马一匹，性驯，善走，缓急由人，乘之四五年矣。调卢龙，复携之去。罢官之日，共有马十六匹，力不能养，将尽散之。前一夕，花马忽不食死。余感而理之，作《花马行》。

呜呼我马真雄杰，紫花如云白如雪。频年京国逐淄尘，万里相随汗流血。官去囊空不自存，云从雾散更休论。群空未负驰驱力，食尽偏知豢养恩。不同凡马遭人售，生为君骑死君厩。青山埋骨无人知，千金何处还重购？

按："挂误"指因受连累而罢官。

1760 年（清乾隆二十五年庚辰）至 1762 年（清乾隆二十七年壬午）　五十岁至五十二岁

由庚辰年（1760）至壬午年（1762），两任山东乡试同考官，所得皆知名士。

《新安孙氏家乘》卷四：

庚辰、壬午，山东乡试同考官。

侯祖述《孙先生洙事略》（侯祖述编《无锡县志补遗》）：

庚辰、壬午，两校省闱，所得皆知名士。

1763 年（清乾隆二十八年癸未）　五十三岁

本年春，在继室徐兰英的协助下，编成《唐诗三百首》。

孙洙《唐诗三百首》题辞：

世俗儿童就学，即授《千家诗》，取其易于成诵，故流传不废。但其诗随手掇拾，工拙莫辨，且止五七律绝二体，而唐宋人又杂出其间，殊乖体制。因专就唐诗中脍炙人口之作，择其尤要者，每体得数十首，共三百余首，录成一编，为家塾课本，俾童而习之，白首亦莫能废，较《千家诗》不远胜耶？谚云："熟读唐诗三百首，不会吟诗也会吟。"请以是编验之。乾隆癸未年春日，蘅塘退士题。

《蘅塘退士小传》（古香书屋铅印本《唐诗三百首注疏》卷首）：

蘅塘退士姓孙讳洙，字临西，无锡人也……癸未春，辑《唐诗三百首》，徐夫人亦参以见解，互相商榷，故编辑告成，风行海内。其有裨于后之学诗者岂浅鲜哉。

按：《唐诗三百首》共收诗家七十七人（包括无名氏二人）；所选诗歌分体编排，计五言古诗及乐府一卷、七言古诗二卷、七言乐府一卷、五言律诗一卷、七言律诗及乐府一卷、五言绝句及乐府一卷、七言绝句及乐府一卷。每种题材的诗歌略依作者时代先后编次，计收诗三百十首。孙洙在选编时，并不随意以己意去取，也并不拘限于一种风格，而是注重选取历来广为传诵的名篇，注重选取内容和艺术性俱佳的作品，注重所选作家的涵盖面和代表性，再加上体裁完备，篇幅适中，所以当时此书一出，即“风行海内，几至家置一编”（四藤吟社主人《唐诗三百首补注序》）。

本年，挂误起复，任山东邹平县知县。

侯祖述《孙先生洙事略》（侯祖述编《无锡县志补遗》）：

孙洙，字临西……后罣误起复，知山东邹平县事。

道光《邹平县志》卷十二《职官·国朝·乾隆》：

孙洙，二十八年任，江南进士。

道光《邹平县志》卷十四《宦迹考》：

孙洙，江南进士，乾隆二十八年知县事。性慈惠，博学能文，尤工书法。

1766年（清乾隆三十一年丙戌） 五十六岁

约在本年，因公左迁，调补江宁府学教授。

《重刊江宁府志卷二十一·国朝·江宁府学教授》：

（乾隆）孙洙，金匮人，进士。

道光《邹平县志》卷十四《宦迹考》：

孙洙，江南进士，乾隆二十八年知县事……后因公左迁，调补江宁府教授。侯曰：“读书最乐，此获我素心矣！”欢然而去。

按：据道光《邹平县志》卷十二《职官》记载，孙洙于乾隆二十八年（1763）任邹平县知县，至三十一年（1766）由范朝纲接任，故将孙洙任江宁府学教授的时间暂系于乾隆三十一年。

在江宁府学教授任后，致仕归无锡，举乡饮大宾。归老后，蔬水常不给。

《新安孙氏家乘》卷四：

致仕，举乡饮大宾。

《蘅塘退士小传》（古香书屋铅印本《唐诗三百首注疏》卷首）：

退归，举乡饮大宾，老而勤学。

按：孙洙致仕归无锡的年份不详，故暂系于本年中。

顾光旭《孙洙小传》（顾光旭编《梁溪诗钞》卷四十二）：

孙郡博洙……归老时蔬水常不给。

1770年（清乾隆三十五年庚寅） 六十岁

本年，编成明清文言小说选本《排闷录》。

孙洙《排闷录》序：

余少壮时，风尘奔走，垂三十年。今老矣，寂处江干，悒郁无以语。间有酬接，复多败人意。惟案头旧书，散佚之余，尚存数百种，时一翻阅。每遇惬心处，辄低回不忍释手。随笔录之，以豁尘襟，以涤凡虑。积久成帙，因类次之，题曰《排闷录》。昔六一居士尝有幽忧之疾，学琴于友人，久而乐之，不知疾之在体；而少陵则云“排闷强裁诗”。古人所托，各因其性情之所近。余于诗无能为少陵后，而琴亦学之不成。聊因睹记之余，借为消遣之地，以此当少陵之诗、六一之琴也可。乾隆庚寅清和月，蘅塘退士孙洙题。

按：孙殿起《贩书偶记续编》和宁稼雨撰《中国文言小说总目提要》等书记载孙洙于《排闷录》外，还编著有《异闻录》和《广新闻》等两部“文言小说集”，误。署为“无闷居士”所作的《广新闻》，经学者考证，其作者并非孙洙，而是元和（今苏州）人顾光圻。另外，乾隆三十五年（1770）莆田书屋刊巾箱本的《异闻录》，卷首自序称之为《排闷录》，可知《排闷录》和《异闻录》，是一书而二名。

又按：《排闷录》也并不是一本孙洙自己创作的“文言小说集”，而是一部明清文言小说选本。全书将所选作品按内容分为孝行、忠义、贞烈、友爱、高谊、琦行、明断、义侠、玩世、仙缘、灵异、翰墨等十二类，每类于所选作品之前，也各有孙洙写的一段小序，如“孝行”类小序云：“天下无无父之国，天下应无不子之人，而孝者卒鲜，何哉？兹录所收，皆以人事之至穷、立孝道之极，则读者可以感矣。”又“忠义”类小序云：“致命之士，志决身歼，伟矣。乃市井渔樵、优娼、仆隶，其至性所发，可以感金石、泣鬼神；即飞走之属，亦率性自效，盖无所逃于天地之间者也。”将这些小序及所选作品合而观之，可以看出编选者重在倡扬忠孝节烈等传统的伦理价值观；而选入的作品故事，则又较多地体现了文言小说“志怪”“传奇”的特点。《排闷录》中入选的作品，多来自明清时的一些名家之作，如朱国祯《涌幢小品》、王士禛《池北偶谈》《香祖笔记》、蒲松龄《聊斋志异》、钮琇《觚剩》、褚人获《坚瓠集》等，但也有一些是采自于地方志书，如《黄善聪》采自《江宁府志》，《二烈传》采自《苏州府志》，《童氏犬》采自《建宁志》等。此外，《排闷录》一书还有一个打破体例的地方：最后一类“翰墨”中所选，并不是小说故事类的作品。孙洙认为：“伟人杰士，握管濡笔，或浩气发舒，或逸情流露，无意求工，而自堪寿世。读之者如获至宝，乃知片羽只鳞，皆征龙凤之彩，何必鸿文巨制，始足不朽乎？”基于这样的想法，孙洙在“翰墨”类中选录的，都是他心目中的一些足以“寿世”“不朽”的书牍类文章，如明代东林领袖高攀龙的《答袁宁乡书》，等等。

1778年（清乾隆四十三年戊戌）　六十八岁

十二月初七日，孙洙卒，葬无锡县景云乡陈湾里墓地。

《新安孙氏家乘》卷四：

……卒乾隆戊戌十二月初七，享年六十八。葬景云乡次字二百廿五号辛山乙向。

清末无锡、金匮两县生员的入塾年龄、进学年龄及其后续功名

廖章荣*

【摘要】通过对《锡金游庠同人自述汇刊》的统计、分析，发现无锡、金匮两县生员的入塾年龄主要集中在5—7岁，生员入塾读书较早是两县经济、教育发达以及文风昌盛共同作用的结果。两县生员入塾年龄偏小，进学年龄却偏大，则是该地区童试竞争过于激烈所致。实际上，乡试的竞争亦颇为激烈，两县仅有少数生员在短期内中举，大多数生员中举是在进学五年之后。部分未能中举的生员，通过考选可以获得岁贡、恩贡、拔贡、优贡、副贡（统称为“五贡”）的功名。此外，也有部分生员通过援例纳贡的方式成为贡生。

【关键词】生员　《锡金游庠同人自述汇刊》　入塾年龄　进学年龄　后续功名

清代江南地区的士人素来有编纂生员题名录的传统，其中常州府无锡、金匮两县就先后出现了邵涵初《锡山游庠录》[1]和高鏻泉《锡金游庠续录》两种生员题名录。无锡、金匮本为一县，清雍正四年（1726），无锡县析为无锡、金匮两邑，两县治所同城。1912年，金匮县并入无锡县。1929年，无锡县尚有不少清生员健在，邑人蒋标（即蒋士栋）、丁福保等人鉴于《锡山游庠录》《锡金游庠续录》只录诸生姓名，内容较为简略，决定另编一书叙述诸生行谊，“又恐他人载笔，往往不得其详，且不尽详实可信，于是甄采同人自述汇为一编”，此即《锡金游庠同人自述汇刊》（以下简称《自述汇刊》）。该书汇集了清代同治十年（1871）至光绪三十一年（1905）无锡、金匮两县83名生员的传记，其中绝大多数是出自生员本人自述，“因全书乃集本人自述而成，故于各人家世、生平、学行等，言之甚详，且多足征信”[2]。该书史料价值弥足珍贵，是研究清末无锡、金匮两县生员的一手资料。张仲礼就曾利用《自述汇刊》测算无锡、金匮两县生员的进学年龄，不过他的目的在于估算太平天国运动前后“正途”出身的士绅人数，无意对两县生员进学年龄的其他相关问题展开讨论，且在操作过程中存在失误。[3]笔者在充分利用《自述汇刊》的基础上，结合政书、文集、方志、笔记、年谱等材料，拟对清末无锡、金匮两县生员的入塾年龄、进学年龄、后续功名三个方面进行讨论。

* 廖章荣：广东大观博物馆学术委员会委员，历史学硕士

一、生员入塾年龄的分析

中国施行义务教育，乃是近代以来之事，古代并无义务教育一说，所以学塾一般对生徒的入学年龄不做统一规定。在先秦时期，生徒入学年龄受社会身份的影响。据《大戴礼记》记载，王侯太子8岁入小学，15岁入大学，又据《尚书·大传》说，卿大夫嫡子13岁入小学，20岁始入大学，所以郭秉文认为："是入学之迟早，以贵贱而分也。"[4] 秦代以后，入学年龄虽然不受身份限制，但由于各种因素的影响，生徒的入学年龄仍然存在差异。蒋纯焦列举了部分古代名人的入学年龄，认为生徒的入塾年龄一般是8岁[5]。喻本伐、熊贤君则认为历代生徒的入学年龄不同，但总体上是渐趋低龄化，"其入学年龄，大体由虚岁8岁降低为5岁。其上限，则均以虚岁15岁为准"[6]。实际上，即使是在同一朝代，受经济、教育等因素的影响，全国各地生徒的入塾年龄仍然存在不小差距。即以清代为例，从传世文献来看，清人的入塾年龄相差甚大。如清末苏州府长洲县马钊4岁入塾读书，时人冯桂芬说马钊"幼慧，四岁入塾，读书倍常童，九岁识星象"[7]；湖北恩施人樊增祥则9岁入塾读书；而浙江德清人傅羹梅迟至十余岁才入塾，时人黎庶昌说："君自少则劬志于学，年十余入塾读书。"[8] 从上述例子来看，即使是在同一时代，生徒的入塾年龄仍然存在较大差异。

中国幅员辽阔，各地情况千差万别，因此不能一概而论。一般而言，经济、教育发达的地区，生徒的入塾年龄总体上偏小，而经济、教育落后的地区，则总体上偏大。此外，入塾年龄还受其他因素的影响，如家庭情况、身体状况等。因此，要想测算出某一朝代生徒的入塾年龄并非易事。相对而言，截取一个时段对一个区域生徒的入塾年龄进行测算显然更易于操作，得出的结论也更令人信服。《自述汇刊》提到了清末无锡、金匮两县50名生员入塾时的具体年龄，对分析当时两县生员的入塾年龄具有重要价值。

从《自述汇刊》来看，在无锡、金匮两县生员中，入塾年龄最小的是张时良，张氏入塾时年仅4岁，他在自述中说："余家累代耕读，故先父家修公勤治农务，并设馆授徒以糊口，时大姊年长已能助治家务，余四岁即随二姊入塾……"[9] 其他生员的入塾年龄则在5—9岁，他们入塾的具体年龄分布情况见下表（表一）：

表一　清末无锡、金匮两县生员入塾年龄分布情况

入塾年龄（岁）	人数（人）	占比
4	1	2%
5	9	18%
6	11	22%
7	20	40%
8	5	10%
9	4	8%
合计	50	100%
备注：统计年龄均为虚岁。		

从上表的统计来看，7岁入塾读书的人数最多，其次是6岁和5岁，5—7岁这一年龄阶段的人数占总人数的80%，这说明清末无锡、金匮两县生员入塾读书的年龄普遍在5—7岁，这一时期两县生员的平均入塾年龄大约为6.6岁。此外，一些生员虽然没有明确提到自己的入塾年龄，但从一些语句中可以知道他们入塾读书较早，如庄积庆说："积庆于光绪三年丁丑五月生，其时祖父在沪服贾，商业甚盛，举家随侍寓所……忆自八岁秋间，吾祖逝世，全家返里，积庆在沪虽曾入塾，识字不多……"[10] 据此可知，庄氏在8岁之前即已入塾。殷曰同则在自述中说："炳文（殷氏之号——引者注）六七岁随先大父读《诗》、品《朱子家训》《千家诗》。"[11] 这至少说明殷氏在7岁之前就已接受了教育。从以上的统计、分析情况来看，清末无锡、金匮两县生员入塾的平均年龄显然比蒋纯焦《中国私塾史》所说的8岁要小，这种状况的出现与两

县的自身情况有关。清代无锡、金匮两县士民崇文尚教，加上该地经济、教育较为发达，故生徒的入塾年龄总体上偏小。

无锡、金匮两县经济、教育发展程度以及文风均大致相同，一些生员入塾年龄偏大主要是受其他因素的影响。如周璜、萧焕梁入塾读书较晚，均受时局动荡的影响。周璜生于咸丰七年（1857），咸丰十年（1860）太平军即将占领无锡、金匮之际，其父周彬携带家眷逃出城外，先后避居多地，直到同治四年（1865）才由乡下返回城里，暂居于朱家，同年周璜就读于朱氏私塾。[12] 与周璜年龄相仿的萧焕梁亦是9岁入塾，二人经历存在相似之处，不过又有所不同。萧焕梁生于咸丰六年（1856），萧氏5岁时太平军攻陷无锡、金匮，祖母赵氏因痛骂太平军而被杀，父萧汝金受此打击也抑郁成疾，并于当年病逝。萧焕梁经此变故后，“一岁之中避地者再三”，与母亲溥氏东奔西窜，“屡濒于危，幸出万死一生”。同治三年（1864），清廷平定太平天国运动，萧焕梁时年9岁，其伯父延请塾师在家中坐馆，萧氏才得以与从兄萧焕唐同塾读书。[13] 此外，还有一些人入塾读书迟是受个人因素的影响，如孙肇圻幼年体弱多病，8岁才开始识字[14]。近代著名实业家荣氏兄弟均系无锡县人，荣宗敬7岁时已从殷省甫启蒙，不过其弟荣德生因开口说话较迟，长至7岁仍未能入塾读书。荣德生8岁时本应上学，但因平时很少说话，邻里均说“二木头如何上学”，其父听信邻里之言，决定延迟他的入学时间，故荣德生迟至9岁才入塾读书。[15]

生徒入塾年龄不同，对学业进度显然会产生影响。如萧焕梁、周璜二人9岁才入塾读书，而与他们同辈的陶世凤则在9岁时已读完“四书五经”，这显然与陶世凤受学较早有关，不过也与陶氏的悟性有关系，《陶世凤节略》即说他“少受庭训，聪颖异人”，又云：“先生幼而聪颖，服习庭训，不就外傅。”[16] 实际上，除学业进度外，入塾年龄不同也会对举业造成影响。以光绪二十二年（1896）同时考取的三位生员过丙烈、赵夔、范熙为例，过丙烈4岁开始识字，5岁入塾，13岁读完十三经，同年开始学习八股文，25岁考取生员。赵夔7岁入塾，14岁从侯翔千学习八股文，考取生员的年龄是30岁。范熙则9岁入塾，“十七岁乃从叶诵清先生习举子业，始发笔为文”[17]，考取生员时已32岁。从过丙烈、赵夔、范熙的自述来看，他们均无过人的天赋，而三人的学业进度、进学年龄之所以存在明显差异，入塾年龄不同无疑是一个重要因素。

二、生员进学年龄再讨论

明清时期，童生考取生员后，称为入泮或进学。关于清代生员的进学年龄，目前学界已有相关讨论。王跃生认为生员进学时的年龄普遍是20岁左右，保守估计是22岁，不过王氏在文中并未提到估算的具体依据。[18] 左松涛则以《北京图书馆藏珍本年谱丛刊》为材料，统计、分析了清代277名士子考取生员时的年龄，认为他们进学时的平均年龄为19.72岁（虚岁）。[19] 毋庸置疑，上述研究对了解清代生员的进学年龄、教育情况不无裨益。不过，清代各地教育的发展状况、考生的竞争激烈程度不同，造成各地生员的进学年龄存在显著差异。此外，估算时所用的材料、方法不同也会对计算的结果产生影响。就此而言，要想准确估算出清代生员进学时的平均年龄，难度可想而知。

20世纪50年代，张仲礼为了确定太平天国运动前后生员的进学年龄，利用《自述汇刊》的材料进行统计、分析，认为当时生员的平均进学年龄大约是24岁。[20] 但张仲礼的具体操作过程及结论存在一些问题：第一，《自述汇刊》收入的传主是83人，而不是张氏所说的80人；第二，张仲礼将生员的进学年龄分为五组，分别是16—20岁、21—25岁、26—30岁、31—

35 岁、36—40 岁，并得出“21 至 25 岁这一年龄组人数最多”的结论，但 83 人中 25 岁考取生员的人实际上只有 4 人，而 20 岁、26 岁、27 岁、28 岁考取生员的人则分别为 8 人、8 人、7 人、7 人；第三，张氏估算的 24 岁，实际上只能用来说明无锡、金匮两县生员进学的平均年龄，因为两县均为人口密集、文风昌盛之地，不能以此代表全国的平均值。

鉴于张仲礼的统计方法及结论值得商榷，笔者根据《自述汇刊》的记载，在详细列出每位生员进学年龄的基础上，对清末无锡、金匮两县生员的进学年龄重新进行统计、分析，并对两县生员进学年龄大于全国平均值的原因作出解释。从书中收入的无锡、金匮两县 83 名生员的自述来看，进学年龄最小的是顾潜，光绪七年（1881）顾氏考取生员时年仅 16 岁；最大的是光绪二十一年（1895）进学的周璜，时年 39 岁。两县生员的进学年龄详见下表（表二）：

表二　清末无锡、金匮两县生员进学年龄

进学年龄（岁）	人数（人）	姓名
16	1	顾潜
17	1	尤桐（按：尤桐童试填写的是 14 岁，但其实际年龄为 17 岁）
18	2	陈启源、孙观圻
19	3	杨楫、杨恩霈、丁鹏振
20	8	杨志濂、萧焕梁、孙光斗、王宗猛、许国凤、孙靖圻、庄积庆、杨寿楣
21	9	陶世凤、虞文元、薛聪彝、张文藻、蔡文森、周藩、邹呈桂、陈作霖、俞家振
22	7	顾祖诰、吴庚飏、杨泰阶、曹允文、张照南、孙肇圻、沈寿桐
23	9	蒋士松、杨昌源、丁福保、俞霖、施昌第、周锡缙、过文冕、周骏、吴廷枢
24	7	陶廷枋、张时良（自述误为 22 岁）、黄元杰、钱珍、孙诰鸿、林锡荣、顾猷鸿
25	4	方兴、张鉴、过丙烈、薛葆煌
26	8	陈纲、孙谔鸿、荣善昌、胡介昌、潘钟泉、嵇毅复、陆镇瀛、陈学汉
27	7	吴佐璜、王国治、侯学愈[21]、孙毅、温其玉、侯鸿鉴、黄豹光
28	7	杨鼎复、袁宗沂、孙藩圻、程宏远、刘翼墀、陈然、侯汝济
29	0	
30	3	赵夔、方矩、施嘉绩
31	0	
32	3	蒋标、范熙、殷曰同
33	1	殷献臣
34	1	陈麟章
35	1	杨承实
36	0	
37	0	
38	0	
39	1	周璜
备注：统计年龄均为虚岁。		

从表中可以看出，清末无锡、金匮两县生员进学时的年龄主要集中在20—24岁和26—28岁两个年龄阶段，这与张仲礼得出的“21至25岁这一年龄组人数最多”的结论存在差别。经笔者重新计算，两县生员的平均进学年龄约为24.4岁，这比张仲礼所计算的24岁略大。笔者在前文提到王跃生认为清代全国生员进学的平均年龄是20岁（保守估计是22岁），左松涛计算的结果是19.72岁。而无锡、金匮两县生员进学平均年龄是24.4岁，这说明两县生员进学的平均年龄要大于全国平均值。

清末无锡、金匮两县生员的入塾年龄既然总体上偏小，何以进学年龄会偏大？这与清代的学额制度以及两县自身的情况有关。清代对各府县的学额皆有明确规定，顺治四年（1647）规定：“直隶各省儒学，视人文多寡，分大、中、小学。取进童生，大学四十名，中学三十名，小学二十名。”[22]顺治十五年（1658），清廷对学额进行了调整，大府改为20名，大州县15名，小学则改为4名或5名。康熙九年（1670）再次对学额作了调整，大府州县维持不变，中学改为12名，小学则改为7名或8名。雍正二年（1724），雍正帝发布上谕：“令督抚、学政会核人文最盛之州县，题请小学改为中学，中学改为大学，大学照府学额取录。”[23]此后学额虽然屡有调整，但变化基本不大。

康熙三十九年（1700），全国的人口约为1.5亿，至道光三十年（1850）已增长到4.3亿左右，但学额的增加与人口的增长速度并不匹配，这实际上意味着平民获取初阶功名的难度在不断提高。[24]这种情况在人口密集的江南地区表现得尤为明显，无锡、金匮两县文风鼎盛、人口密集、教育发达，然而学额却不多，据《锡金游庠录》记载：“雍正四年，始析无锡县境添设金匮县，向例学额二十五名，两县平分，无锡十二名，金匮十三名，廪、增生两县各十名，岁贡每县四年一轮。”[25]清廷虽时有增广学额之举，但多为临时举措，且增加的名额不多。据《锡金游庠续录》记载，从光绪元年（1875）到光绪三十一年（1905）科举制废除，无锡、金匮两县仅增广学额3次，每次增加7名，其中无锡县4名、金匮县3名。两县的增广学额相当有限，难以缓解当地考生的竞争压力，童试的竞争实际上仍然相当激烈，这种情形正如梁启超所言：“邑聚千数百童生，而擢十数人为生员。”[26]

据王立刚研究，清代童试的总体录取率大约为1%，录取率总体上要低于乡试和会试。[27]清代童试三年两考，各地学额在一般情况下基本保持不变，因此录取率的高低主要取决于报考人数的多少。就全国而言，南方的考生较多，西北地区的考生则相对较少。清人严如熤说：“南方州县应试童生常二三千人，西北则著名州县应试童生或止数十名、百名，则读书之人寥寥可知。”[28]因此，南方童试的竞争力总体上要大于西北地区。实际上，南方各地的情形又存在差异，文风较弱的地区竞争压力较小，而对文风较盛的地区来说，“获隽是得之不易”[29]。江苏无锡、金匮两县人口密集、文风昌盛，应试士子较多，而清政府所规定的学额与两县的实际情况并不匹配，由此造成童试的录取率低于全国平均值，这正是两县生员进学平均年龄大于全国平均值的根本原因。

无锡、金匮两县考生竞争激烈，不少人经历多次童试才成功进学。如侯学愈曾“四应童试未获青一衿”[30]，直到光绪十九年（1893）第五次应试才如愿进学。又如周璜从21岁开始应童试，此后屡试不中，直到39岁方成为生员。陈麟章则从19岁开始参加童试，至34岁才进学，迟来的功名令陈氏心生感慨，他在进学当年曾作七言诗一首，其中两句是：“迟我功名十年晚，太息爹娘望眼穿。”[31]此外，杨承实从17岁开始学习制艺，自20岁以后多次参加童试，“虽偶列前茅，而辄不售，蹭蹬试场十五、六年”[32]，直到35岁才进学。实际上，在两县生员中，类似的例子尚有不少，此处不再赘举。

三、生员后续功名的考察

从同治十年（1871）到光绪三十一年（1905）科举制度废除，江苏共举行岁试、科试 24 次。这一时期无锡、金匮两县录取的生员至少有 1036 人（含寄籍苏州府以及其他府县的生员）。在这 1036 名生员中，其中有 56 人考取举人（不含副贡），占总人数的 5.4% 左右，而这 56 名举人中只有 3 人考取进士。[33] 下面将同治十年至光绪三十一年期间两县进学生员的中举情况制成表格（表三），以便于分析。

表三　清末无锡、金匮两县进学生员的中举情况 [34]

姓名	进学时间	中举时间	进学、中举时间差（年）	备注
杨志濂	1871	1875	4	
陆绍云	1871	1889	18	
过锡纶	1871	1885	14	
杨楷	1872	1891	19	光绪十八年（1892）进士
杨模	1872	1894	22	
姚霁	1872	1889	17	
杨楫	1872	1873	1	
陶世凤	1872	1889	17	光绪二十年（1894）进士
华文汇	1872	1873	1	
华秉钧	1872	1889	17	
章铸	1872	1879	7	
秦谦培	1874	1876	2	
徐善宝	1874	1891	17	
钱承熙	1874	1885	11	
秦坚	1874	1888	14	
陆钟奇	1875	1894	19	
裘廷梁	1875	1885	10	
王世忠	1877	1894	17	
蔡瑞勋	1877	1885	8	
沈林一	1878	1885	7	
陶光济	1878	1897	19	
薛翼运	1880	1888	8	
孙祖烈	1880	1888	8	
钱麟书	1880	1889	9	
蒋宝丰	1880	1894	14	
孙泰圻	1881	1885	4	

（续表）

姓名	进学时间	中举时间	进学、中举时间差（年）	备注
唐浩镇	1881	1893	12	
张彦昭	1881	1885	4	
秦宝珉	1883	1885	2	
杨寿萱	1883	1889	6	
杨寿棫	1884	1891	7	
陆士奎	1884	1889	5	光绪二十年进士
顾懋熙	1884	1891	7	
杨宗海	1884	1894	10	
李洁	1886	1888	2	
薛聪彝	1886	1889	3	
俞复	1886	1894	8	
王衡	1886	1891	5	
杨寿仆	1886	1894	8	
孙揆均	1886	1894	8	
高翔	1887	1893	6	
范灥	1889	1894	5	
许士熊	1889	1894	5	
唐济镇	1889	1894	5	
杜嗣程	1890	1893	3	
杨文渊	1890	1902	12	
颜毓芬	1892	1902	10	
廉泉	1892	1894	2	
华承谟	1892	1893	1	
杨寿标	1893	1903	10	
徐国凤	1895	1897	2	
姚应泰	1895	1902	7	
杨寿楣	1896	1902	6	
薛葆煌	1896	1902	6	
孙藩圻	1898	1902	4	
许同莘	1899	1902	3	

由上表可知，清末无锡、金匮两县生员进学后，在五年之内（不含五年）中举的仅有15人，占总人数的27%左右，而其他41人中举则在进学五年以后，而这41人中有20人中举是在进学十年（包含十年）以后，足见中举难度之大。

清代乡试一般三年一次（偶有恩科乡试），应考的主要对象是生员，但并非所有的生员都可以参加乡试，因此在乡试之前，各省须对士子的考试资格进行甄别[35]。商衍鎏说："清代科考在一等、二等及三等大省前十名、中小省前五名之廪、增、附生，准送乡试外，其余三等及因故未考者，并在籍之监生、荫生、官生、贡生名不列于学宫、不考科试者，皆须于乡试年七月下旬，由学政考试录科，方能送考。现任之教官准学政送考，在国子监肄业之贡、监生由本监官送考。"[36]此外，各省乡试的录取名额亦有限制，"乡试中额，依文风之高下、人口之多寡、丁赋之轻重而定之"[37]。文风较盛、人口密集的地方，乡试录取名额虽然稍多，但应考的士子也较多，实际上竞争更为激烈，不少人为此耗费半生心血，最后仍未中举。如清末胡凤丹进学后，前后参加乡试十次，"三膺房荐，卒艰一第"，最后发出了"乌虖！何其难也"的感慨。[38]金匮人顾潜少负文名，16岁即成为生员，此后七度乡试，"同伴中年最少，群相推许，自视取功名如拾芥，孰知以一衿老耶！"[39]不少人经历多次乡试失败后心灰意冷，乃至绝意科考，这种情况在无锡、金匮部分生员的自述中亦有体现。如杨恩霈19岁进学，从光绪八年（1882）开始参加乡试，至光绪二十三年（1897）已"八战秋闱"[40]，前几次因种种缘故均未中举。杨氏自叹命途多舛，深感功名无望，至光绪甲午（1894）、丁酉（1897）两科乡试时，"虽仍循例入场，不过随俗沉浮，已无得失之念存于胸中"，自光绪二十三年（1897）以后，杨氏已不再参加乡试。[41]又如孙光斗20岁进学，此后"四战棘闱"，但均落第而归，"遂无复功名之想"。[42]此类例子还有吴庚飏，他22岁进学，前后参加乡试七次，不过均名落孙山，"两经患病，劳即吐红，精力怠而心志灰矣"。不久，科举制废除，吴氏乃专事教读儿辈。[43]周藩"四赴秋闱，三荐未售"，数十年后，他回想起自己的科考生涯时，认为自己当年驰逐科场是"蹉跎自误"，这或许是大多数乡试落第生员晚年的心声。

尽管乡试中举率低，但生员们仍然趋之若鹜，如金匮人俞墉屡赴乡试不第，屡败屡战，直到光绪二十三年，82岁时还在参加乡试，不过此次乡试仍未中举，清廷以俞氏年老，特赐副贡（即乙榜举人）出身，算是对他大半生沉迷功名的安慰。又如张文藻，他自光绪十五年（1889）进学以后，凡有考试"无役不从"，"直至科举停办而后已，计乡试七次，每次三场，每场平均二日，矮房中风味尝至四十余日之多，亦可谓兴复不浅矣"。[44]倘若科举不废，可以预见张氏仍会参加乡试。

生员的理想之途当然是成为举人、进士，然后出仕，不过此类人毕竟只占少数。倘若生员获得"五贡"的资格，再通过考选亦可获得出仕的机会。所谓"五贡"即岁贡、恩贡、拔贡、优贡、副贡，"其名词虽不同，但身份可以说是没什么大分别，所以统名曰贡生，只是选拔之法不同耳"[45]。笔者根据《锡金游庠续录》的统计、分析，发现同治十年至光绪三十一年期间，无锡、金匮两县进学的生员中，获得"五贡"资格的人不过40余人，其中岁贡有侯家凤、龚志良、赵祖荫、孙景康、邹钟泰、顾应杓、徐福庚、杨培源、虞文光（即虞文元）、李瀚、杨昌源、过宗唐等，恩贡有薛乃飞、龚鼎先、杨栻、钱基森、安泰来、范淇、朱恩沐、孙鸣圻、邓以模等，拔贡有华世芳、杨模、秦树锽、顾沐润、华彦钰、杨钟钰、孙蓉镜、孙肇圻等，优贡有孙揆均、秦瑞玠、陈作霖等，副贡则有王蕴时、尤廷桢（即尤桐）、王宗鎏（即王宗猛）、林志熙、顾栋臣、许同范、丁宝书、张文藻、高汝琳等。虽然《锡金游庠续录》著录的生员信息偶尔有遗漏，不过大体能反映清末两县生员“五贡”资格的获取情况。生员成为“五贡”后，亦可参加乡试，其中屡有中式者，如无锡人杨模在光绪十一年（1885）考取拔贡，光绪二十年（1894）考取举人；又如金匮人孙揆均在光绪二十年（1894）选为优贡，同年考取举人。尤廷桢（尤桐）的情形则较为特殊，他在光绪十四年（1888）已考取副贡，次年恩科乡试尤氏本为正榜第21名，后因故抑置乙榜，再次成为副贡。尤氏连续两次乡试列名乙榜，在清代科举史上也算是少有之事。

实际上，“五贡”资格的获取并不容易，因为“五贡”的获得者大多为廪生，而生员补廪的难度相当大。如无锡人虞文元21岁进学，36岁成为廪生，44岁以岁贡授职按察司经历。虞氏从进学到出贡，整整花了23年时间。与虞氏同邑的杨恩霈19岁成为生员，但32岁时才补廪，这并非是由于杨氏成绩不优秀，据他自述：“入学后，岁科二试虽常列一等，而食饩则迟至光绪十九年癸巳溥玉岑宗师科案，余年已三十二，因廪缺不易出，无力谋补也。”[46] 由此可见，补廪的难度主要在于“廪缺不易出”，即廪生的名额有限。成为廪生后，出贡“以食饩年深为序”，因此廪生往往要等待多年才能出贡。清末无锡人陈作霖和孙肇圻算是比较顺利的情况，陈氏21岁进学，22岁补廪，26岁选为优贡，从进学到出贡不过五年；孙氏则22岁进学，29岁考取拔贡，进学到出贡仅7年。不过像陈作霖、孙肇圻这样的例子并非常态，生员出贡的年龄大多在40岁以后，近人齐如山说：“但能出贡之廪生，多数已四五十岁（其有势力或由运动得来者除外），则其血气已就衰。”[47] 从清代生员的出贡年龄来看，齐氏所言当是实情。清人叶梦珠说：“廪生非二十年之外，无望岁贡，甚或有三四十年，头童齿豁而始得贡者。”[48] 叶氏所说的是明代的情形，实际上这种情况在清代也较为常见。据《国子监志》记载，顺德人黄章年近40岁才考取生员，60余岁补廪，83岁才成为贡生。康熙三十八年（1699），黄氏参加乡试时已100岁，“大书‘百岁观场’四字于灯，令其曾孙为之前导”[49]，一时传为科场奇事。此外，蒲松龄不到20岁即已考取生员，但迟至康熙五十年（1711）才成为岁贡生，时年72岁。清儒江永的科考轨迹与蒲氏较为类似，江氏21岁成为生员，24岁补廪，但直到62岁才考取岁贡生。[50] 江永补廪较为顺利，不过他从补廪到出贡却花了近40年。

“五贡”既然不易考取，那么援例捐纳就成了不少生员的选择。生员通过捐纳的方式成为贡生，称为例贡。“五贡”和例贡虽同属于贡生，但例贡因是捐纳而来，故不被视为“正途”出身，其身份地位也与“五贡”存在显著差别。生员并无直接出仕的机会，但举人、“五贡”、例贡经过考选均可以担任级别较低的官吏。在无法考取举人或“五贡”的情况下，捐纳对仕进无门的生员而言，未尝不是一条蹊径。如无锡生员萧焕梁进学时年仅20岁，“于是掉鞅文坛名场，角逐一时，开化同人相与观摩，颇不寂寞”，但此后却屡困秋闱，因此仕进无门。光绪二十九年（1903），萧氏捐纳贡生，宣统三年（1911）任开化乡筹备自治事务所副所长。[51] 同县黄元杰于光绪二十二年（1896）进学时已24岁，当时其父年迈多病，“家务悉委诸元杰，元杰责无旁贷，遂不复专攻举子业矣”，黄元杰放弃举业，意味着他无法通过科举的途径出仕。光绪二十七年（1901）黄氏循陕西、山西赈捐例，由附生报捐贡生，“复遵照新海防例报捐复设训导”，从此步入仕途。[52] 从《锡金游庠续录》来看，清末无锡、金匮的例贡人数要远远多于同时期举人和“五贡”人数的总和。当然，成为举人、“五贡”、例贡之人只是生员群体中的一部分，以青衿终老的士子在两县生员群体中仍然占了很大比重。

结语

明代中期以后，太湖流域成为全国的科举中心之一，这一局面一直维持到清代乾隆年间。[53]嘉庆以后，虽然科举中心逐渐走向多元化，但太湖流域仍不失为科举重镇。江苏无锡、金匮两县地处太湖流域，其经济、教育发展水平均属于全国前列。依托良好的经济、教育基础，加上当地素有崇文尚教的优良传统，故两县生员的入塾年龄普遍偏小。生员入塾读书较早，进学年龄理论上应该偏小，但受学额制度影响，加之两县考生较多，造成童试竞争激烈，当地生员的进学年龄反而偏大。生员的功名虽然低微，却并不容易考取。按清代科举制度规定，童生必须相继通过县试、府试以及院试方能获得生员资格，而以上三道选拔考试，实以府试最为关键。叶梦珠说："童生取府，在吾生之初，已无公道。凡欲府取者，必求缙绅荐引……故当日童试不难于入泮，而独难于府取，谓之府关。"[54]童生进学后，即意味着获得初阶功名——生员，生员通过相应的资格考试即可参加乡试，不过乡试竞争激烈，生员中举的概率并不大，梁启超说"省举万数千生员，而拔百数十人为举人"[55]，这正是清代乡试的实际情形。

实际上，除参加乡试外，生员也可以通过其他途径获得仕进的机会，考选"五贡"即是其中之一。但"五贡"并不易考取，从《锡金游庠续录》来看，同治十年至光绪三十一年期间无锡、金匮两县产生的生员介于1000—1100人之间，其中仅有40余人获得"五贡"的功名。从"五贡"获得者的身份来看，他们大多为廪生，而生员补廪少则数年，多则数十年，补廪后则"以食饩年深为序"选拔贡生。事实上，生员即便成为贡生，亦须通过考选方能授职，因此，生员的出贡之途显得较为漫长。此外，生员还可以通过援例捐纳的形式获得贡生（例贡）资格。自晚清军兴以来，政府急需筹措经费，用于捐纳的贡、监名额大大多于以往，清末无锡、金匮两县的例贡即远远多于同时期举人和"五贡"的总人数，这说明援例捐纳已成为生员博取功名的重要途径。

注　释

[1]　〔清〕邵涵初《锡山游庠录》初刻于咸丰四年（1854），1930年重刊时已析为《锡山游庠录》《锡金游庠录》。

[2]　江庆柏主编：《江苏地方文献书目》下册，广陵书社，2013年版，第957页。

[3]　张仲礼：《中国绅士研究》，上海人民出版社，2008年版，第77页。

[4]　郭秉文：《中国教育制度沿革史》，福建教育出版社，2007年版，第11页。

[5]　蒋纯焦：《中国私塾史》，山西教育出版社，2017年版，第151页。

[6]　喻本伐、熊贤君：《中国教育发展史》，华中师范大学出版社，2011年版，第206页。

[7]　冯桂芬：《显志堂稿》卷六《马中书传》，《清代诗文集汇编》第632册，上海古籍出版社，2010年版，第577页。

[8]　黎庶昌：《拙尊园丛稿》卷四《晋封通议大夫署云南恩安县知县傅府君墓表》，《清代诗文集汇编》第733册，上海古籍出版社，2010年版，第659页。

[9]　《张时良自述》，《锡金游庠同人自述汇刊》，《无锡文库》第2辑，凤凰出版社，2012年版，第249页。

[10]　《庄积庆自述》，《锡金游庠同人自述汇刊》，《无锡文库》第2辑，凤凰出版社，2012年版，第257页。

[11]　《殷曰同自述》，《锡金游庠同人自述汇刊》，《无锡文库》第2辑，凤凰出版社，2012年版，第275页。

[12]　《周璜自述》，《锡金游庠同人自述汇刊》，《无锡文库》第2辑，凤凰出版社，2012年版，第227页。

[13]　《萧焕梁自述》，《锡金游庠同人自述汇刊》，《无锡文库》第2辑，凤凰出版社，2012年版，第202页。

[14] 《孙肇圻自述》,《锡金游庠同人自述汇刊》,《无锡文库》第 2 辑,凤凰出版社,2012 年版,第 286 页。

[15] 荣德生:《乐农自订行年纪事》,上海古籍出版社,2002 年版,第 3 页。

[16] 《陶世凤节略》,《锡金游庠同人自述汇刊》,《无锡文库》第 2 辑,凤凰出版社,2012 年版,第 199 页。

[17] 《范熙自述》,《锡金游庠同人自述汇刊》,《无锡文库》第 2 辑,凤凰出版社,2012 年版,第 240 页。

[18] 王跃生:《清代"生监"的人数计量及其社会构成》,《南开学报》1989 年第 1 期。

[19] 左松涛:《清代生员的进学年龄》,《史学月刊》2010 年第 1 期。

[20] 张仲礼:《中国绅士研究》,上海人民出版社,2008 年版,第 77 页。

[21] 《锡金游庠续录》谓侯士纶原名学愈,误。据侯学愈自述:"环溪诗隐姓侯氏,名学愈,原名士纶,别署戢盦。"据此可知,士纶才是侯学愈原名。

[22] 〔清〕素尔讷等:《学政全书》卷四十二《学额总例》,《续修四库全书》第 828 册,上海古籍出版社,2002 年版,第 740 页。

[23] 〔清〕素尔讷等:《学政全书》卷四十二《学额总例》,《续修四库全书》第 828 册,上海古籍出版社,2002 年版,第 740 页。

[24] 〔美〕何炳棣著,徐泓译注:《明清社会史论》,联经出版事业股份有限公司,2013 年版,第 223—226 页。

[25] 〔清〕邵涵初辑:《锡金游庠录》,《无锡文库》第 2 辑,凤凰出版社,2011 年版,第 45 页。

[26] 梁启超:《公车上书请变通科举折》,《饮冰室合集·文集》第 2 册,中华书局,2015 年版,第 22 页。

[27] 王立刚:《清代童试录取率研究》,《社会科学论坛》2014 年第 3 期。

[28] 〔清〕严如熤:《三省山内边防论三》,〔清〕贺长龄、魏源等编:《清经世文编》卷八十二《兵政十三》,中华书局,1992 年版,第 2014 页。

[29] 王德昭:《清代科举制度研究》,中华书局,1984 年版,第 61 页。

[30] 《侯学愈自述》,《锡金游庠同人自述汇刊》,《无锡文库》第 2 辑,凤凰出版社,2012 年版,第 226 页。

[31] 《陈麟章自述》,《锡金游庠同人自述汇刊》,《无锡文库》第 2 辑,凤凰出版社,2012 年版,第 274 页。

[32] 《杨承实自述》,《锡金游庠同人自述汇刊》,《无锡文库》第 2 辑,凤凰出版社,2012 年版,第 273 页。

[33] 此数据系笔者根据高鑅泉《锡金游庠续录》《锡金科第考》而统计。

[34] 此表特指无锡、金匮两县在同治十年(1871)至光绪三十一年(1905)期间进学生员中所考取的举人,并非指这一时期两县产生的所有举人。资料来源:〔清〕高鑅泉《锡金游庠续录》《锡金科第考》。

[35] 关于清代乡试资格的研究,可参考李世愉、胡平《中国科举制度通史·清代卷》,上海人民出版社,2015 年版,第 62—64 页;王培忠《清代乡试资格考试及其录取人数研究》(硕士论文),浙江大学,2016 年。

[36] 商衍鎏:《清代科举考试述录》,故宫出版社,2014 年版,第 35 页。

[37] 商衍鎏:《清代科举考试述录》,故宫出版社,2014 年版,第 104 页。

[38] 〔清〕胡凤丹:《退补斋诗存二编》卷三《退补斋制艺自序》,《清代诗文集汇编》第 693 册,上海古籍出版社,2010 年版,第 394 页。

[39] 《顾潜节略》,《锡金游庠同人自述汇刊》,《无锡文库》第 2 辑,凤凰出版社,2012 年版,第 205 页。

[40] 杨恩霈所谓的"八战秋闱"分别是指壬午、乙酉、戊子、己丑(恩科)、辛卯、癸巳(恩科)、甲午、丁酉八次乡试。

[41] 《杨恩霈自述》,《锡金游庠同人自述汇刊》,《无锡文库》第 2 辑,凤凰出版社,2012 年版,第 204 页。

[42] 《孙光斗自述》,《锡金游庠同人自述汇刊》,《无锡文库》第 2 辑,凤凰出版社,2012 年版,第 213 页。

[43] 《吴庚飏自述》,《锡金游庠同人自述汇刊》,《无锡文库》第 2 辑,凤凰出版社,2012 年版,第 217 页。

[44] 《张文藻自述》,《锡金游庠同人自述汇刊》,

《无锡文库》第 2 辑，凤凰出版社，2012 年版，第 221 页。
[45] 齐如山：《中国的科名》，辽宁教育出版社，2006 年版，第 58 页。
[46] 《杨恩霈自述》，《锡金游庠同人自述汇刊》，《无锡文库》第 2 辑，凤凰出版社，2012 年版，第 204 页。
[47] 齐如山：《中国的科名》，辽宁教育出版社，2006 年版，第 57 页。
[48] 〔清〕叶梦珠：《阅世编》卷二《学校三》，中华书局，2007 年版，第 33 页。
[49] 〔清〕梁国治等：《国子监志》卷六十二《识余二》，《景印文渊阁四库全书》第 600 册，台湾商务印书馆，1986 年版，第 783 页。
[50] 〔清〕江藩：《国朝汉学师承记》卷五《江永》，中华书局，1983 年版，第 75 页。
[51] 《萧焕梁自述》，《锡金游庠同人自述汇刊》，《无锡文库》第 2 辑，凤凰出版社，2012 年版，第 203 页。
[52] 《黄元杰自述》，《锡金游庠同人自述汇刊》，《无锡文库》第 2 辑，凤凰出版社，2012 年版，第 250 页。
[53] 沈登苗：《明清全国进士与人才的时空分布及其相互关系》，《中国文化研究》1999 年第 4 期。
[54] 〔清〕叶梦珠：《阅世编》卷二《学校五》，中华书局，2007 年版，第 39 页。
[55] 梁启超：《公车上书请变通科举折》，《饮冰室合集·文集》第 2 册，中华书局，2015 年版，第 22 页。

北宋人物小札两则

石　雨*

【摘要】 现存所有的明清《江阴县志》关于北宋王安石与朱昌符唱和，视朱昌符、朱昌叔为一人的记载，纯系误判及以讹传讹，应当订正。北宋无锡张奕非但是进士，还是一位务实勤政为民的海瑞式清官。他的墓志铭现是国家一级文物，然而历代《无锡县志》及《无锡市志》皆一直缺载，应当补载。

【关键词】 王安石　朱昌符　朱昌叔　张奕　墓志铭

一、王安石与朱昌符、朱昌叔

通读现存所有的明清《江阴县志》，可以发现古代《江阴县志》都记载北宋王安石与朱昌符友善交往且诗歌唱和史事，谬甚；又将朱昌符、朱昌叔当作一人，混为一谈，又谬甚。这流传500来年的两个错误应予澄清、订正。

成稿于明弘治十一年（1498），成书于明正德十五年（1520）的《弘治江阴县志》载："朱昌符，字明之。儒雅有范，课最出伦见上。余无考。"并注云："尝寄王安石忆江阴诗云：'城上城隍古镜中，城边山色翠屏风。鱼虾接海随时足，稻米连湖逐岁丰。太伯人民堪教育，春申沟港可疏通。'后亡见……安石答诗云：'黄田港北水如天，万里风樯看贾船。海外珠犀常入市，人间鱼蟹不论钱。高亭笑语如昨日，末路尘沙非少年。强乞一官终未得，只君同病肯相怜。'"[1] 又载，朱昌符为江阴知军，任期为北宋天圣五年至六年（1027—1028）[2]。该志首提王安石与朱昌符诗歌唱和史事，但尚未把朱昌符、朱昌叔当作一人。

成书于明嘉靖二十七年（1548）的《嘉靖江阴县志》，关于王安石与朱昌符唱和史事沿袭前志陈说，但给王安石答诗加了个标题《求守江阴未得，酬朱昌叔忆江阴见及之作》，由此引出朱昌叔。此外诗中首句中的"黄田港北"成了"黄田港口"，末句中的"同病肯相怜"改成"问病肯相怜"。[3]相比《弘治江阴县志》，该志内容更丰富的是关于朱昌符的个人信息资料不再"余无考"，而是进一步明确："朱昌符，字明之，沛国人。儒雅端范，课功有异等之效，见知军题名记。尝与王荆公友善，其寄答诗篇并足传云。"[4]增添了朱昌符的籍贯，并交代他的部分信息来自《知军题名记》，再评价他与王安石的唱和诗篇足可传世。这些大约算是对前志所言朱昌符行事太简略的补充，而最突

*　石雨：华东旅游报社记者（已退休）

出的“贡献”是第一次推出朱昌叔，暗示朱昌符、朱昌叔为一人。

明江阴最后一部县志《崇祯江阴县志》继续沿用前志关于王安石与朱昌符诗歌唱和史事。书中朱昌符的记载全文照抄《嘉靖江阴县志》[5]，只删去两字，将《嘉靖江阴县志》文中“尝与王荆公友善”改作“与王荆公善”，还收录了王安石、朱昌叔的七首诗。该志卷七《诗》，有王安石诗六首，其中三首皆是写给朱昌叔的，第一首诗即是“黄田港北水如天”那首，未加标题，全诗字句与《弘治江阴县志》同。而朱昌叔诗则由该志编纂者加了标题《寄王安石》（此标题加得颇为毛糙。既然将朱昌符、朱昌叔视为一人，且与王安石“友善”，两人诗歌唱和时岂会无礼地直呼其名？当用王安石的字，以“寄王介甫”或“寄介甫”作标题才妥当——笔者注），并署“邑令，朱昌符，字昌叔”。诗云：“城上城隍古镜中，城边山色翠屏风。鱼虾接海随时足，禾稻连湖逐岁丰。太伯人民堪教育，春申沟港可疏通。”诗后注“结句亡”。[6]此诗与《弘治江阴县志》所载相比，只一词之差，即“禾稻”替代了“稻米”。从诗歌意象看，“禾稻”为农作物，从稻秧青青至金色稻穗，湖边大片农田稻波连着湖水波浪，色彩鲜艳，风景动人，用在“禾稻连湖逐岁丰”句中，明显比静物“稻米”生动且逻辑性更强，改得好。但最引人注意的是首次点明“朱昌符，字昌叔”，这足显该志编纂者的苦心，是在为前志“补妆”，毕竟《嘉靖江阴县志》王安石答诗标题中的“朱昌叔”前志不曾提及，出现得非常突兀，现点明“朱昌符，字昌叔”，力图让人明白朱昌符有二字，一为明之，一为昌叔，朱昌符、朱昌叔为一人无疑。

综观现存有明一代三部《江阴县志》，一致记载朱昌符任江阴知军，且与王安石友善，并有诗歌唱和之史事。第一部《弘治江阴县志》提及王安石与朱昌符诗歌互答；第二部《嘉靖江阴县志》沿用前志朱昌符与王安石诗歌酬答的记载，并暗示朱昌符、朱昌叔为一人；而第三部《崇祯江阴县志》则明确“朱昌符，字昌叔”，朱昌符、朱昌叔为一人的概念由此锁定。北宋王安石与朱昌符诗歌唱和的史事就这样层累堆积形成，而将朱昌符、朱昌叔视为一人也成为毫无疑义的事。

笔者过眼的清《江阴县志》有四部，即《康熙江阴县志》《乾隆江阴县志》《道光江阴县志》《光绪江阴县志》，对于王安石与朱昌符诗歌唱和史事，皆沿用明志陈说，而对于朱昌符、朱昌叔为一人的记载，《乾隆江阴县志》对明志跟得最紧、记得最清，书中直接说：“朱昌符，字明之，一作昌叔。沛国人。工诗，诗篇数与王荆公相酬。《答荆公怀江阴诗》有‘太伯人民堪教育，春申沟港可疏通’之句，盖道其实政也。而宋志《知军题名记》云：‘儒雅端范，课最出伦，至今舆人颂声犹在。’”[7]说得简明扼要，通畅自然，仿佛真实无误，十分完美。

在明清《江阴县志》这个文史小系统内，观照王安石与朱昌符交往唱和史事，朱昌符、朱昌叔为一人的两个错误，较为困难，因传承有序，记载清楚，似乎无懈可击，但细究起来，还是可以发现破绽的。朱昌符任官江阴知军，是在北宋天圣五年至六年（1027—1028），而王安石生于天禧五年（1021），至天圣五年（1027）才7岁，当然不可能与时任江阴知军的朱昌符诗歌唱和。而在中华文史大系统内，只要稍稍涉猎相关文献即知前述两个错误确实存在。《宋史》无朱昌符传，但《宋史·朱台符传》《宋登科记考》《宋会要》《全宋文》等不少史籍都载有朱昌符的相关信息。简言之，朱昌符（？—1032），北宋大中祥符八年（1015）进士，在杭州、开封、江阴等地任官之外，最后官至开封府判官、度支员外郎。明道元年（1032）出使西夏，途中病殁[8]，此时王安石才12岁。所以，王安石与朱昌符非但无诗歌唱和之实，更无任何交往。而证明朱昌符、朱昌叔为一人是错误的证据更多，其中曾巩为王安石母亲写的墓志铭与李壁对王安石《寄朱昌叔》诗的注释可称为铁证："仁寿县太君吴氏……女三人……次适前衢州西安县令、天长朱明之。"[9]"公三女弟，次适朱明之，昌叔其字也。"[10]而《全宋诗》也说："朱明之，字昌叔，江都人。王安石妹婿。"[11]朱昌符、朱昌叔显然是完全不同的两个人，而明清《江阴县志》编纂者们百密一疏，不辨"朱昌符，字明之""朱明之，字昌叔"，将两朱混作一人，诚为可惜。

明清《江阴县志》中的上述两个错误，似乎在民国时被发现了，《民国江阴县续志》未蹈前两个错误的覆辙。操刀《民国江阴县续志》的是江阴人、学问大家缪荃孙，他对王安石与朱昌叔两人是姻亲关系的历史当然不会弄错。但该志载王安石、朱昌叔诗，标题分别为《王荆公酬朱昌之诗》《宋昌淑寄王荆公忆江阴诗》[12]，颇为不通。这应是手民误植。若改为《王荆公酬朱昌叔诗》《朱昌叔寄王荆公忆江阴诗》就较为妥当。另外，该志设有《前志证误》一章，专门纠正明清《江阴县志》中的讹误，却未指出、订正明清《江阴县志》中的上述两个错误，也是一缺憾。1992年版《江阴市志》同样没有指出、订正这明清《江阴县志》沿袭了400多年的两个错误。笔者手头无近年出版的《江阴市志》，不知相关近况如何。而《江阴旅游文化・地名掌故》一书中写道："北宋天圣年间，沛国（今安徽宿州）人朱昌符（字昌叔）任江阴知军，与王安石过从甚密，屡有酬唱。朱昌符在《寄王安石》诗中写道……"照抄明《崇祯江阴县志》的记载，可知这两个错误在当代还有市场。

二、北宋进士张奕墓志铭

北宋无锡人张奕，庆历六年（1046）进士，但在古今无锡县（市）志中一直缺载至今，几不为人知。光绪二十年（1894），无锡羊腰湾农田中张奕墓的发现及其墓志铭的出土，终于使他能够从800多年的历史烟尘深处"复出"。无锡先贤、晚清白话文运动先驱、无锡最早的白话报创始人裘廷梁（1857—1943），当即会同当时无锡文化界刘继增等人一起研究羊腰湾出土的墓志铭。裘廷梁句读张奕墓志铭[13]，又撰《宋张太常墓铭跋》，记录张奕墓、墓志铭发现出土等情况，感叹张奕隐身无锡历史烟尘深处"计治平丙午至今，八百二十有九年"[14]，世人方始知道北宋无锡有张奕其人其事。

羊腰湾出土的张奕墓志铭全称为《宋故朝奉郎、太常博士、三司推勘公事、骑都尉、赐绯鱼袋张君墓志铭并序》，马仲甫撰文，张刍篆盖，吕希道书丹。裘廷梁将之简称为《宋张太常墓铭》，本文则简称之为《墓志铭一》（图一），以区别下文推出的张奕第二篇墓志铭。

阅读《墓志铭一》，可知张奕（1012—1066），字源明，无锡人。曾祖张卓、祖张汉滨、父张莹、母陈氏、汤氏，皆因张奕为官得到朝廷封赠。张奕聪敏博学，文质彬彬。第进士入仕后，历官太平、台、洪三州从事，改著作佐郎，任三司推勘公事，迁秘书丞、太常博士。张奕尤其善于处理急事、难事，遇事认真负责，通盘思考之后积极解决问题。在台州（今浙江台州）任官时，该地突发大水，张奕迅速决策全力加强堤防，百姓得以平安度过水患。在洪州（今江西南昌）任官时，复审死刑犯，发现另有隐情，重新审理案情后，将死刑犯无罪释放，其一丝不苟、公正司法的态度令属员们敬佩。北宋三司相当于现在的财政部、国家税务总局等部门的综合体，还负责处理大量纷繁复杂的经济案件。张奕任三司推勘公事，审理案件时"矫枉去弊，多所辨正，其阴施在人深矣"[15]，默默地坚持公正司法，为受冤屈的人们保公正。张奕入仕前，以热心乡里公益，曾被无锡民众称颂，而在台州任官时又热心助学。台州少年张希房聪慧敏捷，是个好苗子，张奕将之当作自己儿子一样地关心、教育，张希房长大后考中进士。张奕娶朱氏，有二子三女。治平三年（1066）张奕逝世于京师开封，归葬家乡无锡景云乡恩覃里（今羊腰湾）张氏祖茔。

时光荏苒，现在羊腰湾出土的《墓志铭一》已被评定为国家一级文物，连同裘廷梁撰写的《宋张太常墓铭跋》石碑都完好陈列在无锡市碑刻陈列馆。但近100年来，张奕仍一直鲜为人知，相关研究也一直空白，仅今人冯普仁继裘廷梁之后第二次句读《墓志铭一》[16]而已。

笔者退休后重拾无锡地方史研究，在阅读古籍时发现第二篇张奕墓志铭，本文简称之为《墓志铭二》，其内容更加翔实具体，文史价值、学术价值皆很珍贵，阅读之后令人眼前一亮，感觉张奕的形象因之更加丰满高大，可称是无锡优秀历史人物，甚至可称是北宋的海瑞式清官。同时，也深为当年裘廷梁等诸人未知、未阅《墓志铭二》而遗憾，否则《宋张太常墓铭跋》一文内容将更加丰富、动人。

《墓志铭二》全称《朝奉郎太常博士张君墓志铭》，开头即说："毗陵张君，讳奕，字源明。以庆历六年举进士，擢乙科。"[17]这条记载解决了《墓志铭一》失载张奕第进士时

图一　张奕墓志铭拓片

间的问题。当年裘廷梁与无锡文化界刘继增等人一起研究《墓志铭一》时，都不知道还有第二篇张奕墓志铭，故裘廷梁只能推测张奕考中进士的时间“当在皇祐前”[18]。皇祐是北宋仁宗赵祯的一个年号（1049—1054）。裘廷梁的推测相当准确，充分体现其学术功底深厚。

紧接开头，《墓志铭二》介绍张奕仕途历程：“解褐试秘书省校书郎，连调太平、台州军事二推官，权洪州观察推官。用荐者章引对于延和殿，改著作佐郎。又用三司使蔡公奏为三部推勘公事。今天子即位推恩迁秘书丞，考课进太常博士。”以精练、精确的文字展示张奕的任官履历，若和《宋史·选举志》对读，能加深对有宋一代官员考察方式、升迁制度的了解与认识，也足能证明《墓志铭二》的可靠性与《墓志铭一》相同，但在内容、情节等方面更细致具体，更显文化学术意义。

《墓志铭二》载：“张氏世居无锡，以善治生产名乡里。至君而超然，自喜从诸生游，学经史，为词章，以取科第，固已为士友所奇矣。”[19]原来张氏是地道无锡人，且是无锡富室，但富而不骄、不戾，且喜与书生为伍，经史词章无不深入学习，最后考取进士，让学界友侪惊讶佩服。这是张奕为人处世的宝贵信息，是他日后成长为清官的重要内在因素之一。这些宝贵信息《墓志铭一》皆失载。

《墓志铭二》载：“及其从宦专力尘事，课簿书，持文法，所居以善称兹，又人之难能者。台州大水坏城郭，居民奔避无地，君与同僚日夜走涂潦间，为乡导使人去卑就燥，又躬督役事，虽极疲顿亦不少憩，而堤防遂完，城中脱垫溺之患者，君之力居多。”[20]张奕入仕后，对官府日常琐事、小事从不马虎从不懈怠，皆能聚精会神处理妥当，因此得到好评，十分难能可贵。但出现紧急突发事件时，张奕亦有担当，举重若轻，挺身而出，全力以赴，团结同僚，冲锋在前，实干苦干，解决问题。将张奕台州治水患、救百姓作为例子紧接其“专力尘事”之后，小事与大事对比写，更彰显张奕勤政为民之踏实、能干，且情节生动具体，感染力远超《墓志铭一》中同一事件的记述。

《墓志铭二》载：“三司狱号最繁者，日以数百萃庭下，其间系财赂之出入，枝连蔓引，枉直不可遽辨。君皆推穷本原，审核情伪，事小戾则白所部辨析，反复或累日不已。上官始偕谓君滞懦不任事，既而察其情至而从其初议。非夫纯明于中而不挠于外者，讵能持守如是耶。”[21]这是对张奕任三司推勘公事时的工作总结。面对经济案件复杂纷繁，面广量大，张奕不草率不急躁，不片面追求结案率，而是追根溯源，区别真伪，对于属员们办案中出现的不妥不实之处，反复推敲，务求弄清事实，作出准确司法处理。刚开始上级对于张奕细致稳重的办案做法不理解，认为张奕胆小怕事不担当，后来发现张奕一切皆情系公正司法，就赞同张奕倡导的稳重严谨办案思路。面对上级的批评，张奕能够坚持初心，不计个人得失，关键是胸中具有毫无私念、一心报国的“纯明”。这样的深度精神刻画以揭示张奕之所以能够忠诚履职的崇高思想境界，是《墓志铭一》缺乏的。

《墓志铭二》载：“君居乡里，事继母以孝谨闻，友于兄弟，门内雍睦。人称其家检性尤乐善。见人有所长，必推挹嘉叹，谓己不若。”[22]张奕对继母孝谨闻名无锡，对兄弟友爱，整个张氏家族齐心和睦。因此人们都称张家皆修身乐善。此外，张奕每见别人长处，必由衷赞许感叹，并坦诚自己的不足。这些张奕优秀家族与张奕个人优良品行的信息，《墓志铭一》也是失载的。

《墓志铭二》载：“君虽出富室，而从宦于外，惟倚禄为养有不足，未尝取于家，故病且死，其医药棺具犹有不备者，由是士大夫多叹其廉且介也。”[23]这段文字言简意赅。张奕无锡老家富裕，但当官后仅靠薪水生活，经济拮据，却从不向老家伸手要钱。北宋官员待遇普遍优渥，但张奕有二子三女，又乐善公益，支出多，负担重，一直过着清贫的生活，到其病殁时，连医药、殓葬等费用还欠着，而此时张奕小女儿尚幼，小儿子才 3 岁且在张奕殁后 15 天夭折[24]。张奕身后家庭萧条到如此地步，足证张奕为官“廉且介”是多么彻底，恐怕只有后世著名清官海瑞才能与之媲美！

《墓志铭一》载，作者马仲甫，曾任台州知州，是张奕的老上级，应张奕长子张中行请求撰写张奕墓志铭[25]。《墓志铭二》也交代了相关情况：“同年生严叔堪论次其履历与行能，邀铭于予。予官计省，接君弥年，每相过从语公家外，时论理道，听其言亹亹有绪，未尝及名利，观其所守，诚宜书之。”[26]上述文字说明《墓志铭二》中关于张奕的各项信息由张奕的进士同年严叔堪汇总提供，作者苏颂是张奕三司的同事，接受严叔堪邀请，亦为张奕清廉操守感动，认为应当为张奕撰写墓志铭。所以，《墓志铭二》的字里行间满盈同年、同事的情谊与感念、感佩之情，特别生动感人。严叔堪《宋登科记考》有载。苏颂，北宋重臣，官至宰相，也是科学家、医学家，有《苏魏公文集》存世，《宋史》有传。

将《墓志铭一》《墓志铭二》结合来看，能够较为全面深刻生动地勾勒张奕这位北宋清官“修身齐家治国平天下”的光辉人生历程，堪称双璧。《墓志铭二》当全文从古籍中录出，与《墓志铭一》并列在无锡市碑刻陈列馆展出，让更多的人了解、认识无锡北宋清官张奕的感人事迹。建议有关部门展开有关张奕的研究，以便日后《无锡市志》增补张奕条目。张奕廉洁自律、乐意清贫、秉公执法、勤政为民、默默奉献的清官风采即使在当代仍有积极意义。

注　释

[1] 〔明〕黄傅、方谟等纂：《弘治江阴县志》卷九《名宦》《守令》。

[2] 〔明〕黄傅、方谟等纂：《弘治江阴县志》卷十三《括志》《职官年表》。

[3] 〔明〕赵锦修，〔明〕张衮纂：《嘉靖江阴县志》卷二十一。

[4] 〔明〕赵锦修，〔明〕张衮纂：《嘉靖江阴县志》卷十六《名宦》。

[5] 〔明〕冯士仁修，〔明〕徐遵汤、周高起纂：《崇祯江阴县志》卷四《名宦》。

[6] 〔明〕冯士仁修，〔明〕徐遵汤、周高起纂：《崇祯江阴县志》卷七《诗》。

[7] 〔清〕蔡澍纂修，〔清〕罗士瓒续修：《乾隆江阴县志》卷十五《名宦》。

[8] 杨倩描编：《宋代人物辞典》，河北大学出版社，2015 年版，第 1250 页。

[9] 〔宋〕曾巩：《仁寿县太君吴氏墓志铭》《元丰类稿》卷四十五《志铭》，《四库全书》总第 1098 册，上海古籍出版社，第 727 页。

[10] 〔宋〕李壁：《王荆公诗注》卷三《寄朱昌叔》，《四库全书》总第 1106 册，上海古籍出版社，第 28 页。

[11] 北京大学古文献研究所编：《全宋诗》，北京大学出版社，1992 年版，第 6263 页。

[12] 陈思等修，缪荃孙等纂：《民国江阴县续志》卷二十五《杂识一》。

[13] 裘廷梁：《宋张太常墓铭跋》，《可桴文存》《序跋》，无锡裘翼经堂藏版，无锡市图书馆藏。

[14] 裘廷梁：《宋张太常墓铭跋》，《可桴文存》《序跋》，无锡裘翼经堂藏版，无锡市图书馆藏。

[15] 〔宋〕马仲甫：《宋故朝奉郎、太常博士、三司推勘公事、骑都尉、赐绯鱼袋张君墓志铭并序》，裘廷梁：《可桴文存》《序跋・附录》，无锡裘翼经堂藏版，无锡市图书馆藏。

[16] 冯普仁标点：《宋故朝奉郎、太常博士、三司推勘公事、骑都尉、赐绯鱼袋张君墓志铭并序》，《无锡文博》编辑部：《无锡碑刻陈列馆》，无锡博物院内刊。

[17] 〔宋〕苏颂:《朝奉郎太常博士张君墓志铭》《苏魏公文集》卷五十八《墓志》,《四库全书》总第1092册,上海古籍出版社,第629—630页。

[18] 裘廷梁:《宋张太常墓铭跋》,《可桴文存》《序跋》,无锡裘翼经堂藏版,无锡市图书馆藏。

[19] 〔宋〕苏颂:《朝奉郎太常博士张君墓志铭》《苏魏公文集》卷五十八《墓志》,《四库全书》总第1092册,上海古籍出版社,第629—630页。

[20] 〔宋〕苏颂:《朝奉郎太常博士张君墓志铭》《苏魏公文集》卷五十八《墓志》,《四库全书》总第1092册,上海古籍出版社,第629—630页。

[21] 〔宋〕苏颂:《朝奉郎太常博士张君墓志铭》《苏魏公文集》卷五十八《墓志》,《四库全书》总第1092册,上海古籍出版社,第629—630页。

[22] 〔宋〕苏颂:《朝奉郎太常博士张君墓志铭》《苏魏公文集》卷五十八《墓志》,《四库全书》总第1092册,上海古籍出版社,第629—630页。

[23] 〔宋〕苏颂:《朝奉郎太常博士张君墓志铭》《苏魏公文集》卷五十八《墓志》,《四库全书》总第1092册,上海古籍出版社,第629—630页。

[24] 〔宋〕马仲甫:《宋故朝奉郎、太常博士、三司推勘公事、骑都尉、赐绯鱼袋张君墓志铭并序》,裘廷梁:《可桴文存》《序跋·附录》,无锡裘翼经堂藏版,无锡市图书馆藏。

[25] 〔宋〕马仲甫:《宋故朝奉郎、太常博士、三司推勘公事、骑都尉、赐绯鱼袋张君墓志铭并序》,裘廷梁:《可桴文存》《序跋·附录》,无锡裘翼经堂藏版,无锡市图书馆藏。

[26] 〔宋〕苏颂:《朝奉郎太常博士张君墓志铭》《苏魏公文集》卷五十八《墓志》,《四库全书》总第1092册,上海古籍出版社,第629—630页。

荣德生《乐农自订行年纪事》若干史实订正

钱　江　高来东*

【摘要】荣德生撰写的《乐农自订行年纪事》因是亲历、亲笔，是学者研究中国近代经济史，尤其是研究荣氏家族及其企业发展史的重要文献，影响广泛，学界援引甚多。但由于历史的原因，该资料存在较多错误。本文在梳理该著作编著整理过程的基础上，分析其产生的原因，并就若干史实差误举例给予订正，以期引起学界的重视。

【关键词】荣德生　《乐农自订行年纪事》　史实订正

开展历史研究，资料收集鉴别是一项基础性工作。以荣宗敬、荣德生为代表的荣氏家族，被誉为“中国民族资本家的首户”，他们所办的荣氏企业集团是中国近代最大的民族资本集团，在近代中国留下了浓墨重彩的一笔。《乐农自订行年纪事》[1]（以下简称《乐农纪事》）是荣德生撰写的自传体著作，也是研究荣氏家族及其企业发展史最基本的资料。有人认为，它“记载了他在旧中国半个世纪中从事实业活动的艰辛历程，为后人研究近代中国民族工业和民族工商业者的历史，提供了难得的第一手资料”[2]；更有人认为，它是“重新认识和评价上一世纪（20世纪——引者注）民族资本家在中国近现代社会转型中的重要历史作用”的“文化瑰宝”[3]，因此，影响广泛，学界援引甚多。但由于历史原因，《乐农纪事》全书存在差误甚多，对此，虽也有学者在援引时，偶有说明，但至今未见有专门的文章对该问题加以讨论。基于此，本文拟在对该著作版本流变情况进行梳理的同时，对其中存在的差误列举说明，以期引起学界的重视，推动研究工作不断深入。

一、《乐农纪事》的版本情况

对荣氏企业及人物的研究由来已久。就史料整理而言，1929年出版的《茂新、福新、申新总公司三十周年纪念册》是对企业史料最早的整理，它的刊印标志着荣氏企业史研究的起步；同样，1944年刊印问世的《乐农纪事》，是其企业代表人物荣德生生平事迹的集中反映，为荣氏人物及企业研究提供了重要资料。

---

* 钱江：无锡市滨湖区教育局原党委书记、局长

高来东：无锡市滨湖区政协文史委原主任

学界一般把《乐农纪事》分作初编与续编两部。初编是抗日战争时期荣德生寓居上海时所撰，内容从光绪元年（1875）其出生到1934年其60岁为止；续编是他在抗日战争胜利后续写完成的，内容从1935年其61岁起至1949年其75岁止。两年半后的1952年7月29日，荣德生因病在无锡去世。《乐农纪事》全面完整地反映了荣德生一生的经历，该书涉及众多重要人事，更有广阔的社会背景作衬底，内容十分丰富，因此其史料价值显而易见。其版本流变形成情况大致可分作三步。

（一）《乐农纪事》初编与续编的第一版本——可称“建东版”和“申新版”

《乐农纪事》初编，由荣德生自撰，于1943年底完成[4]。在荣德生七十大寿来临之前的1944年，其四儿荣毅仁出资刊印以志祝贺。封面书名由曾任江苏省省长的陈陶遗题签，由位于上海汇山路599—605号的建东印刷公司承印，为铅印线装，这一版本可称为“建东版”。当时印刷完后分赠亲友，故流传较广。《乐农纪事》初编的价值得到社会各界广泛认可，故被编入多部大型年谱丛刊，如：1999年北京图书馆出版社整理出版的《北京图书馆藏珍本年谱丛刊》一书第197册，2012年5月国家图书馆出版社整理出版的《近代人物年谱辑刊》(民国文献资料丛编)一书第17册，均印影收录。

《乐农纪事》续编，是荣德生晚年所撰，20世纪50年代初完成手稿[5]，在其生前没有付印。据薛明剑日记记载，在1952年7月30日，也即荣德生去世后的第二天，他就同几位荣德生生前好友商谈如何纪念荣德生，提出应刊印《乐农纪事》续编等荣德生遗稿，但因故没有付诸行动。[6]直到1957年1月，上海申新总公司成立申新史料研究委员会，在整理史料的过程中，把《乐农纪事》续编作为“申新系统企业史料”第六编第二期，“油印数十本，供内部参考”[7]，这一版本可称为“申新版”。但因当时印数不多，故这一版本坊间流传甚少。在2015年上海古籍出版社出版的《上海图书馆藏人物文献选刊》一书中，收录了上海图书馆收藏的《乐农纪事》续编的手抄稿本照片，并标明此件由秦翰才编。[8]从比对部分内容来看，它实际上是秦翰才对上述手稿或“申新版”油印本的一个抄件，而非新的编撰本。

（二）《乐农纪事》初编与续编的第二版本——可称“中心版”

20世纪80年代末，新恢复的无锡江南大学成立江南大学荣氏研究中心。该机构由陈文源先生主持，笔者也曾参与协助工作。当时，陈文源先生把整理《乐农纪事》作为开展研究的首要任务，故于1989年夏秋之际，会同笔者以及陈志坚一起，以《乐农纪事》初编“建东版”为基础，加以重新标点、分段，改正了若干明显的错别字，于当年12月打字油印200本，作为“‘荣氏研究’资料、论文选刊之一”，供内部学者研究使用。接着到1990年10月，该中心又用同样的方法，以《乐农纪事》续编“申新版”为基础，整理刊印了《乐农纪事》续编，也是打字油印200本。后来，因初编散发一空，供不应求，故于1996年5月，再次加印初编，并在封面“荣德生”字样后，增加了“撰”字。整理的初编与续编分别刊印，没有合编。这一版本可称为“中心版”。

另外，笔者在撰写此文过程中，检索到网上有《乐农纪事》初编与续编的油印本在代售。其中有一种装帧、印刷式样与上述“中心版”版本十分类似，只是在初编本封面书名下加了“（上）”字，在续编本封面书名下加了“（下）”字。经笔者与陈文源先生一起鉴定，认定这是在20世纪90年代左右，某单位以江南大学荣氏研究中心油印本，即“中心版”

为底本的重印版本。可见这是某机构出于使用方便的再印本。

值得一提的是，当时无锡市政协文史委员会也曾有整理刊印《乐农纪事》的计划，并在1998年8月10日出版的《无锡文史资料》第11辑封底，刊发了“纪念荣德生先生诞生一百十周年特辑”的“下辑要目预告”的广告，称第12辑拟刊发的内容包括《乐农纪事》续编、《荣宗敬荣德生先生年表合编》《无锡之将来》《先兄宗敬纪事述略》等，但后来因故这一计划未能实施。

（三）《乐农纪事》初编和续编的合编版本——可称“古籍版”

2001年，上海大学与江南大学合作，成立《乐农纪事》史料整理研究小组，第一次把《乐农纪事》初编与续编合为整体加以编辑整理，由陈文源、胡申生两位先生负责，对原书“重新进行了标点，改正了错字，个别段落作了调整。为了方便读者还加注了公历纪年，对书中写到的有些人和事做了若干简明的注释”[9]，于9月由上海古籍出版社正式出版，为非卖品，繁体横排，大32开本，共240页，印数为5000册。这是《乐农纪事》第一次合编，其版本可称为“古籍版”。据陈文源先生介绍，这一版本是经过荣德生四儿、国家原副主席荣毅仁亲自审定同意的。基于1944年“建东版”出版的费用是由荣毅仁承担、免费发行赠阅的历史情况，“古籍版”的出版费用也仍由荣毅仁承担，他还指示出版社该书不印定价，而印“非卖品”，全部用于赠送。[10]该书出版后，因其较高的学术价值，在社会上流传颇广，成为学界援引最基本、最多的版本。

在此基础上，2002年7月，陈文源先生整理了《荣德生文集》，也由上海古籍出版社出版，其中收录了《乐农纪事》初编与续编合编的“古籍版”，这可谓合编的第二个版本。2014年2月，安徽文艺出版社以《荣德生自述》为书名，把《乐农纪事》的初编与续编，以及荣德生的其他几篇短文合在一起，列入“二十世纪名人自述系列丛书”出版，[11]这可称为合编的第三个版本。2015年，在荣德生140周年诞辰之际，无锡市史志办公室编辑出版《荣德生文论存稿类选》一书，由荣智健先生亲自提议委托陈文源先生承担编辑任务。该书于当年6月由苏州古吴轩出版社出版，其中同样收录了《乐农纪事》初编与续编合编的“古籍版”，这可谓合编的第四个版本。2021年，笔者主编的《滨湖文库》第11册也收录了《乐农纪事》“古籍版”。在该版本中，收录了陈文源先生提供的“古籍版”的“勘误表”一张[12]，这可谓合编的第五个版本。但上述五个版本，后四个实际上可视作是第一版本，即“古籍版”的延伸。

另外，2012年无锡文库编辑委员会组织专家选编《无锡文库》,其中也收录了《乐农纪事》初编，即“建东版”；续编则是从“古籍版”中辑出，两者放在一起，很不协调。如当初收录续编“申新版”,倒也不失为保存版本的好办法。

二、《乐农纪事》撰写的不足

总体来看，荣德生所撰的《乐农纪事》初编与续编，因是作者的亲历亲笔，视作信史毋容置疑。笔者在撰写本文的过程中，对书中记载的大量史实做了细致的校核，发现绝大部分是准确的，可以引用。但是，其中也存在一些差误，对此，已有学者在引用时有所关注并加以指正，其代表人物是陈文源先生。他在多年收集整理荣氏资料，编校《乐农纪事》多个版本的过程中，做了部分考订工作，并把发现的问题在出版的书籍中给予了局部的修正。刘桂秋先生也在编著《唐文治年谱长编》一书引用该书资料时，以“按语”的形式，就相关问题做了校正说明。在与笔者交谈时，两位先生都提出，如假以时日，条件具备，对《乐农纪事》一书开展全面的勘误工作，将是一件非常有意义、有价值的学术工作。

《乐农纪事》记载史实出现差误的原因，是与荣德生个人的经历及撰写的方法有较大的关系。他年少时仅读过几年私塾，学习内容以中国传统的国学知识为主，从8岁到15岁先后读了《百家姓》《千字文》《千家诗》《礼记》《论语》《孟子》《幼学须知》《诗经》《易经》等[13]。后来，他不断自学阅读，提高自己的文化水平。据他在《乐农纪事》中记载，他先后读过《纲鉴易知录》《大清民刑律》《洗冤录》《秋水轩尺牍》《人子须知》等[14]，并对当时流行的报刊均有留意，直到中年，他仍每晚“必看书至十时后”[15]，可见持之以恒，十分用功。因此，他虽学历不高，但文化水平并不低，尤其是对时事形势、经营决策、社会事业等方面，总能提出高屋建瓴的看法，这也成为他事业成功的秘诀。但毋容置疑，对他来讲，文字终究并非他的强项。如他撰写的《无锡之将来》小册子，就是“请椿年先生修正”文字表述后，再定稿付印的。《乐农纪事》初编付印前，他也曾请钱孙卿“为这部文稿断句、作序”[16]；续编在撰写过程中更得到朱复康的全力协助。故笔者认为，荣德生《乐农纪事》出现差误，主要原因在两个方面。

第一，《乐农纪事》并非即时记载，事后追忆难免有差误，这也是回忆性历史资料存在的通病。

《乐农纪事》并非即时记录，属事后追忆，这从该著作的行文时态上多有表露。最明显的是在记载一件事情结束后，荣德生常有回顾性的总结，感叹“至今”如何。如光绪四年（1878）记载：“祖母每携邻家游，至今尚能略记人名。”光绪七年（1881）记载：“晚上，兄弟同在一处，听外祖母与母亲述洪、杨逃难时身经一切，形形色色，听之不倦，至今不忘。”1919年记载，他谈了办学情况后发出感叹：“至今各班毕业生蜚声于工商界者，颇不乏人，果不负种瓜得瓜之一番苦心也。”

光绪十九年（1893）记载，荣德生第一次到香港：“买潮扇、夏布，橘子十文六只，每斤十四文，扇子二三角，牙柄细极，彼时物价至贱。”光绪二十四年（1898）记载：“看书寻地，格外认真。时阅报，闻行新政后，康、梁逃海外。”光绪二十五年（1899）记载创办茂新面粉厂之前请人算命，“余后方知有理”。光绪二十六年（1900）记载：“余已知谈粉厂事，即往增裕参观，请对邻米行经理袁葆生写介绍信。袁君后来亦开粉厂，即与顾馨一合做，颇得利。”光绪二十七年（1901）记载，他在谈到筹办保兴面粉厂时，又插入评语：“彼时生活程度之廉，由今视之，何啻霄壤！”此几处的“彼时”“时”“后”“后来”等用法，均是日后追忆的口吻，是几十年后撰写该著作时候所发出的感叹。追忆旧事，难免在细节上产生错误。

关于荣德生如何撰写《乐农纪事》的，几乎没有留下史料。但仔细研究《乐农纪事》文本，还是可以有所发现。可以断定的是，荣德生到60岁时用追忆的方式来撰写，并不是完全凭借记忆，他对往事记述还是有所参照的。那么，他是否有日记或笔记供参考呢？他在《乐农纪事》光绪二十九年（1903）记载中曾提到，他去杭州通益公纱厂参观，“余将扼要一一抄入日记，为后来做纱厂基础”。这里，荣德生没有用理应可用的“笔记”一词，而是用了“日记”一词，可见荣德生曾记有日记。但他是一直坚持记，还是断断续续地记，不好臆测。纵览《乐农纪事》全书可以发现，其中涉及精确日期的事件记载并不多。由此，笔者分析推测，荣德生撰写《乐农纪事》一定有日常生活笔记、札记类的记事本做参考，但没有完整的日记作佐证参考。因为参考资料不完整、不全面，故所撰写的纪事大多数内容准确，但缺乏具体时间的相系，有部分记载前后颠倒，造成差误。

事实上，对于追忆性的著作，常因著作者年事已高，记忆力衰退，或时间洗刷，往事模糊，记载差误在所难免。故历史学的学术性要求谨慎对待回忆录，必须在详尽考证后方得采用。

第二，对编年体例撰写方法掌握不到位。

荣德生所撰《乐农纪事》，虽谦称“纪事”，而非严格意义上历史体裁的年谱，但两者均是以时间为序记事的编年体书写文本。如现在所能见到的当时与荣德生有交集的薛明剑的《五五纪事》、荣鄂生的《思庵行年随录》[17]，以及钱孙卿的《孙庵年谱》、唐文治的《茹经先生自订年谱》等，虽名称不一，但均是按照时间顺序撰写的。荣德生的《乐农纪事》，总体上也以时间为序记载人事，因此，学界仍将它视作为“谱主自订年谱”[18]。钱孙卿在为《乐农纪事》初编所作的序中，也将它称为“今先生自叙行年纪事，实年谱也”。[19]但在实际记载中，有不少段落荣德生记载事情发生的时间并不清晰，有确切月日记载的事情并不多；有不少前后多年发生的事情，混记在同年一处；更有甚者有记载内容前后时序颠倒。这样，有时即使事情记载本身没有错，但却容易让学者援引发生歧义而导致引用错误。从历史著作时间、地点、人物等记载的诸要素来衡量，其中时间差误最多，这些均应该引起学界的高度关注。

另外，需指出的是，从清末到民国，中国社会在历史纪年上出现了从传统农历（阴历）到西式公历（西历、阳历）的过渡。对此，无论是北洋政府还是后来的南京政府，均有明确的行政要求。但是，从民间实际情况而论，既有立即把农历改作公历，以示与旧政权切割的；也有囿于环境与自身习惯，两者并用的；更有依然坚持旧习惯延续采用农历纪年的。荣德生撰写的《乐农纪事》初编，是以第三种方式呈现的著作，全部采用了农历纪年；而续编则是公历与农历并用。这从著作本身而论并不是问题。但学者在引用时，由于对原著时态不加仔细辨别，或研究态度不够严谨，疏于转换日期，往往错将农历日期直接认作为公历日期使用，因而导致具体时间的错误；而在跨年时，则更导致时间相差一年。限于篇幅，本文对该问题的引用错例就不再列举。

三、《乐农纪事》史实订正列举

上文提到，荣德生所撰写的《乐农纪事》有初编与续编两部，因篇幅关系，本文并非对该著作开展全面校订，拟仅以初编为对象，就部分差误分类列举并予以订正，以提请学界引用时注意处理。考虑到社会上流传有多个版本，故笔者采用1944年出版的线装版，即“建东版”为底本加以订正。

（一）笔误错字

《乐农纪事》初编在1944年付印完成尚未发行时，其编者就发现其中存在差误，故赶印了“勘误表”随书发送。只是后来书籍在流转过程中，“勘误表”极易遗失，因此，即使现在拥有该版本的机构、学者，书内也未必留存。约在1990年，陈文源先生在扬州古旧书店购买到一册1944年版线装《乐农纪事》初编（即“建东版”），书内夹有当时散书时所附的“勘误表”一纸，十分珍贵。后来，陈文源先生在编辑“古籍版”时，吸收了这一成果，对相关词句做了删补、修正；同时，他在参与编撰《无锡文库》时，本着负责任的态度，也

表一 1944年刊印的《乐农自订行年纪事》初编（“建东版”）所附勘误表

页数	行数	字数	误	正
序（上）	三	二四	枭	皋
一（下）	七	二五		章仲山［之子］
二（上）	一二	三一	母	亲
二（下）	八	二六	朱	王
七（上）	九	三一	怅	恨
九（上）	五	一三	馀	饭
九（下）	六	一	氏	民
一一（下）	九	三	士	土
一二（上）	四	一三	文	元
一二（上）	八	四	银	录
一五（上）	一	八	妥	安
二三（上）	七	二五	店	厂
二三（下）	三	二四	士	土
二五（上）	五	九	灰	炭
二六（上）	一一	二九	溜	淄
二九（上）	一	一九	汉	汶
三一（下）	三	二五	祈	诉
三六（下）	一二	一六	月	年
四八（下）	一〇	二二	二	一
五〇（下）	二	二八		除“万”字
五一（下）	四	二八	事	车
五七（下）	五	一五	董	堇
五八（下）	六	十四	习	留
五八（下）	一二			脱去“是年四女嫁冀曜，美国密查理大学毕业，系李静涵次子，”一节
六〇（上）	四	九	利	理
六一（下）	五	二三	购	贱
六三（上）	一〇	二三	营	管
六四（下）	一〇	八	钱	贱
六四（下）	一一	一三		上海商业用银如此之大
六四（下）	一二	一三	银	金

把该“勘误表”附收于第三辑《乐农纪事》初编后的第334页。现笔者将该表附录于上（表一），以备专家学者研究之用。

除了上述错误外，其他还有多处。

1. 关于“侯”氏的姓氏

《乐农纪事》光绪十九年记载：“同乡人同事者，候晋三、邹姓、廖姓、周姓，苏州、太仓均有，委员各省均有，兼有升官者，年轻办事只余一人。”这段，荣德生记载他在广州三水河厘金局同事的情况。其中“候晋三”的“候”，因作姓氏，故为“侯”字之误。

2. 关于舜柯山的名称

《乐农纪事》光绪二十四年记载，荣德生为其父亲寻找坟地，六月底的一天，他到西横山，“立定一看，见塘中有梗，自舜歌山前面来，力量不小，穿田过埂，真是到头”。查无锡现存最早的县志，即王仁辅在元至正年间所编《无锡志》中记载：“由惠山而北曰龙山，自惠山龙尾断，曰华峒口，舜山又在其北，又名舜柯山，即所谓历山也。”[20]之后的弘治、万历、康熙、乾隆到光绪，历朝所编县志均沿用此说。1995年编的《无锡市志》也持此说：舜柯山，位于河埒乡西北部，高227.8米，面积2平方公里，“舜山、柯山合称之”。[21]由此可见，荣德生记载的“舜歌山”实为“舜柯山”之误。

3. 关于广州“濠畔街”景点的名称

《乐农纪事》光绪二十五年记载：“数次过省城，并未游。此次住姑母处，如观音山、六榕寺、双门底、濠盘街、将军府，均去，方知省城之大，为各省冠。”这是荣德生第一次游览广州的记载，其中提到的“濠盘街”，广州并没有这一道路或景点。经检索，有“濠畔街”，位于现广州城中心的越秀区海珠中路与解放南路之间。据历史记载，宋代的濠畔街已是“十里朱楼，商贾云集”了，甚至被称为广州的“秦淮河”。清朝年间，濠畔街以经营牛皮鞋业出名，成为省内乃至全国加工销售皮料的集散地。民国初年，濠畔街的皮料经香港转销世界各地，逐步成为南粤有名的商街。[22]查《申报》光绪二十三年（1897）报道，有“粤垣濠畔街昌记鞋店”遭窃[23]，广州太平门内“濠畔街日升昌票号对门广生祥皮枕店失火”[24]等，未见有“濠盘街”的记载。由此可见，濠畔街因畔河而名，荣德生所记载的“濠盘街”应为“濠畔街”之误。

4. 关于“棉花统制会”的名称

《乐农纪事》1933年记载：“有人条陈政府，设立棉花统制会，以陈光甫、李升伯、唐星海为常务委员。宋公有借美花成功，分与各厂，以救内弱，不料为忌者所阻，未成。兄上借机再添之条陈，政府已采，对外布置就绪，亦未成功，勉强调度过年。”

“棉花统制会”组织的名称仅出现于抗日战争时期的20世纪40年代初，全称为华中棉花统制会。《中国抗日战争大辞典》记载：“华中棉花统制会为日伪统制华中地区棉花的机构。1942年9月成立于上海。其主要任务为：统制华中棉花的收买配给、输出入的处理及价格的确定等。该会曾积极在江苏等地大量收购棉花，以供日伪军事需要。”[25]可见它是抗日战争时期日伪政府建立的组织，是在全国商业统制总会下属的专业分会，上海棉花统制会主任委员为闻兰亭。[26]检索《申报》，“棉花统制会”记载也始于1942年[27]，由此可见，“棉花统制会”不可能出现于抗日战争全面爆发之前。

实际上，荣德生所记载的在20世纪30年代初期管理棉花产销的组织“棉花统制会”，应该是“棉业统制委员会”，一般简称作“棉统会”。据姜秀峰研究，“棉花统制：统制是政府干预经济的行为。严格来说，国民政府从1931年就开始实行棉花统制”，抗日战争全面爆发后更在陕西实施棉花统制的政策。[28]

棉业统制委员会（以下简称“棉统会”）成立于1933年10月16日，起初隶属于全国经济委员会，1937年7月直辖实业部，1938年2月撤销。其工作范围主要涵盖改进棉花产销、救济民族纺纱业、改良土布等三个方面。[29]当时，荣宗敬还曾出任棉统会委员的职务。1933年10月，该机构成立后不久，《纺织时报》记者采访荣宗敬，他说：“棉统会目前各项工作进行颇力，日来正开始处理筹划稳定棉价、纱价之进行，预料可得相当效果，纱业界对此殊有厚望。”[30]当时，与此组织类似的还有由江苏、浙江两省实业行政当局发起组织的蚕丝业统制委员会，1933年2月15日，该会还曾在无锡召开过一次会议。[31]

国民政府的“棉业统制会”，日伪政府的“棉花统制会”，仅一字之差，加上荣德生行文之时，正是20世纪40年代初的日伪统治的大背景，故此笔误可以理解。

（二）记载失实

1. 关于县知事孙襄臣的籍贯

《乐农纪事》光绪二十七年记载：“知县孙襄臣，天津人，举人出身，为人尚好，见绅士公呈，似有偏见。”孙襄臣，名赞元，光绪二十二年至二十九年（1896—1903）在无锡任知县。据《无锡市志》及《无锡县志》记载，他并非天津人，而是河北唐山丰润人。[32]丰润地方资料也有记载：“孙赞元，生卒年月不详，字芗臣，清丰润县人，同治年举人，任无锡知县。好吟咏，曾主讲燕山书院，编有《遵化诗存》10卷。”[33]丰润在历史上曾有过润州等多个名称，明洪武元年（1368），改为丰润县，相传因“县产盐场，故名丰润”。[34]清朝丰润县先后隶属于顺天府蓟州、遵化州、永平府、直隶州。历史上丰润县一直归河北管辖，现改名丰润区，隶属于河北省唐山市。它位于河北省东部，南邻唐山市中心，西南部与天津相邻。可见，孙襄臣应该是河北丰润县人，而非天津人。

2. 关于荣氏兄弟独任公益学堂经费的时间

《乐农纪事》光绪三十年（1904）记载：“该校至光绪卅四年，经费全由余独任。”文中提到的“该校”即荣氏公益第一小学，原名荣氏公益学堂，创办于光绪三十二年（1906）正月，先办初小，后延伸开办高小。曾帮助荣德生办学的荣鄂生在《思庵行年随录》宣统二年（1910）中记载：“公益小学第一届毕业，即添办高等小学，以便族中子弟继续求学。此后，两校常年经费由宗敬、德生两昆仲独力担任，校务则悉由长兄吉人主办。”《无锡私立公益第一小学校三十周纪念刊》也记载：“迨至宣统二年正月，应地方需要，添办高等小学校，于是，常年缴费统由荣宗锦、宗铨独力担任。”[35]另外，根据原无锡市茂新面粉厂提供的资料：“1907年到1909年之间，外国面粉大量进口，国产面粉的销路受到很大影响。茂新粉厂在1906至1908年三年中就有巨额的亏损。”[36]且《乐农纪事》光绪三十四年（1908）记载，该年，荣宗敬投机橡皮股票、裕大祥均遭失利，导致自办的广生钱庄被迫倒闭歇业。荣氏兄弟在这样的背景下也是很难再顾及办学经费的承担。可见，荣氏兄弟单独承担地方所办小学——公益学堂经费起始的时间是宣统二年，而非光绪三十四年，更非光绪三十年。该段文字是将后来发生的事，记于事发之前的典型表现。

3. 关于农工商部和锡金商会成立的时间

《乐农纪事》光绪三十年记载：“吾国人民有识者，忧时兴学，变法图强，并请颁定宪法。清廷虽允成立咨议局，究属太慢。国民主在变新，而奋不顾身者不少，人民纷纷亦主兴实业，政府特设农工商部主管之。各县设立商会，无锡亦成立，周舜卿为会长，过玉书副之，华艺三坐办，蔡缄三庶务，余亦为会员。”[37]清政府设立农工商部，时间是光绪三十二年，由原商部、工部等合并而成，其前身是光绪二十九年九月成立的商部。[38]也就是说，光绪三十年，清政府尚未建立"农工商部"这一机构。这里荣德生把商部误认作农工商部了，由此，时间也就对不上了。

笔者在参与撰写《无锡商会史》第一章《锡金商会的建立》时，曾认定锡金商会创办的时间为光绪三十一年（1905）6月，其最关键的资料是两则：一是光绪三十一年《不罘报》第13期所刊《锡金两县设立商会》，二是光绪三十一年6月26日《申报》刊登《锡金商会批准立案》。这两则资料均清楚地记载了锡金商会成立的时间。[39]《无锡市志》也持此说。[40]因此，上文记载光绪三十年无锡成立商会的时间为误。

4. 关于沪宁铁路苏锡段通车的时间

《乐农纪事》光绪三十一年记载："二月，沪宁铁路先由苏通锡试车，即去苏，破天荒，招客午饭，来去二时。至四月，沪锡全通，即往申……"从荣德生的记载可以理解为，沪宁铁路苏州至无锡段于光绪三十一年农历"二月"通车；他仅花两小时就完成无锡到苏州、苏州回无锡的来回；"四月"上海到无锡段通车。但是，沪宁铁路无锡段于光绪三十年11月2日（九月廿五日）开始兴筑[41]，光绪三十一年全年尚在施工，有多篇刊发于《申报》报道可以印证。如光绪三十一年2月，规划铁路途经无锡地方路段的购地迁坟事宜尚未完成[42]；直到9月，工程仍未完成[43]，到10月份才预计："现据禀报，若无意外之虞，约于三十二年春间可至苏州，秋间可至无锡，三十二年下半年可以竣工。但购地等事不可稍有延误，致令有所借口。"[44]当年11月18日（星期六），仅开通上海至南翔段。[45]

上海到无锡段开通的时间为光绪三十二年7月16日。光绪三十二年约到2月底，"沪宁铁路经苏州至无锡一段，现已竣工。装运材料车，业已开行。俟外洋所订坐车到后，即可开车"[46]，可见此时客车仍未开通。直到6月中旬才预告于7月7日试车，"沪宁铁路公司布告，定于五月十六日（7月7日）即礼拜六，行开车典礼，系开往苏州、无锡等处，试车一两日后，当即再卖票搭客"[47]。至7月上旬才正式售票，"沪宁铁路自沪至锡路工业已告竣，择于本月十八日（7月9日）开车买票，计沪锡两处分头行驶，每日各开两次，以期迅速"[48]。7月14、15日两天"行开车礼谦客"，7月16日（五月二十五日）才正式投入运行。《时报》报道："自上海至苏州、无锡等处已改于廿三、四两日（7月14、15日）行开车礼谦客，所有搭客买票运货，准自二十五日（7月16日）开始。"[49]对16日举行的开车典礼盛况，《申报》有详细的记载。[50]而沪宁铁路全线贯通的时间，据上海《新闻报》报道："沪宁铁路定于今日（1908年3月28日）试车。"[51]

另外，据《时报》记载，铁路开通以后，每天沪锡间列车共开通三班，两趟由上海到无锡，开行时间分别为上午8：15—12：31，下午3：40—7：56；由无锡开上海的每天一趟，为下午2:38—6:58，时间均需四个多小时。[52]而无锡至苏州段客车行驶的时间，以笔者找到最早的宣统元年（1909）时刻表为例，单程约不足一个半小时，往返不到三小时。[53]由此可见，荣德生记载的三处时间，除乘车往返时间勉强算正确外，"试车"与"全通"两个时间均记载有误。

5. 关于《荣氏宗谱》修编的时间

《乐农纪事》光绪三十二年记载："族议预备修谱，余亦任事，主修归族中长辈椿年先生任之，至宣统元年散谱……后来二次修谱，余出力较多，费全任，主修为长辈华生，协修为吉人先生……嗣于民国廿六年散谱。"荣氏家族是无锡地方著名的家族，历史上编有多部宗谱。现在所见无锡近代荣巷《荣氏宗谱》有宣统和民国两种。前者于宣统二年下半年完成编印并散谱[54]，故不可能如荣德生记载的在“宣统元年散谱”。荣鄂生在《思庵行年随录》宣统二年也记载：“族中续修宗谱，公推父亲任主修。暑假期内，余家居多暇，为先贤荣子祠测绘一平面图，刊入谱中。”可见在宣统元年，即1909年宗谱尚未编辑完成。后者于1935年修编完成，谱上记载：“主修：福龄，字华生，下荣人。协修：培彦，字子俊，下荣人；棣辉，字鄂生，下荣人；宗铨，字德生，下荣人。”[55]荣吉人（1871—1932），此时他已去世，协修者应为荣鄂生（思庵）。由此可见，荣德生这段记载《荣氏宗谱》宣统版“至宣统元年散谱”的时间，及“第二次”即1935年民国谱“协修者为吉人”的记载错误。

6. 关于南洋劝业会召开的时间

《乐农纪事》宣统二年记载：“南京劝业会开幕，有请帖，余因有服，未带衣冠，守卫不许入……至三月底开幕后，连去观三次。地场大，各省有馆，一次看不了，全国物产有朝气。余得奖牌三等二块，一时荣幸。”这是荣德生记载他参观南洋劝业会并获奖的经历，其印象深刻。

据《国风报》报道，宣统二年，“南洋劝业会以四月廿八日（6月5日）开会，到者五千余人。先由审查长杨侍郎士琦宣讲谕旨劝业之意。次由会长张安帅宣布开会词。其词曰：钦惟大清宣统纪元之二年四月二十八日为第一次南洋劝业会开幕之第一日……”[56]在劝业会结束后杨士琦上呈的汇报开会情形的奏折中，也是记载了同样的时间：“奏为南洋劝业会开会礼成，谨将办理情形，恭折具陈，仰祈圣鉴事。窃南洋第一次劝业会，于宣统二年四月念八日举行开会礼……”[57]《大辞海·中国近现代史卷》记载：“南洋劝业会，清末官商合办的商品博览会。宣统二年6月在江宁（今南京）正式举办……六个月后结束，后未续办。”[58]《思庵行年随录》宣统二年也记载：“是年夏初，南洋劝业会在南京开幕，规模宏大，在国内实属创举。各省出品既多且精，由南通张謇任审查出品会长。余常去参观，眼界大扩，长兄等均曾来宁观光。”宣统二年四月二十八日，即公历1910年6月5日。由此可见，南洋劝业会开幕的时间，无论是公历还是阴历，均非“三月底”。

7. 关于上海张园欢迎孙中山的时间问题

《乐农纪事》宣统三年（1911）记载：“十月后，革命成功，清廷逊位，大局渐定，人心稍安。是时，同盟会会长国父孙总理，与胡汉民、黎君等到上海，立宪公会会员开欢迎会于张家花园安垲第。摄影余亦在内，现存者劳敬修。”这段记载表达的意思是，宣统三年辛亥革命胜利后，孙中山抵达上海，立宪公会会员于张家花园安垲第召开欢迎会。张园是“晚清上海最著名的花园和公共娱乐场所。园址在静安寺路（今南京西路）之南，同孚路（石门一路）之西”[59]。

笔者查阅了贺岳僧编纂的《孙中山年谱》，其记载，宣统三年秋，辛亥武汉革命胜利之时，孙中山置身海外为革命筹款，并不在国内。直到宣统三年12月25日，才“安抵上海”，1912年1月1日在南京宣誓就任临时大总统。[60]在上海时期，并未有欢迎会的记载。另，魏宏远编著的《孙中山年谱1866—1925》（1979年6月版）也未见有其间在张园参加欢迎会的记载。再查《胡汉民年谱》《黎元洪年谱》，该年12月底均未有此内容的记载，且黎元洪此时也不在上海。[61]

再据《中山大学学报》编委会编《孙中山年谱》记载，宣统三年底孙中山从海外回国后，分别于1912年4月3—9日、4月14—20日、6月22日至8月18日三次抵上海，活动甚多，[62]可见孙中山如参加张园活动应该在这几个时间段内。

查阅《申报》1912年4月6日，驻沪同盟会同人曾确定于8日下午在张园举行欢迎会，并发《公启》，[63]但未见下文。后又见中华实业联合会于4月16日刊发有拟在张园举行欢迎孙中山的《通告》；[64]次日，该报报道："昨日（4月17日），中华实业联合会假张园安垲第欢迎孙中山先生，上海各实业团及华侨资本家、各省实业家，并本埠工商勇进党、商会诸团体次第到场，约五百余人。至十一点钟时，中山先生暨英士都督、前财政部总长陈锦涛、总统府秘书长胡汉民君先后莅临。"[65]6月25日，又有报道：6月23日下午，"沪上各团体在静安寺路张园安垲第内开会欢迎孙中山、黄克强两君，男女来宾到者约数千人。三时许，黄君莅会，孙君因事未到，即请黄君代表"[66]。但遗憾的是这次孙中山没有参加。7月18日《申报》再次报道：孙中山到张园安垲第，但不是参加欢迎会，而是参加"茶话会"。[67]由此可见，如孙中山参加张园安垲第欢迎会，只能是4月17日中华实业联合会举办的那次，荣德生作为著名实业家，参会也是有可能的。

再说，预备立宪公会是清末立宪派的政治团体。光绪三十二年9月清政府宣布预备立宪后，国内立宪派的主要代表人物张謇、汤寿潜等，联络苏、浙、闽三省的立宪党人和实业界人士于12月在上海成立预备立宪公会。推朱福诜（继由郑孝胥）为会长，张謇、孟昭常为副会长，汤寿潜等分任干事。该会以"奉戴上谕立宪，开发地方绅民政治知识"为宗旨，并同后来成立的湖北宪政筹备会、湖南宪政公会、广东自治会以及海外的国民宪政会、政闻社互通声气。光绪三十四年（1908）联合各省立宪团体，发起国会请愿运动，影响极大。武汉起义后该会停止活动，[68]但在辛亥革命后，已解散的背景下，它是不可能再组织欢迎活动的。

当然，因资料的关系，也可能目前学界对孙中山在这段时期内的活动研究尚有疏漏，但在新的资料呈现之前，只能认定荣德生文中所记载欢迎会的主办者及时间均不确。

8. 关于荣德生参加全国工商会议的时间

《乐农纪事》1912年记载，该年，他赴北京参加全国工商会议，这是荣德生在民国建立之初第一次参加全国性的会议。他于"八月进京，同行者华艺三、蔡缄三、汪赞卿。余并请鄂生叔为文牍，顺便同行……次日抵京……闭会后，游各处名胜，颐和园、古物成列所……至津……余与鄂生叔坐津车先回南，即晚至济……三天自备伙食……次日至徐州……回厂已九月中"。按照荣德生记载的这次赴北京的日程，他从无锡启程赴北京参会，再到天津，然后坐火车经济南、徐州回锡，从"八月"到"九月中"，全程花了一个多月。

将这一行程的具体时间阴历与公历进行换算："八月进京"时间就算是农历八月初一，转换公历时间为9月11日；"回厂已九月中"的时间如算作农历九月十五日，转换公历时间为10月24日。因此，荣德生此行的时间起止极限只能在公历9月11日至10月24日之间。

第一次全国工商会议，又称全国临时工商会议，由时工商部发起，召开的具体时间为1912年11月1日到12月5日。《申报》1912年11月6日有报道："兹悉各省代表陆续到京者已有一百余人，其除一二日内亦可到齐，现定于十一月一日开正式会议。"[69]同样，1912年12月1日出版的《庸言》杂志也记载："十一月一日，工商部召集临时工商会议，举行开会式。"[70]《思庵行年随录》1912年记载，荣鄂生陪荣德生等人赴北京开会的时间非秋天，而是"冬初"。按照荣德生记载的时间，他回到了无锡，但北京的会议实际尚未举行，故他记载的赴北京时间是错误的。

9. 关于《无锡之将来》刊印的时间

《乐农纪事》1912年记载："秋间，所拟之《无锡之将来》，请椿年先生修正文字后，印行千册，一时销完。”从该段文字理解，1912 年，荣德生在从北京参加全国工商会议回锡后的“秋间”，即着手撰写《无锡之将来》一书，并在当年完成书稿刊印发行。

但是，《新无锡》报在1914年9月14日刊发的《惠书致谢》称：“昨承锡成印刷公司惠赠最新出版之《无锡之将来》一书，就理想立言以提倡，寓意笔墨，亦奇恣可喜。全书分为八章，定价大洋三分。倘人手一编，诵而好之，则书中所言，必有万弩赴的之时也。特书数语为介，并鸣谢忱。”对收到赠书表示感谢。更重要的是《无锡之将来》一书的封三版权页上，署明了出版时间为“中华民国三年八月初版”。[71]

结合本文上条“关于荣德生参加全国工商会议的时间”的考证，可见 1912 年荣德生从北京参加全国工商会议回锡，已是当年冬天，他意气风发，可能立即把自己的一些思考诉诸文字，在 1912 年底起草该书是有可能的，但著作并未于当年出版，而是于 1914 年 8 月正式出版发行。

10. 关于荣氏兄弟开办公益、竞化小学的时间

《乐农纪事》1913 年记载：“从本年起，学校添办，公益已由一至四，竞化亦由一至四。”这段文字可以理解为，自 1913 年起，荣氏兄弟在已经创办的公益第一小学、竞化第一小学的基础上，更进一步添办公益、竞化各第二至第四小学，合计六所，并都于当年“已”建成。但实际情况并非如此。

公益第一小学光绪三十二年创办于荣巷荣氏宗祠西侧，初名荣氏公益学堂，[72]民国建立后改称公益第一小学。光绪三十四年（1908）竞化第一小学创办于荣巷。[73]其余各小学的创办情况，荣勉韧与陈文源二位先生之前已做过系统的整理，[74]先分别摘录如下（表二）：

表二　荣勉韧与陈文源整理的各小学创办情况

学校名称	荣勉韧整理的创办年份	陈文源整理的创办年份	办学地点
公益第二小校	1914 年	1913 年	梅园南西侧
公益第三小学	1914 年	1914 年	大渲任姓私宅
公益第四小学	1914 年	1914 年	下余巷荣文德私宅
竞化第二小学	1915 年	1910 年	河埒口蒋仲怀私宅
竞化第三小学	1915 年	1915 年	仙蠡墩吴待［侍］梅私宅
竞化第四小学	1915 年	1915 年	徐巷贾茂青私宅

因依据资料来源不同，上表记载的创办时间不完全一致，但就此可见，到 1913 年底，荣德生不可能创办文中罗列的多所学校。且据 1915 年 3 月 13 日《新无锡》报道，当时基于荣德生在开原乡“创办男女小学七处”的功绩，故由乡学务委员吴棣“请县转祥巡按使，咨部请奖”。由此，教育部颁给荣德生“一等金质褒章”。可见，即使到 1915 年春，荣德生办学尚未达 8 所。[75]

11. 关于开原路建造的时间

《乐农纪事》1913年记载：“时自城至乡，已有开原马路，不一小时可达园中矣。”这段文字可以理解为，1913年开原路已建设完成，自无锡城西直通梅园。但陈文源先生研究认为：荣德生等捐资修筑开原路的时间是“1914年”[76]。《无锡园林志》也如此记载：1914年，由荣德生、蒋遇春在开原乡倡议，集资修建自无锡城区西门迎龙桥到梅园

的开原路，至次年竣工。[77]另外，《无锡市志》《荣巷街道志》等地方文献也采用了同样的观点，没有歧义。[78]

笔者没有查到1913年无锡地方报纸关于开原路建设的报道资料，但在1915年3月26日的《新无锡》报上有记载："西门外迎龙桥至大徐巷一带为西乡往来必经要道。去年，曾由开原乡绅董荣德生、蒋遇春二君，筹资兴筑马路，通行人力车，城乡往返顿为便利。唯当时因限于经费，此项工程仅至荣巷为止。现仍由荣、蒋二君筹得经费，已将该路继续延长至大徐巷为止，于旧历月初开工矣。"[79]这段记载印证了开原路是于1914年建造，当年自迎龙桥修至荣巷，1915年续建至大徐巷。因此，建设开原路的时间不是1913年。

12. 关于荣氏兄弟捐款南洋大学图书馆时间等

《乐农纪事》1920年记载："是年，南洋大学募建图书馆。余兄弟捐资万元，纪念先君，立铜像于馆中。余并买书捐入。"南洋大学即现上海交通大学的前身，其图书馆发起建设的时间为1916年，具体实施是1918年2月20日破土动工，到1919年10月10日建成。[80]由于荣氏兄弟捐款达1万元，是捐款者中最多的，故根据筹建图书馆章程的规定，立荣氏兄弟父亲荣熙泰的铜像以作纪念。时任南洋大学校长的唐文治于己未年春，即1919年春撰写有《荣熙泰先生铜像记》，碑刻置于铜像的基座上，其中记载："荣熙泰先生殁后二十年，其子荣宗锦、宗铨捐巨金于吾校图书馆，荣氏诸宾朋为醵资建先生铜像于馆内，属余为之记……"[81]可见在1919年春日之前，荣氏兄弟已完成捐款。刘桂秋新编《唐文治年谱长编》根据上海交通大学所编《上海交通大学纪事（1896—2005）》，也认为荣德生记载失实，捐款时间不是1920年，而应为1917年4月18日。[82]

另外，上文中记载"立铜像于馆中"的表述也不正确[83]。时图书馆仅为学校内新建一建筑，楼外并没有围墙或栅栏隔离，而铜像是立于图书馆楼外的南草坪中。这有现在上海交通大学校园内遗存的基座所处露天的现场为证；而且，上海交通大学档案馆还保存有当年荣氏兄弟与唐文治等人在铜像前合影留念的照片，照片显示铜像位于他们身后露天空地，而非室内。[84]1925年5月，公益中学商科三年级学生到上海参观南洋大学时，也见铜像在"校门右"边。[85]

13. 关于荣德生参加江苏省教育实业行政联合会的时间

《乐农纪事》1921年记载："韩省长又创'教实联合会'，余任实业界会员两年。"江苏省教育实业行政联合会，1922年11月才由江苏省省长韩国钧牵头教育厅、实业厅相关人员组织筹建，意在合力推动江苏教育实业，尤其是职业教育的发展，1923年8月出版有《江苏省农业调查录（苏常道属）》等。1923年1月25日，《新无锡》有报道："吾邑申新第三纱厂总理兼茂新面粉公司总理荣德生君，近由韩省长聘任为江苏省教育实业行政联合会会员。本月二十一日（阳历）为该会开会之期，荣君特先期赴宁。昨据荣君由宁来讯，略述会议情形云：一月二十一日下午二时，会长韩省长召集当然会员、政务厅长傅强、教育厅长蒋维乔、实业厅长张轶欧、省署三科长吴士翘、四科长刘钟璘等，聘任会员邹秉文、黄炎培、卢殿虎、荣宗铨等十人，及职员省署三、四两科科员各四人，教、实两厅科员各四人，在省署瞻园开第一次会。"[86]《申报》1923年3月14日报道："江苏教育实业联合会于本年一月间组织成立，现由会长韩省长及副会长蒋、张两厅长，延聘农业专家邹秉文等四十人、工业专家阮介藩等十一人、商业专家荣德生等七人、职业教育专家黄炎培等十三人，组织各项委员会，分别筹定建设计划，函请官厅执行。"[87]

由此可见，荣德生参加该组织的时间应该在1922年底或1923年1月上中旬，赴南京参加第一次会议的时间是1月21日下午，而不是1921年。

14. 关于胡雨人辞去公益工商中学校长的时间

《乐农纪事》1922年记载："公益学校校长胡雨人辞，聘蒋仲怀接任。"1919年9月1日，私立荣氏公益工商中学创办开学，当时聘请的第一任校长是胡雨人。[88]任职之初，他曾表示要与学校共存亡的决心，他对学生说："吾之来此校，非他校之比。在他校，恒存一合则留、不合则去之观念。于是校，则非老迈衰弱，不堪从事而不止。"[89]但事实上，胡雨人于1919年9月出任校长后，约到1920年4月下旬，就因在学校管理上，依靠学生自治会组织，取"自治"之方法，导致学生风纪无序，"孰意时日既久，怠心渐生，职既不尽，意见分歧，声浪外溢，遂多物议。于是有更换校长，取消自治会之风说"[90]。于是，胡雨人即提出辞职，荣德生挽留未成，遂另聘蒋仲怀接任校长，[91]两人正式的交接时间是1920年7月上旬[92]。关于胡雨人在公益工商中学任职与辞职的具体情况，可参考笔者所编著的《和平耐劳 无锡荣氏私立公益工商中学编年事纪（1917—1927）》中所辑1919、1920年的有关资料记载[93]。可见胡雨人辞职，蒋仲怀接任校长的时间是1920年7月，而不是1922年。[94]

15. 关于曹锟当选总统的时间

《乐农纪事》1924年记载："斯时，曹锟选得总统。"据记载，曹锟当选总统的时间非1924年，而是1923年10月5日。该日，"京国会开选举总统会，三次延长时间，至午后三时，议员至五百九十人足数，曹锟得四百八十票当选总统"，10月10日，"曹锟就职"。[94]

16. 关于国民政府定都南京的时间

《乐农纪事》1927年记载："正月，各厂照开。南京定都，北伐军一路由申、锡而过京，分路北上。"该段文字的意思，似乎是北伐军先定都南京，再占上海、无锡等城市。而实际上，北伐军是1927年3月20日抵达上海[95]，3月21日攻占无锡，3月24日攻占南京[96]，然后定都南京，再分兵北上，继续北伐。南京国民政府于1927年4月18日正式成立，对外发表《国民政府定都南京宣言》："中国国民党因定四月十五日开第四次全体中央执行委员会于南京，而国民政府亦遂决定设于南京，南京建首都……国民政府亦于四月十八日正式成立。"[97]

17. 关于德国考察团来锡的时间

《乐农纪事》1929年记载："秋间有德国实业考察团到锡，招待之，颇知其蓄意于报复。"但是，笔者翻遍相关资料，并未见1929年秋季有德国实业考察团来锡的记载。

据荣鄂生《思庵行年随录》1930年记载："四月十九日，有德国实业团十人来锡游观。"他记载时间用的是公历，即4月19日。对于这一代表团访华的行程，《申报》4月17日报道："德国政府近为考察我国各省县市实业及经济状况起见，特选派该国实业界、银行界等富有经验之领袖，雷慈门、哈明、惠特等八人，组织'德国实业视察团'来华视察等情已志前报。兹悉，雷等一行八人，偕同秘书长司屈罗、德国驻津总领事培慈等，已于前日乘夜车由沪赴京考察，预定本月十八日至镇江考察，十九日下午九时由镇来锡，十九日来锡游览名胜。"[98]《新无锡》也报道：德国实业团"准于十九日下午九时十分，乘坐特别快车，由镇来锡，预定盘桓一日，廿一日赴沪"。无锡县商会代理主席陈湛如接电后，"当即转知荣德生、蔡兼三、薛寿萱、唐星海等诸君，并商定招待办法如下：当晚，下榻华盛顿饭店，归荣德生等负责招待。二十日，由商会招待，参观工厂，游览湖山名胜，预定在梅园午餐，是晚即留宿于太湖饭店。廿一日上午，实业团离锡，全体至车站送行"。[99]

考察团于19日晚到锡，荣德生、荣鄂生等参加了接待。具体如下："德国实业视察团来华考察实业，前日（十九）晚间九时由镇乘快车抵锡。本邑县长孙道始，公安局长黄贞白，实业家荣德生、荣鄂生、蔡兼三等数十人，均赴车站欢迎。各团员下车后，由欢迎人员导赴华盛顿饭店。此次来锡除德国实业大家雷慈满等十人外，国府招待委员亦陪同来锡。各团员抵华盛顿饭店后，记者即往晋谒，旋由该团秘书长师德威出而谈话……昨廿日上午八时许，各机关及实业家荣德生等，陪同该团参观广勤、庆丰、豫康三纱厂及乾甡丝厂、申新纱厂。该团团员对于以上各厂机械之改良、出品之精良，颇为赞赏。下午乘坐汽船，分赴梅园、太湖鼋头渚等处游览，当晚下榻太湖饭店。今日（二十一日）上午，赴南门外参观永泰、民丰、振艺三丝厂及面粉厂等，下午乘车返沪。"[100]参观申新三厂时，"厂主荣德生及六厂经理荣鄂生，迎至江尖。十二时一刻抵厂登岸，由荣君及薛明剑、荣尔成（仁——引者注）诸君分别引往清花、粗纱、轧花、细纱、打包、匀水、浆筒、经纱、扣梭、织布、透平、整理等十二部，详为参观。各团员之博访周咨，不亚于在庆丰参观时，直至一点余钟，方始出厂，登舟解缆，向鼋头渚驶去"。[101]

由此可见，荣德生接待的德国实业考察团来锡的时间并非1929年秋，而是1930年4月19—21日。

18. 关于开原寺建设的时间

《乐农纪事》1934年记载："茂青、量如和尚等推余发起购地，赠与开原寺，捐资建筑之。"《申报》1933年10月5日《桃花盛开之奇闻》记载："最近，梅园中建筑开原寺一所[102]，寺宇宏壮，不日即可工竣。"可见开原寺建设的时间为1933年。另有，1933年8月中旬，《锡报》连载署名明瑞斋主[103]所撰写的《开原寺随喜记》一文，记载他参加开原寺"开山典礼"的见闻。文字记载："最近，特助量如方丈就湖滨横、浒两山间，购地数十亩，创设开原寺，并于八月九日（十九[104]）观音诞辰举行开山典礼，柬邀各界人士前往随喜，余亦与焉。"[105]由此可见，开原寺于1933年筹建，并于当年8月9日（阴历六月十八日）落成，而不是1934年。

（三）混记致误

1. 关于公益工商中学招录第一届学生数量及分科

《乐农纪事》1919年记载："是年，公益工商中学建筑已完，聘胡雨人为校长，请教员，招生一百名，实收八十名，开工、商两班。中有商店、银行，为商科练习；有工厂，为工科实习。"该段记载包括公益中学第一届实际招收学生人数、分科情况及实习商店和工厂开设时间等问题，存在几年之事记于一年的问题。

关于公益中学第一届招录学生的人数有多种记载。《锡报》1919年2月20日报道学校发榜的情况："开原乡荣巷私立公益工商中学工程告竣，定期招考新生等情，已志前报。兹悉，该校于前日在本校招考，应考者共一百十四人。昨日在城南第三师范招考，应考者共一百十一人，由校长胡雨人及教员范、张、施、钟诸君分任阅卷，额定录取九十名。今日榜示在茂新面（粉）厂门首。开校后，分配两课堂教授，先办预科一年，俟下学年再分工、商两科。"[106]第一届商科学生朱金寿回忆称："民国八年秋，独创工商中学……始以胡雨人先生长校事，教职员十余人，同学百有五名，分二班，甲乙别之。"[107]另有商科第一届学生华锡骥记载："而于秋初，广告招生。荣、胡两先生，素为各界人士所钦仰，以是投考新生，自远而至，踵趾相接。时以新舍设备尚未完全，因借荣氏祖祠及三师为考所，取百人。"[108]公益中学在开学半年后的1920年1

月2日，县视学张鉴到公益中学视察，所记载的学校基本情况是：“校名：私立公益工商中学校。校址：开原乡荣巷。校长：胡雨人。教职员数：一二人。学生数：九六人。”[109]

上述资料，一份是报纸公布录取人数为90人。两份是第一届商科学生的回忆资料，分别为105人和100人。开学过了半个学期，县视学张鉴视察所见的记载是96人，四种说法与荣德生所记载的80人均不一致。假如说作为回忆的人数多有误差，只能仅作参考的话，那么理论上讲，公益中学招录的第一届学生，应该以发榜公布录取的人数，即90人为准，但从公布录取到正式报到开学尚有一个半月的时间，其间存在录取了没能报名，中间又有补录插班等实际情况，且视学视察报告所记载的人数，其中可能会有因故缺席的，实际人数应该多于该人数。因此，第一届学生人数，应该大于90人，在百人左右较为可信，荣德生所称“实收八十名”肯定有误。

从上述资料中也可以看出，学校9月1日开学，新生入学不分工、商科，为预科，分甲、乙两班。该校工科学生曾有记载：“本级于民国八年秋季入学时，本校初创，在预科内不分工、商，仅分甲、乙两组，至九年夏，始由各人志愿认定，升入工科本科。”[110]可见，预科学生直到1920年秋学期开始时，才经自由选择，分为工科与商科两个班级，分别组织教学。所以文中的当年“开工、商两班”表述为错误记载。再有实习商店及工厂在1919年9月开学时尚未建设，直到1920年秋再分别建成，先后投入使用，[111]故记载也不正确。

2. 关于荣德生与苏社

荣德生在《乐农纪事》1921年中记载：“曾至南通，见各种社会事业。张四先生年六十八，并开苏社。次年在扬州，余亦去。苏州亦去。后至无锡，由余主办，于梅园开会，全省人物共集一堂，选余为常区理事。”这一段文字记载荣德生与苏社的关系，对苏社召开的四次年会统而论之，失却相关时间维系，很容易使援引者搞错。苏社是由张謇、韩国钧等人为推进江苏实业、教育、水利、交通等地方自治事业而设立的社团组织。[112]从1920年到1924年，先后举行过五届会议，每年选一合适的城市召开一次大会。历次会议召开的具体情况如下表(表三)：

苏社在无锡召开的是第二届，荣鄂生《思庵行年随录》1920年记载：“苏省人士组织苏社，五月十日召开成立大会于南通，与余长兄及德君、薛明剑君同往参加，张季直先生为主席。顺游南通各地风景。”[113]1921年记载：“苏社在无锡举行第二届大会，假第三师范大礼堂及梅园为会场，由德君主办一切。”也可作为佐证。由此可见，荣德生的这段记载，一是误把在扬州、苏州召开会议的时间置于在无锡开会之前，二是误把在无锡召开会议的时间置于

表三　苏社各届大会召开时间及地点一览表

会议届次	开会时间	开会地点	荣德生出席情况
第一届会议	1920年5月12日	南通更俗剧场	荣德生与荣鄂生、薛明剑参加
第二届会议	1921年3月11日	无锡梅园	荣德生为东道主
第三届会议	1922年3月11日	上海南市陆家浜职工教育馆	荣德生参加
第四届会议	1923年3月13日	苏州留园	荣德生参加
第五届会议	1924年3月23日	扬州省立第五师范风雨操场	荣德生参加

1921年后。

3. 关于申新三厂正式开工的时间

《乐农纪事》1921年记载：是年，“茂新一、二、三、四照开，福新照开，申一、二照开。申三正式开车，出纱甚好，惜反对人已不及见矣”。在这一段文字中，荣德生罗列了荣氏各企业在1921年内的生产情况。但对申三，即无锡申新三厂“正式开车”的时间记载有误。

习惯上，研究者把申三创办的时间确定为1919年，因为该年是它的启动筹建之年，但直到1922年1月，该厂才“试开纱机”，11月“布厂开工”。[114] 作为申新三厂的总管、当时亲自在一线具体组织实施的薛明剑，在其1922年1月30日的日记中记载：“余主管之申新第三纺织厂正式开车纺纱。此为余正式弃学就工之起点，亦为余中年生活上之一大转变。”[115] 这是当事人当年的记载，可信度极高。后来编写的厂史，也沿用了这一资料的记载：1922年1月30日（正月初四日），申新三厂正式开工。[116] 因此，申新三厂的创办时间，说1919年或1922年均各有理由，但绝非1921年。

4. 关于公益工商中学校长蒋仲怀、钱孙卿任免的时间

《乐农纪事》1924年记载：“是年，公益工商中学因工科招生不足，决停开工科。所余学生，转请南京大中桥高工代教完毕，本校则专开商科。至此，仲怀辞职，请钱孙卿先生为校长。未接事前，余自兼，以张杏村为教（校）务主任一年。”

蒋仲怀自1920年7月继胡雨人任公益工商中学校长后，做了三年。至1923年夏，荣德生因经营失利，“各厂亏耗甚巨”，故对拨款学校“抱有消极的现象”，决定停办工科，以减少经费支出，从而导致蒋仲怀无法继续正常办学，故于1923年6月中旬提出辞职。[117] 最终，蒋仲怀在主持举行了当年学生毕业仪式之后，正式辞职离去，时间是1923年7月上旬。[118] 然后，学校校长由荣德生兼任，张鉴任校务主任，这样维持了一年。[119] 直到1924年夏，荣德生才聘请钱孙卿接任校长一职，自己再卸任。[120] 由此可见，停办工科、蒋仲怀校长辞职的时间是1923年夏，钱孙卿接任校长的时间是1924年6月。

以上仅是笔者近期检索资料所得，限于资料、时间，更限于个人水平，其错误在所难免，抛砖引玉，敬请方家批评指正。

本文在撰写过程中，得到了陈文源、刘桂秋、徐志钧、顾烨青、陆阳诸先生的帮助，特此致谢！

注　释

［1］　因该资料每年记述的文字篇幅均不长，为便于学者采用不同的版本对照参考，故本文所引该资料，仅注明年份，省略页码。

［2］　顾文璧：《荣德生〈乐农自订行年纪事〉所记无锡独特的寿庆习俗及其研究》，江苏省文史研究馆编：《重五集锦——江苏省文史研究馆建馆五十五周年纪念文集》，凤凰出版社，2008年版，第222页。

［3］　朱瑞芬：《校正历史的误读、误解》，《档案与建设》2008年第10期，第35—36页。

［4］　最初《乐农自订行年纪事》并未有“初编”一说，后“续编”刊印出版后，学界为便于表述区别，习惯称其为“初编”。

［5］　笔者曾于1990年1月12日，与王赓唐、冯炬、达平等先生到上海拜访1938年任申新总公司文牍，1946年任申二、三、五厂总处秘书的朱复康先生，后又单独两次上门拜访。他曾告诉笔者，《乐农自订行年纪事》续编是由荣德生拟就纲要，由他执笔起草，再经荣德生审读，提出意见，由他反复修改后定稿。当时，朱先生曾给笔者看了其间他与荣德生通信的两大本手稿，其中部分就是谈论续编修改问题的，均书写于公司专用信纸上，因是宣纸，为保护还做了装裱。据后来为整理荣氏资料

多次拜访过朱复康先生的陈文源先生介绍："那两大本信件有240多封，有关纪事续编的只有60多封。"只惜后来随着朱复康先生去世，这些资料下落不明。如能有幸再现，它们必定是研究《乐农自订行年纪事》形成的重要资料。

[6] 薛明剑：《薛明剑日记》，1952年7月30日，手稿。转引自《荣德生文论存稿类选》，古吴轩出版社，2015年版，第31页。

[7] 《余孝惠先生年谱等》，《无锡文库》第3辑，凤凰出版社，2012年版，第120页。

[8] 上海图书馆编：《上海图书馆藏人物文献选刊》，上海古籍出版社，2015年版，第118页。

[9] 《出版说明》，《乐农自订行年纪事》，上海古籍出版社，2001年版，第3页。

[10] 摘自笔者2020年7月21日对陈文源先生的采访记录。当时无锡得到1000本，交给江南大学荣氏研究中心，后来上海古籍出版社还有少量存书由陈文源先生转交荣毅仁纪念馆和荣巷古镇历史文化研究会。

[11] 荣德生著，文明国编：《荣德生自述》（二十世纪名人自述系列），安徽文艺出版社，2014年版。

[12] 钱江、高来东主编：《滨湖文库》第11册，广陵书社，2021年版，第510页。

[13] 参见《乐农自订行年纪事》1882—1889年纪事。

[14] 参见《乐农自订行年纪事》1894—1896年纪事。

[15] 参见《乐农自订行年纪事》1914年纪事。

[16] 《后记》，江南大学荣氏研究中心编：《乐农自订行年纪事》（荣氏研究资料、论文选刊之一），1989年12月打字油印本，第99页。

[17] 荣鄂生著《思庵行年随录》，为荣鄂生的自传年谱，1956年打铅字油印刊行。本文因引用较多，仅注明年份，省略页码。

[18] 王俊编著：《中国传统民俗文化·中国古代家谱与年谱》，中国商业出版社，2017年版，第217页。

[19] 钱孙卿：《荣德生先生第一年谱并为七十介寿序》，荣德生：《乐农自订行年纪事》，上海古籍出版社，2001年版，第1页。

[20] 〔元〕王仁辅编：《无锡县志》卷二《山川》上，第4页。

[21] 庄申主编：《无锡市志》第1册，江苏人民出版社，1995年版，第249页。

[22] 麦国良：《濠畔街盛衰》，袁伟华主编：《中外名街》（中外名物大观丛书），延边大学出版社，2006年版，第33—35页。

[23] 《窃履败露》，《申报》1897年9月27日。

[24] 《粤垣火警》，《申报》1900年10月21日。

[25] 中国第二历史档案馆《中国抗日战争大辞典》编写组编：《中国抗日战争大辞典》，湖北教育出版社，1995年版，第256页。

[26] 《闻兰亭展期公审》，《申报》1946年7月22日。

[27] 参见《棉花贩运业公会开会记》，《申报》1933年10月20日；《统制会收买新花实行配给制度》，《申报》1942年12月15日；《社评·调整统制机构之商榷》，《申报》1944年4月29日。

[28] 姜秀峰：《抗战时期陕西棉花统制研究》（硕士论文），陕西师范大学，2011年，第4页。

[29] 刘阳：《抗战前棉业统制委员会改进棉花产销事业述评》，《华东理工大学学报》（社科版）1999年第3期，第100页。

[30] 转引自陈文源、钱江主编：《荣宗敬文集》，广陵书社，2019年版，第227页。

[31] 《蚕业统委会今日举行公开会议》，《新无锡》1933年2月15日。

[32] 庄申主编：《无锡市志》第3册，江苏人民出版社，1995年版，第2314页；谈汗人主编：《无锡县志》，上海社会科学院出版社，1994年版，第659页。

[33] 河北省文化厅文化志编辑办公室编：《河北历代文化人物录》，2006年版，第163页。另见《选举表》，栾保群编：《畿辅通志》第6册，第45卷，1989年版，第839页。

[34] 关于丰润地名历史，可参见黄成助发行：《丰润县志》卷一《建置沿革》，台湾成文出版社，1968年版，第5页。又据《今县释名》："按屯政考，夹史家河五十余里，皆可屯之区。又自水道沽关黑岩子墩，至诸家营处，东西百余里，南北百八十里，皆濒海，平旷可耕，故以丰润名县。"

[35] 《校史》，《无锡私立公益第一小学校三十周纪念刊》1935年4月，第1页。

[36] 上海社会科学院经济研究所编：《荣家企业史

料氏》上册，上海人民出版社，1980 年 11 月，第 21 页。
[37] 荣鄂生《思庵行年随录》1904 年也记载："商会亦于是年成立，设于城北前竹场巷钱业公所内，华艺三先生任坐办，地方自治稍具规模。"与荣德生记载一致。
[38] 鞠方安：《中国近代中央官制改革研究》，商务印书馆，2014 年版，第 109 页。
[39] 汤可可主编：《无锡商会史》，中华工商联合出版社，2017 年版，第 14、15、371 页。
[40] 庄申主编：《无锡市志》第 1 册，江苏人民出版社，1995 年版，第 27 页。
[41] 《沪宁铁路已在无锡开工》，《时报》1904 年 11 月 5 日。
[42] 《沪宁铁路总工程司格林森呈总管理处函（为铁路经行苏锡地段购地迁坟事）》，《申报》1905 年 2 月 28 日。
[43] 《侍奏请简派会办铁路大员折》，《申报》1905 年 9 月 18 日。
[44] 《三续盛宣怀答复江苏京官沪宁铁路函稿并附驳义》，《申报》1905 年 10 月 19 日。
[45] 《本埠新闻 · 沪宁铁路开车》，《时报》1905 年 11 月 18 日。
[46] 《沪宁铁路近情》，《通学报》1906 年 3 月 1 日第 1 卷第 4 期，第 98 页。
[47] 《本埠新闻 · 沪宁铁路苏州无锡等处定期开车》，《时报》1906 年 6 月 14 日。
[48] 《记沪宁铁路上海无锡间开车章程》，《时报》1906 年 7 月 6 日。
[49] 《本埠新闻 · 沪宁铁路苏锡开车改期》，《时报》1906 年 7 月 7 日。
[50] 《沪宁铁路举行沪锡段开车典礼》，《申报》1906 年 7 月 17 日。
[51] 《本埠新闻 · 沪宁铁路始车》，《新闻报》1908 年 3 月 28 日。
[52] 《记沪宁铁路上海无锡间开车章程》，《时报》1906 年 7 月 6 日。
[53] 《江浙铁路时刻表》，《旅客》1909 年第 2 卷第 31 期，第 20 页。
[54] 无锡市图书馆编：《无锡地区家谱知见目录》，广陵书社，2015 年版，第 174 页。
[55] 参见荣福龄等编纂：《荣氏宗谱》卷一，乙亥（1935）冬续修。
[56] 《南洋劝业会开会》，《国风报》1910 年 6 月 17 日第 1 卷第 13 期，第 8 页。
[57] 《南洋大臣张人骏会奏南洋劝业会开幕情形折》，《国风报》1910 年 8 月 5 日第 1 卷第 8 期。
[58] 《事件》，夏征农、陈至立主编，熊月之等编著：《大辞海 · 中国近现代史卷》，上海辞书出版社，2013 年版，第 27 页。
[59] 熊月之主编：《上海名人名事名物大观》，上海人民出版社，2005 年版，第 569 页。
[60] 贺岳僧：《孙中山年谱》，上海世界书局，1929 年版，第 46 页。
[61] 参见蒋永敬著：《胡汉民先生年谱》，台北中国国民党中央委员会党史委员会出版，1978 年 11 月，第 131 页；薛明剑编：《黎元洪年谱》，无锡市史志办公室编：《薛明剑文集》上册，当代中国出版社，2005 年版，第 372 页。
[62] 《中山大学学报》编委会编：《孙中山年谱》（历史人物资料丛编），台湾大东图书公司，1980 年版，第 51—52 页。
[63] 《驻沪同盟会欢迎孙中山先生》，《申报》1912 年 4 月 6 日。
[64] 《实业联合会欢迎会员》，《申报》1912 年 4 月 17 日。
[65] 《实业联合会欢迎孙中山记事》，《申报》1912 年 4 月 18 日。
[66] 《张园欢迎会纪要》，《申报》1912 年 6 月 25 日。
[67] 《纪孙中山之政见演说会》，《申报》1916 年 7 月 18 日。
[68] 《中国记事 · 欢迎江侍御》，《国风报》1910 年 4 月 30 日。
[69] 《工商会议准备开会一斑》，《申报》1912 年 11 月 6 日。
[70] 《时事日志》，《庸言》1912 年 12 月 1 日第 1 卷第 1 期，第 1 页。
[71] 参见钱江、高来东主编：《滨湖文库》第 3 册，广陵书社，2021 年版，第 23 页。
[72] 《校史》，《无锡私立公益第一小学校三十周纪念刊》1935 年 4 月，第 1 页。
[73] 《竞化女学十周纪念会志盛》，《新无锡》1918 年 4 月 24 日。
[74] 荣敬本、荣勉韧等编著：《梁溪荣氏家族史》，

中央编译出版社，1995年版，第122页；陈文源、胡申生主编：《荣德生和他的事业》，上海古籍出版社，2006年版，第73页。
[75] 《开原乡捐资兴学得奖志闻》，《新无锡》1915年3月13日。
[76] 陈文源、胡申生主编：《荣德生和他的事业》，上海古籍出版社，2006年版，第110页。
[77] 常荣初主编：《无锡园林志》下，凤凰出版社，2013年版，第463页。
[78] 庄申主编：《无锡市志》第1册，江苏人民出版社，1995年版，第30页；《荣巷街道志》，凤凰出版社，2011年版，第357页。
[79] 《开原乡马路延长》，《新无锡》1915年3月26日。
[80] 荣正通：《荣氏家族与交通大学》，《兰台世界》2008年第23期，第63页。
[81] 唐文治：《荣熙泰先生铜像记》，该碑文现在上海交通大学校园内遗存的铜像基座上。参见《荣德生与社会公益事业》(乐农史料选编)，上海古籍出版社，2004年版，第122页。
[82] 刘桂秋编著：《唐文治年谱长编》上卷，上海交通大学出版社，2020年版，第550页。
[83] 唐文治撰写的《荣熙泰先生铜像记》一文所用"馆内"一词也不确。
[84] 钱江、高来东主编：《滨湖文库》(附册)，广陵书社，2021年版，第265页。
[85] 《商三年级参观笔记》，无锡公益商业学校编：《讲演录、参观笔记合刊》，无锡：公益商业中学校，1925年，第23页。
[86] 《荣德生赴宁会议》，《新无锡》1923年1月25日。
[87] 《南京·教实联合会近况》，《申报》1923年3月14日。
[88] 《工商中学开校纪事》，《锡报》1919年9月2日；《工商中学定期开学》，《锡报》1919年8月29日。
[89] 《工商中学学生挽留旧校长》，《新无锡》1920年5月24日。
[90] 华锡骥：《工商中学之历史》，公益工商中学校商科癸亥级编辑：《公益工商中学校商科第一届毕业刊》，无锡锡成印刷公司，1923年7月，《文苑》第40页。
[91] 《各校职员更动消息》，《新无锡》1920年5月24日。
[92] 《开原乡董联袂辞职》，《新无锡》1920年7月9日。
[93] 钱江编著：《和平耐劳 无锡荣氏私立公益工商中学编年事纪(1917—1927)》，凤凰出版社，2020年版。
[94] 《记事·中外大事记》，《华国》1923年12月15日第4期，第2、15页。
[95] 熊月之、周武主编：《上海——一座现代化都市的编年史》，上海书店出版社，2007年版，第240页。
[96] 中共南京市委党史资料征集编研委员会办公室编：《南京革命史大事记(1919—1949)》，1986年12月，第42页。
[97] 《国民政府在宁正式成立》，《申报》1927年4月21日。
[98] 《无锡·德实业团将莅锡视察》，《申报》1930年4月17日。
[99] 《德国实业团》，《新无锡》1930年4月19日。
[100] 《无锡·德视察团抵锡考察详志》，《申报》1930年4月22日。
[101] 《德国实业团抵锡》(二)，《新无锡》1930年4月21日。
[102] 该处记载失实。据徐志钧先生提供的资料，民国年间，开原寺在梅园外，直至20世纪60年代初依然如此。
[103] 明瑞斋主即薛明剑。
[104] 此处有误，公历1933年8月9日应为阴历六月十八日。
[105] 明瑞斋主：《开原寺随喜记》，《锡报》1933年8月14—16日。
[106] 《公益中学招考新生》，《锡报》1919年7月20日。
[107] 朱金寿：《工商中学之历史》，公益工商中学校商科癸亥级编辑：《公益工商中学校商科第一届毕业刊》，无锡锡成印刷公司，1923年7月，《文苑》第38页。
[108] 华锡骥：《工商中学之历史》，公益工商中学校商科癸亥级编辑：《公益工商中学校商科第一届毕业刊》，无锡锡成印刷公司，1923年7月，《文苑》第39页。

[109] 张鉴编：《无锡县视学服务概况》，1920年4月铅印本，《无锡县学校统计一览表》第1页。
[110] 《本级大事记》，公益工商中学校工科癸亥级编：《工科毕业刊》，1923年7月铅印本，第1页。
[111] 参见钱江编著：《和平耐劳　无锡荣氏私立公益工商中学编年事纪（1917—1927）》，凤凰出版社，2020年版，第43—52页。
[112] 陈亚杰：《民国初期的苏社与精英主导的江苏省自治》，《西部学刊》2019年第4期，第69页。
[113] 资料来源：《苏社社员抵通时之情形》，《申报》1920年5月13日；《苏社第二届大会纪》，《申报》1921年3月13日；《苏社第三届第一次大会纪》，《申报》1922年3月12日；《苏州·苏社大会第一日记》，《申报》1923年3月14日；《苏州·苏社大会闭幕余闻》，《申报》1923年3月18日；《苏社在扬常会纪》，《申报》1924年3月25日。
[114] 参见钱江编：《无锡市第一棉纺织厂七十年发展事记暨厂史资料汇编索引（1919—1989）初稿》（一），无锡市第一棉纺织厂，1990年5月油印本，第1—3页。
[115] 薛明剑：《薛明剑日记》1922年1月30日，手稿。
[116] 无锡国棉一厂编：《无锡国棉一厂厂史》，1964年手抄本，第12页。
[117] 《公益学校的消息现象》，《锡报》1923年6月17日。
[118] 《工商中学校长问题》，《无锡新报》1923年7月9日。
[119] 《工商中学改组已解决》，《无锡新报》1923年8月12日。
[120] 《工商校长就职之新猷》，《锡报》1924年6月5日。

一段断崖坠落的历史

——秦松石著《南明史》略论

汤可可 *

【摘要】秦松石著《南明史》是一部未刊稿本，成稿于1949年。秦松石因家境贫寒，初中后即辍学，日后完全靠自学增进知识和才学，曾出版和编撰《中国历代兵制概要》《史可法年谱》等著作。秦著《南明史》以南明王朝的兴废为叙事主线，纲目简明扼要，记述详略分明，前因后果脉络明晰。该书综合采集多种史料，侧重记写重要历史事件，注意从历史的回溯中梳理其成败得失，剖视其前因后果，进而认识“民族盛衰兴亡之关键”，具有一定的历史认识价值。

【关键词】《南明史》　秦松石　未刊稿本

无锡方志馆保存有近人秦松石著《南明史》，这是一部未刊稿本，成书迄今已有70余年。为拨开尘埃使其不至于永久沉没，也为更好认识无锡学者关于南明史研究的脉络和特点，值得就秦松石及其《南明史》略做梳理。

一、秦著《南明史》稿本

秦松石著《南明史》稿本共四册[1]，右侧手工穿线装订。前三册封面左侧竖向铅印书名：历史丛书　南明史（未定稿）。分别标为卷上、卷中、卷下，其中“卷中”的“中”字为铅印，“下”字用毛笔改写。封面右上角铅印标注：“一九四九年十一月　秦松石著”。第三册末页有著者自注：“已丑农历十二月二十五日初稿完成”，“庚寅农历元宵节前五日校阅”。表明书稿成稿于1949年，1950年做过校订。第四册封面左侧用钢笔手写题签：南明史稿附表。并注：“一、南都内阁部院督抚表”，“二、南明之际各地义师简表”。

前三册内页为竖式印刷方格稿纸，一页折为两面，每面10行，每行25字，左下角印有：No.1 粹华稿笺（第二册为另一种粹华稿笺，规格相同，式样略有不同）。全书未编页码。书稿正文用钢笔书写，为誊录稿。誊清之后又有修改，修改、补充用钢笔书写，个别删节、订正用毛笔。文字较多的补充，用白纸条（少数为从备课笔记本裁下、印有横线的纸条），钢

---

* 汤可可：无锡市档案局原局长，研究馆员

笔书写，粘贴于稿本中。

第四册为附表。表一利用横式印刷的方格稿纸，为20世纪60年代国内特有的粗糙的再生纸。稿纸背面为钢板蜡纸刻印的两种空白表格，一种为“第三建筑公司二工段出勤汇总表”，一种为“小队出勤日报表”，页边标注“跃（建A704）”，显然是利用了单位多余统计表的空白面。表一为竖式，用钢笔划线、钢笔书写，未编页码。表二利用粹华稿笺反面，同样为竖式，钢笔书写，用阿拉伯数字单独编页码，共6页。

因为年代久长，又经反复翻阅，书的封面已有残损。但内页完好，字迹清晰可辨，基本没有缺损。

在稿本第一册（卷上）封里（封二）粘贴有一张字条，为著者的一段自记，全文如下：

> 《南明史稿》，还是在解放之前（即中华人民共和国成立之前——编辑注）就拟好的。用通史体叙述了从崇祯17年（1644）至康熙22年（1683）南明政权抗御清封建统治阶级的斗争的经过事迹。当时还不懂得阶级观点，所以未能进行阶级分析；只可作为若干史料较有系统的汇集来看。今后在学习上还该作出主观努力，借此提高政治水平。如时间许可，并拟重新予以改写。
>
> 1960.7记

第四册《南明史稿附表》也注有简要说明，“各地义师简表”后面有一附注：“松记一九五九年四月”。“南都内阁部院督抚表”批注所标的最后时间为：“一九六〇年庚子九月二十七日夜记”。综上可知：（1）《南明史》又作《南明史稿》，著者自认为是一个不够完善的稿本；（2）书稿成稿于1949年，完成誊清的时间为1950年2月12日，并在同年2月27日前做了校阅；（3）1959年春至1960年秋，制作了现有的两张附表，并对书稿做了若干修订补充；（4）按照著者的设想，在条件许可时拟对全书予以改写。是不是有改写的提纲和新的稿本，则有待发现。

二、秦松石其人

秦松石本名宗沂，松石为其别名，宣统二年（1910）农历十一月四日出生于无锡城中小娄巷。小娄巷为无锡望族秦氏家族的聚居地，明清以来人才辈出，对无锡乃至江南文化的萌蘖影响深远。先祖秦大治为道光癸未（1823）进士，任武强县知县，性伉直，因得罪上司而辞归，曾讲学于东林书院，造就多人，薛湘、杨延俊均出其门下。不过至父亲时已家道中落，父亲任职于与无锡渊源颇深的天津华新纺织公司，薪俸仅及养家。20世纪20年代后期，家宅也从小娄巷迁出，搬入相对逼仄简陋的福田巷老屋。秦松石早年就学于东林小学和县初中，爱好文史，课余广泛涉猎典籍史乘。但因家境贫寒，初中后即辍学，日后完全靠自学增进知识和才学。

失学后，秦松石先是在无锡城中小学任教。1928年，年仅19岁的他进入《大无锡报》社，任主笔。《大无锡报》为4开一页的小报，日发行量仅500份。他同时服务于《民报》，并于1929年7月加入无锡新闻记者联合会[2]。九一八事变后，正当国势危难之际，秦松石应招进镇江军校学习。这期间，他编著了其第一部史学著作《中国历代兵制概要》，1937年由南京军用图书社印行。著作梳理了中国历代军事组织制度的变迁，并与政制、官制相联系，记述条理清晰、简明扼要。当时，中国正面临着强敌入侵、存亡一线的局面，故作者在书中特别强调寓兵于民，全民皆兵，积极备战。1975年，该书还被内部翻印，作为部队教学参考书。直至今天，尽管断代的军事专题有很多深化、细化研究，但这一贯通古今的专题史著，依然经常为军事院校教学和学者历史研究所引用[3]。

20世纪30年代中期，为维持生计，秦松石经人介绍进了无锡县警察局当差。自七七事变至无锡沦陷的这段时间里，他被调到民众服务指导处，负责运输工作。这个指导处由警察局会同部分民众团体组成，县长兼任主任，办公也集中在县政府，主要承担战时民夫动员、军需钱粮筹措和船舶车辆调度等职能。除了帮助淞沪抗战前线征调民夫外，秦松石还协助征工筑路，为过境国民党军队征发车船，参与密捕汉奸[4]。但在无锡沦陷后他却为生活所迫而出任伪职，先是在伪县政府任秘书、科长，后又到苏州伪江苏省政府任文案。抗战胜利后虽未受到追究，但他也只能躲回无锡，通过朋友钱云孙的关系，进瑞和轮运局工作。他的《南明史》就是在这一时期形成了初稿。

无锡解放后，各私营轮运局几经兼并改组，至1950年5月，经营锡溧航线的7家轮运单位联合成立西南轮运局，由股东会议推定钱云孙为经理，秦松石为总务，秦负责行政事务。该轮运局经营无锡至溧阳、宜兴的6条航线，是中华人民共和国成立后私营客运轮船业规模最大的一家，为1956年的轮运业公私合营做了铺垫[5]。就在第二年，镇压反革命运动在全国展开。秦松石因曾任伪职，又供职于旧警察局，1951年4月被逮捕投入监狱。1958年出狱后被安排在无锡建筑三公司，做一些考勤、统计和杂务工作。《南明史》中的两张附表就制作于这段时间。

1959年后国民经济陷于困难之中，国家经济方针政策不得不做重大调整，国有企事业单位精简一批人员，秦松石首当其冲，1961年被清退回家。此后直到去世他未再从业，闲散在家读书、写书。除根据看书所得，随手对《南明史》加以补充修订外，一是编著《史可法年谱》，并与定居无锡的史可法后人史渊广时相过从；二是编纂一部《成语词典》。前者有一稿本，“文化大革命”时期连同《南明史》稿本及大批图书、字画被抄走，不知所终；后者曾送出版社，被退回要求再做修改，此书稿未被抄走，一直捆扎存放于家中阁楼上，20世纪90年代房屋拆迁时被作为垃圾处理[6]。

1975年1月，秦松石病逝。其妻子钱潜（1917年7月—1991年12月），毕业于上海两江体育专科学校，1943年与秦松石成婚，先后在无锡驳岸上小学，东林小学任音乐、体育教师。二人育有两女：秦汝桁、秦汝栩，均从事教育和教育行政管理工作，各有成就。秦松石判监期间和退职以后，失去经济收入，家中生活完全靠妻子工资维持，清贫度日。他常常手携一两册旧书，到古旧书店寄售，买回几包廉价香烟和半瓶零拷黄酒，消沉于烟雾酒思之中。

秦松石还雅好书画，与族人无锡知名画家秦古柳先生相善，常往来走动。其书法雍容大度，画作以扇面、册页等小幅作品为多，笔墨简淡，意境悠远，至今仍有留存于世者。

三、秦著《南明史》的篇章结构

秦松石著《南明史》为章节体，用浅近的文言文写作，竖排并使用竖排书本标点，包括书名号、人名号、专名号等。有少量注释列于各节之后，主要是注明资料出处，间有对史料正误的辨析。全书11万—12万字。

《南明史》全书6章35节。在稿本第一册全书目录之前，列有“明清之际大事年表”，注明“明崇祯十七年（1644）—清康熙二十二年（1683）”。表格在稿本中占9页。表分5栏，分别为：帝王、纪年、干支、公元、大事纪要。其中公元年份用阿拉伯数字标注。

书的第一章为“绪言”，综述明清之际的政治、社会背景，概要地说明明末农民起义、清兵入关、明王朝崩溃的基本形势，以及南明王朝建立的由来。这一章在稿本中占 11 页。随后的 4 章分别以南明四个小朝廷为题，即第二章“福王纪事”，第三章“鲁王纪事”，第四章“唐王纪事”，第五章“桂王纪事”。其中第二章、第五章的篇幅较长，在稿本中分别占 117 页和 106 页；第三章、第四章文字较少，仅分别占 55 页和 23 页。第六章为“赐姓纪事”，主要记写郑成功起义、北伐长江、攻占台湾、经营台湾以及郑氏后人最终降清的经过。本章在稿本中有 41 页。

从篇章结构看，秦著《南明史》虽然是章节体史著，但并没有完全摆脱王朝纪事的窠臼，仍然以明朝宗室藩王为主线来钩稽历史演变的脉络。为了便于说明秦书的结构特点和学术价值，本文侧重于将该书稿与谢国桢著《南明史略》加以比较，略做点评。谢著《南明史略》[7]成书于 20 世纪 50 年代前期，全书 17 万字，亦为章节体史书，体例和规模都与秦著《南明史》比较接近。

谢著与秦著的最大区别在于，谢著以阶级斗争为纲，把农民起义和义军抗清作为贯串全书的主线。谢著共 11 章，比秦著多出 5 章，分别是：第二章“农民大起义与清兵入关”，第四章“大江南北的义师”，第五章“冀鲁豫义军的兴起”，第十一章“全国人民继续不断地展开反清运动”（此外，永历王朝分为上、下两章叙述）。就是相关王朝的记叙，谢著也是以人民起义作为背景和线索。如第三章为“人民扶持下南明弘光王朝的建立”，第六章四节中有两节分别记写“江上义师的兴起”和“四明山义军的依寨结寨”，第七章则突出“皖中江右的义师”和“荆襄十三家军”。在第一章“明季社会背景”中，也概要地描述了“明朝阶级间的矛盾”和“明朝统治阶级内部的矛盾”。谢先生在结束语中特别强调：“由于明末清初社会已经是封建社会的末期，抗清战争也贯串了阶级的斗争，这极其复杂而尖锐的斗争，督促了社会向前进展。”在他看来，农民义军是抗清战争的主力，以农民起义为主导的阶级斗争是历史转折变迁的基本动力。或许正是读到了谢著《南明史略》，秦松石在 1960 年的字条上写下了“未能进行阶级分析”的自责，考虑今后要加强学习，对自著《南明史》“予以改写”。

相比较而言，秦著《南明史》以王朝为题，章设得少，但节划分比较细，节下又设目，相对眉目更为清晰。也正因为此，秦著对一些设立了节和目的历史事件的记述着墨稍多，交待更为详尽一些。如秦著第二章“福王纪事”，共有 9 节，而谢著相对应的“弘光王朝”一章仅有 4 节。秦著多出的几节主要有“四镇分藩”“党狱繁兴”“南渡三案”“内战勃发”等。其中“南渡三案”（伪太子案、伪王妃案、大悲僧案），在谢著中仅仅以十几行文字一笔带过，而秦著则列为一节，分三目一一加以叙述。此外，在本章的“党狱”“内战”等节中，对弘光朝激烈的党争，以及左良玉与马士英、阮大铖等人的冲突，最后演变为举兵相向，也列出诸目分别记写。又如秦著第五章“桂王纪事”，共列 10 节；谢著的“永历王朝”虽分为 2 章，但合计也仅 7 节。秦著多列的几节中，除第五节“四川之溃裂”对张献忠的大西起义军做了专题记述，包括张献忠军的暴行、战败和残部归附南明外，还单列第七节“孙李之分裂”，对孙可望与李定国的决裂，孙可望出兵进攻李定国军，最终叛降清朝，做了连贯的叙述，较之谢著也较为明白顺畅。此外，秦著第三章“鲁王纪事”中第四节的“西征之中阻”“金华之陷及马阮之死”等目，第四章“唐王纪事”中第三节“李自成残部之归抚”，虽然所述非常简短，但都涉及南明王朝进退战守的一些关键环节，有其特别的意义。

综上所述，秦著《南明史》总体文字简约，但因为节目设置相对较为细致，因而纲目简明扼要，记述详略分明，前因后果脉络明晰。

四、秦著《南明史》的学术价值

最近数十年间，海内外有关南明史的论著有近十种之多。在当时的历史背景下，秦松石著《南明史》如无特别的条件，不可能正式出版，但这不等于说该书没有学术价值。从其成书于20世纪中叶而言，至少可以反映那一社会转折时期人们对明清交替历史变迁的认识。秦松石在书的第一章“绪言”中说：“南明史事繁赜，顾以文网时讳，遂不为当时官书所采纳……反之，野史私乘，汗牛充栋，虽守缺钩沉可征者亦复不少，然大率囿于一朝一地一事，错综无绪，详略互见……兹篇之所叙述者，明清两代史籍之补阙也。综而观之，亦可概见嬗代之枢机、相互之因果焉。”[8]也就是说，该书的立意，是要补明、清两代官修史书的缺漏，在此基础上概要地揭示明（包括南明）败亡和清代兴起的关键问题，分析这一历史变迁中各方面因素的相互联系。

与谢国桢的《南明史略》相比较，秦著《南明史》至少在以下几个方面显示出它的特点和认识价值。

其一是着眼于南明王朝的朝政。在明朝中央政权崩溃后的一段时间里，国内消长变化的主要是三个方面的政治军事力量：旨在攻取全国的清军，被打破但尚未被消灭的明军和明统治系统，遍布各地的农民起义军和民间抗清力量。其中南明政权，即由南方地区明军、明末官僚集团拥戴明藩王建立起来的小朝廷，系明清交替之际政治军事主体之一。秦著《南明史》，即围绕着南明王朝的兴亡而展开关于这一段历史的记述。它不同于谢国桢的《南明史略》，以明清之际的阶级矛盾为主线，从南明政权与清军对峙及各地人民抗清斗争切入，兼及三个方面力量的攻守进退；也不同于美国司徒琳的《南明史》，以满汉民族矛盾为主线，着重记写南明王朝与清军两方的对抗，按“抵抗—失败—再抵抗—再失败—最后抵抗—最后失败”来结构篇章[9]。秦著《南明史》，以南明王朝的视角来记叙其政治、军事举措，以及各方面矛盾的交织和冲突。对于清军和各路义军，只涉及与南明政权的交集之点，而不详述其人事及前后过程。对于南明各个行朝的朝政，秦著都有概略的记述，如南京福王（朱由崧）从推立到组阁、定策，本身就是矛盾重重，也为之后的溃败埋下了祸根；又如浙东鲁王（朱以海），旧臣新人及文臣武将之间的矛盾，以及正兵、义师的分地分饷制度，形成内部的种种牵制；又加唐王（隆武帝朱聿键）与鲁王并立，闽浙对抗，势同水火，“夫处累卵之危……乃修笔舌之怨，操同室之戈，声援既绝，卒致两败”[10]，留下令人痛惜的教训。由晚明起始并愈演愈烈的党争，也延续到南明各小朝廷，对此秦著《南明史》也给予了相当的笔墨。诸如弘光朝（南京福王）的“顺案”（与明末魏忠贤的“逆案”相对）党狱，阮、马与复社的明争暗斗；永历（两广云贵的桂王朱由榔）朝中官僚以闽、粤、桂为别，各成一路，又加“吴党”“楚党”之争，都形成“水火激射之局”，以至于瞿式耜喟然叹曰：“外启门户，内衅萧墙，国何以立？”[11]在秦松石笔下，南明王朝朝政的紊乱和腐败，正是其无法振作图存的内在原因。

其二是突出重要历史事件。秦著《南明史》本身篇幅不大，要展现明清之际云谲波诡、纷纭复杂的历史样貌，只能突出重点。该书大部分是过程性叙事，文字精练，风格简约，但也有展开的记述，包括重要史事的叙写和重要人物的交待，都有相当细致的铺陈，不乏引人入胜之处。对于弘光朝，史可法渡江督师、江北四镇纷争、南渡三案、左良玉发兵东下，都有详略得当的记述。除此之外，秦著还对“北使议和”单独列出一节，详加叙述，这在谢国桢、美国司徒琳的书中都是没有的。这是因为，人们普遍认为，南明小朝廷与清廷议和纯属无谓之举，必无任何结果。而在秦松石看来，议和是南都“寓调定于进取”定策中的一环，其基本意图也就是想要与清朝南北分治，既切合福王通过遣使祭告先帝陵墓而确立自己正统地位的心思，也包含着首辅马士英沟通降清的吴三桂另设门路的企图。更重要的是，通过对“北使经过”的记述，秦松石刻画了正使左懋第正气凛然、执礼争言的忠贞和机智，在与一些从官的对比中褒扬其英武不屈的气节[12]。对于永历朝后期，孙可望、李定国的东征、北伐，是史书记述的重要内容。张献忠败亡后，其余部由孙可望、李定国、刘文秀、艾能奇各领一军（统一受孙可望节制），在云南巡抚杨畏知等人的劝说下，转而拥戴桂王的南明政权，揭起共同抗清的旗帜。秦著对李定国东征湘桂着墨尤多。特别是李定国亲自布置象阵，冒着大雷雨，“严鼓进兵”，“呼声动天地”，一举攻克桂林，并乘势直取桂、楚诸郡。在还军黔滇后，又与刘文秀联手，以弱拒强，率铁骑“奋前直冲”，瓦解了孙可望的叛军，为永历朝在云南的稳定和复振创造了条件。秦松石对他做出这样的评价：“忠勇性成”“舍身报国”“桂王在滇足支危局者”，“其后缅域兵败，卒以身殉，为有明三百年忠臣之殿焉。”[13]此外，在第六章“赐姓纪事”中，对郑成功的起义、北伐、收复和据守台湾，也做了较为翔实的记载。在一些史书中，这常常被作为清史记述的内容。

其三是侧重记述军事经略。南明王朝的存亡，本来就与清军的对抗相始终，军事的攻防战守是诸王立朝的大端和根本。明末清初的数十年间，中国大地几乎无地不是战场，无时不在交战。问题在于战争的各方谁能有效投放兵力，恰当利用天时地利，在特定的战场上把握决胜的主动权。总体而言，南明王朝并非能够动员的兵力不足，而是各支部队不相统属，缺乏协同作战的组织协调，以及正确的战略部署和战役指挥。正如秦松石在书的“绪言”中所说：“各朝额兵，不为不多，多者号称百万，少者亦十余万……清兵南侵，实未见有所谓大战役也”，“南都之降，清兵不过数万，明兵不战而降者二十三万有奇”；很多情况是“明兵未战而溃”，“未见敌踪，不战而却地数百里”；一些重要据点甚至未加设防，“清师列队，坦行而入”[14]。当清兵南下山东、河南时，福王、马士英正急令调回守卫淮安的军队去拱卫“京师”，防御左良玉率兵东下“清君侧”，并无耻宣称“宁可君臣皆死于清，而不可死于良玉”[15]；而在睢州、盱眙守将降清，镇守扬州的史可法连檄告急，诸镇观望不发救兵的情况下，南京、京口却是“军门日报虚捷，鼓角凯歌，声沸江滨”，君臣“杂坐酣饮，歌舞喧阗”，甚至准备“建寺峙碑”，庆贺胜利[16]。其结果当然是扬州失守、南京城陷，福王被擒、马阮逃窜。

清兵南下浙江，开始时鲁王将领方国安依靠各地集结起来的各营兵旅，凭着钱塘江的开阔水面，无论是跨江陆战，还是江上水战，均连挫清兵，“碎清舟无数”。而当清军炮击打碎其内厨锅灶时，方国安却长叹一声：“此天夺我食也！”连夜拔营而遁，诸营随之而散，清军遂渡江，长驱直入[17]。清兵南下江西，“传檄而定”，诸郡俱降，存者惟赣州。唐王的明军在粤兵、滇兵支援下，一度收复吉安、抚州等城，但明将万元吉自恃善战，“蔑视客兵”，离散了滇、粤诸军，结果遭到清军袭击，截江焚舟，“诸军皆不战而溃”，赣州城破[18]。而清兵南下粤、桂，相继攻陷广州、肇庆、浔州，直取南宁，进逼桂王驻所桂林。但清兵在桂林遭到瞿式耜统领的明军阻击，明军大挫敌锋，迫使其退屯阳朔，永历政权暂时得到保全。这被称为明朝“南渡以来第一武功”。而这难得的胜利，固然基于瞿式耜部署得当、总兵焦琏等作战英勇，但其实十分重要的一点，还在于广东诸路义师和湖南十三镇（农民起义军残部）的呼应声援，这才使得桂林在清军数度强攻之下能够挺立不倒[19]。

其四是关注史事因果关联。秦著《南明史》以南明王朝历史为叙事主题，但并非就事论事地照录旧乘，更不是以明朝为正统加以粉饰，而是希望从历史的回溯中梳理其成败得失，剖视其前因后果，进而认识“民族盛衰兴亡之关键”。依秦松石自己所言，是要“综合官私记载，统摄诸种记述而分析之”，以“钩稽其演进之迹”。在书中，大致可以看到南明败亡的若干内在原因。首先是朝中党争激化。这不仅是明中叶以后党争的延续，而且因为拥立南明藩王事关官位爵赏，相争更其激烈，旧官新人“攘争诋诽，不以国事为恤”。为了特定的政治权益，官僚将督之间相互攀援、相互倾轧，结成一定的利益集团。弘光朝的组阁入阁，隆武朝闽浙间的和与衅，永历朝的战守用兵等，都由异议形成门户之争、意气之争，“朝政几尽以竞争为事，玄黄水火，固结不解”，“党同伐异无已时”。其结果是导致内耗加剧，最终破坏抗清大局，“促使明季统治之加速崩溃”。其次是军事组织涣散。因为南明的军事力量来自各个方面，既有溃散重组的明军旧部，也有拥明反清的各路义军，还有朝代更迭乘势而起的割据势力，以及在明清之间归降反正的军事力量，各部不相统属，且往往不受中央节制，时时发生冲突。如福王时的四镇和左镇，鲁王时的江上各军，唐王时的诸郑，桂王时的分封王侯，大多“勇于内争，怯于御外”，乃至“专擅一隅，各自为政”，而在与清军的对抗中一触即溃。

再次是财政制度紊乱。南明王朝因为巨大的军费开支，也因为小朝廷大配置的滥用靡费，财政始终处于艰难竭蹶之中。为此各朝想方设法加重田赋税捐的征收，“掊克小民，敲骨吮髓，无所不用其极”。福王时一面卖官鬻爵，一面税酒、掣盐、佃湖、升课；鲁王时除劝输、助饷外，又欲“官卖大户祀田”，行税人法、税渔舟；唐王时区分正军、义旅，强令助饷（绅助、大户助），又开官员捐俸助饷之例；桂王时则施行钱法，通过屯田、课盐、铸钱加大搜刮力度。由此必然是“征敛繁苛，民生凋敝，内外俱耗”，人心尽失，乃至“百姓莫不有偕亡之心”[20]。除此之外，人才聚散和任用也构成突出矛盾。南明王朝的建立和存在，集聚了东南地区部分官吏缙绅，也吸引部分拥明反清的义军首领。而其中不乏骑墙投机者，明兴即附明，清强则降清，每当军事对抗不利时，或者弃职逃遁，或者与清军暗通款曲，直至公开投敌。穿插其间的则是内部的争权夺利和奸佞擅权、残害忠良。南明朝中本来也有不少尊崇道统、体恤民生的忠义之士，但在败坏的政治生态中，往往受到压制，甚至被排斥、戕害。在书中，秦松石以较多的笔墨记写史可法、张煌言、黄道周、瞿式耜等人的事迹，既肯定他们的气节和智慧，也为他们随同南明王朝而陨落的悲剧结局而惋惜。不过，秦著《南明史》以记叙史事为主，一些见解寓于历史记述之中，总体来说它所揭示的南明覆亡的根源还是相当粗浅的。但相较而言，21世纪以来一些网络写手演绎有关南明历史而成的书籍[21]，或者根本不触及历史的深层潜流，或者以偏颇的观点曲解历史真实，秦著更多体现为正直、沉稳，并且不乏认知的闪光。

其五是综合采集多种史料。秦松石曾自认为其《南明史》只是“若干史料较有系统的汇集”。秦著的编撰参考了当时不容易见到的一些清人笔记资料，为此特地在书中标明出处，如朱舜水《阳九述略》、吴庆坻《蕉廊脞录》、钱秉镫《藏山阁集》、顾公燮《消夏闲记摘钞》、孙之騄《二申野录》等。为了保存和传布一些稀见资料，书中对一些重要文献做了全文引录，如多尔衮致史可法的劝降书和史可法的答书，史的答复书相传出自幕宾何亮工手笔，原不见传世，后于乾隆时在内阁册库中被发现，秦著对此加以收录；又如张煌言被捕后所作诗词“贮一布囊”，就义后“悉为逻卒所焚，遗于民间者仅得数篇”，秦著特意收录了五首七律[22]。正因为广泛搜阅各种记载，秦松石可以披沙拣金地选取一些可信而生动的史料，再现过往历史的场景和细节。清军南下，一路烧杀至江阴，典史陈明遇、知簿阎应元挺身而出，组织民兵守城抗击，书中多有巡守抗击的细节。时近中秋，陈、阎特为安排分发月饼钱，“百姓登陴，分曹快饮”。有人以楚歌为调，作《五更转曲歌》，由善讴者传唱，“时皓月当空，清露满野，歌声悲楚，闻者咸为泣下”[23]。鲁王死后，张煌言遣散军队，结茅居于南田一处荒岛，被清兵袭获。在将其押往宁波、杭州途中，先后发生与防卒叩舷和唱《苏武牧羊歌》，有人传递他“静听先生《正气歌》”诗笺等故事。被押赴刑场时，他遥望凤凰山一带，朗声说道：“好山色！”高吟《绝命词》，挺立受刑，从容赴死[24]。秦松石将一些情节描写赋予勇于抗清的忠臣义士，使史著在整体略显沉闷的历史纪实中，增添了一抹悲壮酷烈的传奇色彩。

也正因为掌握较多的历史资料，秦著《南明史》还记述了明清之际若干特别的史事，这些事件是朝代更迭中社会经济变动的重要环节，但却容易为一般史家所忽略。例如书中第二章第九节单设一目“奴变”，叙述明代江南盛行蓄奴之风，南明弘光朝败亡后，一些官绅之家群奴纠集，扑杀主人，劫掠货财，焚烧室庐。秦著采用多种笔记资料，概略地还原了江南社会结构、社会风气的这一突变[25]。书中第六章第三节有一目为“迁界之役”，记述清初根据郑氏降将黄梧的建议，在东南沿海实行移民，迁五省沿海居民“尽入内地，设立边界，布置防守”；并烧毁航海船只，“寸板不许下水”；严究商贾负贩，“货物不许越界”。违者治罪处死，以杜绝对据守台湾的郑成功军的接济。这一被称为“迁海”“立界”的暴政，前后持续20多年，“滨海膏腴，斥为瓯脱；东南之民流离死亡，不知几百万人！”[26]影响所及，沿海渔业和海上贸易亦遭禁绝，损害中国经济何止百年。秦著虽然只是简略记述，但也反映了著者的深厚史识和对史料的把握能力。

当然，因为成书年代的环境条件，以及著者的认识局限，秦著《南明史》也存在某些不足，与谢国桢《南明史略》、顾诚《南明史》[27]等相比较，能概略地看到如下几点：（1）对全局形势交待不够全面。秦著已突破了地方局部纪事的局限，但因为立足于南明王朝，对作为对方的清朝的决策、清军的进退行动，以及随之而来的全国各地民众抗清斗争的起落情形，叙述相当有限，这当然不便于从整体上认识南明君臣将帅政治上、军事上的判断、举措。（2）对社会经济记述不够详实。除了简略地点到财政税赋的一些问题外，秦著对南明这一时期中国南方地区的经济社会未做哪怕是粗线条的说明，这固然是传统史学的通病所在，但这一方面的缺失，也就很难对明清换代之时，基层民众生活状况和社会结构、社会心理的变化，产生更深入的认识。（3）对历史人物辨析不够深入。秦著涉及了历史变动中人的因素，重视对重要历史人物言行事迹的记述，也在一定程度上反映了他们的性格和情感，但蕴含在人物行为记述中的人物评价，还是以传统的道德、才干作为衡量，而对一些人物的复杂情况、多面性格以及情势急剧变动中的角色变换，缺乏深入一步的探析，这也就难以正确地揭示历史进程中人们心态和行为变化的真实情形。（4）对历史演变脉络认识不够确切。秦著对南明时期的历史认识，体现于全书的绪言及其章节设计，其中绪言部分分析了南明王朝败亡的历史原因，但书中对重大历史事件和重要决策举措未能做适当的总结概括。同一时期或稍后国内其他学者的研究，主要对阶级斗争（谢国桢）或民族冲突（顾诚）的观点加以分析，固然不能也没有必要要求秦松石向他们看齐，但是，恰当地对这一段纷繁复杂的历史加以梳理，得出若干对后人有所教益的认识，是任何一位史家应该担负的使命。

注　释

[1] 书稿保存于无锡市档案史志馆，藏书标签编号为：A/D—520/261—264。

[2] 无锡市史志办公室、无锡市图书馆编：《民国时期无锡年鉴资料选编》，广陵书社，2009年版，第293—294页。

[3] 白钢：《二十世纪的中国政治制度史研究》，《历史研究》1996年第6期，第157—171页。

[4] 秦松石：《沦陷前夕的无锡》，《无锡文史资料》第11辑，1985年版，第66—69页。

[5] 钱云孙、秦松石：《内河客运轮船业五十年来的沿革》，《无锡文史资料》第30辑，1995年版，第58—60页。

[6] 汤可可与秦松石女儿秦汝桁、秦汝栩的访谈记录，时间：2014年8月14日；地点：无锡历史文献馆（钟楼图书馆）。

[7] 谢国桢：《南明史略》，上海人民出版社，1957年版。

[8] 秦松石：《南明史》稿本，绪言，卷上，第29—30页。

[9] 〔美〕司徒琳著，李荣庆等译：《南明史》，上海书店出版社，2007年版。

[10] 秦松石：《南明史》稿本，第三章第三节，卷中，第18—19页。

[11] 秦松石：《南明史》稿本，第五章第一节，卷下，第6、39页。

[12] 秦松石：《南明史》稿本，第二章第四节，卷上，第71—74页。

[13] 秦松石：《南明史》稿本，第五章第六、七节，卷下，第72、85—86页。

[14] 秦松石：《南明史》稿本，绪言，卷上，第29页。

[15] 秦松石：《南明史》稿本，第二章第六节，卷上，第100页。

[16] 秦松石：《南明史》稿本，第二章第七、八节，卷上，第128—130页。

[17] 秦松石：《南明史》稿本，第三章第四节，卷中，第22—24页。

[18] 秦松石：《南明史》稿本，第四章第四节，卷中，第71—73页。

[19] 秦松石：《南明史》稿本，第五章第二节，卷下，第12、23—24页。

[20] 本段此前引文均出自秦松石《南明史》稿本绪言，卷上，第23—28页。

[21] 赫连勃勃大王：《亡天下——南明痛史》，上海人民出版社，2007年版；心有方鸣：《南明开史》，天津人民出版社，2010年版；山高月阔：《南明陆沉》，解放军出版社，2012年版。

[22] 秦松石：《南明史》稿本，第三章第七节，卷中，第54—55页。

[23] 秦松石：《南明史》稿本，第二章第九节，卷上，第140、143页。

[24] 秦松石：《南明史》稿本，第三章第七节，卷中，第54页。

[25] 秦松石：《南明史》稿本，第二章第九节，卷上，第148—151页。

[26] 秦松石：《南明史》稿本，第六章第三节，卷下，第128—135页。

[27] 顾诚：《南明史》，中国青年出版社，1997年版。

天韵社（无锡曲局）成员研究初探

顾　颖*

【摘要】无锡天韵社的前身为无锡曲局，创设于明代天启年间。在清代同光时期，无锡曲局社友多至数百人，一度分为南、北两局。至民国时期，尚有曲友四五十人。本文选取社友身份比较明确的65名天韵社（无锡曲局）成员进行列表，其中44名已掌握生平要素，将这44名成员作为主要研究对象。通过对他们的基本情况的初步分析，大致描绘天韵社（无锡曲局）的历史概貌和人文特征，对天韵社（无锡曲局）成员的阶层职业进行粗略划分，揭示他们之间的社会关系，从而折射出无锡作为近代重要工商城市的社会构成和人群特征，勾勒其所产生的市民风雅和地域文化特色。

【关键词】天韵社　昆曲　阶层　职业　无锡民乐

无锡天韵社的前身为无锡曲局，创设于明代天启年间。据天韵社成员曹安和先生叙述，在清代同光时期，无锡曲局社友多至数百人，一度分为南、北两局。至民国时期，尚有曲友四五十人，但很少吸收新成员，故数量和人员基本稳定，直至抗日战争期间曲友星散，活动中断。1948年天韵社虽一度复社，但为时不长，于20世纪50年代初基本沉寂。在天韵社（无锡曲局）存续的300多年的时光里，社团就像一条河流，而一代代的社友就是奔腾其中的浪花。有幸有李静轩、曹同文、杨荫浏、曹安和等社友以不同的方式记录下了天韵社的大致历史和主要人物，加上民国时期《锡报》《申报》等媒体的报道，以及无锡文人文集诗集里的描绘，让其中的浪花还能闪光至今，目前可以列名的成员（包括参与天韵社活动的人员）有近80人。

虽然可列名的数量不少，但能查询到生平信息的成员原先只是个位数。所以，在2013年天韵社第二次复社前后，笔者就着手收集天韵社历史和成员情况，以发表《天韵社的前世今生——兼论无锡的昆曲渊源》一文为起点，把逐步解决天韵社（无锡曲局）成员的生平信息作为重点任务。近10年来，笔者在中国第二历史档案馆、无锡市档案史志馆、无锡市公安局档案馆以及无锡市图书馆等单位的支持下，将档案和家谱作为破解目标，逐渐积累了经验和技巧。加上对地方文献研究的深入，随着多方信息融会贯通，终于在近年笔者对天韵社（无锡曲局）研究有了加速进展，不光掌握了吴畹卿、李朴斋、李静轩等多位重要传承节点成员

*　顾颖：无锡市公安局一级警长，无锡市非物质文化遗产项目古琴艺术代表性传承人

的生平信息，也把能够掌握生平信息的成员数量提升到40名以上。

笔者在利用档案、家谱和文献进行研究的同时，也注重和陈倩等同人一起寻找知情人、成员后人，依托他们所提供的家庭户籍资料做口述回忆记录及调查，并辅以城市老地图、老照片、航拍图等，务使信息更准确、立体和丰满。本文选取社友身份比较明确的天韵社（无锡曲局）成员65名进行列表，其中44名成员已掌握生平要素，笔者将这44名成员作为主要研究对象，通过对他们的基本情况的初步分析，试图描绘天韵社（无锡曲局）的历史概貌和人文特征。更主要的是，通过这篇文章将以前未知的一些新信息和原始材料刊出，可供有关专家学者深入研究天韵社（无锡曲局）时参考。

一、成员概述

目前对下列表格前44名已掌握生平信息的成员完成了小传的撰写，小传涵盖基本生平信息、家庭关系、主要职业、所处阶层、居住地、受教育程度以及主要经历、成就等等方面。但信息掌握的量不平衡，有的成员的资料丰富详尽，譬如杨荫浏（图一）、曹安和等；而有的成员的资料只是只言片语，如吴子芳、陈馥亭等。为了能做比较研究，遂将这44名成员最主要的元素提炼出来，列表加以分析。而序号45—65这些未掌握生平信息或信息存疑的成员情况也附列，以期完善（表一）。

图一　杨荫浏先生

表一　天韵社（无锡曲局）部分成员情况一览

序号	姓名	别名	生卒年	身份或从事职业	主工	常（世）居地	备注
1	吴畹卿[1]	曾祺	1847—1927	米商、国学生	曲、三弦、琵琶	外黄泥桥河浄里	
2	李朴斋[2]	祖培、锡堂	1848—1884	—	曲、南曲鼓板	茅梓桥	
3	李轩臣[3]	廷植	1879—1952	图董	曲	茅梓桥	
4	李静轩[4]	廷樑	1868—?	—	曲、笛	五姓巷	
5	范鸣琴[5]	广达、古奇	1878—1957	候选州同，国学生，闲居	曲、鼓板	连元街	
6	荣云坡[6]	培源	1830—1897	—	曲、鼓	大成巷	
7	荣耀宗[7]	余年?	1868—1910	—	曲、笛	大成巷	
8	华雁臣	鸿宾	1898—1941	镇长、丝厂高管	曲、笛	前西溪	
9	秦瑞延[8]	中毅、锡剑	1906—1944	机关职员	曲	镇巷（师姑河上）	
10	沈养卿[9]	宗浩	1884—1956	医生	曲、笛	青果巷	
11	沈白涛[10]	伯陶	1910—1964	医生	曲、笛	青果巷	
12	唐慕尧	泉宝	1916—1988	医生	曲、笛	南市桥巷	
13	周寄湄	渭南	1875—1934	典狱长、士绅	曲	官街巷、西溪下	

（续表）

序号	姓名	别名	生卒年	身份或从事职业	主工	常（世）居地	备注
14	糜浚千	培淇	1890—1964	酱园经理	曲	营桥巷	
15	曹同文[11]	仁化、仁虎	1878—?	教师	—	小河上、盛巷	
16	曹安和[12]	—	1905—2004	民族音乐学家、教授	曲、琵琶	小河上、盛巷	
17	王云楼	彤云、传律	1881—1960	镇长、饭店经理	曲	西河头	
18	赵鸿雪[13]	旭曜	1870—1915	教师、摄影家	曲、古琴	新生路	
19	杨荫浏[14]	清如	1899—1984	民族音乐学家、教授	曲、三弦、笛	留芳声巷	
20	阚献之[15]	刘献之	1895—1963	道士	古琴、琵琶、三弦	南乡阚甲里	
21	蒋汉槎[16]	曾灿	1892—1931	企业职员、民团团总	古琴	开原乡河埒口	
22	沈达中	道煜	1921—1999	医生	曲、笛	长安桥横街	
23	陈馥亭[17]	胜德、绍庭	1858—?	国学生	笛	刘潭桥	有待新材料进一步确认
24	蔡君植[18]	演存、君实	1889—1963	工商业	—	田基浜	
25	杨组云[19]	寿机	1881—?	军官、经理委员、画家	曲	旗杆下	
26	李晓霞[20]	灿、爽度	1795—1857	医生	曲、北曲鼓板	锡治前	疑即李紫霞（李四）
27	杨慕椿[21]	景燕	1891—1932	批验所所长	曲	旗杆下	
28	杨景浩	茂熙	1914—1971	机关职员	曲	升平巷	
29	王蕙云	—	1906—1977	—	曲	西河头	
30	王蕙芬	—	1911—1999	—	曲	西河头	
31	谢锡恩[22]	—	1903—1993	音乐家、教师	曲	北京	
32	曹成章[23]	大文	1889—1960	教师	琵琶	盛巷	
33	章丙嘉[24]	鸿遇、蕴宽	—	校长	古琴	进士坊巷	
34	秦伯康[25]	元钊	1883—?	青帮领袖、士绅	曲	泗堡桥地区	
35	侯伯文[26]	学愈、亦韩	1867—1934	教育家	曲	驳岸上	
36	侯端行[27]	学范、少卿	1880—?	—	曲	驳岸上	
37	华垂纶[28]	渭	1901—1929	税局局长	曲	荡口桃园里	
38	汪大铁	子（紫）东	1900—1965	篆刻家	—	七尺场	
39	诸健秋	若侯、鹄	1891—1965	画家	曲	青果巷	
40	张涤俗[29]	志奋、蓉生	1900—1984	画家、银行职员	—	留芳声巷	
41	许颂勋[30]	建烈	1893—?	总工会经济科主任	曲	北门石灰场	
42	杨荫溥[31]	石湖	1898—1966	教授、经济学家	丝竹	留芳声巷	
43	吴子芳[32]	毓衡、慧堂	1832—1901	从九品	曲、南曲鼓板	书院弄	有待新材料进一步确认
44	许寄萍[33]	尔炽、宝庆	1888—?	律师事务所联络员	曲	西大街	
45	惠杏村	—	—	—	曲、笛	—	
46	徐增寿	—	—	—	曲、笛	—	

（续表）

序号	姓名	别名	生卒年	身份或从事职业	主工	常（世）居地	备注
47	徐莘香	—	—	—	曲、笛	—	
48	陆振声	—	—	—	三弦、南曲鼓板	—	
49	华易庵	—	—	—	曲、笛	—	
50	张敏斋	—	—	—	曲、北曲鼓板、笛	—	
51	乐述先	述仙	—	袜商、区书	曲、笛、三弦	西鼓楼	有待新材料进一步确认
52	施敏琴	—	—	—	—	—	
53	唐石梁	—	—	—	—	—	
54	蒋旸谷	—	—	—	三弦	—	
55	唐石琴	—	—	—	曲	—	
56	王燕庭	—	？—1931	—	—	—	
57	陈景受	—	—	—	—	—	
58	张如绅	—	—	—	曲	—	
59	王古农	—	—	—	—	—	
60	李骏声	—	—	—	—	—	
61	张瑞仲	—	—	—	丝竹	—	
62	施曼君	—	—	民众教育实验区工作人员	—	—	
63	沈道东	—	1916—？	纱厂职员	—	西鼓楼	
64	沈惠东	道炬（渠）	1907—2001	油漆业	—	青果巷	
65	潘　真	—	—	—	曲	—	

二、年龄分层

44名成员中除章丙嘉（生于1875年左右）外，均有确切生年，从1795年至1921年，时间跨度为127年（表二）。杨荫浏《天韵社掌故》中标示的师承关系中还差徐增寿、惠杏村等8人生平情况未知，所以目前的年龄段划分，只能大致体现天韵社（无锡曲局）成员的代际分布。

表二　天韵社（无锡曲局）部分成员年龄分层

时段	人数（人）
1800年以前	1
1801—1830年	2
1831—1880年	14
1881—1921年	27

三、身份分层

（一）社会地位

已掌握生平的42名成员中，有两人跻身锡城士绅圈，即地方社会的上层，标志就是他们是清风茶墅的常客。一是周寄湄，其名渭南，世居城中官街巷和西溪下，毕业于日本宪警学校，历任湖北宪兵学校校长、上海镇守使军法官兼地方监狱监狱长（1913年9月—1914年2月）、山东渔台县知事、奉军谍报处主任等职，卸任回乡后进入锡城士绅圈，为清风茶墅中绰号“跳卜虫”者，广泛介入地方治理和各项公益事业建设。参与筹办和管理三等学堂、时疫医院等文卫机构，对公花园的策划建设以及管理尤为着力，这也为天韵社（无锡曲局）的活动提供了方便。二是秦伯康，名元钊，苏州陆军将校讲习所毕业。担任过上海兵工厂总稽查长，是无锡青帮领袖人物（通字辈），参与无锡光复，也是清风茶墅常客。还担任过镇长、造船行业协会会长、地方救火会负责人等社会职务。王云楼、华雁臣、华垂纶、蒋汉槎、李轩臣、许颂勋等6人分别出任过镇长、镇长、税局局长、民团团总、图董、总工会经济科主任等职，属于乡绅一类。在地方自治的状态下，这些镇长、行会职务其实都是兼职的，他们不算官员或公职人员，在地方治理中属于中层。其余成员系一般市民（表三）。

表三　天韵社（无锡曲局）部分成员身份分层

身份层次	人数（人）
士绅（上层）	2
乡绅（中层）	6
一般市民	36

（二）受教育程度

由于天韵社（无锡曲局）几代成员所处的时代学制变化巨大，很难用现在的学历去衡量，只能结合时代，对学力做大致的评估（表四）。成员中杨荫溥、曹安和、华垂纶是大学毕业，其中华垂纶获上海光华大学商学院学士学位；杨荫浏是大学肄业；唐慕尧、杨景浩为高等专科毕业；侯伯文是补博士弟子员、庠生；章丙嘉也是庠生。这些人在其对应的时代中一般认为就是拥有高等学力了。接受旧制教育的人就读私塾由4至14年不等，其中范鸣琴就接受了14年私塾教育，沈养卿则是9年。另外吴畹卿和陈馥亭、范鸣琴有国学生的头衔，但在清末一般为捐纳，不能真实体现受教育程度。接受新式教育的，有上军校（如蒋汉槎、秦伯康）、商业中学（如蔡君植）、普通中学（如沈白涛、沈达中、张涤俗、诸健秋等）、高等师范（如糜浚千、曹同文、曹成章、王云楼）等的，新旧两种教育制度下，这些成员大致为中等教育程度中的各个层次（表四）。

表四　天韵社（无锡曲局）部分成员受教育程度分层

受教育程度	人数（人）
高等	8
中等	36

（三）职业

要精确地分析成员的职业比较困难，因为其中大多数人职业变动频繁，故只能以其从事时间相对长的职业为据（表五）。在传统商业方面，吴畹卿出自米商家庭，李轩臣是图董，秦伯康是船业头面人物，张涤俗担任过钱庄经理，王云楼是泰山饭店太湖厅经理等；在企业任职的有华雁臣、蔡君植、蒋汉槎等；而教师身份的成员占较大比例，其中有长期担任教职的，如侯伯文、章丙嘉等，也有任教期间出任过官员的，如曹同文等；艺术家是指诸健秋、汪大铁这些画家之类；医生的职业相对固定，沈养卿家族成员及其学生多为医生。剩下12人，除范鸣琴明确无业闲居外，囿于资料，其他人员的职业情况目前还不清楚。

表五　天韵社（无锡曲局）部分成员职业

职业	人数（人）
道士	1
商业家	6
教师	9
医生	5
公职人员	6
企业职员	3
艺术家	2
闲居或不明	12

（四）宗族

无锡传统望族有秦氏、顾氏、华氏、孙氏、

高氏等，城中也是这些大族聚居的主要地域，目前未发现有出自顾氏、高氏、孙氏的成员。秦氏有秦伯康、秦瑞延；华氏有华雁臣和华垂纶，此两人都不是城中华氏，而来自荡口。笔者通过这些望族的老人回忆了解到，他们思想保守的长辈对天韵社群体评价较为负面。新兴的望族有杨氏、薛氏、唐氏、钱氏、荣氏等。其中杨氏主要是鸿山杨氏分城支，有杨组云、杨慕椿叔侄及杨荫溥、杨荫浏兄弟。成员中未发现薛氏、唐氏、钱氏等族人。荣云坡、荣耀宗父子属于梁溪荣氏的“上荣”，和后来由工商起家的“下荣”，宗族关系已十分疏远了。

四、住宅方位

清代同光时期，无锡曲局一度设南、北两局，在石塘湾、八士均有分支机构，但文献没有留下在乡活动的曲友姓名，所以无从考察他们居所的方位。而留下姓名的，一般均是无锡曲局或天韵社本部的成员，这些成员主要居住在无锡城区范围（表六）。虽然吴畹卿住在城墙外护城河畔的外黄泥桥河浲里，但那里是无锡早期的米市所在地，比三里桥的米市历史更悠久，所以虽在城外，但无疑属城区，且是繁

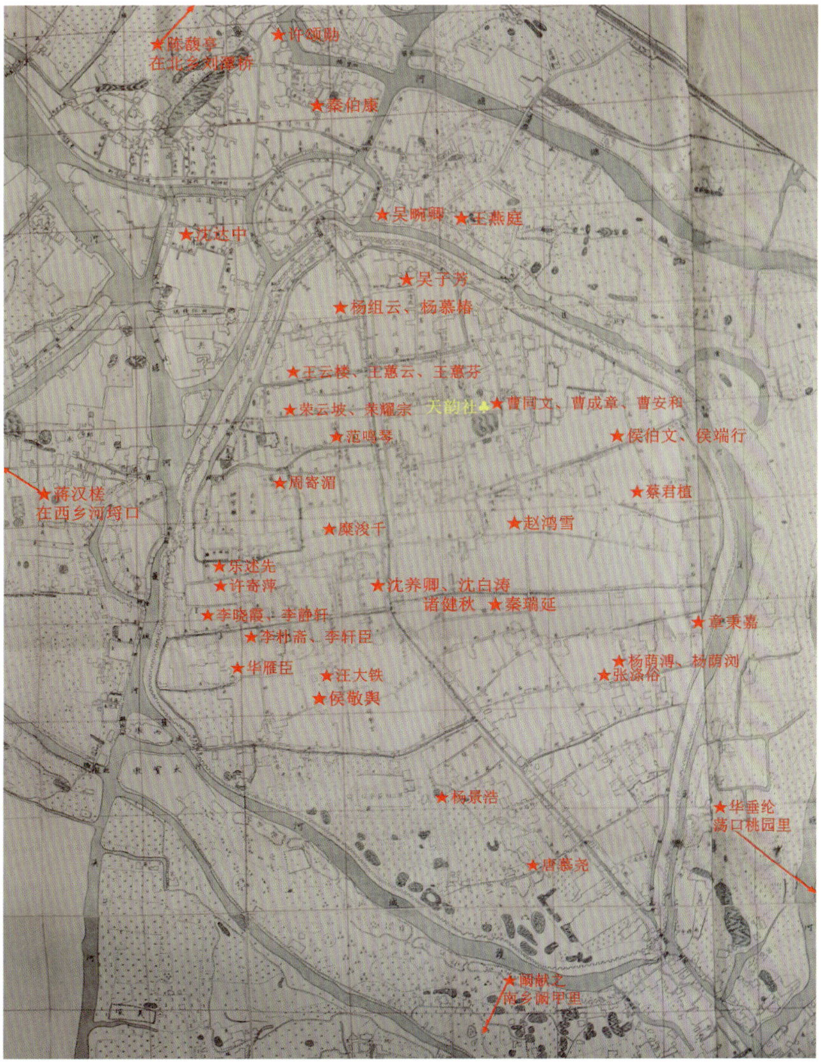

图二　天韵社（无锡曲局）部分成员住所方位示意图

华地段。秦伯康、许颂勋所居的泗堡桥、石灰场地区，是无锡一处重要的造船基地，处于北门外不远的水上交通要冲，所以也是城区范围。蒋汉槎和陈馥亭分别居住在近郊的河埒口和刘潭桥。阙献之和华垂纶则远居南乡。可参看1917年无锡地图中笔者所标示意方位（图二）。

表六　天韵社（无锡曲局）部分成员住宅方位

区域	人数（人）
城区	38
近郊	2
远乡	2

五、成员间的亲属关系

天韵社（无锡曲局）成员之间通过社团组织松散地联结在一起，既是同仁，也是友朋，也可由友朋引介入社而成社友。其中不少成员之间原本就是亲戚，杨组云和杨慕椿是亲叔侄关系。侯伯文与侯端行是亲兄弟。杨荫溥与杨荫浏也是亲兄弟，章丙嘉是杨荫浏的堂姐夫，杨荫溥、杨荫浏两人与曹安和是表兄妹，曹安和的父亲曹同文是杨荫浏兄弟的姨夫，曹同文与曹成章是兄弟，曹成章即曹安和叔父。王云楼是王蕙云、王蕙芬姐妹的父亲。沈养卿儿子沈白涛、女婿唐慕尧、外甥杨景浩均是天韵社成员。沈养卿夫人许氏是许颂勋的族姑，石灰场许氏与吴畹卿夫人所在石灰场单氏宗族是姻亲和近邻关系。李晓霞是李朴斋的族伯，李朴斋是李轩臣之父、李静轩之叔，李静轩和李轩臣是堂兄弟关系，李静轩和许寄萍是前门对后门的近邻。荣云坡和荣耀宗是父子，且与范鸣琴的母亲是同族宗亲，锡邑前李氏和署西支范氏有共同的姻亲——西鼓楼乐氏，目前看来这个纽带极可能就是乐述先。华雁臣与秦瑞延是表连襟。而最近刚刚发现，吴畹卿与杨荫浏之间有多重远亲关系，详见笔者专文《吴畹卿家世探赜》[34]。

小结

通过上述成员情况的罗列，可对天韵社（无锡曲局）的特征进行一个粗略的概括，即天韵社是一个由处于中间阶层的城区市民为主体组成的昆曲及音乐社团，成员有足够的经济保障，有空余时间，绝大部分受过中等教育，少部分受过高等教育，总体有较良好的文化素养；社团凝聚主要基于对昆曲及音乐的共同爱好，而非宗族、政治等其他因素；技艺传承关系呈开放状态，而非家族内秘传，所以天韵社（无锡曲局）的结社形式就具某些现代特征。

天韵社（无锡曲局）能从明末绵延这么多年，绝非偶然，昆曲必须在有一定知识水准的人群里才能生存流行。传统大族盛行家班，但经济成本巨大，所以一般维持不了几代，而且望族子弟往往在较大的科举压力和宗族保守的传统思想束缚下，很难长期参与这种被视为“不务正业”的活动。到新兴的望族起来后，因为时尚的变化，子弟又对这些“陈旧的玩意”失去兴趣，譬如薛福成的子弟就把大量财力付之于京剧和体育。而社会底层，不是没文化的就是没钱没闲的，也不可能参与其中。所以天韵社（无锡曲局）成员大体只能在一个有一定文化、有一定经济保障的阶层内传承发展。

天韵社（无锡曲局）在无锡长期存续，可能有以下原因：一方面，由于无锡地处江南腹地，经济基础好，工商业发展又比较早，相对富裕，孕育出的所谓“中产阶级”人群规模较大；另一方面，无锡昆曲历来以造诣高著称，且地方音乐传统深厚，然后天韵社（无锡曲局）在徐增寿、吴畹卿等一大批优秀成员的矢志坚守和精心打磨下，终于造就了一个不可逾越的高峰。而这个高峰又孕育出杨荫浏、曹安和等一代民族音乐大家，他们对中国民族音乐做出了开创性的贡献，其中也包括对阿炳的《二泉映月》进行录音抢救整理，使之成为具有世界性影响的音乐作品。在那个时代，他们与无锡其他音乐先彦一起，形成了一个令人仰望的群体，从而也让无锡成为一个名副其实的“民乐之乡”。

注　释

[1] 顾颖：《吴畹卿家世探赜》，《山高水长——纪念杨荫浏先生诞辰120周年文集》，文化艺术出版社，2021年版，第494页。

[2] 李康复等纂修：《锡山李氏世谱》卷十一，1950年版。

[3] 李康复等纂修：《锡山李氏世谱》卷十一，1950年版。

[4] 李康复等纂修：《锡山李氏世谱》卷十一，1950年版。

[5] 范中肃纂修：《范氏宗谱》卷二，1916年版，第27页。

[6] 荣福龄主修：《荣氏宗谱》卷八，1935年版，第3页。

[7] 荣福龄主修：《荣氏宗谱》卷八，1935年版，第8页。

[8] 秦志豪主编：《锡山秦氏人物资料辑要》，中国国际文化出版社，2011年版，第445页。

[9] 沈白涛：《青果巷沈氏家谱》稿抄本，沈杰藏。

[10] 顾颖编著：《云门琴谭——无锡古琴史料初编》，广陵书社，2019年版，第117页。

[11] 曹同文等纂修：《无锡盛巷曹氏家谱》，1949年版。

[12] 中国艺术研究院音乐研究所编：《中国艺术研究院音乐研究所六十年纪念集（1954—2014）》，文化艺术出版社，2017年版，第167页。

[13] 顾颖编著：《云门琴谭——无锡古琴史料初编》，广陵书社，2019年版，第97页。

[14] 中国艺术研究院音乐研究所编：《中国艺术研究院音乐研究所六十年纪念集（1954—2014）》，文化艺术出版社，2017年版，第166页。

[15] 顾颖编著：《云门琴谭——无锡古琴史料初编》，广陵书社，2019年版，第155页。

[16] 顾颖编著：《云门琴谭——无锡古琴史料初编》，广陵书社，2019年版，第122页。

[17] 〔清〕陈云标修：《续修陈氏君实公支谱》卷三十四，光绪二十一年（1895），第26页。

[18] 李志霖：《无锡北塘著姓蔡文鑫昆仲家传》，《无锡望族与名人传记》，黑龙江人民出版社，2003年版，第412页。

[19] 杨楫纂修：《鸿山杨氏宗谱》卷六，1917年版，第44页。

[20] 李康复等纂修：《锡山李氏世谱》卷十一，1950年版。

[21] 杨楫纂修：《鸿山杨氏宗谱》卷六，1917年版，第41页；秦炎：《挽杨慕椿君》，《小锡报》1932年6月13日。

[22] 吴新雷主编：《中国昆剧大辞典》，南京大学出版社，2002年版，第441页。

[23] 曹同文等纂修：《无锡盛巷曹氏家谱》，1949年版。

[24] 顾颖编著：《云门琴谭——无锡古琴史料初编》，广陵书社，2019年版，第106页。

[25] 秦志豪主编：《锡山秦氏宗谱》，2007年版。

[26] 侯学愈等纂修：《锡山东里侯氏宗谱》卷十七，1919年版，第78页。

[27] 侯学愈等纂修：《锡山东里侯氏宗谱》卷十七，1919年版，第82页。

[28] 华鸿模纂修：《华氏通四三省公支宗谱》卷十三，2015年版，第30页。

[29] 张轶欧等纂修：《锡山张氏统谱》卷二十九《崇安寺前支》，1922年版，第3页。

[30] 许锡畴、许卓然等纂修：《锡山许氏宗谱》第11册《石灰场支世表》，1927年版，第15页。

[31] 刘平编著：《民国银行家论内部管理》，上海远东出版社，2017年版，第154页。

[32] 〔清〕吴祥霖等修：《锡山吴氏世谱》卷六之三，光绪十二年（1886），第4页。

[33] 许锡畴、许卓等纂修：《锡山许氏宗谱》第21册《西大街支世表》，1927年版，第5页；《招待员许寄萍启事公告》，《无锡新报》1923年12月21日。

[34] 顾颖：《吴畹卿家世探赜》，《山高水长——纪念杨荫浏先生诞辰120周年文集》，文化艺术出版社，2021年版。

“驱逐国际强盗”：1931—1933 年中国共产党对李顿调查团的批判 *

屈胜飞　金　楠 *

【摘要】九一八事变后，面对国联介入中日冲突并派遣李顿调查团来华调查事实真相，中国共产党自始至终表示坚决反对。其原因首先是受共产国际与苏联的影响而与国联划清界限的需要，其次是救国于危亡争取民族独立的初心使然，最后是批判李顿调查团报告书谬误的必然选择。中国共产党各级组织通过发表宣言、告民众书、刊发评论文章、拟定宣传口号、张贴标语、组织演讲队等各种形式，向广大人民群众揭露国联、李顿调查团及其报告书的本质，呼吁人们放弃对国联的幻想，并团结起来以民族革命战争回应李顿调查团及其报告书，武装起来以实际行动将日本侵略者驱逐出中国。总之，中国共产党批判李顿调查团的活动，是中国共产党领导全国抗日救亡运动的重要组成部分。

【关键词】中国共产党　国联　李顿调查团

李顿调查团是国际联盟（以下简称“国联”）为调查九一八事变而派遣的调查团，由英、美、法、意、德五国代表组成，英国人李顿（The Rt.Hon.The Earl of Lytton）担任该团团长，故被称为李顿调查团。目前学界对李顿调查团及其报告书的评价方面的研究成果颇丰，其中部分成果谈到了中国共产党对李顿调查团及其报告书的评价。[1] 但是，这些论述大多一笔带过，其利用的史料主要限于中共中央的几篇宣言与《红旗周刊》等刊载的数篇评论性文章，其论述主要聚焦于中共中央反对李顿调查团及其报告书的观点方面，而关于中国共产党地方组织反对李顿调查团及其报告书的情况鲜有论及。有鉴于此，笔者在前人研究的基础上，进一步剖析中国共产党批判李顿调查团及其报告书的缘由，并梳理中国共产党各级组织反对李顿调查团及其报告书并广泛宣传的一般概况，以求管窥九一八事变后中国共产党领导十四年抗日斗争发轫之初的概貌。

一、李顿调查团成立前后中国共产党的反对活动

作为第一次世界大战后成立的国际组织，

---

* 本文为国家社会科学基金项目“国联调查团档案中关于中国共产党资料的整理、翻译与研究”（项目批准号：19BDJ066）的阶段性成果

* 屈胜飞：浙江工业大学马克思主义学院讲师，历史学博士
金楠：浙江工业大学马克思主义学院硕士研究生

国联标榜以"促进国际间合作，并保持其和平与安全"为己任，有人评价它说："国联是人们为组织一个世界性的政治和社会秩序而采取的第一个有效步骤。在这个秩序中，人们可以超越国家传统、种族差异或地理上的阻隔看到并促进人类的共同利益。"[2]然而，在列宁看来，国联实际上是"一伙你抢我夺的强盗"[3]，"是帝国主义的联盟，是强盗的联盟"[4]。1920年7月，列宁在为共产国际起草的《加入共产国际的条件》中强调说："凡是愿意加入第三国际的党，不仅要揭露赤裸裸的社会爱国主义，而且要揭露社会和平主义的虚伪实质，要不断向工人证明，除用革命推翻资本主义之外，任何国际仲裁法庭、任何关于裁判军备的议论、任何对国际联盟的'民主'改组，都不能使人类摆脱新的帝国主义战争。"[5]这等于直白地宣告，凡加入共产国际的各国无产阶级政党须与国联划清界限，并将国联视为敌人与之斗争。

1922年7月，中国共产党第二次全国代表大会通过了《中国共产党加入第三国际决议案》，中国共产党表示"完全承认第三国际所决议的加入条件二十一条"。[6]当时，中国共产党将上述加入共产国际的条件译为："凡愿意属于第三国际的党，应该告发一切爱国社会主义，和平社会主义的虚伪与错误；应该普遍的指教劳动者使其知道除了由革命推翻资本主义外，国际联盟所标揭的甚么国际仲裁，宿〔缩〕减军备，民主主义的改造，一点也做不到，并且绝不能救出人类于帝国主义无穷的战杀之中。"[7]这表明中国共产党认同并接受了列宁与共产国际对国联的评价。此后，中国共产党遵循这一评价标准，始终将国联视为革命的敌人。如毛泽东在《中国社会各阶级的分析》一文中就指出，国联高举着的是"白色的反革命的大旗"，它"号召全世界一切反革命分子集合于其旗帜之下"。[8]中国共产党对国联的这种认知，直接影响着它对国联所派遣之李顿调查团的态度。

1931年九一八事变发生后，正在日内瓦出席国联理事会的中国代表施肇基根据南京国民政府之指示，于9月21日致函国联秘书长德拉蒙德（Drummond），请求国联理事会立即根据国联盟约第十一条[9]采取有效措施，阻止危及国际和平之情势进一步扩大，同时恢复原状，并决定中国应得之赔偿数额与性质。[10]9月22日，施肇基又在国联理事会第六十五届常会第二次会议上，请求国联派遣调查团调查事实真相，但遭到日本代表的拒绝。[11]此后，南京国民政府一直依赖国联，并再三请求派遣调查团。然而，国联因迁就于日本强硬的反对态度，始终未能给予中国积极回应，仅于9月30日和10月24日通过了两个不痛不痒的决议，即对日本毫无约束力的撤兵要求。直到11月21日，为扭转国际舆论不利于己的局面，日本才被迫同意国联派遣调查团。[12]

面对日本肆意侵略中国，与南京国民政府依赖国联的做法不同，中国共产党迅速做出反应，发起并领导了全国抗日救亡运动。9月19日，中共满洲省委发表了《为日本帝国主义武装占领满洲宣言》。9月20日，中国共产党分别以中共中央、中华苏维埃共和国中央工农革命委员会的名义发表了《中国共产党为日本帝国主义强暴占领东三省事件宣言》《中华苏维埃共和国中央工农革命委员会宣言》，并与日本共产党联合发表了《为日本强占东三省宣言》。9月22日，中共中央作出了《关于日本帝国主义强占满洲事变的决议》。9月25日，中国共产党以各地苏维埃政府驻沪代表的名义发表了《中国各地苏维埃政府为日本帝国主义强占东三省告全国民众书》。9月30日，中共中央发表《为日本帝国主义强占东三省第二次宣言》。中国共产党在这些宣言、决议与告民众书中强烈反对日本侵略行动的同时，也指责了帝国主义国家对中国的侵略，并认为日本与国联是“同一鼻孔出气的帝国主义强盗”，呼吁全国被压迫的群众“更不要企图倚赖国际联盟和非战公约来停止日帝国主义的行动”。[13]通过这些宣言、决议与告民众书，中共中央为批判国联及其所派遣之李顿调查团定下了基调，各级党组织奉之为揭露国联与李顿调查团本质并加以批判的圭臬。

正是在这样的背景下，中共中央于11月23日发表了《中共中央为反对帝国主义列强进攻苏联与瓜分中国及其强盗集团——国际联盟告全国革命民众书》，将反对的矛头直指国联，称：“他们屡次的集会，屡次的撤兵决议，其目的都在利用日本的进占满洲以便趁火打劫的来瓜分中国，干涉中国革命与企图用新的封锁及战争去消灭苏联。”[14]中国共产党认为，英美法日等帝国主义只是“用国际联盟之类的组织及把戏，以图达到它们干涉中国工农红军苏维埃革命运动及消灭苏联之最大目的”。[15]与此同时，瞿秋白在《巴黎会议和瓜分中国的阴谋——进攻苏联的积极步骤》一文中也认为：“国际联盟所关心的完全只是‘中国财宝的分配’，就是瓜分中国之中列强之间的分赃问题。”[16]

为了向人们揭露国联的“真面目”，中国共产党还印制传单广为散发，组织演讲队进行宣传。[17]如中共江苏省委宣传部曾于1931年10月印制了《打倒庇护日帝国主义的国际联盟和卖国的国民党》的传单，他们称国联是“国际帝国主义的强盗窝”，指出国联“和平公理的假面具”在日本继续进攻中国的暴行上，“在弱小民族的面前完全撕破了”。[18]1931年11月，中共江苏省委再次猛烈抨击国联，称：“国际联盟是帝国主义联合进攻苏联，压迫弱小民族、分夺殖民地半殖〈民〉地的强盗分赃会议。”并针对国联调停中日冲突而揭露道：“他的假面具早已被世界无产阶级的先锋队共产党所揭破，失掉了劳苦群众的一切信仰。”[19]河北沧县党组织在九一八事变后出版了两日刊的《大众反日报》，分发给各地的宣传队，并在本地分发张贴，另出了宣传品十种，如《日本帝国主义侵占之原因》《国联是什么？》《美国对于日本侵占行动怎样？》等。[20]河北沧县党组织认为，通过这些活动，他们完成了“反国联、拥护苏联，反一切帝国主义，反经济绝交”等宣传工作。[21]

既然国联在中国共产党看来是“帝国主义的联盟”，是“帝国主义联合起来压迫弱小民族的机关”[22]，那么他们派出的调查团同样不值得信赖，自然也是要反对的。中国共产党在《中共中央为反对帝国主义列强进攻苏联与瓜分中国及其强盗集团——国际联盟告全国革命民众书》中揭露道：“过去国际联盟两次限期撤兵的决议，都已完全拆穿西洋景，如今它们更公开组织什么调查团来‘考查中日纠纷’了！这也就可证明国民党政府（无论南京或广东）所谓‘信赖国际联盟公道解决’，完全是在赞助帝国主义之殖民地政策，与实际拥护帝国主义、进攻苏联与瓜分中国之一切行为。”[23]中国共产党认为：“希望美国与希望国际联盟都是最无耻的请求帝国主义强盗入寇中国的政策。”[24]于是，中国共产党将反对日本帝国主义与反对一切帝国主义、反对国联调查团相提并重，呼吁人们：“反对日本帝国主义并吞东三省！反对国际联盟的中立调查团！……打倒日本帝国主义与一切帝国主义！”[25]

12月1日，中共满洲省委发表宣言指称：“强盗国际联盟组织到满洲调查团与驻军锦州的决议，英帝国主义陆军出动北宁路线的命令，这是帝国主义瓜分中国的开始行动与世界大战和进攻苏联战争的哨兵战了！”[26]12月6日，中共江苏省委发表《为反对帝国主义瓜分中国的宣言》，认为“国际帝国主义的强盗窝”国联已决定“瓜分中国的计划”，呼吁“一切被压迫的群众”坚决“反对帝国主义瓜分中国”。[27]

然而，中国共产党的努力活动未能阻止国联派遣调查团来华“调查”。1931 年 12 月 10 日，国联理事会通过了派遣调查团的决议，施肇基代表南京国民政府发表了八点声明，在同意该决议的同时又有所保留。[28] 对于这样的结果，瞿秋白评论说：“施肇基虽然声明‘保留’了某几点，可是完全是欺骗中国民众的‘内交’手段，那种‘保留’外交上是没有丝毫价值。”[29] 因此，瞿秋白痛批道：“列强承认日本的占据满洲，同时就是承认列强其他各国有同样的权利来占据别的地方。”[30] 在瞿秋白看来，“列强的瓜分中国的步骤之中第一步就是国际调查团来‘调查中国情形’”。[31] 1932 年 1 月 4 日，中共河北省委在《反帝反国民党宣传大纲》中认为，这个决议案实际上：“a. 把整个满洲断送给日本，b. 承认二十一条及其他出卖中国民族利益的条约与协定，c. 取缔中国民众的反日运动，d. 日本海陆空军可以随便在中国沿海及内地行使，保护日本帝国主义在华财产及屠杀革命民众的特权。”[32] 中共河北省委要求“必须加紧在群众中做解释教育宣传鼓动的工作”，并特别提出了需要着重注意的 50 余条口号，以扩大宣传。这些口号包括：反对日本帝国主义并吞东三省！反对日本帝国主义夺取锦州！反对国民党军阀放弃锦州！反对共管天津，反对国联的中立调查国！……反对国际帝国主义瓜分中国！等等。[33]

由以上观之，中国共产党长期以来将国联视为“帝国主义的联盟”，是“帝国主义压迫弱小民族的工具”，所以当九一八事变后南京国民政府幻想依赖国联力量阻止日本军国主义的侵略活动时，中国共产党却认为国联的所谓调停根本不值得信赖，甚至将其斥为“瓜分中国”的阴谋。再进一步言，国联在处置中日冲突时的优柔寡断，与纵容日本不断扩大侵华的结果，更是给了中国共产党批判国联的口实。在这种情况下，中国共产党反对国联所派遣之李顿调查团亦是顺理成章了，而中国共产党对李顿调查团更猛烈的批判尚待其来华之后。

二、李顿调查团来华后中国共产党的反对活动

1932 年 1 月 14 日，国联理事会主席白里安（Briand）致函理事会各成员国，宣告李顿调查团正式成立。[34] 两个月后，即 3 月 14 日，姗姗来迟的李顿调查团在绕道美国后终于抵达上海，正式开始了在华调查之旅。当时，国内多数媒体舆论对李顿调查团表达了欢迎与殷切期望之意，如南京《中央日报》发表评论说：“国联调查团来华，我们当然表示热烈的欢迎和诚挚的愿望。”[35] 上海《申报》连续三天发表时评，向李顿调查团致以欢迎之意，并向调查团建言，期待其公正之调查。[36] 天津《大公报》亦发表社评，希望李顿调查团在“明了是非曲直之后，有以善其使命也”。[37]

与国内大多数舆论不同的是，中国共产党延续了之前反对李顿调查团的基本方针。3 月 16 日，中国共产党领导的中华全国总工会发表了《驱逐国际强盗——国联调查团滚出中国告全国工友》。中华全国总工会认为，李顿调查团来华调查的目的“是来抢劫中国”，任务是调查怎样平均瓜分中国。[38] 因此，中华全国总工会呼吁工友们“采取各种行动——罢工、游行示威”，武装起来驱逐李顿调查团“滚出中国”。[39] 同日，中共江苏省委为反对李顿调查团拟定了六条口号，分别为：“1. 反对帝国主义强盗瓜分中国的国联调查团！ 2. 反对瓜分中国的一切谈判、调解和密约！ 3. 民众自动武装起来，驱逐国联调查团出境！ 4. 民众自动武装起来，扩大反日战争！ 5. 打倒投降帝国主义出卖民族利益的国民党！ 6. 组织革

命军事委员会，建立民众政权！”[40]日内瓦国联与联合国档案馆所藏李顿调查团档案中保存着印制了上述口号的传单，一方小小的纸片张贴在一张偌大的欢迎李顿调查团的海报中央，两种截然不同的态度在此形成了鲜明的对比，这也说明中共江苏省委曾将此口号张贴于街头进行广泛宣传。

3 月 22 日，中共河南省委发表了《为反对国际联盟调查团告河南劳苦群众书》，指称“国际联盟是帝国主义宰割弱小民族的强盗机关”，他们派遣调查团来华的作用：“完全是想拿着和平的假招牌来欺骗我们劳苦群众，缓和正在激剧高涨的反帝斗争，来执行他们的强盗侦探使命，充分准备他们的强盗战争，更进一步更具体的来进攻苏联、瓜分中国、直接压迫中国革命。”中共河南省委因此而拟定了口号“反对帝国主义的强盗机关——国际联盟！推倒帝国主义的强盗侦探——国联调查团！”等。[41]中共河北省委在《关于红五月运动的决议》中指出：“国联调查团来华的中心任务也就是布置如何瓜分中国，如何更有效的镇压中国苏维埃革命，并如何在帝国主义国家间冲突增加的当中取得共同进攻苏联的行动。”中共河北省委呼吁：“我们的党必须要十倍努力扩大反对帝国主义瓜分中国。”[42]中共河北省委先后在《纪念五一劳动节宣言》《为反对日本帝国主义进攻热河宣言》等两篇宣言中明确提出了“驱逐国联调查团”的口号。[43]

毫无疑问，中共中央机关报《红旗周报》在反对李顿调查团方面当仁不让地成为舆论宣传的主阵地。1932 年 4 月 15 日，《红旗周报》发表了中共中央《以民族的革命战争反对帝国主义进攻苏联与瓜分中国告民众书》。中共中央强调：“全世界帝国主义的强盗们，尤其是英法美三国，现在正在经过国际联盟这一强盗集团，和他们在工人阶级中的走狗，社会民主党，动员一切反革命的力量，协同日本帝国主义的先锋步队，来进攻苏联与瓜分中国。”[44]中共中央呼吁全国民众自动武装起来，“拿民族的革命战争，去打倒帝国主义与国民党，争取中国民族的独立解放”。[45]

针对李顿调查团抵达上海后发表的一系列讲话，《红旗周报》也发表了评论性文章加以批判。如李顿调查团到达上海后的第二天，先后参加了南京国民政府外交部政务次长郭泰祺、上海市长吴铁城举行的欢迎宴会，并举行了中外记者招待会，李顿以调查团团长的身份分别发表了讲话。[46]对于李顿之讲话，《红旗周报》刊载了署名萧伯新的评论文章《瓜分中国的和平使者——国联调查团》。萧伯新在该文中批判道：“国联调查团的态度，明显的揭穿了国际帝国主义的狠毒，证明了列强帝国主义的所谓‘和平工具’的国联，不但事实上是准备帝国主义战争的机关，而且是瓜分殖民地的机关！”[47]

1932 年 5 月 4 日，李顿调查团初步报告书在沈阳、日内瓦同时公布。[48]南京国民政府外交部长罗文干认为，该初步报告书已经确切证明了以下事实：（1）日本不但没有按国联去年之相关决议撤兵，反而继续增兵，使事态愈趋严重。（2）叛逆之军队全为日方一手创立，且受其扶助与指挥。（3）多数人民对于日本之窃取政权，现正积极反抗。（4）中国政府虽充分准备履行国联各项决议案之责任，但在东三省任何部分，均属于无法行使职权。[49]

然而，中国共产党对李顿调查团的初步报告书却是另一种截然不同的态度。《红旗周报》刊文称该报告书“是国际强盗们一种最毒辣的瓜分中国的阴谋，是一个新骗局”[50]。《斗争》刊登的《国联调查团的报告——拥护日本帝国主义并吞满洲》一文指出：“我们一次两次的指出国际联盟是瓜分中国的组织者，是日帝国主义的拥护者，国联的调查团是‘瓜分中国的和平使者’，最近国联调查团所发表的‘初步报告'，又一次的证明了我们分析的正确。"[51]

1932 年 6 月，中共临时中央在上海召开了北方各省委代表联席会议，即北方会议。当时正值李顿调查团自东北返回北平，着手准备二度赴日期间。该会议虽然重点在于"错误地批判所谓'北方落后论'，否认全国革命发展的不平衡性"[52]，但在通过的《革命危机的增长与北方党的任务》等文件中再次批判了国联与李顿调查团，坚持认为："一切帝国主义者都是瓜分中国的参加者，日本暴行的同谋者与共同犯，国际联盟与其调查团更明白的是瓜分中国的机关与组织者。"[53]

1932 年 9 月 4 日，李顿调查团在完成最终调查报告书后分途离华返欧，但中国共产党反对李顿调查团的活动并没有因此而中止。9 月 8 日，中共奉天特委在《为九·一八周年纪念告奉天工农兵及劳苦群众书》中继续呼喊口号"反对国际联盟调查团"，并指称："日本帝国主义吞并满洲的成功，是强盗国际联盟与调查团及英、法、意、德帝国主义的帮助，他们是同伙打劫的强盗来瓜分中国。"[54]中共满洲省委在《九·一八事变一周年纪念宣言》中以"一年来血的教训以及痛苦的经验"，提醒人们说："国际联盟、国际调查团是什么东西？他们完全帮助日本强盗占据满洲，他们完全是趁火打劫的来瓜分中国，他们完全一致的镇压中国革命运动，特别是他们一致的镇压中国苏维埃与红军。希望任何一个帝国主义或者国际联盟来帮助中国，事实早已说明这是痴人说梦，最愚蠢的幻想。"[55]

综上而言，1932 年 3—9 月在李顿调查团来华调查期间，中国共产党围绕李顿调查团的言行及其初步报告书等展开了批判与宣传活动，重点在于向人们揭露李顿调查团的实质，认为他们不过是帝国主义列强瓜分中国的第一步，是"瓜分中国的和平使者"，提醒人们切勿相信李顿调查团，不要为其表面现象所蒙蔽。随着李顿调查团离华而去，中国共产党对其的批判活动也暂告一段落。然而，当 1932 年 10 月初，李顿调查团报告书发表后，中国共产党以该报告书为靶的，向李顿调查团展开了又一轮的批判活动。

三、中国共产党对李顿调查团报告书的批判

1932 年 10 月 2 日，李顿调查团报告书在南京、东京、日内瓦同时发表。南京国民政府外交部以时间匆促未便全文翻译为由，除第九、第十两章全文发表外，其余各章仅先行公布了节要。[56]直到 10 月 10 日，南京国民政府外交部才将翻译完竣的李顿调查团报告书中文版全文公开发表。[57]该报告书共计十章另加一绪言，其中前八章叙述了中日冲突的背景，第九章提出了解决中日冲突的原则及条件，第十章是向国联理事会所提之解决问题的建议。

中国共产党对李顿调查团报告书的发表迅速做出了反应。10 月 5 日，中共中央发表告全国民众书，呼吁人们"以民族的革命战争回答国联调查团报告书"。[58]中国共产党称："我们自始至终反对帝国主义的强盗机关国际联盟与它的调查团，我们对于这一调查团的报告书，自然完全反对。"[59]中国共产党认为，对于李顿调查团报告书否认九一八事变的发生源于"日本帝国主义的一贯的殖民地政策"，以及将"满洲"甚至是全中国置于"帝国主义强盗共管"之下的主张，是断断不能接受的，不但不能够接受，而且要坚决反对，"应该一致的起来撕破国联调查团这一污辱中国民族的报告书"。[60]中国共产党批判道：国联调查团的报告书，是"帝国主义强盗集团国际联盟加在全中国劳苦民众身上的新的锁链"，是帝国主义强盗集团国际联盟"瓜分中国与奴

役中国劳苦民众的新的武器”，是“帝国主义强盗侵掠殖民地与半殖民地国家最露骨，最无耻的文件”，是“帝国主义强盗要求全世界反革命力量一致团结起来同中国的革命运动与社会主义的苏联进行血的战争的号召”，是“帝国主义强盗共管中国的具体计划”。[61]中共中央这一告全国民众书，堪称是中国共产党批判李顿调查团报告书的纲领性文件。此后，中国共产党各级组织在批判李顿调查团报告书的过程中，均遵循了中共中央对李顿调查团报告书的这一定性结论。

10月6日，中华苏维埃共和国临时中央政府发表了《反对国联调查团报告书通电》。通电称，李顿调查团报告书是“帝国主义向中国民众提出的瓜分中国的哀的美敦书”，“公开的最无耻的宣布了瓜分中国的新计划”，是“帝国主义奴役中国民族的卖身契”。[62]该通电呼吁全国工农红军战士、苏区广大劳苦群众：“一致起来实行民族革命战争，反对帝国主义瓜分中国，推翻国民党的统治，驱逐日本帝国主义与一切帝国主义出中国，建立全中国民众的苏维埃政权，完成中国民族的独立解放！”[63]

10月7日，中共中央通过了《关于李顿调查团的报告及加强反帝群众斗争的决议》。该决议强调党必须尽量利用李顿调查团报告书以加强群众斗争，并要求在一切文字与口头的宣传鼓动之中，必须着重指出反对李顿调查团报告书七个方面的要点，同时在揭破李顿调查团报告书的运动中，“党必须坚决地顽强地为着加强群众的反帝反日运动争斗”。[64]该决议是继《中国共产党中央委员会告全国民众书——以民族的革命战争回答国联调查团报告书》之后，中国共产党反对李顿调查团报告书的又一份重要文件，它为中国共产党各级组织开展反对李顿调查团报告书的宣传活动提供了行动纲领，指明了斗争的方向。

《红旗周报》在李顿调查团报告书发表后连续刊载了《反对国际强盗联盟调查团报告书》《揭破李顿报告书和反革命派别的欺骗》《论李顿调查团报告书》等系列文章，对李顿调查团报告书错误的观点与主张进行了逐条批驳。有学者将其主要内容概括为五个方面：第一，九一八事变的爆发不是由于“中国混乱”，恰恰相反，中国“混战”的根源是帝国主义殖民地政策和中国地主资产阶级统治下必然产生的结果。第二，认为报告书对日本武力侵略中国采取了妥协和容忍的态度。第三，揭露报告书提出的解决方案实际上是以国际共管的形式瓜分中国。第四，指出报告书的任务是组织和指挥国民党军队来“剿共”。第五，认为报告书是武装进攻苏联的纲领。[65]

除此之外，中国共产党地方组织也迅速行动起来，以各种方式批判了李顿调查团报告书。中共两广省委于10月6日发表了《为揭发国联调查团报告书瓜分中国进攻苏联的阴谋告群众书》，批判了李顿调查团报告书以下观点：第一，以红军的胜利与发展、国民党三次“围剿”的惨败，来证明日本占据东三省、进攻中国革命、隔绝中国红军与苏联的关系的必要性。第二，把东三省看作是日本进攻苏联的根据地。第三，事实上要将东三省置于“国际共管”之下。第四，要由国际帝国主义瓜分中国，以代替国民党政府消灭中国红军。第五，承认日本在东三省的利益，要消灭东三省义勇军，禁止排货运动。[66]

中共陕西省委除将中共中央有关通知精神和宣传材料印发外，还于10月9日发布了“关于日本帝国主义的新进攻与国联调查团的报告”的通知。该通知要求各级党组织必须执行的七项任务中首要的一条是向人们广泛地揭露李顿调查团报告书的“大阴谋”，即：“要在工厂、厂门口、工房、失业工人、学校、农村、兵营中进行各种形式的群众会议，要在《西北真报》、工厂学校壁报和各种群众刊物上，要运用群众路线组织讲演队、标语队，最通俗、最具体、最煽动的说明日本帝国主义的新进攻、李顿报告书的大阴谋与国民党新的投降的情况。同时要将这些事实与群众当前的斗争问题很灵活的联系起来，鼓动群众斗争，有计划的将这些斗争领导到罢工、罢课、游行示威的道路上去。”[67]

中共江苏省委在针对上海租界华捕警察的宣传材料中写道：“国联调查的狗屁报告书主张‘共管满洲和中国’，要消灭东北义勇军和民众‘反日抵货运动’，就是要瓜分中国，屠杀中国劳苦群众，由帝国主义来消灭中国苏维埃红军，进攻苏联（俄）。”[68]面对“帝国主义瓜分中国”的紧迫局面，中共江苏省委呼吁：“一、工农、士兵、华捕、警察联合起来，参加义勇军和反日决死团，拿起刀枪到近郊游击去，扩大民族革命战争，硬要帝国主义滚蛋！二、组织抵货队，时刻检查日货、没收日货，接济东北义勇军！三、拖枪到红军中去，消灭国民狗党，拥护苏维埃政府，对日宣战！四、帮助工人罢工、农民抗租税、灾民分米的革命斗争，抢得枪械，成立义勇军！五、罢岗、罢操、开大会、参加十月革命游行示威，反对李顿报告书！”[69]

中共江苏省委宣传部在一份宣传材料中揭露国联调查团的报告书是“实行瓜分中国的恶毒计划；帮助日本奴杀中国民众的恶毒计划；进攻苏联的恶毒计划；进攻中国，特别是进攻苏维埃红军的恶毒计划”[70]。因此要“反对和撕碎国联调查团报告书”，要“扩大民族革命战争，民众武装收回东北，反对进攻热河华北”，要“反对二次血洗上海，武装拥护苏联，拥护苏维埃红军，来回答国联调查团的报告书”。[71]该宣传材料还提出了反对李顿调查团报告书最好的办法，即：“同盟罢工反对日本资本家关厂！没收日货分给失业工人和灾民！罢工斗争，反对中外资本家向工人进攻！失业工人向国民党资本家要饭吃！要房住、要棉衣穿！”[72]

当然，中国共产党在反对李顿调查团报告书的过程中，不是单纯地为了反对而反对，而是充分利用反对李顿调查团报告书，将宣传鼓动工作与组织群众工作有效地结合起来。张闻天对此曾强调说：“在反对李顿报告书的宣传鼓动队的周围，必须组织起反对李顿报告书的委员会。每一张传单，每一张报纸，每一队蓝衫团，必须是群众的组织者。”[73]如中共汉南特委于1933年2月13日提出了党在汉南目前最主要的六项任务，其中之一就是将反对李顿调查团报告书的宣传鼓动工作与组织群众工作有效地结合起来，即：“号召群众大会组织广大群众游行示威运动、义勇军，反对李顿调查团报告书，反抗日本帝国主义进攻热河、平津，反抗在帝国主义指挥之下围剿工农红军。”[74]

1933年2月24日，国联特别大会通过了由十九国委员会起草并提交的《关于中日争议之报告书》，表示对李顿调查团报告书之接受。[75]对于国联特别大会通过报告书，日本政府不仅明确表示反对，而且于3月27日正式通知国联秘书长，宣布退出国联。[76]这一事实表明国联调停中日冲突的工作已经宣告失败。

然而，中国共产党对于李顿调查团报告书的批评并没有随之停止。1933年10月9日，《东北人民革命军斗争纲领》仍在号召人们“反对李顿报告书，与苏联劳动群众结成巩固的友谊联盟”。[77]该纲领认为，李顿调查团报告书是“帝国主义瓜分中国和共管中国的文件”，而苏联是“中国革命帮助者和同情者”，是“中国唯一朋友”，因此人民革命军“反对李顿报告书任何条文，与苏联劳动者亲密联合起来，共同反对日本及一切帝国主义瓜分中国，反对日本及一切帝国……武装干涉苏联”。[78]时至今日，中国共产党对李顿调查团及其报告书依然秉持着一贯的批判立场，认为："调查报告说了许多空话，没有对日本的侵略活动采取制裁措施，还提出成立东北省自治政府的荒谬主张。"[79]"报告书总的倾向是牺牲中国，姑息日本的侵略行为。"[80]

余论

美国驻西班牙大使鲍尔斯（Claude G. Bowers）曾说，西班牙内战是全面消灭欧洲民主计划的开始，也是第二次世界大战的开始。[81]鲍尔斯这是将西班牙内战视为第二次世界大战的预演。但在此之前，日本早已开始挑战第一次世界大战后建立的国际新秩序凡尔赛——华盛顿体系。从20世纪30年代整个国际局势来看，九一八事变之于凡尔赛——华盛顿体系的影响，绝不亚于后来者西班牙内战等一系列的历史事件。其实，中国共产党早在事变发生后不久就断言，九一八事变"不啻就是第二次世界大战的预演与进攻苏联战争的序幕"[82]，后来国际局势的发展不幸被中国共产党言中了。

面对日本发动的侵华战争，中国共产党没有像国民党政府那样寻求国联的调停，而是以实际的抗战行动来回应日本的侵略。同时，中国共产党从阶级立场、民族立场出发，屡次批判国联在处置中日冲突问题上的优柔寡断和绥靖政策，甚至将其视为"帝国主义瓜分中国的同盟"。中国共产党反对国联的态度，自然也影响到它对李顿调查团及其报告书的评价。而且，李顿调查团在其报告书中谈及中国共产党时称："各地军阀之私人军队及通国之土匪横行，虽足以扰乱国内治安，然不足为中央政府权力之患，但另有患源，即共产主义是也。"[83]李顿调查团实际上是将中国共产党问题看作日本侵华原因之一，这与它把中国"混战"视为日本侵华的原因如出一辙，此种颠倒因果的论调理所当然地遭到中国共产党的强烈批判。何况李顿调查团报告书关于将中国东北置于所谓"顾问会议"统治之下的建议，中国共产党认为其实质是将中国东北置于"国际共管"的殖民统治之下，这尤其不能为中国共产党所接受。由此可见，中国共产党对李顿调查团及其报告书的批判，既是受共产国际与苏联的影响而与国联划清界限的需要，又是救国于危亡争取民族独立的初心使然，更是反对李顿调查团报告书中错误观点的必然选择。

有人说，李顿调查团"来调查事变是为共产党所欢喜的"。[84]这种说法虽然言过其实，但毋庸置疑的是，当李顿调查团在华调查时，特别是在东北地区调查期间，中国共产党通过与其有联系的抗日救亡团体，间接地发动群众写了大量信件递交给李顿调查团。如与中国共产党有密切关系的东北民众抗日救国会[85]，曾派遣进步青年宋黎、张金辉、戴昊等（后来分别加入了中国共产党）在东北地区组织联络各方力量从事抗日活动。当李顿调查团抵达沈阳时，宋黎、张金辉、戴昊等"发动学生、工人、农民、职员、医生、商人等写揭发控告信"，这些信件连同他们搜集整理的资料，通过各种社会关系，以多种形式巧妙地转交给了李顿调查团。[86]当然，张金辉等也清楚，李顿调查团的调查"不会有什么结果"，而他们仍坚持这样做的目的，是"为了揭穿日寇在国际的欺骗宣传，必须把东北人民的真实意愿反映出来"。[87]由此可见，中国共产党虽然反对李顿调查团来华调查，但亦认为这是向世界舆论揭露日本侵华真相，表达中国人民"反满抗日"真实态度的有效途径。事实证明，中国共产党的目的达到了。李顿调查团在其报告书中提到，他们收到了来自东北地区农民、商人、工人、学生等的1550封信件，这些信件除两封外均表达了"反满抗日"之意，李顿调查团认为这是真实民意之表现。[88]所以，李顿调查团报告书并非一无是处。后来，中国共产党也意识到，国联、美国与日本之间实际上存在着不可调和的矛盾，突出的表现是李顿调查团报告书提出的对中国东北实行“国际共管”的方案，反映了“英、美、法等国不甘心日本独占而要共同控制中国东北的企图”，它们“不愿日本扩张其在华势力，损害它们自身在中国的权益，但又想利用日本对付苏联和遏制中国革命运动的发展，坐收渔人之利”。[89]因此，中国共产党批判李顿调查团的总方针从未改变，这与接受李顿调查团报告书部分地确认日本侵华的事实是两个方面的问题，二者并不互相矛盾。

在反对与批判李顿调查团及其报告书过程中，中国共产党各级组织根据中央精神，通过发表宣言、告民众书、刊发评论文章、拟定宣传口号、张贴标语、组织演讲队等各种形式，向广大群众揭露了国联、李顿调查团及其报告书的本质，呼吁人们放弃对国联的幻想，团结起来以民族革命战争回应李顿调查团及其报告书，武装起来以实际行动将日本侵略者驱逐出中国。总之，中国共产党对国联、李顿调查团及其报告书的批判，是九一八事变后中国共产党领导全国抗日救亡运动的重要组成部分，表明中国共产党领导十四年抗日斗争伊始即向世界发出了反抗日本军国主义侵略争取民族独立的时代强音。

注　释

[1] 关于对李顿调查团及其报告书的评价方面代表性的研究成果有苏诚鉴：《国联调查团的来华及其颠倒是非的报告书》，《史学月刊》1960 年第 1 期。张敬禄：《评〈李顿调查团报告书〉》，《齐鲁学刊》1990 年第 6 期。周美云：《重评李顿调查团报告书》，《安徽师大学报》1992 年第 3 期。王宇博：《英国、国联与“九·一八”事变——兼评〈李顿调查报告〉》，《历史档案》2002 年第 2 期。洪岚：《〈李顿调查团报告书〉公布前后中国社会各界的反响》，《史学月刊》2006 年第 5 期。陈积敏、赵金金：《中国公众舆论对〈李顿调查团报告书〉的反响》，《安庆师范学院学报（社会科学版）》2007 年第 4 期。王兴全：《中国新闻界对国联调查团及其报告书的评价》（硕士学位论文），辽宁大学，2011 年 5 月。杨淑新：《李顿调查团赴华调查及中国社会各界反响》（硕士学位论文），东北师范大学，2012 年 5 月。石威：《知识分子对〈李顿调查团报告书〉回应的历史考察》，《郑州航空工业管理学院学报（社会科学版）》2015 年第 6 期。赵欣：《试析〈李顿报告书〉的出台过程及其影响》，《东北师大学报（哲学社会科学版）》2016 年第 6 期。其中王兴全在其论文中曾提到了中国共产党对李顿调查团及其报告书的评价。洪岚在讨论九一八事变与中共对国联调处中日争端的反响时，论述了中国共产党对《李顿调查团报告书》的评价，参见洪岚：《九一八事变与中共对国联调处中日争端的反响》，范丽红主编：《“九一八”研究》第 17 辑，辽宁人民出版社，2018 年版，第 16—20 页。此外，一些专著亦曾讨论过中国共产党反对李顿调查团及其报告书的态度，但多数是寥寥几句，并未深入讨论。如杨穆：《国际联盟》，商务印书馆，1963 年版，第 27 页。颜声毅等：《现代国际关系史》，知识出版社，1984 年版，第 201—202 页。中共黑龙江省委党史研究室：《中共黑龙江历史》第 1 卷，中共党史出版社，2013 年版，第 194—195 页。军事科学院军事历史研究部：《中国抗日战争史》（上），解放军出版社，2015 年版，第 104—105 页。王明伟：《东北抗战史》，长春出版社，2016 年版，第 111 页。

[2] 〔英〕华尔脱斯著，汉敖、宁京译：《国际联盟史》，商务印书馆，1964 年版，第 4 页。

[3] 《在莫斯科省的县、乡、村执行委员会主席会议上的讲话》（1920 年 10 月 15 日），中共中央马克思恩格斯列宁斯大林著作编译局编译：《列宁全集》第 39 集，人民出版社，1986 年版，

第 350 页。

[4]　《在莫斯科省的县、乡、村执行委员会主席会议上的讲话》(1920 年 10 月 15 日)，中共中央马克思恩格斯列宁斯大林著作编译局编译：《列宁全集》第 39 集，人民出版社，1986 年版，第 352 页。

[5]　《加入共产国际的条件》，中共中央马克思恩格斯列宁斯大林著作编译局编译：《列宁全集》第 39 集，人民出版社，1986 年版，第 199 页。

[6]　《中国共产党加入第三国际决议案》(1922 年 7 月)，中央档案馆编：《中共中央文件选集》第 1 册，中共中央党校出版社，1989 年版，第 67 页。

[7]　《中国共产党加入第三国际决议案》(1922 年 7 月)，中央档案馆编：《中共中央文件选集》第 1 册，中共中央党校出版社，1989 年版，第 69 页。

[8]　《中国社会各阶级的分析》(1925 年 12 月 1 日)，《毛泽东选集》第 1 卷，人民出版社，1991 年版，第 4 页。

[9]　国联盟约第十一条规定："凡任何战争或战争之威胁，不论其直接影响联盟任何一会员国与否，皆为有关联盟全体之事。联盟应采取适当有效之措施以保持各国间之和平。如遇此等情事，秘书长应依联盟任何会员国之请求，立即召集行政院会议。""凡影响国际关系之任何情势，足以扰乱国际和平或危及国际和平所依之良好谅解者，联盟任何会员国有权以友谊名义，提请大会或行政院注意。"《国际条约集》(1917—1923)，世界知识出版社，1961 年版，第 270 页。

[10]　"Letter from the Chinese Government to the Secretary-general submitting its Appeal to the Council under Article 11 of the Covenant", September 21st 1931, *League of Nations Official Journal*, Vol. 12, 1931, p.2453.

[11]　"Appeal from the Chinese Government under Article 11 of the Covenant (continuation)", *League of Nations Official Journal*, Vol. 12, 1931, p.2267.

[12]　"Appeal from the Chinese Government under Article 11 of the Covenant (continuation)", *League of Nations Official Journal*, Vol. 12, 1931, p.2365. 当时日本面临的世界舆论压力主要是来自英国对日妥协立场的转变，以及美国、国联对它的诘问，参见陈海懿、郭昭昭：《国际性与主体性：中日冲突和国际联盟调查团的产生》，《抗日战争研究》2017 年第 3 期，第 68—69 页。

[13]　《中华苏维埃共和国中央工农革命委员会宣言》(1931 年 9 月 20 日)，《红旗周报》1931 年 10 月 18 日第 19 期，第 14 页。

[14]　《中共中央为反对帝国主义列强进攻苏联与瓜分中国及其强盗集团——国际联盟告全国革命民众书》(1931 年 11 月 23 日)，中共中央文献研究室、中央档案馆编：《建党以来重要文献选编》第 8 册，中央文献出版社，2011 年版，第 691—692 页。

[15]　《中共中央为反对帝国主义列强进攻苏联与瓜分中国及其强盗集团——国际联盟告全国革命民众书》(1931 年 11 月 23 日)，中共中央文献研究室、中央档案馆编：《建党以来重要文献选编》第 8 册，中央文献出版社，2011 年版，第 692 页。

[16]　范亢：《巴黎会议和瓜分中国的阴谋——进攻苏联的积极步骤》(1931 年 11 月 24 日)，《红旗周报》1931 年 12 月 2 日第 25 期，第 15 页。

[17]　《江苏省委宣传部传单：打倒庇护日帝国主义的国际联盟和卖国的国民党》(1931 年 10 月)，中央档案馆、江苏省档案馆编：《江苏革命历史文件汇集(省委文件)》(1931 年 9 月—1932 年 8 月)，1986 年编印，第 99 页。

[18]　《江苏省委宣传部传单：打倒庇护日帝国主义的国际联盟和卖国的国民党》(1931 年 10 月)，中央档案馆、江苏省档案馆编：《江苏革命历史文件汇集(省委文件)》(1931 年 9 月—1932 年 8 月)，1986 年编印，第 98 页。

[19]　《反对国际联盟》(1931 年 11 月)，中央档案馆、江苏省档案馆编：《江苏革命历史文件汇集(省委文件)》(1931 年 9 月—1932 年 8 月)，1986 年编印，第 152 页。

[20]　《河北省委向中央转报沧县工作报告——沧县社会情况及党的宣传工作的报告》(1932 年 1 月 14 日)，中央档案馆、河北省档案馆编：《河北革命历史文件汇集》(甲种本)第 8 册，1997 年印刷，第 21 页。

[21] 《河北省委向中央转报沧县工作报告——沧县社会情况及党的宣传工作的报告》(1932 年 1 月 14 日)，中央档案馆、河北省档案馆编：《河北革命历史文件汇集》(甲种本)第 8 册，1997 年印刷，第 24 页。
[22] 《日本帝国主义占领满洲与我党的当前任务》，《红旗周报》1931 年 10 月 21 日第 20 期，第 7 页。
[23] 《中共中央为反对帝国主义列强进攻苏联与瓜分中国及其强盗集团——国际联盟告全国革命民众书》(1931 年 11 月 23 日)，中共中央文献研究室、中央档案馆编：《建党以来重要文献选编》第 8 册，中央文献出版社，2011 年版，第 692 页。
[24] 《日本帝国主义占领满洲与我党的当前任务》，《红旗周报》1931 年 10 月 21 日第 20 期，第 7 页。
[25] 《中共中央为反对帝国主义列强进攻苏联与瓜分中国及其强盗集团——国际联盟告全国革命民众书》(1931 年 11 月 23 日)，中共中央文献研究室、中央档案馆编：《建党以来重要文献选编》第 8 册，中央文献出版社，2011 年版，第 692—693 页。
[26] 《中共满洲省委宣言》(1931 年 12 月 1 日)，吉林省档案馆编：《九·一八事变》，档案出版社，1991 年版，第 367 页。
[27] 《江苏省委为反对帝国主义瓜分中国的宣言》(1931 年 12 月 6 日)，中央档案馆、江苏省档案馆编:《江苏革命历史文件汇集(省委文件)》(1931 年 9 月—1932 年 8 月)，1986 年编印，第 167—168 页。
[28] "Appeal from the Chinese Government under Article 11 of the Covenant (continuation)", *League of Nations Official Journal*, Vol. 12, 1931, PP.2377-2378.
[29] 范亢：《注意巴黎会议的结果——瓜分中国和进攻苏联的急进步骤》，《红旗周报》1931 年 12 月 17 日第 27 期，第 41 页。
[30] 范亢：《注意巴黎会议的结果——瓜分中国和进攻苏联的急进步骤》，《红旗周报》1931 年 12 月 17 日第 27 期，第 41 页。
[31] 范亢：《注意巴黎会议的结果——瓜分中国和进攻苏联的急进步骤》，《红旗周报》1931 年 12 月 17 日第 27 期，第 41 页。
[32] 《河北省委宣传大纲——反帝反国民党宣传口号》(1932 年 1 月 4 日)，中央档案馆、河北省档案馆编：《河北革命历史文件汇集》(甲种本)第 8 册，1997 年印刷，第 1—2 页。
[33] 《河北省委宣传大纲——反帝反国民党宣传口号》(1932 年 1 月 4 日)，中央档案馆、河北省档案馆编：《河北革命历史文件汇集》(甲种本)第 8 册，1997 年印刷，第 16—17 页。
[34] "Letter from the Acting President to the Council to All the Members of the Council", January 14th, 1932, *League of Nations Official Journal*, Vol. 13, 1932, p.284.
[35] 《微言：国联调查团到了》，南京《中央日报》1932 年 3 月 16 日。
[36] 《时评：敬告国联调查团》，上海《申报》1932 年 3 月 14 日。《时评：吾人所贡献于国联调查团者(一)》，上海《申报》1932 年 3 月 15 日。《时评:吾人所贡献于国联调查团者(一)》，上海《申报》1932 年 3 月 16 日。
[37] 《社评:敬告国联调查团诸君》，天津《大公报》1932 年 3 月 14 日。
[38] 《驱逐国际强盗——国联调查团滚出中国告全国工友》(1932 年 3 月 16 日)，中华全国总工会中国职工运动史研究室编：《中国工会历史文献》第 3 册，工人出版社，1958 年版，第 407—408 页。
[39] 《驱逐国际强盗——国联调查团滚出中国告全国工友》(1932 年 3 月 16 日)，中华全国总工会中国职工运动史研究室编：《中国工会历史文献》第 3 册，工人出版社，1958 年版，第 408 页。
[40] 《江苏省委反对国联调查团的口号》(1932 年 3 月 16 日)，中央档案馆、江苏省档案馆编:《江苏革命历史文件汇集(省委文件)》(1931 年 9 月—1932 年 8 月)，1986 年编印，第 33 页。另参见：Geneva, League of Nations and United Nations Archives, Papiers de la Commission Lytton, S33.
[41] 《中国共产党河南省委员会为反对国际联盟调查团告河南劳苦群众书》(1932 年 3 月 22 日)，中央档案馆、河南省档案馆编：《河南革命历史文件汇集(省委文件)》(1931—1932)，1984 年编，第 322—323 页。
[42] 《河北省委关于红五月运动的决议》(1932 年

4 月 18 日），中央档案馆、河北省档案馆编：《河北革命历史文件汇集》（甲种本）第 8 册，1997 年印刷，第 342—343 页。
[43] 《中国共产党河北省委纪念五一劳动节宣言》（1932 年 4 月 21 日），中央档案馆、河北省档案馆编：《河北革命历史文件汇集》（甲种本）第 8 册，1997 年印刷，第 360 页。《中国共产党河北省委为反对日本帝国主义进攻热河宣言》（1932 年 7 月 21 日），中共北京市委党史研究室编：《北京地区抗日运动史料汇编》第 2 辑，中国文史出版社，1990 年版，第 126 页。
[44] 《以民族的革命战争反对帝国主义进攻苏联与瓜分中国告民众书》，《红旗周报》1932 年 4 月 15 日第 36 期，第 1 页。
[45] 《以民族的革命战争反对帝国主义进攻苏联与瓜分中国告民众书》，《红旗周报》1932 年 4 月 15 日第 36 期，第 3 页。
[46] 《当局招待国联调查团，顾郭吴昨日盛大宴会，李顿爵士有重要表示，调查团即将视察战区》，上海《申报》1932 年 3 月 16 日第一版。《国联调查团抵沪后，决努力进行远东和平，郭泰祺吴铁城设宴招待致欢迎词，李顿爵士表示来华负有和平使命》，南京《中央日报》1932 年 3 月 16 日。
[47] 《瓜分中国的和平使者——国联调查团》，《红旗周报》1932 年 4 月 1 日第 34 期，第 27 页。
[48] 《调查团报告全评论，外交部昨晚正式发表》，南京《中央日报》1932 年 5 月 5 日。
[49] 《国联调查团初步报告书内容，已足证明日军在东省之横暴行为，罗外长昨对记者发表谈话》，南京《中央日报》1932 年 5 月 7 日。
[50] 明远：《国联调查团在满洲干些什么？》，《红旗周报》1932 年 5 月 20 日第 41 期，第 6 页。
[51] 《国联调查团的报告——拥护日本帝国主义并吞满洲》，《斗争》1932 年 5 月 4 日第 12 期，第 2 页。
[52] 中共中央党史研究室：《中国共产党历史》第 1 卷上册，中共党史出版社，2011 年版，第 346 页。
[53] 《革命危机的增长与北方党的任务》（1932 年 6 月 24 日），中国人民解放军政治学院党史教研室编：《中共党史参考资料》第 7 册，人民出版社，1979 年版，第 23 页。
[54] 《中共奉天特委为九·一八周年纪念告奉天工农兵及劳苦群众书》（1932 年 9 月 8 日），吉林省档案馆编：《九·一八事变》，档案出版社，1991 年版，第 380 页。
[55] 《中共满洲省委九·一八事变一周年纪念宣言》，吉林省档案馆编：《九·一八事变》，档案出版社，1991 年版，第 382 页。
[56] 《调查团报告书昨发表，将提出中政会讨论，政府正审查研究目前暂守缄默，日方发言人表示不满抨击甚烈》，南京《中央日报》1932 年 10 月 3 日。
[57] 《报告书全文今日印就分发》，南京《中央日报》1932 年 10 月 9 日。
[58] 《中国共产党中央委员会告全国民众书——以民族的革命战争回答国联调查团报告书》，中央档案馆编：《中共中央文件选集》第 8 册，中共中央党校出版社，1991 年版，第 498 页。
[59] 《中国共产党中央委员会告全国民众书——以民族的革命战争回答国联调查团报告书》，中央档案馆编：《中共中央文件选集》第 8 册，中共中央党校出版社，1991 年版，第 500 页。
[60] 《中国共产党中央委员会告全国民众书——以民族的革命战争回答国联调查团报告书》，中央档案馆编：《中共中央文件选集》第 8 册，中共中央党校出版社，1991 年版，第 498—500 页。
[61] 《中国共产党中央委员会告全国民众书——以民族的革命战争回答国联调查团报告书》，中央档案馆编：《中共中央文件选集》第 8 册，中共中央党校出版社，1991 年版，第 498—500 页。
[62] 《中华苏维埃共和国临时中央政府反对国联调查团报告书通电》（1932 年 10 月 6 日），中共中央书记处编：《六大以来——党内秘密文件》（上），人民出版社，1981 年版，第 303 页。
[63] 《中华苏维埃共和国临时中央政府反对国联调查团报告书通电》（1932 年 10 月 6 日），中共中央书记处编：《六大以来——党内秘密文件》（上），人民出版社，1981 年版，第 304 页。
[64] 《中央关于李顿调查团的报告及加强反帝群众斗争的决议》（1932 年 10 月 7 日），中央档案馆编：《中共中央文件选集》第 8 册，中共中央党校出版社，1989 年版，第 502—510 页。

[65] 洪岚：《九一八事变与中共对国联调处中日争端的反响》，范丽红主编：《"九一八"研究》第 17 辑，辽宁人民出版社，2018 年版，第 17—19 页。
[66] 《中国共产党两广省委为揭发国联调查团报告书瓜分中国进攻苏联的阴谋告群众书》（1932 年 10 月 6 日），中央档案馆、广东省档案馆编：《广东革命历史文件汇集（中共两广省委文件）》（1932 年 10 月—1934 年 10 月），1984 年印刷，第 41—43 页。
[67] 《陕西省委通知——关于日本帝国主义的新进攻与国联调查团的报告》（1932 年 10 月 19 日），中央档案馆、陕西省档案馆编：《陕西革命历史文件汇集（1932 年）》（二），1992 年编印，第 224—228 页。
[68] 《江苏省委军委关于反对李顿报告书的宣传》（1932 年 10 月），中央档案馆、江苏省档案馆编：《江苏革命历史文件汇集（省委文件）》（1932 年 9 月—1933 年 5 月），1986 年编印，第 81 页。
[69] 《江苏省委军委关于反对李顿报告书的宣传》（1932 年 10 月），中央档案馆、江苏省档案馆编：《江苏革命历史文件汇集（省委文件）》（1932 年 9 月—1933 年 5 月），1986 年编印，第 81—82 页。
[70] 《江苏省委宣传部关于反对国联调查团报告书的宣传材料》（1932 年），中央档案馆、江苏省档案馆编：《江苏革命历史文件汇集（省委文件）》（1932 年 9 月—1933 年 5 月），1986 年编印，第 148 页。
[71] 《江苏省委宣传部关于反对国联调查团报告书的宣传材料》（1932 年），中央档案馆、江苏省档案馆编：《江苏革命历史文件汇集（省委文件）》（1932 年 9 月—1933 年 5 月），1986 年编印，第 148 页。
[72] 《江苏省委宣传部关于反对国联调查团报告书的宣传材料》（1932 年），中央档案馆、江苏省档案馆编：《江苏革命历史文件汇集（省委文件）》（1932 年 9 月—1933 年 5 月），1986 年编印，第 149 页。
[73] 张闻天：《论我们的宣传鼓动工作》（1932 年 11 月），中共中央文献研究室、中央档案馆编：《建党以来重要文献选编》第 9 册，中央文献出版社，2011 年版，第 605 页。
[74] 《〔中共〕汉南特委文件（摘录）》（1933 年 2 月 13 日），共青团四川省委青运史研究室、四川省青运史研究会编：《川陕革命根据地青年运动文献资料选编》，1986 年编印，第 37 页。
[75] 《日代表愤懑一致退出，昨国联大会通过报告书，派定顾问委员会协助全体大会，请美俄政府与国联采同样行动》，南京《中央日报》1933 年 2 月 25 日。
[76] "Telegram from the Minister for Foreign Affairs of Japan to the Secretary-general", March 27th, 1933, *League of Nations Official Journal*, Vol. 14, 1933, p.657.
[77] 《东北人民革命军斗争纲领》（1933 年 10 月 9 日），梁文玺编著：《黑龙江抗日战争时期地下交通》，哈尔滨工业大学出版社，1992 年版，第 277 页。
[78] 《东北人民革命军斗争纲领》（1933 年 10 月 9 日），梁文玺编著：《黑龙江抗日战争时期地下交通》，哈尔滨工业大学出版社，1992 年版，第 277 页。
[79] 金冲及：《联合与斗争——毛泽东、蒋介石与抗战中的国共关系》，生活·读书·新知三联书店，2018 年版，第 266 页。
[80] 中共中央党史研究室：《中国共产党历史》第 1 卷上册，人民出版社，1991 年版，第 335 页。
[81] Claude G. Bowers, *My Mission to Spain: Watching the Rehearsal for World War II*, New York: Simon and Schuster, 1954, p.411.
[82] 《中华苏维埃共和国中央工农革命委员会宣言》（1931 年 9 月 20 日），《红旗周报》1931 年 10 月 18 日第 19 期，第 13 页。
[83] 《国联调查团报告书附事变后之中国地图及世界各国人士评论》，光明书局，1932 年版，第 27 页。
[84] 〔意〕万斯白著，文缘社译：《日本在华的间谍活动》，国光印书馆，1945 年版，第 132 页。
[85] 东北民众抗日救国会成立于 1931 年 9 月 27 日，不但它的主要领导人阎宝航、车向忱等与中国共产党关系密切，而且中共党员冯基平、夏尚志等也秘密参与其中。参见常宝乐：《东北民众抗日救国会研究》（硕士学位论文），辽宁大学，2016 年 5 月，第 15 页。

[86] 宋黎：《忆“九·一八”事变前后战斗岁月片断》，政协沈阳市委员会文史资料研究委员会编：《沈阳文史资料》第7辑，《“九·一八”事变专辑》，1984年8月编，第19页。张金辉：《抗日的道路上……》，中国人民政治协商会议全国委员会文史资料研究委员会编：《革命史资料》第8辑，文史资料出版社，1982年版，第195页。

[87] 张金辉：《抗日的道路上……》，中国人民政治协商会议全国委员会文史资料研究委员会编：《革命史资料》第8辑，文史资料出版社，1982年版，第195页。

[88] 《国联调查团报告书》，上海申报社编辑发行，1932年版，第80页。

[89] 中共中央党史研究室：《中国共产党历史》第1卷上册，人民出版社，1991年版，第335页。

近代打工妹群体的教育问题

——以长三角地区为中心的考察

池子华 *

【摘要】作为与工业化、城市化因素相关的社会群体，打工妹一族在近代历史舞台上扮演了重要角色。但打工妹整体素质参差，由于重男轻女这种性别歧视的文化传统影响，文盲众多。而文化素质低下，也不符合现代文明社会对人基本素质的起码要求。因此，无论社会进步，还是企业发展，都呼唤打工妹整体素质的不断提高。共同的需要所形成的张力，使劳工教育事业逐渐发展起来，并取得一定成绩，然供给与需求的矛盾无法破解，打工妹群体受教育面有限，文盲、半文盲的状态无法根本改观。这其中的经验或教训，耐人寻味。

【关键词】近代　长三角地区　打工妹　劳工教育

随着近代工业的兴起和发展，城市化进程的推进，大批青年女性走出封闭的乡村，走向喧闹的城镇，务工经商，形成近代社会的“打工妹”群体。长三角地区是全国工商业中心，吸引“打工妹”云集，以至于“阴盛阳衰”，形成近代社会变迁中农民工大流动的“长三角特色”。[1] 但打工妹整体素质参差，而文盲众多更是一种普遍现象，这种“先天不足”，不仅给她们的职业生涯带来不利的影响，而且也不能适应现代企业对人的“现代性”的客观要求[2]。于是，教育问题成为劳资双方以及社会各界瞩目的焦点，需努力推进。本文以长三角地区为中心，对此问题略做考察，不妥之处，敬请方家指正。

一

由于重男轻女这种性别歧视的文化传统根深蒂固，女孩受教育的机会比男孩要少得多，因此，打工妹群体中文盲率远较男性为高。据 1928 年北平社会调查所的调查，近代工业中心上海 978 名打工者中，“男子未读书者 299 人，占全数 518 人 57.7%，女子未读书者 451 人，占全数 460 人 98% 之高！ 18 岁以下之男童 157 人，有 24 人入学读书，占 15.3%；女子在 18 岁以下者共 96 人，其中仅 2 人入学，占 2.1% 之低！”[3] 又据调查，在上海棉纺织业中，85% 以上的女工是文盲[4]。而内外棉第七厂中，“女工三千多人，能认字的只

* 池子华：苏州大学社会学院教授，博士生导师

有五六十人，其中只有极少数能够看报的，读过《三字经》《百家姓》《千字文》的，便算是括括叫的了”[5]。

长三角另一工业中心无锡的情况也是如此。据江苏省立教育学院1930年对无锡黄巷工人教育实验区所做的文盲调查，结果如下[6]（表一）：

表一　无锡工人教育实验区文盲统计

年龄	文盲			半文盲			非文盲		
	男	女	总计	男	女	总计	男	女	总计
7—11岁	19	77	96	22	4	26	2	1	3
11—16岁	12	169	181	19	9	28	8	5	13
16—21岁	17	249	266	—	17	17	18	21	39
21—26岁	28	126	154	—	4	4	39	10	49
26—31岁	48	112	160	—	—	—	49	5	54
31—36岁	23	62	85	—	—	—	41	1	42
36—41岁	29	55	84	—	—	—	28	—	28
41—46岁	15	39	54	—	—	—	15	—	15
46—51岁	13	25	38	—	—	—	6	—	6
51—56岁	4	20	24	—	—	—	5	—	5
56—61岁	3	34	37	—	—	—	4	—	4
61—66岁	—	9	9	—	—	—	1	—	1
66—71岁	1	10	11	—	—	—	1	—	1
71—76岁	—	1	1	—	—	—	—	—	—
总计	212	988	1200	41	34	75	217	43	260
百分比	78.18%			4.89%			16.93%		

由上表可知，打工群体整体文化程度低，文盲、半文盲竟达83.06%！而文盲中女工最多，占文盲总数的82.33%；非文盲中女工最少，仅占非文盲总数的16.54%。另据1941年3月某机构对无锡振艺、振元、鼎盛、宏余、福纶、润康、嘉泰、禾丰、大生、鼎昌等厂的3161名女工的调查，初中文化程度占1.74%，稍能读写识字的占26.2%；文盲2277人，占72%以上。其中嘉泰丝厂文盲占94%，宏余丝厂文盲占97.7%[7]。

常州大成纺织染公司打工妹也多是文盲，因为“本厂女工既多来自乡间，乡村文化闭塞，女工之识字者不获三二，其识字之幼稚……实堪怜悯。”[8]

二

大字不识，文化素质低下，这种“先天不足”，使打工妹深感痛苦，在她们看来，“没有读过书，不识字，是现在最不开心的事”。[9]因而渴望读书识字，完善自己的精神世界。而文化素质低下，也不符合现代文明社会对人基本素质的要求。因此，无论社会进步，还是企业发展，都呼唤打工妹整体素质的不断提高[10]。共同的需要所形成的张力，使劳工教育事业逐渐发展起来[11]。尤其是1932年2月

4日国民政府实业部、教育部公布《劳工教育实施办法大纲》之后[12]，包括打工妹在内的劳工教育事业出现了良好的发展势头。如在上海，1926年工人补习学校不过9所，学生820人；1929年补习学校发展到20所，学生1548人。而到1934年，在当局的强力推动下，上海各类补习学校多达71所。长三角其他城市也都有劳工教育设施[13]。虽然由于日本侵华战争的冲击，劳工教育事业遭受重创，但抗战胜利后尚能较快恢复，形成气候。根据1946年清华大学前国情普查研究所对上海240家工厂的调查，补习教育情形如下表[14]（表二）：

表二　上海23家工厂工人补习教育情况

厂名	班数（个）	教员数（人）	学生数（人）
大中制针厂	2	—	—
大中华橡胶厂	4	4	130
中纺公司第14厂	2	2	110
中纺公司第18厂	1	1	30
中纺公司第5厂	1	1	40
安达公司纱厂	2	16	500
中纺公司第4厂	2	1	140
中纺公司第7厂	4	7	205
中纺公司第3厂	2	1	40
中纺公司第8厂	2	1	160
中纺公司第11厂	2	1	—
信和纱厂	2	20	200
中纺公司第16厂	2	—	120
中纺公司第17厂	2	3	170
公永公司纱厂	2	4	30
申新公司纱厂	7	9	552
恒丰公司纱厂	4	6	140
统益公司纱厂	3	7	285
中纺第5毛织厂	3	1	84
中纺第3毛织厂	4	1	100
中纺第2毛织厂	2	1	60
中纺第1绢丝厂	1	2	129
中纺第1印染厂	3	1	82
总计	59	90	3307

表二23家工厂共有59个补习班，平均每家工厂不到3个。从工厂类型可以看出，都是打工妹集中的行业，其中“棉纺织业的工人补习教育较为发达，因中纺公司比较注重工人福利，厂有专管的部门负责办理，同时也因工人罢工以后，争得资方承认的条件”[15]。可想而知，学生自然以打工妹为主体。虽然240家工厂只有23家办有补习班，不足调查总数的十分之一，《劳工教育实施办法大纲》的要求显然偏少，难怪有打工妹抱怨说，“整天在忙着，没有时间读书已经感到疲乏，怕不能够求学，深感到失学的痛苦，想要多认识几个字，可是厂里没有补习学校”[16]。尽管劳工补习学校数量有限，但毕竟为部分打工妹提供了受教育的机会。加上政府、民间团体开办的此类学校[17]，精神食粮的供给显示出多元化的态势，为满足“已知技能之落后，急欲力图自拔而苦无学习之地”的打工妹的现实需要创造了条件[18]。

事实上，打工妹也有着强烈的学习愿望。《上海产业与上海职工》一书中记载说，“最近几个月来，绸厂女工成群结队在附近学校读书”；“法租界针织工厂的女工，许多成群结队到补习学校上夜课”；纱厂女工“在生活艰难下面，下工后还到补习学校去读书。‘八一三’以后，工友们更热心去求学。还有一部分工友，住在越界筑路地方，便在自己附近的老法学堂补习。现在沪东纱厂的工友，因附近没有学校可进，便在工房里自己教自己。此外有些厂方，以前在工友要求之下，也在厂内为工友们开办学校，其中永安三厂最好，现在还在继续办理，规定工友们在放工后上一个钟头，早晚两班，共有二百人左右，分四个教室上课，由职员轮流教授”[19]。上海某纱厂女工告诉记者说，“我们还要受强迫教育哩。我们厂里据说有好几个补习学校，分为男工晨校及夜校，女工晨校及夜校，所有厂里的职员都要担任本校义务教员”[20]。这种局面的出现，是过去所不曾有的，有评论就指出：“生活在上海这样大的城市，20年代政治形势的压力（上海对这种压力比别的地方更敏感）和工厂劳动都使工人产生了学习的愿望，这是过去的农民从没有想到过的。”[21]

就是在抗战胜利后艰难的岁月里，打工妹补习的热情不减，“为了提高文化，她们每天在十二三小时的工作之外，从洗衣服、烧饭、带孩子的繁重家务和睡眠时间里，挤出时间进夜校识字班。如申新九厂和申二中纺，附属的夜校，求学的大部或全部是女工”[22]。尽管“一天的紧张工作，当她们走出工作间时，她们每一个人现出无限的疲倦，但她们的求知欲仍是旺盛的，因此厂中为满足她们的需要，自三月份起，开始设立业余夜校……教室暂借膳堂应用。她们对读书确实甚感兴趣，因为她们日常感到不识字的痛苦太多了，所以在整天劳作之后，仍能静心求学，她们这种孜孜求学的精神，很使人感动”。而在课余的时间，“有的三五成群的在花园树下快乐地唱起流行的歌曲，自然的谈笑，这也可以说是她们干燥生活中的一点享受”[23]。

在长三角地区另一打工妹集中的工业中心无锡，除丽新、华新、申新、振民、民丰等厂举办晨校、夜校外，民众教育馆、工人教育馆、国民党县党部社会服务处等机构，也都有晨校、夜校之设[24]。江苏省立教育学院还在1930年9月创设丽新路工人教育实验区，专门开办夜校女工班。目不识丁的打工妹三五成群，进女工班补习者不在少数[25]。

三

但打工妹精神食粮的供给和需求之间，并非天衣无缝对接，而是存在巨大困难，如时论所评：“实施劳工教育有两重最大的困难：一重是供给上的困难，一重是工人本身上的困难，前者是由于劳工教育的重要性还没被一般人普遍了解和认识，后者由于劳工本身的不觉悟及时间、经济与兴趣种种问题的限制，由以上的两重困难造成了目前推进劳工教育的极大障碍。”[26]

从供给方面说，“在产业落后的中国内的微弱资产阶级及生产事业的经理者，他们的思想和信念是与中国生产事业同样的幼稚，只知道用很拙笨的压力去督促工人不要偷懒来增加生产，至于工人的生产技术和工人精神上之娱乐认为与生产事业没有关系，政府虽将劳工教育劳工娱乐载在法规明文公布要他们去实行，也认为是一纸空文，得敷衍则敷衍了事，如果要他们拨出一部分生产剩余来举办这关于劳工教育劳工娱乐的事业，认为这是逾外的损失”。既然如此，资方“除了由政府强迫以外，当然不肯拿出钱来作这些与他没有关系的事情，可是作劳工教育，如果没有经费又从何作起呢？即便就是敷衍政府命令或工人的要求来敷衍一下，也无非是了（潦）草其事，绝对作不到好的结果，这是在目前中国实施劳工教育的一个最大的困难”[27]。事实正是如此，据吴至信对长三角等地企业“惠工”事业的调查，大多数工厂企业“以为不办教育，亦未必有害于生产，设或过于认真，强工人为其所不乐为，激起反感，尤为不美，故可以不办即不办，办后能敷衍即敷衍，或停课解散即任其解散，而不谋有以整顿之，此多数厂矿工人教育所以萎靡之原因所在也”[28]。这种缺乏可持续的精神食粮供给，不仅无助于劳工教育事业的发展，而且对打工妹之于精神食粮的获取也是一种挤压。

对打工妹而言，最大的困难倒不是经济问题，因为补习教育基本上是免费的，关键是时间没有保障，工作时间长，劳动强度大，使很多人心有余而力不足。毕竟与在校学生不同，“既没有家庭的负担，又不受经济的限制，每天的时间和精神完全贯注在读书上面”，而她们“每天由早晨到晚上操作很费力气的工作，精神已经是很疲乏”，“忙碌于衣食之不暇，再要拿出时间和精神来读书，的确是一件很困难的事”[29]。无锡打工妹李霞影就说：“我们女工过着牛马般的生活，每天工作12小时，真是从鸟叫做到鬼叫，冬天上日班，整天见不到太阳，夏天在高温下工作，闷热得透不过气来。因为工作时间长，工人们一天下来已经精疲力尽，根本无精力再进行学习和其他工作。”[30]吴至信对上海、无锡等城市35家工厂“惠工”事业进行调查后也发现，“一般工人对于教育之态度，至为不佳”，原因正在于“日常工作时间甚长，下班疲苦已甚，若干工人尚须归返远在七八里以至十里以外之家中餐宿，更盼得较多之自由时间。兼以工人年龄，多在20岁以上，记忆力非孩童可比，于是读书成绩不佳，兴趣愈淡。故一闻在工作时间以外，添受教育，在普通情形下莫不以为苦事”[31]。所以，有评论认为，“提倡劳工教育，虽是一件急务，可是在紧张工作后的工人，心身都非常困倦，没有心情去求知。如果不先将工人在这一方面的困难减少，劳工教育恐怕是很难收到效果的”[32]。揆诸史实，诚可谓一针见血！

供给与需求的矛盾无法破解，打工妹群体受教育面极为有限，补习教育的效果也就可想而知了。就拿兴办劳工教育最为活跃的上海棉纺织业来说，“因为纱工每天要工作十二小时，文盲又平均在百分之八十以上，尤其是女工方面。例如沪西有一位女工，已经有二十岁，做了八年工，只认得由家到厂的几条马路，连南京路也没有去过。像这样的事初听着觉得很奇怪，后来再一打听才知道女工当中，大部分还都是如此呢！”[33]大部分打工妹无法享受补习教育的文化大餐，文盲、半文盲的状态无法根本改观，贫困的精神家园依然缺少精神食粮的滋养，劳工教育因此成为“惠工事业中最难奏效者之一”[34]，也是不难理解的。

毋庸置疑，“工人的教育是非常重要的”，在“扫盲”这种最低层级的补习教育方面，也取得了一些值得肯定的成绩，但从整体上看，成效并不显著，关键在于劳工教育的供给和需求上存在无法突破的障碍。如何破解这一难题，有识者指出：“厂方、工会、社会团体和政府应取得联络，分工合作，共同负责，才有成功的希望。”[35]这是发人深省，耐人寻味的。

注　释

[1] 池子华：《近代“打工妹”群体研究的几个断面》，《江海学刊》2010年第5期。

[2] 英格尔斯在他的《人的现代化——心理·思想·态度·行为》一书中认为：现代性“可以被认为是一种‘精神状态’”，“个人的现代性，应该而且也能够在很多不同的形式与内容中表现出来。换言之，我们认为‘现代性’是很多性质的综合体，而非某一种单独的特质”。他认为，“现代人”应该具备12个方面的品质，即准备和乐于接受他未经历过的新的生活经验、新的思想观念、新的行为方式；准备接受社会的改革和变化；思路广阔，头脑开放，尊重并愿意考虑各方面的不同意见、看法；注重现在与未来，守时惜时；强烈的个人效能感，对人和社会的能力充满信心，办事讲求效率；计划；知识；可依赖性和信任感；重视专门技术，有愿意根据技术水平高低来领取不同报酬的心理基础；乐于让自己和他的后代选择离开传统所尊敬的职业，对于教育的内容和传统智慧敢于挑战；相互了解、尊重和自尊；了解生产及过程。（〔美〕英格尔斯等著，殷陆君编译：《人的现代化——心理·思

想·态度·行为》，四川人民出版社，1985年版，第20—33页。）根据近代中国的国情，笔者认为，“现代性”是一种能够适应工商业发展和城市化要求的基本素养，是人的现代化（近代化）的基本条件，也是人之成为“现代人”的基本条件。（池子华：《农民工与近代社会变迁》，安徽人民出版社，2006年版，第291页。）

[3]　刘明逵、唐玉良主编：《中国近代工人阶级和工人运动》第1册，中共中央党校出版社，2002年版，第582页。

[4]　〔法〕让·谢诺：《中国工人运动（1919—1927）》，第108页，转引自刘明逵、唐玉良主编：《中国近代工人阶级和工人运动》第1册，中共中央党校出版社，2002年版，第581—582页。

[5]　朱邦兴、胡林阁、徐声编：《上海产业与上海职工》，上海人民出版社，1984年版，第107页。

[6]　资料来源：邢必信等《第二次中国劳动年鉴》上册第1编，北平社会调查所，1932年版，第128—130页。

[7]　钱耀兴主编：《无锡市丝绸工业志》，上海人民出版社，1990年版，第253页。

[8]　常州市纺织工业公司编史修志办公室：《常州纺织史料》第8辑，常州市纺织工业公司，1983年编印，第166页。

[9]　陈达：《我国抗日战争时期市镇工人生活》，中国劳动出版社，1993年版，第453页。

[10]　劳丁：《生产建设声中之劳工教育的重要性》，载《劳工教育》创刊号（1934年7月）。

[11]　劳工教育事业，包括工人补习教育与工人子弟教育两部分。工人补习教育的目的“在于授工人以识字与公民常识及职业上必要的知能，使每个工人成为健全的公民与健全的劳动者。至工人子弟教育，原为国民普通教育，不过专为工人子弟设施而已。”（孙本文：《现代中国社会问题》第4册《劳资问题》，商务印书馆，1947年版，第174页。）

[12]　《劳工教育实施办法大纲》共24条，规定“劳工教育分识字训练、公民训练及职业补习3种，各地方应于最短期间内，按工人教育程度，分别实施”；“农工商各界劳工应受前条之3种训练，由各地方教育行政机关督促当地农工商及其他各业之厂场公司商店等负责完成之”；“各厂场公司商店等雇用工人在50人以上200人以下者，应设劳工学校或劳工班，工人每增200人，应即递增1班。其不满50人者，得与附近各厂场公司商店联合办理之。前项每班学生额数以30人至50人为准”；“劳工学校或劳工班之教学须在工作时间以外，每班每周至少八小时，至各训练之完成时期，在识字及公民训练限于一年，在职业补习应视需要及地方情形，由各校拟定呈经市县教育行政机关核定后施行之，但最长不得过二年”；“劳工学校或劳工班不收学费及其他费用，所有书籍文具均由学校供给之”；“各厂场公司商店等，于本办法大纲公布后六个月内，不遵照设置劳工学校或劳工班者，除依工厂法第七十一条之规定办理外，仍限令二个月内，筹设成立。”（刘明逵、唐玉良主编：《中国近代工人阶级和工人运动》第7册，中共中央党校出版社，2002年版，第298—300页。）

[13]　孙本文：《现代中国社会问题》第4册《劳资问题》，商务印书馆，1947年版，第174—175页。

[14]　资料来源：陈达《我国抗日战争时期市镇工人生活》，中国劳动出版社，1993年版，第385页。

[15]　陈达：《我国抗日战争时期市镇工人生活》，中国劳动出版社，1993年版，第386页。

[16]　陈达：《我国抗日战争时期市镇工人生活》，中国劳动出版社，1993年版，第713页。

[17]　〔法〕安克强著，张培德等译：《1927—1937年的上海：市政权、地方性和现代化》，上海古籍出版社，2004年版，第145页。

[18]　《苏州明报》1935年6月27日。

[19]　朱邦兴、胡林阁、徐声编：《上海产业与上海职工》，上海人民出版社，1984年版，第143、210、108页。

[20]　《申报》1936年11月8日。

[21]　〔法〕让·谢诺：《中国工人运动（1919—1927）》，第108页，转引自刘明逵、唐玉良主编：《中国近代工人阶级和工人运动》第1册，中共中央党校出版社，2002年版，第581—582页。不过，在日商纱厂，打工妹读书识字

是被禁止的。据记载，“鲁三妹在车间拾起一张包瓜子的旧报纸，随便瞧了瞧，被领班卡米生看见，骂她说：‘工人不配识字读书’，还打了她一顿。”（上海社会科学院历史研究所编：《五卅运动史料》第1卷，上海人民出版社，1981年版，第216页。）

[22] 《上海女工近况》，《新华日报》1946年8月17日。

[23] 《织厂的女工生活》，《纺织周刊》第7卷第15期（1946年6月），第504页。

[24] 薛明剑遗著：《无锡劳工概况调查》，中国人民政治协商会议江苏省无锡市委员会编：《无锡文史资料》第15辑。

[25] 宋廷栋、茅仲英：《城市民众教育事业的实验》，《无锡文史资料》第25辑，第73页。

[26] 高澜波：《实施劳工教育之我见》，载《劳工教育》创刊号（1934年7月），第5页。

[27] 高澜波：《实施劳工教育之我见》，载《劳工教育》创刊号（1934年7月），第5—6页。

[28] 吴至信：《中国惠工事业》，李文海主编：《民国时期社会调查丛编：社会保障卷》，福建教育出版社，2004年版，第213页。

[29] 高澜波：《实施劳工教育之我见》，载《劳工教育》创刊号（1934年7月），第7页。

[30] 李霞影：《从小女工到大学生——为纪念中国共产党成立70周年而作》，中国人民政治协商会议江苏省无锡市委员会编：《无锡文史资料》第24辑，第1页。

[31] 吴至信：《中国惠工事业》，李文海主编：《民国时期社会调查丛编：社会保障卷》，福建教育出版社，2004年版，第213页。

[32] 陈达：《我国抗日战争时期市镇工人生活》，中国劳动出版社，1993年版，第536页。

[33] 朱邦兴、胡林阁、徐声编：《上海产业与上海职工》，上海人民出版社，1984年版，第110页。

[34] 吴至信：《中国惠工事业》，李文海主编：《民国时期社会调查丛编：社会保障卷》，福建教育出版社，2004年版，第213页。

[35] 刘明逵、唐玉良主编：《中国近代工人阶级和工人运动》第7册，中共中央党校出版社，2002年版，第312页。

无锡地铁票卡文化探析

叶　倪*

【摘要】对于一个城市而言，地铁除了提供便捷的出行方式，其文化也是城市文化的重要组成部分。无锡地铁在运营过程中，十分重视挖掘本土丰富的文化资源，着力打造具有浓郁特色的无锡地铁文化，使无锡地铁文化成为无锡传统文化与现代文化相结合的一道亮丽风景线。文章选取了无锡地铁文创事业中的地铁纪念票卡进行探析，通过对无锡地铁资源开发有限公司文创组的实地调研和多方采访，了解无锡地铁票卡文化发展的特色之路，在分析无锡地铁文化和无锡地域的吴文化、票卡文化之间联系的基础之上，让人更好地把握无锡地铁票卡文化的特点。

【关键词】无锡地铁　票卡文化　地域文化

无锡位于长江三角洲平原腹地，古称新吴、梁溪、金匮，是江南文明发源地之一。无锡自古就是鱼米之乡，素有布码头、钱码头、丝都、米市之称，是中国民族工业、乡镇工业、“苏南模式”的发祥地，改革开放以来更成为长江经济带、长江三角洲城市群的重要城市，还享有“太湖明珠”“全国文明城市”“中国大陆最宜居城市”的美誉。

2014 年 7 月 1 日，无锡地铁 1 号线正式开通运营，成为继苏州之后江苏省内第二个开通地铁的地级市，标志着无锡正式进入了“地铁时代”。作为国家历史文化名城、吴文化的发源地，无锡在地铁运营过程中，重视彰显无锡城市的文化底蕴，尤其在地铁文创事业上所取得的成就，是其他城市地铁无可比拟的，使无锡地铁成为公司文化与地域文化相融合，文化传承和城市建设相联结的现代企业典范。

一、地铁票卡文化的研究现状

目前，国内研究地铁文化的文章多是从地铁车站设计论证，如王锦怡的《“楚韵飘香，楚风汉味”——从武汉地铁文化墙调查探究当代荆楚文化传承》[1]；或者从公共管理学角度认证，如马铎的《沈阳地铁文化建设研究》[2]；或者从建筑设计学角度论证，如孟彤的《城市的下划线：地铁文化廊道与城市的整体构建》[3]。研究内容多是涉及规章制度设计、运营管理及服务、地铁空间艺术设计、土木工程与建筑等。而从地铁文创产品角度分析地铁文

* 叶倪：供职于无锡地铁运营有限公司

化与地域文化关系的研究寥寥无几。

进一步查阅研究现状，发现关于无锡地铁文化方面的文章一共 3 篇。主要包括对无锡地铁车站室内空间装饰设计的研究，如苏州大学孙佳娜的《城市地铁公共艺术的互动性研究——无锡地铁 2 号线公共艺术设计方案》[4]，选取了无锡地铁 2 号线梅园站的车站空间结构和整体室内装饰为研究对象，分析论证了无锡地铁车站空间的公共艺术是代表周边环境的标志性名片，体现了无锡地域文化特有的艺术符号；对无锡地铁文化品牌建设的研究，如无锡太湖学院付欣怡的《基于城市文化融合的无锡地铁文化品牌塑造》[5]，从管理学的角度，分析无锡地铁文化展示的现状和不足，并就如何打造彰显无锡地域文化特征的地铁文化提出了相应的对策；对地铁纪念票发展脉络的研究，如刘琳的《纪念票的前世今生　从文创角度浅谈城轨纪念票现状与发展》[6]，描述了地铁纪念票发源于北京地铁，繁荣于无锡地铁，从文创角度介绍了地铁纪念票的繁多种类和发展历史。

在现有的研究成果中，没有一篇论文是对无锡地铁票卡文化进行综合性分析的。无锡是江南旅游休闲名城，从无锡市人文地图（图一）可以看出，无锡拥有众多名胜古迹和自然风光，例如鼋头渚、灵山大佛、寄畅园、宜兴竹海等著名景点，每年吸引络绎不绝的国内外游客。据统计，2019 年无锡境内外游客总计 310.55

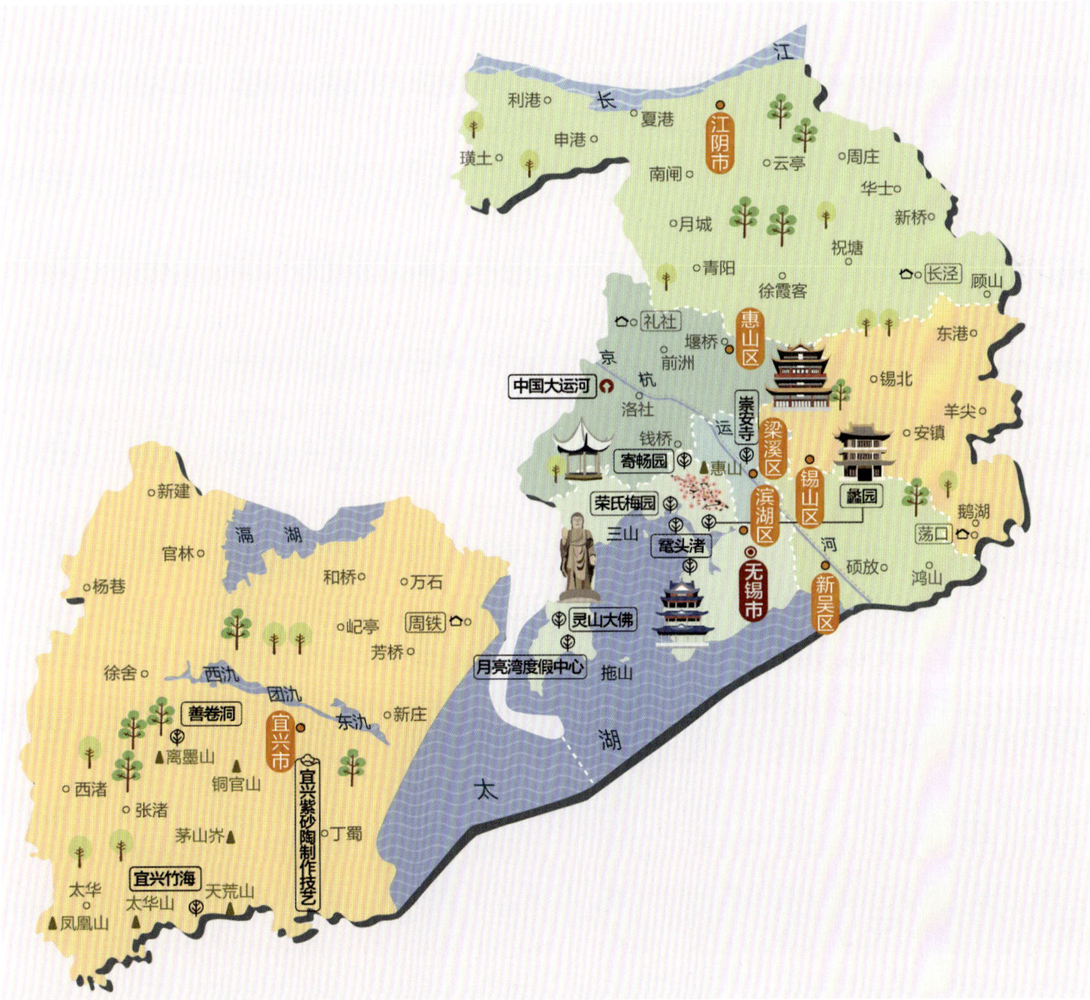

图一　无锡市人文地图

万人次。无锡地铁作为公益性企业，应肩负起传递无锡本土文化的责任，将弘扬无锡优秀的传统文化作为自己的使命。地铁纪念票卡作为成本投入低、发行数量多、流通速度快的文创产品，能有效地增强无锡本地市民甚至是外地游客的文化认同感和归属感，进一步提升无锡这座江南古城的文化品位。

二、地铁文化和地域文化、票卡文化的关系

为了让读者更好地理解本文，现对地铁文化、地域文化、票卡文化三者进行释义，并辩证分析三者之间的关系。

（一）地铁文化

通过学术研究回顾发现，地铁文化的概念并没有一个统一的定义，大多数都是对地铁的文化生活、出行文化、企业文化精神的介绍。在近几年的专业研究中，关于地铁文化有以下几种表述。

一是笔者的硕士导师李振福在文化概念的基础上进一步推导出来的地铁文化定义，他认为“地铁文化是地铁行业在长期的建设、运输和管理实践中逐步形成并不断发展的，为广大地铁员工所普遍认同并付诸实践的具有鲜明行业特点和时代特征的价值理念，是地铁行业各种精神文化、制度文化和物质文化的总和，是地铁公司发展的重要成果，是交通文明的重要结晶。地铁文化系统包括地铁设施文化、地铁技术文化、地铁安全文化、地铁行为文化、地铁管理文化等子系统。这些子系统相互联系、相互作用，促成整个地铁文化这个大系统的优化”[7]。这一定义从名词解释的角度来说是全面的，但是普遍适用于多数文化的定义，很难从本质上理解地铁文化的精髓。

二是笔者同门师姐马铎在她的硕士毕业论文《沈阳地铁文化建设研究》中提出了地铁文化的定义：“是以地铁运营设施设备和相关实物为载体的物质文化和具有地铁运营特色的思想文化的综合，具备地铁专业领域的文化属性。广义是基于物质文化与精神文化的两个维度下，具备政策性、设施性、行为性、安全性、生态性特点的文化总和。”[2]这一定义肯定了地铁作为某一专业文化的载体，将地铁文化形态仅分为物质文化和精神文化两个维度，又存在局限性。

三是回避了对地铁文化定义的论述，而是从地铁文化的影响因素去解释，如鲜宁在《西安地铁文化与地域文化传播的优化途径》[8]一文中指出：“地铁文化是由内在精神和外在因素两方面构成，内在精神主要考虑民众的文化背景、思维方式、生活习惯和价值取向等因素，外在因素着重考虑功能、色彩、结构、设计等视觉直观因素。”该定义就以地铁文化的影响因素展开了讨论，并未对地铁文化做出明确的解释。

本文将地铁文化置于地域文化的视阈下加以分析，认为地铁文化就是以地铁为载体，由地铁参与者在地域文化的基础之上创造并逐渐形成的一种城市公共文化。它是与地铁相关的环境、行为、制度和理念等物质文化和非物质文化的总称。地铁文化包括了5个维度，分别是地铁物质文化（主要表现为地铁车站设计、设备设施、文创产品）、地铁行为文化（包括地铁文化宣传、出行文化等方面）、地铁制度文化（例如公司规章制度、行业操作规范等）、地铁安全文化（主要表现为运营安全管理、员工安全修养、乘客安全素质）、地铁精神文化（例如地铁公司的核心价值观、未来愿景、企业使命、服务品牌等）。深层次的地铁精神文化是地铁文化的核心内容，是构建充满地域特色地铁文化的基本路径，其他维度的地铁文化应在此基础上展开。

（二）地域文化

地域文化的产生主要源于某一地域的集聚效应，同时也得益于地域的开放性、包容性、丰富性和创造性。来自不同文化区域和本土地域的人们的不同的文化习俗、理念和传统文明在这里交汇、碰撞、融合和重构。地域文化与人民的生存意义、人生信念、生活品质等息息相关，深深地打上了地域的烙印，具有独特性。

无锡地域文化主要表现为史前文化与“泰伯奔吴”后的吴文化，以“吴侬软语”为主要语言特征，以环太湖流域无锡、苏州、常州为主要区域，辐射嘉兴、湖州等地。在市井文化与士大夫文化相互影响下，无锡形成了雅俗并举的人文风貌，“磨儿牵得圆又圆”的锡剧流传全国，余音绕梁的吴歌长盛不衰，惟妙惟肖的惠山泥人冠绝华夏，匠心之作的宜兴紫砂器流芳百世。无锡东晋时出现了以顾恺之为代表的“密体”画派，明朝时出现了东林书院，现代又出现了文坛伉俪钱锺书和杨绛，文化世家大量涌现。现代无锡城市文化精神为“尚德务实、和谐奋进”，将“尚德”二字置于首位，表达了无锡城市对无锡传统美德的继承，也是新时代无锡人民加强道德修养的参照依据；既蕴含着无锡传统文化的精华，又彰显了鲜明的时代特征。

（三）票卡文化

为便于读者更好地理解票卡文化，笔者对地铁纪念票做了释义。何谓纪念票？是指由地铁公司公开限量发行，以收藏纪念为首要功能，兼具乘车功能的地铁票种。票卡文化直观地从字面意思来理解，就是地铁纪念票卡文化。地铁纪念票卡不仅仅是一张用于乘坐地铁的车票，更是一种文创领域的时尚标志，是地铁物质文化的具体表现。票卡的文化一方面来源于地铁票卡的本身，是指地铁公司在地铁票卡的基础上进行二次艺术创作，赋予其某一特定的文化内涵，地铁纪念票于是便有了文化属性。另一方面，地铁纪念票在发行、收藏、流通过程中，获得了社会和市民的广泛认可，有了属于自己的“地铁票卡文化圈”。

（四）三者的关系

城市地铁的发展蕴含着城市的文化底蕴，渗透着城市的地域特色，地铁文化的发展以城市的地域文化为基础。地铁作为弘扬地域文化的载体，将地铁文化与城市地域文化相结合，准确定位了地域特色文化后，长期的文化氛围会有潜移默化的作用，广大市民在地域文化与地铁文化的熏陶下，积极参与到地铁文化与地域文化建设中来，提高城市文化形象，推动城市文化发展。

票卡文化既是地铁文化的物化形态，也是地域文化精神形态的存在方式。地铁纪念票卡的艺术设计与城市地域文化有机结合，也是见证城市地域文化发展建设的重要载体，展示地域特色文化的绝美舞台。地铁纪念票卡拥有极高的人气、超快的流通速度、庞大的发行数量，这些因素都为地域文化的传承提供了有利的条件。

三、无锡地铁票卡文化的特色之路

地铁票卡文化起源于北京地铁，发展于上海地铁，创新于无锡地铁。无锡地铁于 2014 年发行第一本《无锡地铁 1 号线开通纪念》册起，以每月平均 1 册的速度发行纪念票，至 2020 年底，共发行了 10 个系列 83 个主题，总计 13 万余册（含留档数量）。笔者通过对无锡地铁资源开发有限公司文创组的考察及对地铁纪念票卡收藏爱好者的采访，整理出了“无锡地铁纪念票发行情况一览”（表一）。

表一　无锡地铁纪念票发行情况一览

序号	编号	名称	发行时间（年／月／日）	枚数	定价（元／册）	发行数量（册）
1	T201401	《无锡地铁 1 号线开通纪念》	2014	5	388	15000
2	T201402	《无锡地铁 2 号线开通纪念》	2014	5	388	15000
3	T201501	《电影时光列车上线纪念》	—	1	18	1000
4	J201501	《羊年吉祥》	2015/2/14	2	108	1000
5	J201502	《二十四节气・春分》	2015/3/20	1	18	500
6	J201503	《无锡印象・阳山桃花》	2015/4/16	1	18	800
7	J201504	《红楼金钗》（第一卷）	2015/5/15	2	36	1500
8	J201505	《二十四节气・夏至》	2015/6/15	1	18	2300
9	J201506	《1 号线通车一周年纪念》	2015/7/1	1	88	4400
10	J201507	《二十四节气・秋分》	2015/9/17	1	18	3300
11	J201508	《抗日战争胜利 70 周年纪念》	2015/9/17	2	36	1500
12	J201509	《小王子》（单卡版）	2015/10/24	1	18	1500
13	J201509	《小王子》（双卡版）	2015/10/24	2	36	2000
14	J201510	《紫玉金砂》（第一卷）	2015/11/15	1	18	2500
15	J201511	《二十四节气・冬至》	2015/12/16	1	18	2500
16	J201601	《福猴献瑞》	2016/1/10	1	100	2500
17	J201602	《小门神》	2016/1/10	2	36	1500
18	J201603	《无锡印象・荣氏梅园》	2016/2/26	2	36	1500
19	J201604	《水墨丹青・钱松嵒》	2016/3/20	1	18	1800
20	J201605	《金匮拾遗》	2016/4/22	5	90	1200
21	J201606	《红楼金钗》（第二卷）	2016/5/27	2	36	2000
22	J201607	《红楼金钗》（别卷）	2016/5/27	1	45	2000
23	J201608	《山色溪光・双城之园》	2016/6/28	2	70	2000
24	J201608	《寄畅园・知鱼槛》	2016/6/28	1	98	200
25	J201609	《水墨丹青・钱松嵒》	2016/7/22	2	36	1800
26	J201610	《鹊桥仙・梦回七夕》	2016/8/9	3	54	2000
27	J201611	《泥塑雅韵・大阿福》	2016/9/30	4	108	2150
28	J201612	《长征》	2016/10/28	1	18	1500
29	J201613	《紫玉金砂》（第二卷）	2016/11/25	1	18	2000
30	G201614	《灵山・祥符禅寺》	2016/12/25	1	180	1000
31	J201614	《祥符禅寺》	2016/12/25	2	36	1500
32	J201701	《金鸡纳福》生肖纪念票册	2017/1/15	1	100	4000
33	J201702	《繁花》情人节特别版	2017/2/17	2	36	1200
34	J201703	《天下第二泉》主题文化	2017/3/24	2	45	1500
35	J201704	《时光志・春兰》（1）	2017/3/24	1	15	1500

（续表）

序号	编号	名称	发行时间（年 / 月 / 日）	枚数	定价（元 / 册）	发行数量（册）
36	J201704	《时光志·夏荷》（2）	2017/8/25	1	15	1500
37	J201704	《时光志·秋菊》（3）	2017/11/28	1	15	1500
38	J201704	《时光志·冬梅》（4）	2018/2/25	1	15	1500
39	J201705	中华文化之旅《琅韵·书香》	2017/4/23	2	70	2000
40	J201706	《江南名士·顾宪成》	2017/4/23	1	18	1500
41	J201707	《孙悟空三打白骨精》（上）	2017/5/27	6	98	1500
42	J201708	《跨越·弘远》	2017/6/24	5	90	1500
43	J201709	《烽火岁月·邹雅》	2017/7/28	1	18	1500
44	J201710	“电影志”《鲛珠传》	2017/7/28	1	15	1500
45	J201711	（元）倪瓒《苔痕树影图》	2017/10/28	2	36	1800
46	J201712	《金匮拾遗·惠泉黄酒》	2017/11/28	3	54	1200
47	J201713	《古运河梁溪风情图》	2017/12/29	2	68	1200
48	J201801	《合家兴旺》生肖纪念票册	2018/1/12	2	100	2500
49	J201802	《水墨江南·吴冠中》	2018/2/25	2	36	1500
50	J201803	旅涂绘画艺术家边走边画	2018/3/31	1	36	1500
51	J201804	《江南节气美食·春》	2018/4/27	6	108	1200
52	J201805	《无锡县立图书馆》	2018/5/25	1	18	1500
53	J201806	《孙悟空三打白骨精》（下）	2018/6/21	6	98	1500
54	J201807	《母亲的呼唤》	2018/7/20	1	36	1500
55	J201808	《七夕鹊桥相会》	2018/8/17	1	36	1200
56	J201809	《阿凡提之奇缘历险》	2018/9/29	1	36	1500
57	J201810	《盛世的祈福》	2018/9/29	1	36	1500
58	J201811	《太湖一枝梅珍珠塔》	2018/11/23	1	36	1200
59	J201812	《紫玉金砂》（第三卷）	2018/12/21	1	18	1500
60	J201901	《财猪送福》生肖纪念票册	2019/1/18	2	100	1200
61	J201902	《无锡印象·杜鹃花开》	2019/3/22	1	36	1200
62	J201903	《手札情愫》	2019/4/26	1	36	1200
63	J201904	《水浒传·武松打虎》	2019/5/24	1	36	1200
64	J201905	《江南节气美食·夏》	2019/6/28	2	98	1000
65	J201906	《傲骨丹青·徐悲鸿》	2019/7/19	1	18	1500
66	J201907	《双城记·塔影》	2019/8/30	2	70	2000
67	J201908	《歌唱祖国》	2019/9/28	1	49	1000
68	J201909	《留青竹刻》	2019/11/29	1	36	1000
69	J201910	《老树画画·四季》	2019/12/20	2	72	800

（续表）

序号	编号	名称	发行时间（年 / 月 / 日）	枚数	定价（元 / 册）	发行数量（册）
70	J202001	《瑞鼠迎新》	2020/1/10	25	100	2000
71	J202003	《同心战疫》	2020/2/28	1	18	1000
72	T202001	《致最可爱的你》	2020/3/10	9	150	500
73	J202002	《江南水乡 · 吴冠中》	2020/3/27	2	36	1200
74	J202004	《无锡印象 · 鼋渚之樱》	2020/4/24	2	36	800
75	J202006	《致儿时 · 子恺漫画》	2020/6/20	2	98	800
76	J202005	《三国演义 · 赤壁之战》	2020/7/24	6	98	800
77	T202002	《师泽如竹》	2020/9/4	1	100	2000
78	J202007	《中国神话故事》	2020/10/11	4	72	800
79	T202003	《无锡地铁 3 号线开通纪念》	2020/10/28	5	168	3000
80	T202004	《十年文博　当潮不让》	2020/10/15	2	45	1800
81	J202008	《十八罗汉图》	2020/12/25	1	15	不公售
82	J202009	《老无锡民俗 · 泰伯庙会》	2020/12/25	6	98	600
83	J202010	《携手同行》卡友之家 5 周年纪念卡	2020/12/25	1	18	600
84	J202101	卡友之家俱乐部成立 5 周年蛋糕纪念卡	2020/12/25	1	—	不公售
85	J202102	《金牛贺岁》	2021/1/15	1	100	1200
86	ZL202001	《因运而生》	2021/3/10	8	168	3200
87	J202103	《江南名士 · 徐霞客》	2021/4/28	1	18	1000

（一）无锡地铁票卡文化发展历程

1. 初期起步阶段（2014 年）。在无锡地铁 1 号、2 号线开通运营初期，地铁文创事业处于摸索阶段，主要还是学习北京地铁、上海地铁的优秀文创经验。在这一阶段，无锡地铁发行了两种地铁纪念票册，分别是《无锡地铁 1 号线开通纪念》（图二）、《无锡地铁 2 号线开通纪念》。其中 1 号线开通纪念册以“一脉相承”为主题，标志着无锡地铁时代的到来，参考 1 号线 5 个站点（三阳广场站、清名桥站、市民中心站、江南大学站、长广溪站）沿线的人文景观和城市缩影，以书画的形式表现，透露出浓厚的江南文化。

2. 成熟发展阶段（2015 年）。2015 年，无锡地铁文创事业正式开始市场化运作，纪念票已成为无锡地铁文创一大特色品牌，在全国各地拥有一批收藏者。

《红楼金钗》作为无锡地铁纪念票的巅峰之作，于 2015 年 11 月获得全国城市轨道交通公益作品大赛银奖。此款纪念票在设计上紧扣无锡地方元素，主题画面由红学大师冯其庸题词，工笔画家谭风环创作，以极简主义的美学理念诠释红楼文化经典。同时，《红楼金钗》纪念票册更是将实用性和收藏性相结合，受到广大市民和全国藏友的关注和好评（图三）。

“无锡印象”系列纪念票围绕本土元素，题材从无锡独有的人文遗迹到地理景观等，2015 年 4 月发行了第一套——《无锡印象 · 阳山桃花》（图四）。纪念票册整体设计采用粉

图二 《无锡地铁 1 号线开通纪念》

图三 《红楼金钗》纪念票

图四 《无锡印象·阳山桃花》纪念票

色的基调，与阳山灿烂的桃花相呼应，完美地展示出了无锡阳山镇春日桃花盛开的美景。该系列后又发行了第二套——《无锡印象·荣氏梅园》、第三套——《无锡印象·杜鹃花开》以及2020年4月上新的《无锡印象·鼋渚之樱》，挖掘无锡地方特色，立足本土文化之精髓。

“名家”系列纪念票以无锡画家为主题，题材主要围绕无锡各大名家的经典代表作品。首推无锡山水画大家钱松喦经典作品，第一套为《水墨丹青·钱松喦》（图五），票卡图画包含了《红岩》和《延安颂》经典画作，展现出无锡画家的红色经典。

3. 融合创新阶段（2016 年至今）。无锡地铁文创事业通过两年的实践，积累了一定的经验。在发行了众多系列地铁纪念票的基础上，立足“本土”和“传统”，无锡地铁不断创新开拓多题材、跨模式地运作。比如，推出了纪念票衍生产品 2 套：2016 年 6 月发行的《寄畅园·知鱼槛》120 彩色反转胶片；2017 年 3 月，围绕二泉主题推出的茶文化产品《二泉小团月》。无锡地铁文创事业将票卡文化与多文化融合，开创了地铁纪念票以多种文化形式发行的先河，强化了无锡地铁文创品牌的影响力。

另外，无锡地铁在 2020 年末与江南大学唐鼎华教授特别合作出版了《老无锡民俗·泰伯庙会》（图六）。唐鼎华教授用他独特的艺

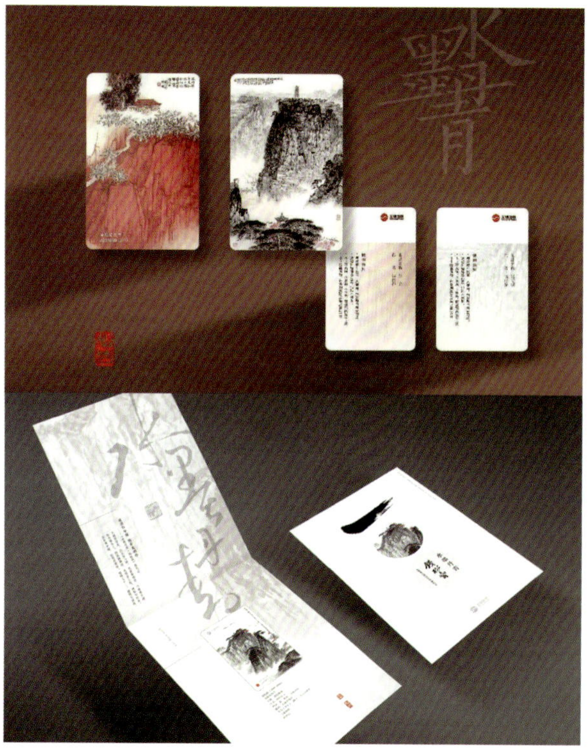

图五　《水墨丹青·钱松嵒》纪念票

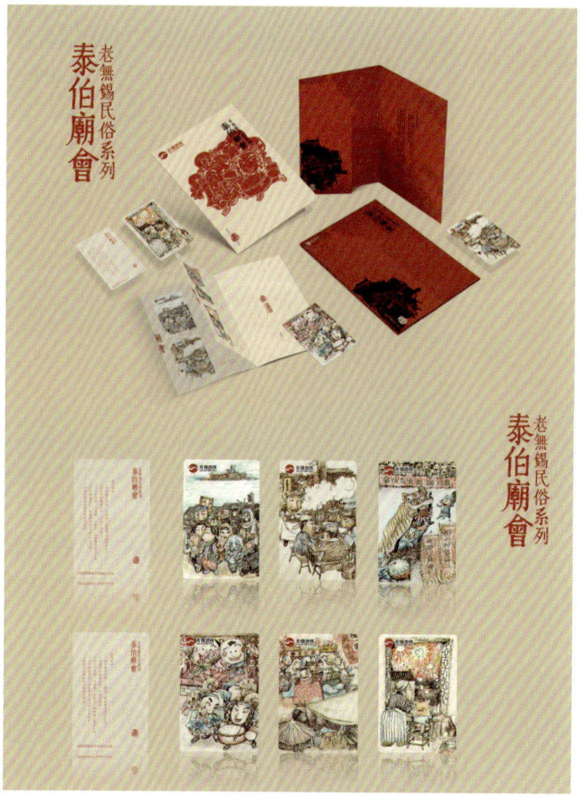

图六　《老无锡民俗·泰伯庙会》

术绘画手法，呈现出记忆中儿时的庙会样子。清早坐船赶庙会，庙会早茶谈趣闻，舞狮比赛闹庙会，节场人流生意旺，敲锣打鼓迎新年，用活泼生动的笔法和视角记录了泰伯庙会。

无锡地铁对纪念票进行的创新还体现在营销活动上，在《红楼金钗》第二卷和别卷发行当日，无锡地铁邀请创作画家谭凤环女士出席签售会（图七），与藏友互动交流并现场签名。无锡地铁将票卡文化延伸到活动现场，同时超越地铁的概念限制，形成了文化的多层面沟通。

（二）无锡地铁票卡文化的特点

追溯上文对无锡地铁票卡文化发展历程的分析，结合对纪念票卡收藏者们的访问，总结出无锡地铁票卡文化的三个特点：

1. 无锡地铁文化与无锡地域文化高度融合。无锡地铁纪念票作为无锡地铁文创事业的显著标志，彰显着无锡地铁文化独有的文化魅力。随着时代的发展，地铁纪念票的文化价值

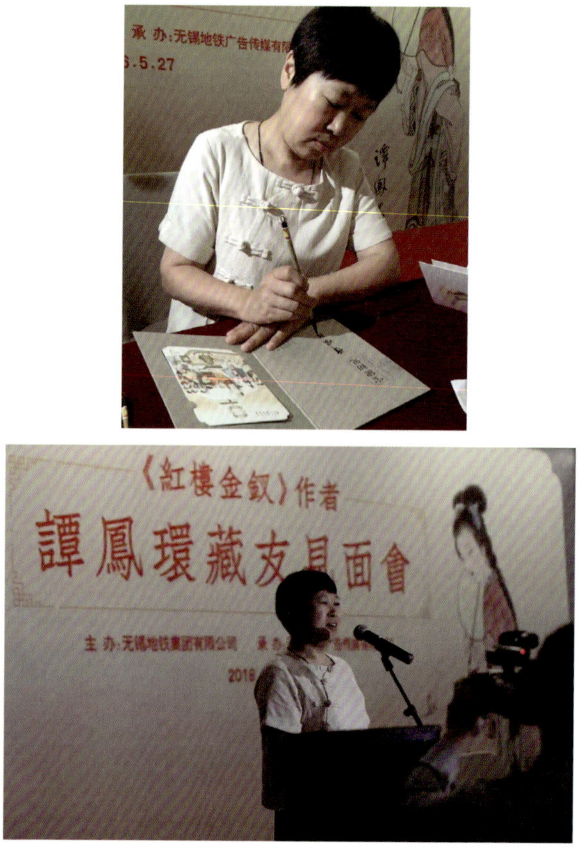

图七　《红楼金钗》现场签售会

早已跳脱出了单纯地铁票卡的角色定位束缚，演变成富有无锡城市特色的地域文化标志。地铁纪念票册承载、丰富了无锡城市深厚的文化底蕴，成为展示无锡城市历史文脉、江南特质、文明形象的一道亮丽风景线。

从惠山泥人到宜兴紫砂器，再从《天下第二泉》中细赏丝竹流水到《寄畅园·知鱼槛》中移步换景，不同内容的纪念票从不同角度反映着无锡悠久的人文景观和文化历史，映衬着这座古老而新兴的城市。

2. 艺术性大于实用性。无锡地铁票卡在艺术设计上所取得的成绩有目共睹，但是地铁纪念票作为地铁单程票卡，其本质用途还是乘坐地铁，但是无锡地铁纪念票在实际使用过程中很难做到像上海地铁单程票那样实现“照进照出”，需要进闸机再吐出来，容易对纪念票造成不可逆转的损坏。通过对无锡地铁纪念票收藏爱好者们的访问，大多数人都表示不会去使用，这样就造成了浪费，导致了无法物尽其用的尴尬局面。

3. 受众范围持续扩张。地铁纪念票卡的主要受众范围是票卡收藏爱好者，他们的消费重点在于纪念票卡的收藏价值与升值空间，对纪念票的认知还是偏于传统，群体喜好也相对固定，年龄性别结构以30—50岁的男性居多。

随着无锡城市的快速发展，同时有无锡地铁对文创事业的大力宣传，越来越多的年轻人在无锡地铁微信公众号、官方微博、地铁车站PIS屏等渠道，加入地铁纪念票收藏圈中来，“90后”逐渐成为纪念票卡的消费主力，尤其以年轻女性为主的消费特征更为显著。由传统纪念票收藏消费群体到新生代消费群体的扩张，不仅体现了纪念票是地域文化与地铁文化的有效载体，更体现了无锡地域传统文化的美好传承。

结论

无锡地铁文创事业从2014年发展至今，已走过了7个年头，虽然时间不长，但是无锡地铁文创品牌已经享誉全国。小小的一张地铁纪念票不光承载了无锡地域文化和无锡地铁文化，更是见证了无锡城市文化的蓬勃发展。在未来，无锡地铁票卡文化必然形成体系，走向成熟，如何让纪念票卡引领城市文化新风尚，则成为需要深入研究的课题之一。

注　释

[1] 王锦怡、周谨平：《“楚韵飘香，楚风汉味”——从武汉地铁文化墙调查探究当代荆楚文化传承》,《文教资料》2019年第3期，第61页。

[2] 马铎：《沈阳地铁文化建设研究》（硕士学位论文），大连海事大学，2016年。

[3] 孟彤：《城市的下划线：地铁文化廊道与城市的整体构建》,《世界建筑》2015年第11期，第109页。

[4] 孙佳娜：《城市地铁公共艺术的互动性研究——无锡地铁2号线公共艺术设计方案》（硕士学位论文），苏州大学，2014年。

[5] 付欣怡：《基于城市文化融合的无锡地铁文化品牌塑造》,《江南论坛》2018年第1期，第9页。

[6] 刘琳：《纪念票的前世今生　从文创角度浅谈城轨纪念票现状与发展》,《城市轨道交通》2017年第7期，第7页。

[7] 李振福：《交通文化及其生态机制》,《城市环境与城市生态》2003年第16卷增刊，第37页。

[8] 鲜宁、张静、蒋睿萍：《西安地铁文化与地域文化传播的优化途径》,《新闻知识》2019年第3期，第3页。

博物馆

Museum

转译　共情　反哺

——数字艺术赋能博物馆展览的三个维度

周寅韬*

【摘要】以数字化变革时代背景下催生的数字艺术为研究对象，结合其在博物馆展览中的发展现状，审视数字艺术对博物馆展览形式设计创意发展的影响趋势，举例探讨、归纳出转译、共情、反哺是数字艺术赋能博物馆展览的三个创作出发点。并分别列举基于此三种维度的数字艺术创作对赋能博物馆展览工作的正向作用。

【关键词】数字艺术　博物馆展览　创作出发点

一、数字艺术是什么

创造新技术，利用新技术，是时代演进的必然。不难发现，几何学、化工颜料、摄影和电视等等人类的科学技术进步都会引起艺术上的变革。当下，随着计算机技术的发展，信息流成为以物质为主的生活空间的一部分，并且几乎所有的信息都在以数字化形式存续。正如人们习以为常甚至依赖的更“聪明”的手机、交通工具、家电等，数字技术从呱呱坠地成长到豆蔻年华只是倏忽一瞬。本文所指的数字艺术，是以数字技术为手段的、具有独立的审美价值的广义的数字化的艺术。它诞生于数字技术的核心基础上，包括交互媒体设计、数字影像艺术、虚拟现实设计、新媒体艺术等，并且伴随着人类的驱策，它的外沿还有可能不断延展。

二、数字表现方式已被引入博物馆展览

自21世纪以来，以信息收藏、分析、共享为目的的博物馆馆藏及展览的数字化逐渐成为相关领域转型道路上的关键词[1]。纵观世界博物馆，依托大数据、人工智能、虚拟现实等数字手段的展览不可谓不多，其基本有两种方式，即以数字技术为手段实现更好的传播力，或以数字艺术为补充发掘新的传播范式。前者是“技”，将数字视为“展示手段”；后者是“艺”，将数字视为“创作理念”。

（一）数字技术打破信息传播壁垒

一方面，博物馆行业内已充分认识到展览的信息传播打破文物资源分布不均的地理壁垒，打破固定陈列空间的场域壁垒，打破展示时间和展示方式的文保要求限制等等壁垒，必

---

* 周寅韬：无锡博物院藏画馆部主任，馆员

须依靠线上展览的开发。数字化展陈使博物馆突破了时空限制，信息可以在更加广阔的空间内传播交换[2]。而线上展览展示方式比较单一，大多数停留在对展览内容的“直译”手法上，即多角度数字文物照片的展现，展品3D建模的任意角度虚拟展示，展厅实景空间漫游，少数展示有复原与再现文物所处时代的历史背景、传说故事和文物使用方式、制作方式、各部拆解等信息可视化图示等。这些展示手段虽然一定程度拓展了展览内容的广度与深度，消解了展品信息单向、定向、定量输出接点多、效率低的固有缺陷，但仅将数字化展览理解为一种跨平台的展示形式，理解为用基础性的图像数字采播、展览实景实物数字化再现，去在线上空间“复制”“模拟”一个实体展览。其出发点偏离了以数字艺术赋能展览的本意。效果也会与其“孪生”的实体场域一样，易让受众产生“博物馆疲劳”。

（二）数字艺术摸索感知体验范式

另一方面，博物馆展览是其学术研究成果的转化，展品的功能性和意义的符号学传播是通过不同的博物馆展示形式得以完成的[3]。数字化阐释是通过对藏品数字资源的进一步挖掘、解构与整合，以数据的力量和美感，在基于科学信息的前提下，多元而融合地在虚拟空间中呈现出实体藏品无法完全传达的内容。[4]可以预见：博物馆内实体展览的物理空间与数字化的云空间还将长时期同时存在，寻求两种不同诠释方式的差异化和互补是趋势所在。博物馆展览的核心是文物（艺术品），是其所承载的历史带来的种种信息。形式设计的关键在于技术选型，即选择恰当、合适的技术表现内容。[5]这个创作过程，应回溯人类本应有的知觉体验，提供更贴合人类感知架构的阐释方式，让观众去欣赏、参与、思考、回味乃至慢慢形成依赖感，为博物馆展览创造多种“新范式”，增加观众不断进入（线上、线下）博物馆参观的新动能。这样的过程，是基于数字艺术对博物馆展览的“再造”，可称作由数字艺术赋能博物馆展览。

三、数字艺术赋能博物馆展览的创作出发点

数字艺术怎样实现对博物馆展览的赋能呢？其实现实中已存在很多范例，究其成功的原因，它们不是将最前沿的技术与最珍贵的文物强行匹配做“加法”，而是让创作出发点与展览传播动能相向而行。创作者先了解在内容结构下的展品间的关联性、对整个展览的重要性、数字艺术化诠释的可行性，进而形成对展览主旨、节奏理解后的形式深化创作。这样的工作是对知识储备、艺术修养、协调能力和文化事业使命感有高阶要求的，是尚有无限可能的展览形式设计的另一条分支。从呈现方式来讲是多样化的，从创作出发点来说，基本可归纳为转译、共情、反哺三个维度。

（一）维度一：数字转译创作的传播优势

转译的本意是间接翻译，即对原语言的其他语言翻译本进行翻译，有目的的艺术创作在广义上讲都是一种“转译”。

在博物馆展览中，“转译”可看作由“中间物”实现对“展示物”的阐释。其中的“物”并不单是具象的实物，还可以是一段配乐、一套配色、一种明暗关系……是信源和信宿两端的所有信息承载形式。很多传统展示形式已经表现出转译的意图：如基于史稿的历史地图，是图像对文字的转译；基于文献描述而复原的古代沙盘场景，是实物对抽象的转译；基于展项所蕴含的情感基调创作的照明光影，是视觉对情绪的转译等。通过创作赋能，呈现出信息在优良信道中的传播力，更好地黏合展

品和策展人的创作主旨。

怎样的展品、展项信息需要转译？而进一步需要并适合数字艺术创作转译的又是什么？仅基于受众的角度，其实是多元而无标准答案的。回到展览目的和方法论中，契合策展人的意图应该是创作基点，相较传统形式有优势应该是应用基点。

例如基于数字技术的信息可视化设计，它是转译思维最重要的表现方式之一。它应对大规模非数值型信息资源的视觉呈现，利用图形图像方面的技术方法，帮助人们理解、分析数据。如果加以充分适当的组织整理，任何事物都可以成为一类信息，而博物馆展览中经常出现的平面可视化表格、地图、文本，通过技术手段进一步转化，表现为一种便于理解的构造或动态图像，让受众能够理解在静态形式下不易发觉的事情，发现形形色色的关系，一些结合视觉设计形式运用代码而生成后的图像，本身也成了一种数字艺术作品。

利用族谱文献信息通过数字艺术创作的三维家族树（图一），它带给观众一种不同于以往的平面图例的视觉感受。人脑对视觉符号的识别和感知速度，超过对数字和文本几个数量级，适配了具有现代审美倾向的受众，其形态上本身就有一些生物学方面的隐喻，使人产生

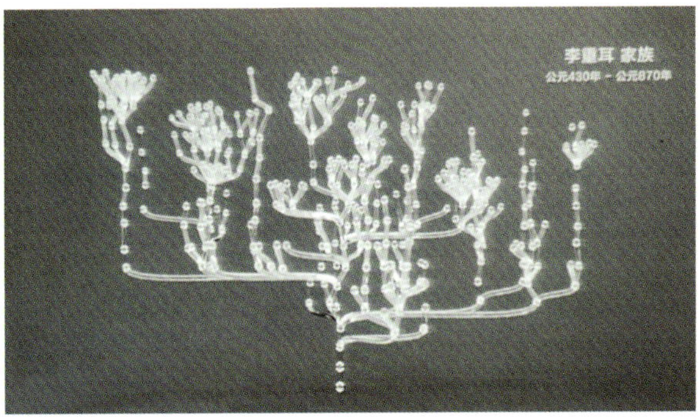

图一　李重耳家族树信息可视化创作

细胞或遗传信息的联想，并不显得突兀，其截取的时代形成了一种动势造型，密度可反映支脉的兴衰。这种呈现指向于受众对展览的浅度阅读，这样创作的众多展览视觉符号以后会更容易被受众记忆随时调取。

数字人文是一种将计算机方法与技术融入人文研究，进而提出问题并回答的新范式。上海博物馆“董其昌数字人文”中书画专题子项，通过对基础研究成果的表格、条目、图示等成果进行数据挖掘和关联、量化分析，仰赖智能算法和视觉设计，转化成为易被受众视觉拾取的综合语言（图二）。从中可以快速、直观地知道董其昌的生平，活动地区、游历轨迹、师友子侄学生关系网等信息。重要的是，通过图像转化的坐标曲线或密度图例，更直观地显现出其人生的创作、游历活跃度，各事件

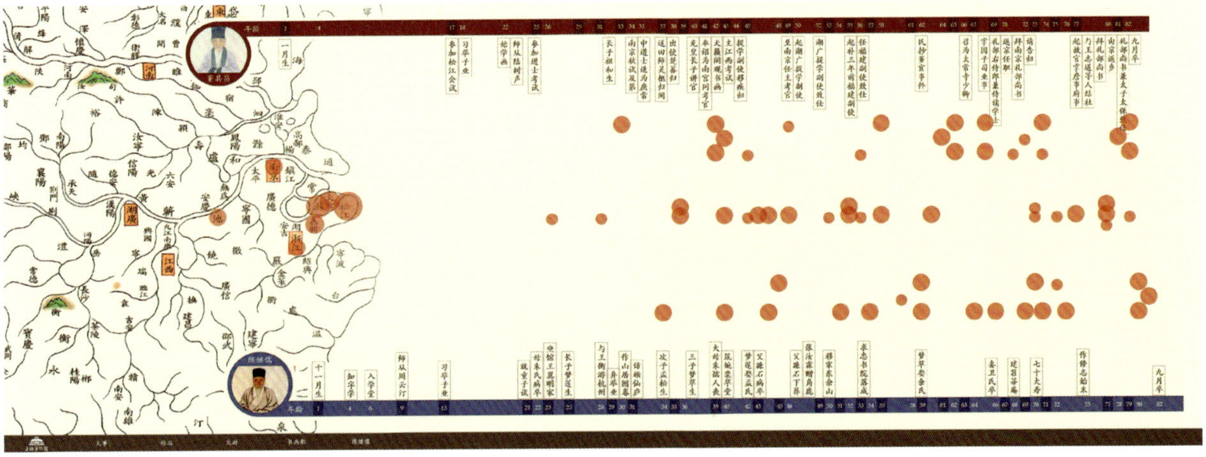
图二　董其昌数字人文项目之董其昌、陈继儒关系图界面

的交织、节点，使之成为一种非线性动态呈现，引导受众自我发现、自主学习。这都是过去平面化展示所做不到的。这不同于将电脑作为操作工具辅助设计，而是实实在在基于数据生成的艺术创作。

无疑，在博物馆展览层面上，数字艺术转译是一种有效的设计方式，它殊异于将信息直接“上墙”的直译呈现法，快速实现对展示重点的符号化标定，引导受众改变接受习惯，产生新的兴趣。

（二）维度二：共情能力决定了数字展项的“温度”

共情又叫做同理心、投情等，指的是一种能设身处地体验他人处境，从而达到感受和理解他人情感的能力，它不只是一个单一技能或概念，而是一种存在于信息发出与接受的两端的情感交互状态。博物馆展览中的共情体验大概也应存在于馆方与受众两端。设计本来就是考虑到其功能性实现的理性创作过程，所以考虑到受众的感受与需求是任何设计师固有的能力。如何实现进一步探知或与受众实现情感交流，让观众切身感知展览主创团队的理念与热情，并给予反馈，“参与式”和“沉浸式”体验就是共情思维在展览设计中的方向。

“参与式”和“沉浸式”体验基本包括感知层面和思维层面的，我们知道，视觉、听觉、触觉、嗅觉等感受器官受到刺激本来也会带来惯性思维运动，两者其实无法完全剥离开，但还是有所侧重的。

一方面，合理营造感官“沉浸”体验，能径直带来“共情”的状态。北京故宫“宫里过大年”数字艺术展，融汇故宫文献及院藏文物中的过年元素，通过实体多媒体设备媒介，呈现有“门神佑福”“赏灯观焰”等六个带有交互体验功能的沉浸式展览单元。在“冰嬉乐园”中的“堆瑞兽”交互体验展项（图三），

图三　“宫里过大年”数字艺术展

创作取材于《乾隆帝岁朝行乐图》中婴童堆雪狮子的场景。观众挥动手臂，雪花会从天空飘落，而屏幕中的孩童也会逐渐堆好雪狮子、雪象和雪猫。观众挥舞手臂幅度越大，瑞兽堆起的速度也越快，在“心跳加速”的运动过程中，似乎与古代嬉游的孩童产生了共感，也能体会瑞雪丰年的欢乐。

另一方面，深度“参与感”会带来思维的“沉浸”。上海博物馆“赶上春——江南文化数字专题”展（图四），运用了一种适合网络展示的并置结构，以俯瞰视角标示江南文化固有的文化基因的不同分布，通过乡土、风物、故人、浮生四个板块来反映江南文化传统表征。江南文化信息庞大，支脉众多，转播目的不明确很容易使人感到杂乱无章。不如从受众熟悉的生活角度出发，将江南文化的展示分为地理风貌、自然物产、历史人物和生活方式四个方面入口，先让受众代入自身熟悉的情态，使之消弭被信息强制输入的不适，产生情感语境的认同。进而在形式设计中采用一些既具有数字化特点，又能激发观众参与的巧思，产生思维的同步。比如将地图与时代更替产生连接：展品可以按照时间线的拖动在地图上依次展现，观众可以从中直观地感受到江南文化的核心区域及其变化，点击地标，在欣赏古人笔下江南的同时，还可以选择自己想去或去过的景点，跟着古画规划行程，上传个人的图片，

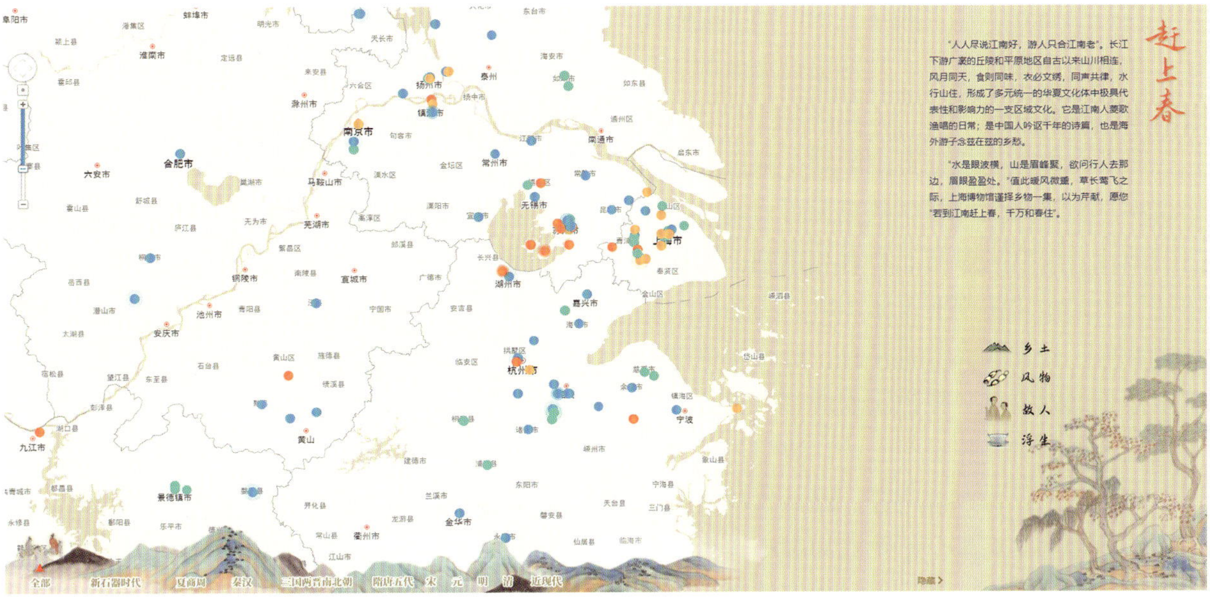

图四 “赶上春——江南文化数字专题”界面

图五 “赶上春——江南文化数字专题”展的自组陈设互动设计

分享攻略心得。还能进一步点击AR（增强现实）小游戏，像艺术家那样画下江南的美景、自组陈设实现心中的“江南雅居”（图五）、自作穿戴实现“衣被锦绣”……使原本孤立的作品进入“叙事”语境，观众的参观方式由“观看”转变为“对话”。[6]

需正视的是，在当下，一谈到“沉浸”和“参与”，种种基于堆砌设备及套用无内涵的声光效果、吵闹而无序的噪音就扑面而来，与展示物所传达信息契合的“共情”表现方式少之又少。博物馆展览还应坚持“形式服务于内容”的大方向。所谓基于学术但不“孤芳自赏”，取悦大众但不“俗不可耐”，大概是“共情”这一情感准则在实际应用中的理想状态。

（三）维度三：反哺策展端体现数字艺术创作的潜在价值

当今社会数字技术运用之广泛，跨域文化交融之迅速，无不告诉我们世界正瞬息万变。在知识爆炸的今天，博物馆也应思考展览传播信息的方式的应变，以数字艺术展项为媒介，通过传播者的角度向接受者寻求反馈，反哺策展工作。这显然不是要去颠覆博物馆展览“内容为王”的秩序，而是寻求“内容”与“形式”设计的交互。让“数字艺术”形式创作先期参与到内容设计中去，为博物馆策展的工作方式提供新解。

策展原本是呈现方自主策划、筛选、展示的过程。但未来的博物馆展览无可回避地将全方位地接受民众的参与、审视与批判。无论是博物馆内的分工协作型策划团队，还是社会独立策展人，必须洞见云端平台、社交媒体对展览传播方式的重构。将数字表现形式资源建构到传统策展的工作体系中去，让数字艺术创意以及随之而生的供应商资源、媒体资源与展览传播的信息产生交集，甚至在局部由执行（形式）端倒逼内容端，或许是对现有体制内策展模式的一支强心针，能催生出跨越“内容”和“形式”端的下一代策展人和更为符合广大受众精神文化需求的展览。

“迁想偶得——运河文化的创新语境群展”是无锡博物院以数字艺术为主体的实验性展览（图六）。“迁想偶得”的概念源自1600多年前无锡人顾恺之的画论。在此它有两层含义，其一：由一物象联想到另一物象，将自己的思想感情“迁移”入大运河某一客体元素之中，与对象融合，达到主客观统一，得到对象的神韵气质。其二：“迁”也可以理解为“遐”的意思。包括超时空的遐想、跨维度的幻想，通过不同展示物来转译大运河某些内在的精神实质。创作者利用计算机、网络、数字技术等作为创作媒介的艺术品，创作媒介奇妙的“不可控性”预示着结果恐怕是“偶然”而又“随机”的，但却意外地令人期待。大运河是具有自然、制度、社会、精神等多维文化符号的，基于“大运河”概念举办的历史、文物、艺术展众多。策展团队通过对其文化价值的梳理与挖掘，通过更具感知性的手段营造不同于以往的沉浸式展场，探研借由不同的媒介来演绎这些具象或抽象的概念，寻觅基于数字艺术原创价值体系的展示语境。展览收到了良好的口碑，核心展品、展项得到了更多形式设计资源的眷顾、数字艺术的赋能，相较于以数字技术采集、复制，它的创作理念高了一个维度。无论是在实体或虚拟展览中，都得到了更多驻足，成为结合传统文化课题的创新展示的

图六　“迁想偶得——运河文化的创新语境群展”现场

一次成功的探索。

通过在博物馆举办这种数字艺术为主体的探索性展览，受众再一次表现出对博物馆展览文化活动的渴求和鉴赏力的增长，也为数字艺术落地博物馆提供了宝贵经验：传统场域引入新范式的灵活性、展示物与数字艺术共生的可能性、数字艺术创作反哺策展端的必要性。

四、结语

一座博物馆就是一部地域物化的发展史，它并不能做强求受众补习历史之所，而应让人们在静谧、幽雅氛围中放松紧绷的神经，在得到感官愉悦的同时，获取知识，启发心智，形成文化自觉。数字化背景下，互联网已经实现了对现实社会的完整映射，数字化正在成为一种全新的文化生产和传播方式。[7]体会新技术与文化的共生交互，接纳新的艺术语境，进而丰富展览设计语言，对实现博物馆可持续发展至关重要。

注　释

［1］宋晓东：《沉浸式数字艺术成博物馆展览“新语言”》，《中国贸易报》2021 年 6 月 29 日。

［2］肖瓛、李昕桐：《数字化展陈的发展及在博物馆展览中的应用》，《文化创新比较研究》2018 年第 19 期。

［3］刘宏宇：《呈现的真相和传达的策略：博物馆历史展览中的符号传播和媒介应用》，人民日报出版社，2016 年版，第 11 页。

［4］刘健：《沉舟侧畔千帆过——上海博物馆线上展览创作回顾（2012—2021）》。

［5］黄洋：《博物馆“云展览”的传播模式与构建路径》，《中国博物馆》2020 年第 3 期，第 30 页。

［6］王思渝、杭侃：《观看之外·十三场博物馆展览的反思与对话》，文物出版社，2020 年版，第 29 页。

［7］陈晴：《大数据分析在博物馆场景中的应用——以上海博物馆数据中心为例》，《科学教育与博物馆》2018 年第 3 期，第 198 页。

浅析博物馆基本陈列中的宣传契机

——以无锡博物院“大元处士——吴越王后裔钱裕的故事”为例

郭黛晶　黄　梅*

【摘要】基本陈列关乎一座博物馆的风格与定位。陈列时间较长，也正是基本陈列的设定特性。基本陈列在博物馆日常宣传中反而容易被忽略。本文以无锡博物院“大元处士——吴越王后裔钱裕的故事”这一基本陈列为例，阐述在日常宣传中通过话题开展、专题活动、H5、抖音等新媒体制作，保持基本陈列的一定曝光率，持续扩大基本陈列影响力。

【关键词】博物馆　基本陈列　宣传

博物馆宣传日益被重视，博物馆中宣传聚焦点不尽相同，通常来说，特展、大型活动的媒体关注度更高，也更容易获宣传推广，而基本陈列即常设展却常常被宣传所忽略。然而，基本陈列是一座博物馆的精髓、灵魂所在，怎样通过宣传让基本陈列在观众视野中保持一定的新鲜度，也是博物馆宣传中值得探究的问题。本文以无锡博物院基本陈列“大元处士——吴越王后裔钱裕的故事”（原“古墓奇珍——元代钱裕墓出土文物展”）为例，试做解析。

一、博物馆中的基本陈列

基本陈列通常也称为常设展，“在博物馆中长期存在，甚少更换，形成该馆固定形象的展示”[1]，基本陈列关乎一座博物馆的风格与定位，体现了一座博物馆的基本定向与主旨。

无锡博物院现设有基本陈列16个，内容涵盖地方通史、书画艺术、红色传承、非遗文化、工商文化、科技发展等。“古墓奇珍——元代钱裕墓出土文物展”为历史类基本陈列，通过灵活运用墓道、墓穴、壁龛、壁画、画像砖等古代墓葬建筑文化元素，营造出“古墓”这一地下世界的神秘意境，艺术地再现了元代贵族墓葬的概况。这一基本陈列自无锡博物院2008年正式对外开放设置，至2020年已逾10年。随着时间的推移，当时打造的神秘感已时过境迁，昏暗的展厅环境、陈旧的展陈布置，甚至显得有些不合时宜。

2020年8月22日，该展启动改造升级，历经5个多月，于2021年1月28日重新开放，并被赋予新名“大元处士——吴越王后裔钱裕的故

* 郭黛晶：无锡博物院馆员

黄梅：无锡博物院党政办公室主任，副研究馆员

事”，以全新的面貌正式向公众开放。展览主线由之前探秘古墓转换聚焦到钱裕本人及他的生活，借出土文物讲述元代“豪门富户”的故事，通过再现元代江南的市井繁华、社会风貌，探索无锡的城市记忆，带领观众深度了解元代的物质文化和艺术成就。

二、“大元处士——吴越王后裔钱裕的故事”宣传推进

改造升级后，钱裕墓展可谓全新归来，如网友所说，文物还是那些文物，却变得格外好看了（图一、图二）。“大元处士——吴越王后裔钱裕的故事”展无论从展陈风格还是叙述结构，与改造前比较都有了颠覆性的改变。从展陈风格来说，步入展厅，一扫之前的昏暗幽寂，取而代之的是更符合现代审美的通透大气。主色调采用黑、白、灰，辅以竹木色及蛋壳青色，整体氛围清新淡雅，勾勒出元朝时期江南人民常见的生活色调。展厅中多处采用壁龛式的通柜和独立柜展示玉器、服饰等文物，展示台高度适应成年人视域，能有效拉近文物与观众的距离。此外整个展厅采取可自动监测的恒湿设备、高透低反的展柜玻璃、带照射角度调节功能的专用灯具、多媒体辅助展示设备等，使展览文物处在一个更为安全、美观的展示空间中。从展览叙述结构而言，“换妆”后，展览淡化了“探宝”主题，通过将钱裕所处的时代、钱裕的生活及他的生平点滴徐徐展出，用更丰富的图文充实展览细节，细致地描摹出一个身处宋元两代的江南富户勤逸安乐的尚德之家形象，让观众能更深入了解这位吴越王后裔。

这样的改变，不仅是无锡博物院提升观众体验感的重要举措，同时也让基本陈列焕然一新，以“原汤化原食”，却又焕发出了新的生

图一 改造前后序厅对比

图二 改造前后展厅对比

机，也给展览宣传带来了一个全新的契机。

以2021年1月28日该展重新开放为关键时间点，在基本陈列再次宣传上无锡博物院做了细致的宣传方案，并按照计划层层推进。

（一）微信公众号、微博形成话题系列

开展前两周，充分运用官方微博、微信公众号启动预热宣传，开展后形成“钱裕的故事”系列推送，持续解读展览故事。以微信公众号为例，1月14日发布展览先期预告，引出展览即将重新开展消息；1月21日，发布详细图文版新展预告，并将消息转发媒体；1月28日开展当天，发布展览细节、亮点解读；3月4日起，陆续推出系列“钱裕的故事”——《一位爱玉君子的收藏》《金杯银台　大俗亦大雅》《元代的美妆达人》《大元秘葬》等文章，围绕展览主题、特色文物，从不同角度出发打造有深度、有趣味的展览故事。为扩大传播影响，这四期展览故事除了在官方微信公众号发布外，还都上传至新华网，其中两篇文章加精，四篇展览故事获得了142.2万次阅读量。

（二）积极扩大宣传矩阵

1月28日开展当天，邀请《无锡日报》《现代快报》《扬子晚报》和无锡电视台等多家媒体的记者亲入展厅，通过实地采访、文博专家现场介绍，使开展信息及展览亮点通过各路媒体进一步传播扩大，形成一波宣传高峰，并进一步吸引媒体及行业内的关注。此后，无锡博物院自媒体持续宣传发力，积极联系影响力大的新媒体平台，并不断扩大宣传矩阵。澎湃新闻、中新网、文旅中国、新华网、新华日报交汇点、弘博网和《中国青年报》等都先后对“大元处士——吴越王后裔钱裕的故事”展进行了报道或转载；无锡广电《发现》栏目拍摄专题纪录片，《大观》杂志发表策展人专稿，新华云直播文博专家云讲解，社教课堂搬入展厅并通过直播打造实景云课堂，两场直播在线观看人数近70万；其后，为增加与观众互动及趣味性，特别制作H5互动游戏，选取代表性展品，还原元代生活场景，设置任务关卡，让参与者在“玩”中经历一场穿越，并主动去了解藏品的特点及元朝时期的百姓生活图景；至9月，拍摄制作线上虚拟展览，让无法前来观展的外地游客通过网络也能观看，打造线上永不闭幕的展览也是对线下观展模式的一种有益补充；此外，通过拍摄抖音视频，用更多更具活力的方式呈现，持续进行展览宣传。

三、基本陈列的宣传契机

从对“大元处士——吴越王后裔钱裕的故事”展的宣传分析不难看出，基本陈列改造升级后的重新亮相为基本陈列再次宣传提供了绝好契机：通过前后对比、改造后的亮点呈现、故事解读，有效吸引了媒体关注及观众注意力，对重新扩大展览影响力有一定助益。

但也应看到，基本陈列关乎一座博物馆的风格与定位，陈设时间通常在5年以上，先期都经过长期的精心筹备与设置，在展出过程中，并不会轻易大规模地重新布景再造，因而这种宣传契机并不多见。那么如何在平时的基本陈列宣传中，挖掘更多的宣传点？笔者认为，可从以下几方面努力：

一是要培养、引导观众发现基本陈列的内在意蕴与重要性。基本陈列作为一座博物馆特色的综合展示，深度、全面展示了当地的文化特色、人文底蕴，是对区域历史的整体性表达。无锡博物院一直以来以“为城市立传、为市民服务”为宗旨，守护着无锡这座城市的艺术瑰宝，这也体现在其基本陈列设置中。像基本陈列“吴风锡韵——无锡城市故事”“泥塑雅韵——惠山泥人艺术展”“紫玉金砂——紫砂艺术展”等，都是围绕吴地文化，讲述无

锡故事。对外地观众而言，了解一座城市，最快速的方法就是参观当地博物馆，或更直白些说，是参观博物馆中的基本陈列。无锡博物院不仅是新晋国家一级博物馆，也是国家4A级景区，在旅游联动上也可加强宣传引导，如在火车站出口、机场出口、地铁线等投放展陈海报、文物海报，吸引广大游客注意。

二是挖掘基本陈列中的精品文物故事。如文中所述，基本陈列既然是一座博物馆的精髓、灵魂所在，其展出文物中也必然有不少珍品，其中不乏国家级文物。如“大元处士——吴越王后裔钱裕的故事”展中的元“邓万四郎”款莲生贵子纹高足金杯、元“陈铺造”款獐纹海棠形金带扣、元“陈铺造”款鎏金折枝花卉纹花瓣形银托盏、元春水玉带扣等均为国家一级文物，十分珍贵，能在一个展览中看到如此多的一级文物也是不多见的。在“吴风锡韵——无锡城市故事”展中，展出的精品文物也不少，如南宋龙泉窑梅子青釉鬲式炉，元山形石笔架，清竹刻东山报捷纹笔筒，清光绪周阿生塑、陈杏芳彩蟠桃会泥塑等。这些精品文物值得反复观赏、扩展内涵，为此，无锡博物院进行了不少成功探索。如2019年推出了“锡博英才行动”青年人才资助计划，鼓励广大青年艺术家、青年学者走进无锡博物院，与院藏文物近距离接触，触发灵感，实现对文物资源的创新研究。其中一位青年学者就以基本陈列“吴风锡韵——无锡城市故事”展中的清蟠桃会泥塑为蓝本，对其中各个泥塑人物的彩绘纹样进行了抽丝剥茧的分析、整理、采集、修复、衍生，试图通过这一课题来解决惠山泥人传统彩绘纹饰难以保存和修复的问题。

三是借助新媒体传播力量，开展形式多样的活动。如前文所述，“大元处士——吴越王后裔钱裕的故事”展重新开展后，一堂细讲“元春水玉带扣”的社教课被直接搬入展厅，就在展柜旁边设置了现场课堂，现场听课的青少年既能边听社教老师讲解文物，又能跟随课程节奏直接观看文物。同时，通过新华云等现场直播，使更多的观众参与到活动现场。这样生动有趣的社教课堂值得深入推广。

无锡博物院2020年在抖音平台推出“我为锡博代言”短视频大赛，观众可以拍摄短视频秀出自己心中的锡博形象，各个基本陈列展厅就时常出现在参赛视频中，其中不少文物拍摄角度也别出心裁，“我为锡博代言”话题在抖音达到1015万次播放量；2021年在官方微信平台推出“锡博宝藏少儿说”活动，鼓励青少年围绕无锡博物院馆藏精品文物，从文物本身、文物背后的故事等角度进行解说，勇敢发出自己对文物的声音，而这些精品文物多出自基本陈列，可随时走进展厅细细观赏。这些活动的相继开展对基本陈列是持续的宣传，同时借助新媒体推出，具有一定量化的传播率，而无论哪种活动，都需要参与者亲自走进基本陈列展厅，与其中的文物对话。

四、结语

博物馆宣传是持续动态的过程，当我们将目光更多地集中在每年新开的各种临特展览时，基本陈列本身的“稳定性”使她形成一种“不温不火、不争不抢”的态势，这也要求博物馆宣传工作者在日常宣传中对基本陈列给予更多的关注，挖掘更多的宣传点。同时，随着博物馆宣传的重要性日益凸显，上层架构中对博物馆的宣传经费也应有适当比例的提高，从而能让匹配的活动在最佳的平台推出，达到聚集化的传播力量。

注　释

[1] 汉宝德：《展示规划理论与实务》，田园城市文化事业有限公司，2000年版，第190页。

浅析不同地域的同一名人纪念馆联动模式

——以吴昌硕纪念馆为例

王剑雯 *

【摘要】以文化名人为载体的纪念馆逐渐成为文化遗产中的重要组成部分，这一类型的纪念馆较好地融合了名人效应、艺术价值和自然景观等要素，成为当地政府部门开展文旅事业，进行社会主义核心价值观教育、传统文化传承和弘扬的重要场所。以文化名人吴昌硕为例，其在浙江、上海等地的故居、纪念馆、纪念雕像，依托当地自然环境和人文底蕴，在弘扬、传承和保护吴昌硕艺术方面均发挥了一定的作用。就目前的发展情况来看，各区域拥有地域特质自成体系，但缺乏一种互动、互补、共享的文化联动和交流模式，这在一定程度上制约和限制了对名人的宣传、深度研究和活化利用。本文旨在探索不同地域的同一文化名人纪念馆联动与共享模式，通过建立文化名人纪念馆联盟，开展交流研学、策划网上展览等途径，实现纪念馆的社会价值。

【关键词】博物馆　吴昌硕　文化联盟　交流研学　网上展览

一、不同地域的同一名人纪念馆联动模式的必要性

进入21世纪，我国迎来了博物馆建设的新高潮。纪念馆属于广义的博物馆范畴。在“在广义博物馆的研究范畴中，纪念博物馆在我国博物馆占重较大，也是中国博物馆的一大特色”[1]。据国家文物局官方统计，“十三五”期间，全国博物馆数量由4692家增长至5788家，平均每两天就有一家博物馆建成开放；博物馆年度参观人数由7亿人次增长至12亿人次，平均每年增加1亿人次；未成年人观众数量由每年2.2亿人次增长至2.9亿人次。[2]博物馆在经济社会发展中的作用持续显现。

笔者在上海吴昌硕纪念馆工作期间，以文化名人吴昌硕为纽带和载体，联动了三地四馆——上海吴昌硕纪念馆、杭州西泠印社、湖州市安吉吴昌硕纪念馆、杭州超山风景名胜区，以官方形式设立了吴昌硕三地四馆联动共建备忘录。

查询中国博物馆协会相关纪念馆和名人故居专委会的资料，发现同类型博物馆之间的馆际交流和互动相对频繁。2019年北京老舍纪念馆等“8＋”名人故居纪念馆以联盟的形式，切实践行了“作为文化中枢的博物馆：传统的未来”（2019年国际博物馆日主题）。此后，联盟单位策划了京津上广四地九家名人纪念馆联展。这种通过联合协作，形成合力，让多元群体享受更丰富的历史信息的机制，是可参考

* 王剑雯：供职于上海市浦东新区文物保护管理所

和借鉴的。

然而目前，以同一文化名人作为纪念馆载体的联盟或其他合作形式，在博物馆，尤其是名人纪念馆的研究和实践中相对少见。以浦东地区名人张闻天为例，从出生地浦东到遵义、延安、东北，后至肇庆、无锡，因其对人生轨迹中每个区域的独特历史贡献，而被当地政府设立纪念馆或者旧址保护，发挥社会宣传和教育功能，但不同地域之间因地理空间的广博而导致关联展览和研学活动较少。

以同一文化名人为载体，处于不同地域的纪念馆和文化景观，在当地均有着重要的社会功能。现代博物馆的主要职能和使命伴随着社会全面发展已经发生了变化。“即现代博物馆已不单纯是文物标本的收藏、保管和研究机构，而更应该是一个具有广泛意义的、为公众和社会服务的文化教育机构、休闲游览的场所，‘教育和知识传播’是现代博物馆公共服务的主要使命。”[3]日本已故著名博物馆学家鹤田总一郎就提到，如果不考虑观众，或者没有观众来参观博物馆，那么，可以说该博物馆不成为一个博物馆，或者至少是一个不合格的博物馆。在国内，修订版本的《博物馆条例》也将博物馆的教育功能置于其所有功能的首位，由此可见博物馆的定位和导向。

二、不同地域的同一名人纪念馆几种联动模式

（一）策划组织线下临时展览

“博物馆主要是通过陈列展览向观众进行知识传播和公共教育的非正规教育机构，陈列展览是博物馆传播先进文化、发挥社会主义教育作用的主要手段，是博物馆为公众提供公共文化产品和服务的主要形式。”[4]高水准的陈列展览，必然体现在展览的内容上。这就同影视剧创作一样，有好的剧本，才能有好的影视剧。而运用好各区域博物馆的馆藏精品，以严谨的逻辑、多元的形式展现，能够带给观众耳目一新的参观体验，激发观众参观和学习的欲望，从而于无形中达到博物馆的社会宣教功能。

以吴昌硕先生为例。吴昌硕（1844—1927），初名俊，又名俊卿，字昌硕，多别号，如老苍、老缶、苦铁等，晚清著名画家、书法家、篆刻家，为“后海派”代表，杭州西泠印社首任社长。与任伯年、赵之谦、虚谷齐名为“清末海派四大家”。国画大师潘天寿称誉其“卓绝而特殊的风格，为左右一代的大师”[5]。纵观吴昌硕的一生，生于浙江省安吉鄣吴村，在杭州一地因西泠印社而成就其艺术的澎湃期，晚年定居于上海，达到艺术的鼎盛期，这三地共同勾勒出名人的艺术轨迹，留下了宝贵的文化遗迹。

在此三地的活动轨迹和文化遗存中，吴昌硕艺术标识尤其鲜明，湖州市政府修复其故居，建立了安吉吴昌硕纪念馆。西泠印社辟有专门的吴昌硕纪念室，藏品独特。其杭州超山的墓地坐落于宋梅亭畔，墓门石柱上刻有沈淇泉（卫）所撰联语：“其人为金石家，沉酣到三代鼎彝，两京碑碣。此地傍玉潜故宅，环抱有几重山色，十里梅花。”墓地与周围的自然景观相辅相成，构筑了以名人墓地为载体的文化与自然景观。

位于上海静安的吴昌硕旧居是上海市文物保护单位，为其晚年定居所在地，文物建筑价值高。昌硕艺术中心及文化公园目前正在规划建设中。而位于上海浦东的吴昌硕纪念馆，是引进文化资源、累积文化厚度的体现，现馆内所藏真迹为吴家后人捐赠。因其在浦东居住较短，以浦东为素材的艺术作品仅存浦东芍药图[6]和立雪庵两幅。2009年纪念馆迁址至上海市文物保护单位陈桂春住宅内[7]，将文物

保护单位的建筑特色和历史价值，与名人纪念馆的藏品优势、名人效应有机融合，成为浦东新区陆家嘴中心城区的文化景观，也实现了不可移动文物的活化利用。

上述纪念馆中均有丰富的藏品，其中安吉吴昌硕纪念馆藏吴昌硕作品57件，文房用品9件，近现代名家作品730余件；上海吴昌硕纪念馆藏吴昌硕及近现代名家作品近800件。丰富的藏品是策划临时展览的基础，在实物藏品达到一定规模后，呈现的临时展览因为类别多元，题材丰富，打破了原有地域上的限制，撬开了原有场馆各自拥有藏品的界限，为人们提供更加丰富的精神和艺术食粮。这也是博物馆和纪念馆开展馆际交流的主要方式，在展示客体为同一个名人的前提下，策划与陈列脚本的编写、内容的编排，就拥有更多的主动权和设计感。2021年在吴昌硕纪念馆三地四馆章程的引领下，在中华艺术宫（上海美术馆）举办"金石力草木心——吴昌硕与上海"展览，囊括了吴昌硕生平各个时期，包括上海博物馆、浙江省博物馆、杭州西泠印社、（安吉）吴昌硕纪念馆、上海吴昌硕纪念馆、上海中国画院以及家属自藏的宝贵藏品共计100多件，很多展品为首次展出。该展在长三角一带产生了广泛而深远的影响，推动了长三角文化一体化发展的进度。是三地四馆联盟后的第一次成功的线下展览实践，为线下联盟合作展览积累了陈列和宣传经验，为观众提供了良好的观展体验。

（二）开展特定群体和观众的研学之旅

博物馆理应成为普通人的教育场所，应努力呈现多样化的文化产品和服务来吸引多样化的观众。博物馆应开展观众研究，对观众这一特定的主体开展参观习惯研究，并在此基础上制订多样化的文化活动和文化产品，来满足不同群体的个性化需求，最终让人人有机会接触历史文物、自然景观、文化遗产，并从中获得知识和快乐。

当下，在博物馆沉浸式观展的倡导下，发起一定群体和观众的研学之旅，打造一个拥有文化标识的研学品牌，如吴昌硕艺术之旅，是行之有效的观众分流方式，也会成为博物馆的文化产品。而同一名人不同地域的纪念馆拥有这样的优势，在资源的整合上、人员的保障上、路线的规划上都具有客观条件。当观众的身心完全融入自然环境、名人故居等之后，这样的参观体验更加走心入脑。

在策划研学文化品牌时，应充分考虑研学内容与目标人群。正如前文所述日本学者鹤田总一郎的观点，坚持观众为中心，细分群体，突出研学的教育功能，特别是爱国主义教育、传统文化教育、科普教育、美育教育等方面，利用博物馆的资源优势，把对目标人群的教育功能融入研学之中。纪念馆研学活动可操作性在于，能够结合文旅资源，对准目标人群，增强自身影响力。最后做到如原文化部部长孙家正所说的"文化如水，滋润万物，悄然无声"。

研学活动要考虑到名人的级别和影响力，艺术类博物馆有自己的目标人群，这一类别的观众群体主要是高校学者、艺术类博物馆爱好者、中小学生等。如2019年首次尝试吴昌硕艺术游学，由浙江西泠印社发起组织观众群体，从杭州出发经由安吉到上海，实地考察和参观融合，达到了预期效果。此外，在细分观众的基础上，博物馆研学活动可培育忠实粉丝群，也可以称之为博物馆之友。这一群体的存在，可延伸拓宽博物馆的义务志愿工作，包括讲解和研究、博物馆安全保卫和引导，也可适当解决纪念馆工作人员不足的困境。

（三）策划同一名人不同地域的博物馆网上展览

博物馆作为传播文化的重要机构，在"云文化"到来的时代背景下，具备了网上展览的基础条件。尤其是拥有同类素材和同一对象、不同地域的纪念馆，从观众的诉求和纪念馆的主观意愿出发，策划网上展览的客观条件相当完备。

数字化博物馆建设的条件已经相对成熟。在政府财力的支持和网络的极大普及下，已有部分的博物馆开始走出这一步，如故宫博物院的云展馆“全景故宫”、侵华日军南京大屠杀遇难同胞纪念馆的云游纪念馆、湖南省博物馆的网上展厅等。另外，博物馆实体展览发展已经十分成熟，但是限于场地、文物及参观者的安全因素等考虑，无法展示全部的藏品，也无法用常规手段展示更多“文物背后的故事”。网站展览与实体展览相比呈现出互补性、便利性、趣味性、更好的互动性等特点。此外，不可忽略的是近两年来的客观情况，特别是新冠肺炎疫情导致的现场参观限流，在一定程度上助推了数字博物馆的建设和发展，网上观展、云游博物馆等成为人们关注的新热点，博物馆的网上展览与活动成为宣传中华优秀传统文化、革命文化及中国特色社会主义先进文化的新阵地。

据2020年4月发布的第45次《中国互联网络发展状况统计报告》统计，截至2020年3月我国网民总数为9.04亿人，手机网民为8.97亿人，在日常生活中使用手机上网的比例达到了99.3%。据统计，现今我国网民每周上网时间达到了30.8小时，比2018年统计的数字增长了3.2小时。[8]在这一数据支撑下，可利用网络的便利性，举办线上主题展览，打破空间局限性，降低参观出行成本，降低进入博物馆的门槛，激发更多的观展欲望，达到润物细无声的宣传教育目的。

不可否认的是，当地政府的财力和政策支持也是网上展览和数字博物馆建设的基础保障。在财力允许的情况下，网上展览所传达的效果，能够助推人们，尤其是青少年树立科学的世界观、人生观和价值观，帮助参观者增强文化自信，凝聚民族力量。

当然必须清醒地认识到，网上博物馆的表达方式必须以观众为导向，以藏品为基础，形式上可以多样，但一定不能庸俗。由于云游博物馆、网上展厅乃至数字博物馆还处于初期的探索阶段，因技术的限制、藏品的图片性表达方式，其在政治、文化引领、观众观展体验等方面仍有提升空间。因此在策划网上展览时，必须审定内容，研究展示手段，从而才能更好地展现博物馆的藏品资源，吸引更多的观众。

结语

当下，博物馆事业进入大好的发展阶段。新时代的博物馆要展示出对中华文化与中国特色社会主义文化的自信，起到文化引领与正确思想教育导向作用。基于这样的时代背景，笔者从实践出发，通过吴昌硕这一文化名人所引发的文化现象，包括其在实践中较为成熟的案例，旨在探索同一文化名人不同地域的纪念馆联动与共享模式。这种联动的模式有助于打破地域的限制，联通共同的文化资源，坚持以观众为导向，用科技力量助力文化事业，致力于促成博物馆多元发展，协作联动的新方向，让文物真正实现“活起来”，达到古今呼应，实现它们的社会价值。

注　释

[1] 王宏钧主编：《中国博物馆学基础》，上海古籍出版社，1988 年版，第 50 页。

[2] 《全国博物馆改革发展工作会在济南召开》，国家文物局微信公众号，2021 年 7 月 23 日。

[3] 陆建松：《博物馆研究书系 · 博物馆展览策划：理念与实务》，复旦大学出版社，2020 年版，第 6 页。

[4] 陆建松：《博物馆研究书系 · 博物馆展览策

划: 理念与实务》,复旦大学出版社,2020年版,第1页。

［5］　吴长邺:《我的祖父吴昌硕》,上海书店出版社,1999年版,第3页。

［6］　吴长邺:《我的祖父吴昌硕》,上海书店出版社,1999年版,第15页。

［7］　浦东新区文物保护管理所编:《浦东不可移动文物图册》,上海科学技术文献出版社,2018年版,第8页。

［8］　中国互联网络信息中心:第45次《中国互联网络发展状况统计报告》,第7页。

国家考古遗址公园社会治理格局构建模式

——以鸿山国家考古遗址公园为例

逯俊宁*

【摘要】本文通过探索鸿山国家考古遗址公园政府治理与社会化运作的案例，从鸿山国家考古遗址公园管理体制的10次调整与创新入手，以鸿山国家考古遗址公园5处功能分区分析为抓手，分析鸿山国家考古遗址社会化治理的途径和实施成效，探索社会化治理中的不足与问题，找寻国家考古遗址公园社会治理格局的解决路径。

【关键词】大遗址　社会化　功能分区　改革　机制

鸿山国家考古遗址公园为国家首批公布的国家考古遗址公园，“无锡鸿山国家遗址公园规划性质定位为：以鸿山墓葬遗址为内涵，以自然生态湿地为核心，以吴地文化为依托，融自然野趣的生态湿地、富有魅力的水文化和质朴的田园风光为一体，具有湿地生态资源保护、科学研究、科普展示、科普教育、农业生产、艺术创意和旅游休闲度假等功能，以展现本土文化、农居文化、水利文化、农耕文化、吴地文化，以人与湿地和谐相处为特征的具备江南特质的遗址公园”[1]。为进一步做好遗址公园建设工作，无锡市新吴区在国家考古遗址公园建设管理模式的实施路径上进行了多次探索，最终摸索出符合本地实际的政府与社会共治共管的模式。

一、政府治理格局创新与改革

江苏无锡鸿山越国贵族墓被评为2004年度全国十大考古新发现。无锡市新吴区高度重视此项工作，立即着手开展保护工作，截至2021年，在管理体制方面做了10次调整，累计成立议事协调机构3个、事业单位5个、行政机构1个、国有企业1个。

（一）议事协调机构

1.无锡新区吴越文化规划开发保护办公室2006年成立区级议事协调机构——无锡新区吴越文化规划开发保护办公室，主要负责鸿山遗址博物馆建设、鸿山国家考古遗址公园规划等事务，成立后立即开展相关工作。

---

* 逯俊宁：无锡市吴文化遗址和文物保护中心主任，无锡市鸿山考古遗址公园管理中心主任，无锡市鸿山遗址博物馆馆长

2.吴文化博览园管理委员会。2009年成立区级议事协调机构——吴文化博览园管理委员会。撤销吴越文化规划开发保护办公室，将原吴越文化规划开发保护办公室调整为吴文化博览园管理委员会，作为新区重点开发功能区的管理机构，主要负责吴文化博览园的管理、服务及开发建设。

3.吴文化博览园规划建设推进小组。2016年成立区级议事协调机构——吴文化博览园规划建设推进小组。充分利用鸿山地区在文化、生态、区位等方面的资源禀赋，实施高层次策划、高起点规划，坚持政府（国资）引导、市场运作，将该区域打造成以现代农业为特色，健康生态为主题，旅游要素积聚、文化内涵鲜明、生态环境优美、产业发展强劲、品牌形象彰显的综合功能示范区。

（二）事业单位

1.无锡市鸿山遗址博物馆。2006年成立区直属正科级全民事业单位无锡市鸿山遗址博物馆，主要负责鸿山遗址出土文物的收藏保护、陈列展览、研究宣传等工作。

2.吴文化博览园管理中心。2012年成立区直属正科级事业单位吴文化博览园管理中心，负责吴文化博览园片区的规划管理等相关工作。

3.无锡市新吴区公共文化中心。2016年将吴文化博览园管理中心、无锡市鸿山遗址博物馆合并组建区教育文体局下属副科级事业单位——无锡市新吴区公共文化中心，挂无锡市鸿山遗址博物馆牌子，负责全区文物保护的规划和管理工作，负责全区各类博物馆和纪念馆的指导和管理工作。

4.无锡市鸿山（国家）考古遗址公园管理中心。2018年成立区委宣传部下属正股级事业单位——无锡市鸿山（国家）考古遗址公园管理中心，挂无锡市鸿山遗址博物馆牌子，负责鸿山墓群文物保护，鸿山国家考古遗址公园的规划建设及运营管理，鸿山遗址博物馆的文物管理、安全保卫、藏品征集、科技研究、社会教育等工作。

5.无锡市吴文化遗址和文物保护中心。2021年成立区委宣传部下属副科级事业单位——无锡市吴文化遗址和文物保护中心，挂无锡市鸿山考古遗址公园管理中心和无锡市鸿山遗址博物馆牌子，负责全区可移动文物保护工作，负责全区不可移动文物及博物馆工作，负责全区地下文物保护工作，指导国家考古遗址公园土地使用单位开展文物保护工作。

（三）行政机构

2019年成立区属正科级行政机构江苏省无锡鸿山旅游度假区管理办公室，与鸿山街道试行“区政合一”管理体制，度假区面积17.25平方公里，鸿山国家考古遗址公园所占的7.5平方公里为其中重要组成部分。度假区管理办公室主要负责研究拟订并组织实施区域发展规划，负责区域内项目策划、招商引资和企业服务管理，负责区域旅游资源开发利用保护工作，负责区域公共秩序、公共设施、环境和绿化的管理维护，负责区域财政、国有资产监督管理、土地经营工作等。

（四）国有企业

2006年成立区属一级国企无锡吴文化博览园建设发展有限公司，经营范围为：土石方工程、市政设施建设，景区管理，社会经济信息咨询，利用自有资金对外投资，体育设施建设，新农村建设，会务服务，展览、展示服务，组织文化艺术交流活动，工艺品的销售，自有房屋租赁，物业管理，工程管理服务等。主要负责吴博园片区18平方公里的项目建设、土地运作、环境改造、旅游开发等相关工作，其中鸿山国家考古遗址公园所占的7.5平方公里，为吴博园片区的重要组成部分。

正是鉴于“考古遗址公园开发过程中的决策者、管理者和经营者等主要利益主体的行为无法内生地实现文物保护目标”[2]，无锡市新吴区政府在体制机制上做出了改革与创新。截至2021年，经过数次调整，目前鸿山国家考古遗址公园形成了以江苏省无锡鸿山旅游度假区管理办公室为行政管理主体，以无锡市吴文化遗址和文物保护中心为业务指导主体，以无锡吴文化博览园建设发展有限公司为开发建设主体的管理模式。

二、社会治理格局构建与规划

在鸿山国家考古遗址公园开发建设过程中，始终坚持政府主导与社会参与相结合，以项目开发建设为抓手，逐步推进遗址公园建设管理工作。根据2010年2月江苏省人民政府批复同意《鸿山墓群保护总体规划》（苏政复〔2010〕8号）要求，鸿山国家考古遗址公园分为遗址博物馆展示区、遗址现场展示区、湿地生态展示区、农业生态展示区、休闲观赏区等5处功能分区。

（一）遗址博物馆展示区社会化

遗址博物馆展示区主要以鸿山遗址博物馆的建设运营为主，管理事项较为专业。2020年，在全国第四批博物馆定级评估工作中，鸿山遗址博物馆获评国家二级博物馆。此前，对照《博物馆定级评估标准》，鸿山遗址博物馆在宣传推广活动方面较为薄弱，涉及分数114分，包括宣传报道、临展及社教活动等方面。为此，鸿山遗址博物馆引入社会化专业公司，将具体业务服务外包，通过详细约定报道数量和宣传层级，规定社教活动场次和活动规模，商定备案临展举办事宜的方式，突破自身办馆条件的限制，破解事业单位用人机制，确保了博物馆评估顺利达标。

（二）遗址现场展示区社会化

根据遗址公园管理体制，遗址现场展示项目由鸿山旅游度假区管理办公室负责区域内项目策划、土地经营，吴文化博览园建设发展有限公司负责区域内项目建设，吴文化遗址和文物保护中心负责业务指导。文物保护项目实际开发建设过程中，因为文保工程对施工资质的要求，吴文化博览园建设发展有限公司无法承担建设主体责任。

2019年鸿山国家考古遗址公园决定开展鸿山墓群BH3、BH4、BH5本体保护展示及相关工程，面积约42万平方米，共对52个土墩墓进行保护和展示。本次项目采取招投标的方式，最终确定由陕西省文物保护工程有限公司负责实施，吴文化博览园建设发展有限公司代建，吴文化遗址和文物保护中心业务指导，鸿山旅游度假区管理办公室属地协调。鸿山墓群本体保护展示主要通过覆土保护、原状保护和加竹罩保护三种方式，尽可能还原历史，施工中严格保持着原历史地理地貌。

目前该项目顺利开展，已经通过试验段专家验收，预计2021年底完工。该项目通过社会化招投标方式，同时吸收项目涉及各方的指导意见，既能最大限度确保专业公司施工，又能确保代甲方现场施工监督到位，亦能保证甲方业务监督执行力度，形成了大遗址保护项目社会化力量参与的无锡模式。

（三）湿地生态展示区社会化

湿地生态展示区是最能体现考古遗址公园中公园属性的部分，“公园属性一方面要通过为公众提供包括休闲、游览、娱乐等旅游功能而实现，另一方面要通过对文物古迹资源全新的阐释方式来实现”[3]。由吴文化博览园建设发展有限公司投资4.5亿元建设的梁鸿湿地公园，2009年建成开园，2011年被评为我国首批国家湿地公园。梁鸿湿地公园总面积2.3平方公里，吴文化博览园建设发展有限公司充分利用鸿山国家考古遗址公园湿地资源，把梁鸿湿地公园打造成江南水乡与吴文化融合的江南湿地公园。

2009年无锡吴文化博览园建设发展有限公司成立分公司——无锡吴文化博览园建设发展有限公司梁鸿湿地公园景区管理处，对梁鸿湿地公园进行日常管理及维护，采取湿地公园主要项目自主运营，延伸项目社会化运营的方式，打响了梁鸿湿地公园品牌。

吴文化博览园建设发展有限公司自主运营项目主要是景区门票、游览电瓶车等项目，游船、素质拓展、垂钓、游览自行车、餐饮烧烤等市场化需求程度高的项目采取社会化服务外包的方式管理运行。

（四）农业生态展示区社会化

鸿山国家考古遗址公园有大量基本农田和一般农田，面积占比约在整个遗址公园的80%以上。为进一步展现遗址公园农业生态风貌，吴文化博览园建设发展有限公司先后开展了四个农业生态建设项目，通过社会化运作，最大化地将遗址保护与农业生态养殖、农业生态观光旅游紧密结合，实现了文农旅的融合发展。

一是开展新区梁鸿生态农场项目。从事水稻、小麦等种植与销售，鱼、蟹等养殖与销售，采用稻虾共养模式，在种水稻的同时放入虾苗，开展亲子龙虾垂钓活动，丰富农业旅游项目，每年吸引近万人前来旅游垂钓。

二是开展从心农业科技项目。主要从事谷物、豆类、油料等的种植和销售，新型农业种植技术研发，生态农业旅游项目等。从心农业科技项目采用非转基因稻种，在鸿山国家考古遗址公园农业用地进行种植，从育种到种植、收割、加工销售一体化完成，确保了种植过程无农药，加工过程无添加，包装存储无防腐剂。目前推出的三个系列的大米广受好评，尽管每公斤售价在150元左右，仍然供不应求。

三是开展亚夫农业科技项目。通过农业科技研发，探索农业科研与农旅观光项目相结合模式，每年夏天亚夫农业科技项目的荷花池片区都人满为患，农业生态旅游观光项目广受好评。推出的“越光”米成为无锡市场的新宠，一经推出就销售一空。

四是开展安利（中国）植物研发中心项目。通过农业科技研发，对鸿山国家考古遗址公园农业地块土壤进行分析，监控重金属残留、营养成分、农药残留等主要指标，从事中草药植物有机种植技术和植物提取物研究。

（五）休闲观赏区社会化

中华赏石园位于鸿山国家考古遗址公园休闲观赏区，是新吴区与中国观赏石协会合作，由吴文化博览园建设发展有限公司投资3亿元开发建设的，占地近300亩，2011年建成开园。中华赏石园是鸿山国家考古遗址公园展现江南特色石文化的重要载体，是吴地先民石文化的继承和发展。馆体建筑面积2.5万平方米，共有10个主题展厅，展示了矿晶石、生物化石、地质造型石、太湖石等全国各地30多种极具代表性的奇石。

2011年吴文化博览园建设发展有限公司成立分公司——无锡吴文化博览园建设发展有限公司赏石园管理处，负责中华赏石园的日常运营管理，自营业务主要有参观讲解、安防、物业等日常管理工作。同时中华赏石园社会化运营赏石交易平台，通过观赏石交易、石文化交流展示、旅游产品开发等，打造文化产业、旅游行业、奇石交易高度融合的综合性社会服务平台。

三、国家考古遗址公园社会化探索

（一）完善规划编制总体设计

鸿山墓群为2006年第六批全国重点文物保护单位，鸿山国家考古遗址公园正是在此基础上形成。“《中华人民共和国土地管理法》（2018）第二条，中华人民共和国实行土地的社会主义公有制，即全民所有制和劳动群众集体所有制，但依附于土地的遗址据《文物保护法》第五条，古文化遗址、古墓葬、石窟寺属于国家所有，且国有不可移动文物的所有权不因其所依附的土地所有权或者使用权的改变而改变，强调了遗址所有权的唯一性。”[4]因此，鸿山国家考古遗址公园的土地问题亟待解决。实际上，通过编制《鸿山墓群保护总体规划》，在规划层面为土地问题的解决提供了依据。

2010年2月江苏省人民政府批复同意《鸿山墓群保护总体规划》（苏政复〔2010〕8号）。根据《鸿山墓群保护总体规划》要求，调整保护范围内土地使用性质为文物古迹用地（A7类），面积60.74公顷。建议尽快编制《鸿山国家考古遗址公园总体规划及修建性详规》，上报获批后严格落实规划要求。

（二）深化社会化运营托管服务体系

目前鸿山国家考古遗址公园采取的三部门齐抓共管的模式可以有效快速推进遗址公园项目建设事宜，但后期运营过程中则容易出现多头运营的弊端。建议鸿山国家考古遗址公园可以采取整体社会化运营的模式，可以采用整体服务外包的模式，也可以考虑采取信托基金运营的模式，变多头运营为一体化委托运营，受委托方可根据不同部门要求定制专业运营解决方案，提升国家考古遗址公园活化利用的成效与收益。

（三）建立遗址公园建设资金投入机制

鸿山国家考古遗址公园目前资金来源为三部分，国家省市级文物保护专项补助资金、区本级文物保护专项资金、第三方基金会公益资金，资金投入机制不健全。建议可以将遗址公园范围内土地出让资金按比例纳入遗址公园文物保护专项经费，解决遗址公园资金建设问题。

国家考古遗址公园作为我国文物保护的重要方式，“承载着古老而灿烂的华夏文化，拥有着中华文化从形成、兴起、繁盛、沉淀再到流传的历史脉络，是无法忽视的文化载体”[5]。鸿山国家考古遗址公园以其独特的建设发展模式，探索出一条政府管理、社会参与的发展路径，以项目建设为抓手，推动考古遗址公园在文农旅融合发展上推陈出新。

注　释

［1］ 中国建筑设计研究院环艺所：《无锡鸿山国家遗址公园总体规划（2010—2025）》，2010年版，第16页。

［2］ 李宾、韩方芳、马晓林：《国家考古遗址公园旅游开发的政府规制问题、成因与对策研究》，《生态经济》2017年第3期。

［3］ 陶力、赵益超：《基于类型特征的国家考古遗址公园旅游发展路径研究》，《云南民族大学学报（哲学社会科学版）》2020年第3期。

［4］ 吴卫红：《理论　方法　定位：土遗址保护与遗址公园建设的理性三问》，《东南文化》2020年第3期。

［5］ 姚浪、丁华：《基于文化自信的城市遗址公园保护和旅游发展研究——以西安大明宫遗址公园为例》，《城市建筑》2021年第3期。

试论博物馆建设和城市治理

冯 峰*

【摘要】城市的总体竞争力由硬实力和软实力组成。城市软实力是指一个城市的物质文化、制度文化和精神文化中所体现出来的延续力、创新力、向心力、认同力、生命力和凝聚力以及在对外交往中产生的感召力和辐射力[1]。博物馆伴随着城市文明的兴起，是城市记忆的载体，也是衡量城市文化软实力的"名片"，对推动城市品牌塑造、增强市民凝聚力、促进城市产业发展、提高城市的竞争力有重要意义。城市的发展水平也影响着博物馆的建设。城市的管理者要树立"文化先行"的理念，将博物馆的发展纳入城市规划；把博物馆打造成城市对外交流的平台；释放博物馆活力；注重博物馆基础设施建设；吸纳社会组织的力量提高博物馆的建设与发展水平。因此，未来的博物馆不仅是城市文明发展的"代言人"，更是和城市治理息息相关。

【关键词】博物馆　城市记忆　城市品牌　竞争力　城市治理

一、研究背景

（一）博物馆

博物馆是城市发展程度的重要标志。习近平总书记曾指出，博物馆是保护和传承人类文明的重要殿堂，是连接过去、现在、未来的桥梁，在促进世界文明交流互鉴方面具有特殊作用。改革开放40年来，我国的博物馆事业大跨步发展，博物馆数量大幅度增长，从1978年的349座到2019年的5535座；非国有博物馆从无到有，占全国博物馆总数的近三分之一，数量达1710座；2019年全国博物馆举办展览2.86万场，社会教育活动33.46万场，4929座博物馆实现了免费开放，年观众量突破12.27亿人次[2]；《国家宝藏》《我在故宫修文物》《如果国宝会说话》等博物馆主题节目热播，博物馆正在成为创造人民美好生活的重要载体。2018年10月，中共中央办公厅、国务院办公厅印发的《关于加强文物保护利用改革的若干意见》和在同年12月召开的全国博物馆工作座谈会上国家文物局推出的《关于推进博物馆改革发展的实施意见（征求意见稿）》，明确提出要激发博物馆创新活力，充分体现了以习近平同志为核心的党中央对文物和博物馆工作的高度重视，为新时代博物馆事业改革发展提供了发展方向。

* 冯峰：安徽博物院文博馆员

（二）城市

21世纪，在全球化的背景下，国家之间的竞争越来越激烈。城市是组成国家的重要构件，国家与国家的竞争最终体现为城市之间的竞争。根据最新发布的《全球城市竞争力报告2019—2020》，深圳高居全球城市经济竞争力第4位，上海位列前10，香港、北京和广州也都排在了前20位[3]。2018年我国城镇化率达到59.58%，预计到2030年我国城镇化率将达到70%，2050年将达到80%左右，城镇化仍然具有较大的发展空间和潜力[4]。现代城市以高度的集聚性为特征，每个城市都包含了很多不同种类的产品的集合体，这些产品既包括地标性建筑、摩天大楼、商业中心，也包括博物馆、艺术展、音乐会、城市形象宣传片、城市吉祥物等[5]。扩大城市的影响力，塑造城市品牌，推进城市的经济增长和社会进步，是城市的未来发展方向。

二、两者关系

（一）博物馆是城市的“代言人”

博物馆在弘扬城市文化、传播城市价值、承载城市记忆、塑造城市形象、打造城市魅力、提升城市品级方面有着特殊的作用，而这些方面亦是博物馆现阶段发展的社会责任之所在。霍尔在《世界城市》一书中提到的衡量国际化城市的七条标准中有一条是：各类专业人才聚集，有众多的大学、图书馆、博物馆、文化艺术机构[6]。可见，博物馆事业的发展规模、管理水平和服务质量已成为衡量一个国家、一个民族、一个城市文化发展程度的重要标尺，其发展水平的高低很大程度上代表着一个城市的综合竞争力水平高低。国内不少城市都有代表性的博物馆，例如故宫博物院、南京博物院、苏州博物馆等已经成为城市的“代言人”；国外城市中，西班牙毕尔巴鄂古根海姆博物馆参观人数每年达400万人次，直接门票收入占全市收入的4%，而带动的相关收入则占到20%以上，博物馆使毕尔巴鄂市一夜间成为欧洲家喻户晓之城、一个新的旅游热点[7]。这些都说明博物馆可以成为一座城市的“代言人”，对促进城市整体形象提升、凸显城市知名度、提升城市经济效益、提高城市竞争力大有裨益，具体如下：

1.博物馆承担着传承城市历史、宣传城市特色文化、弘扬社会主流价值观的任务，是城市记忆的载体。

从发展历程上来说，博物馆是伴随城市文明发展起来的，承载着城市记忆，传承城市特色地域文化是博物馆约定俗成的社会责任。坐落于安徽省城合肥的安徽博物院就承担着传承城市记忆的社会责任。安徽博物院现为“一院两馆”运行模式，老馆（庐阳区安庆路268号）成立于1956年11月14日，位于合肥市老城区中心区域三孝口，展陈大楼为仿苏式建筑，是当时全国四大样板馆之一，也是毛主席生前唯一公开视察并留下关于博物馆事业发展指示的博物馆，更是合肥老一代市民的共同记忆。2013年，老馆陈列展览大楼作为近现代重要史迹及代表性建筑入选第七批全国重点文物保护单位，这是安徽省首次出现的“50后”全国重点文物保护单位。同时，老馆还是“老城复兴”城市战略的见证人。2019年，作为老城区中心文化高地、合肥市标志性文化建筑，老馆以崭新的姿态重新对外开放，发挥着连接老城居民、辐射所有老城改造项目的“文化中枢”作用，对助力老城区慢文化品牌建设具有重要意义。而新馆（怀宁路87号）所在的合肥市政务文化新区，是合肥市“141”城市空间发展战略[8]核心城区，目前已经发展成为合肥新的政治经济中心和商业文化中心。新馆于2011

年正式对外开放，毗邻天鹅湖、安徽省广播电视台中心，目前已经是政务文化新区区域内不可或缺的市民休闲文化场所，是合肥市“新城崛起”的亲历者。

从社会属性上来说，我国大部分博物馆是由政府管理、国家划拨经费、向公众开放的永久性非营利机构的文化事业单位，弘扬优秀传统文化、培育社会主义核心价值观是博物馆的社会使命。苏州博物馆的“吴门四家”展览围绕明中后期“吴门画派”主题，展出沈周、文徵明、唐寅、仇英四位名家各个时期的代表作品，展现他们的艺术成就，同时通过画作反映明代文人生活和江南山水，体现了苏州博物馆“继承、传播、弘扬苏州文化，培养公众文化艺术素养”的社会使命。2020年，抗击新冠肺炎疫情是全人类共同的社会责任，征集抗击新冠肺炎疫情相关物品自然而然成为博物馆的社会使命。中国国家博物馆的“众志成城——抗疫主题美术作品展”紧跟时代步伐，传达了中国人民在严峻考验前成就的坚强不屈、守望相助、敢于胜利的伟大抗疫精神。

2.博物馆是提升市民归属感、满足市民美好精神生活需要的场所。

现阶段我国社会的主要矛盾是人民日益增长的美好生活需要和不平衡不充分的发展之间的矛盾，在文化自信的背景下，博物馆是满足美好精神生活的不二之选。博物馆可以通过社会教育活动、展览展示、建筑大楼设计等多种形式，利用其文化服务活动中心的公益性属性，成为建立城市市民归属感、认同感的平台。2007年《国际博物馆协会章程》对博物馆的定义是：“博物馆是一个为社会及其发展服务的、向公众开放的非营利性常设机构，为教育、研究、欣赏的目的征集、保护、研究、传播并展出人类及人类环境的物质及非物质文化遗产。”这是首次将“教育”功能调整到博物馆功能的首位。目前来看，博物馆已经是学校教育、老年教育、终身教育的重要载体，在满足本地市民归属感、文化认同感上发挥着作用。以首都博物馆的社会教育活动“中轴线上的‘城市记忆’系列活动”为例，该活动面向青少年儿童，通过手工体验、游戏竞技等多种方式，让参与者深刻了解北京城中轴线的基本知识，注意培养参与者的情感。苏州博物馆大楼的设计结合了传统的苏州建筑风格，把博物馆置身于院落之间，整个博物馆建筑很低，白色的围墙和灰色的屋顶相结合，与周边的建筑相融合，对于苏州人来说，对这座建筑的“熟悉”相融了对她的“惊喜”[9]。直到今日，专门参观苏州博物馆大楼的观众人数仍然占据苏州博物馆总参观人数的一部分。

3.博物馆可以带动相关产业的发展，将文化效益转化为城市经济收益。

文旅融合的大背景下，博物馆既是文化休闲中心，又是旅游目的地。从短期看，博物馆的发展可以带动周边的餐饮收入、交通收入、酒店收入等；从长期看，博物馆的强势发展可以带来巨大的经济收益，例如，博物馆的文化创意产业对促进经济增长和经济发展方式的转变具有重要意义，将文创产业培育成新的支柱性产业亦是未来城市产业发展的方向之一。具体来说，博物馆的文化创意产品的设计、研发、销售等等，一系列过程中带来的城市商品的多样化、就业岗位的增多、城市产业的优化等，对促进形成国内经济大循环、拉动内需促进消费，进而提高城市经济收益，增强城市竞争力优势明显。大英博物馆天猫旗舰店正式上线后不到一个月，店铺粉丝数已经超过13万，大部分产品被抢空；我国故宫博物院的文化创意产品，每年的销售额超过10亿元。

博物馆拥有独特的馆藏文物和文创产品，地域特色浓郁，拥有研究价值和经济价值，可以通过举办专题培训会、学术研讨会、座谈会、调研会、教育专题研讨会、文创产品博览会、非物质文化遗产展销会等带动城市基础设施建设、增加就业、带动旅游，进而转化为城市经济效益，促进城市发展。以上海为例，作为长三角国际文化产业博览会主办城市，马蜂窝旅游网大数据显示，2019年第二届长三角文化产业博览会期间，上海旅游热度环比上涨了7%，“上海一日游”关键词热度上涨18%[10]。

（二）城市的发展影响着博物馆的发展

城市发展水平影响着博物馆的发展规模。城市是一定区域内的政治、经济、文化、生态等众多因素的总和的体现。以我国城市为例，打卡故宫博物院几乎是每名游客参观北京的必备项目；国外城市中，大都会博物馆早已是纽约的代名词，卢浮宫则是巴黎旅游必去目的地之一。几乎每个一流城市都有一所知名度高的博物馆。

马斯洛需求理论将人类需求像阶梯一样从低到高按层次分为五种，分别是：生理需求、安全需求、社交需求、尊重需求和自我实现需求。一个国家多数人的需要层次结构，是同这个国家的经济发展水平、科技发展水平、文化和人民受教育的程度直接相关的。随着近些年来我国经济水平的提高，广大市民对博物馆等文化设施需求也不断提高。博物馆大到场馆建设、库房改造，小到陈列展览内容样式、展厅灯光的更新，都在随着城市的发展，不断提升和改进。以大连现代博物馆、安徽博物院为例，开馆后，随着城市的发展、人民需求的提高，几年后都对其基本陈列进行了改造提升。

博物馆等文化单位社会功能拓展，应与城市发展、居民生活紧密联系，要办成观众喜闻乐见的展览、社会活动，要真正让文物“活起来”，在这个过程中，博物馆的发展既要坚持与城市原有历史人文环境保持和谐原则，强化文化特色，推动城市建设发展，也要通过合理开发和价值阐释来不断提升其公共文化性。要与城市文化教育、文化旅游、娱乐休闲等功能相结合，形成富有活力的公共文化空间。

城市对博物馆发展制约因素还体现在城市的治理方式上，如果一个城市的政策制定者重视文化建设，重视博物馆建设，这无疑是促进博物馆发展的一剂良药。以西安为例，2018年，西安出台《西安博物馆之城建设总体方案》，明确西安市将用4年时间，通过打造曲江“博物馆之城”核心示范区、建设一批博物馆小镇、发展一批文博创意产业等途径，搭建起西安博物馆之城建设空间构架，经过几年的努力，西安现已成为一座“随时可闻、随地可见、随机可讲”的“天然的”历史博物馆[11]。

三、讨论与展望

2017年实施的《中华人民共和国公共文化服务保障法》，明确提出“政府主导”公共文化服务，要求“县级以上人民政府应当将公共文化服务纳入本级国民经济和社会发展规划”，规定了政府在公共文化服务组织、管理、提供、保障中的职责。2019年，党的十九届四中全会审议通过《中共中央关于坚持和完善中国特色社会主义制度、推进国家治理体系和治理能力现代化若干重大问题的决定》，明确提出要完善国家治理体系和提高国家治理能力。国家与社会的发展是由一个个城市的发展组成的，国家治理体系和国家治理能力最终体现在城市的治理方式上。未来博物馆的发展，在提升城市竞争力上有不可替代的作用，不仅仅是城市文明发展的“代言人”，更是城市治理方式和治理能力的体现。

（一）树立“文化先行”理念，将博物馆的发展纳入城市规划中

文化是一座城市的骨血和灵魂。文化是促进城市发展的内在动力，是城市发展的不竭源泉。文化发展具有时代意义，先进文化以价值理性和工具理性的方式为社会发展提供动力。习近平总书记在上海考察时强调，城市治理中，要妥善处理好保护和发展的关系，注重延续城市历史文脉。博物馆作为重要文化机构，城市的管理者应当树立“文化先行”的理念，将博物馆整体发展纳入城市规划，博物馆的定位、选址、建筑风格等应该和城市的历史文化、人文环境协调一致。以建筑设计来说，洛阳博物馆新馆大楼建设是将博物馆的发展纳入城市规划的典型案例，其在建造之初，设计师结合洛阳市曾作为十三朝古都和以洛阳为中心的河洛文化的特色历史，提炼出“鼎”的概念，建筑外形如方鼎屹立，寓意为“定鼎洛邑”“鼎立天下”，充分阐释了洛阳的历史内涵和文化特色，事实证明，这是一个成功的例子。如今，洛阳博物馆早已成为洛阳市的地标性建筑。

（二）打造城市品牌，让博物馆成为城市对外交流的平台

2008年国家要求公立博物馆免费开放后，我国博物馆事业发展迅速。但是，也出现一些问题，包括在追求发展速度的同时忽视质量发展，大部分博物馆展示的内容同质化严重。博物馆作为城市对外交流的平台，是城市的“代表”，理应充分挖掘当地优质文化，突出当地特色文化，讲好城市故事，给不同地方的游客耳目一新、津津乐道的展示内容，发挥其在对外交流中的作用。2014年8月16日，南京青年奥运会开幕式后，彭丽媛邀请部分外方领导人夫人参观南京博物院；2018年1月，法国总统马克龙访华去的第一站就是陕西，在秦始皇帝陵博物院主要参观了兵马俑一号坑、二号坑，随后又在北京参观了故宫博物院。

（三）加快推进服务型政府建设，释放博物馆发展活力

在全球化的背景下，知识经济和社会信息高度发展，倒逼我国政府职能由管理型政府加速向服务型政府转变，更加注重公共服务职能研究。服务型政府以人民为中心，重视人民多方位发展需求，弱化刚性约束，强调人性化管理。政治方面，在博物馆的管理上，要充分发挥博物馆的自主性，释放博物馆发展活力，提高城市竞争力。科技方面，注重科技创新，运用科技手段促进博物馆的发展，在智慧城市、智慧旅游的体系下，重点推进智慧博物馆的建设，增强博物馆在信息飞速发展中的宣传能力，提升博物馆的经营和管理能力。

（四）提升博物馆公共文化基础设施建设

城市公共文化基础设施建设水平是衡量一个城市竞争力的重要标志。博物馆是检验城市公共文化设施水平，参与城市公众服务的重要场所，其基础设施水平在某种程度上代表了城市文化发展水平。现阶段我国的主要矛盾是人民日益增长的美好生活需要和不平衡不充分的发展之间的矛盾，广大人民需要更高水平的公共设施保障美好精神生活的实现。公共场所的人性化设计越来越受到市民的关注。博物馆是公共文化服务场所，这就要求其所在城市的管理者关注其场馆内的公共设施水平是否和当下的时代发展要求一致，是否给市民优越的体验感等，为满足市民美好精神文化需求打好基础。

（五）重视社会组织力量，优化城市治理方式

党的十九大报告在强调加强和创新社会治理时，提出打造共建共治共享的社会治理格局的目标，要求加强社会治理制度建设，完善党委领导、政府负责、社会协同、公众参与、法治保障的社会治理体制。社会组织作为社会治理的重要主体，在促进政府职能转变、优化公共服务供给、发展公益事业、化解社会矛盾等方面发挥着重要作用。社会组织参与城市治理，可以打破政府在城市治理中唱“独角戏”的局面，有利于城市治理方法的多样化，为城市治理方式注入新鲜血液。作为事业单位，博物馆大都归属于各地的行政文化部门主管，具体到日常事务中，博物馆的展览展示、社教活动、文物保护等，对人员的专业技术水平有较高要求。因此，一味地以行政手段管理博物馆反而会阻碍博物馆的发展。事实上，社会组织参与到博物馆的发展中，为促进博物馆建设献言献策，发挥着巨大的作用。以博物馆协会为例，国际博物馆协会每年发布“5·18国际博物馆日”主题，为世界范围内的博物馆一年的发展圈定方向；中国博物馆协会既呼应着国家文物局的政策，又从专业的角度为我国博物馆的事业发展提供指导意见。

注　释

[1] 吴玲、王志章：《城市文化软实力构建中的政府行为研究》，《科学决策》2009 年第 11 期，第 27 页。

[2] 数据来源于前瞻产业研究院《中国博物馆行业市场前瞻与投资战略规划分析报告》。

[3] 《〈全球城市竞争力报告 2019—2020：跨入城市的世界 300 年变局〉发布》，中国社会科学网。

[4] 《蓝皮书：预计 2030 年我国城镇化率将达到 70%》，中国社会科学网，2019 年 10 月 30 日。

[5] 冯乔：《以公共艺术活动打造城市品牌——广州国际灯光节的价值研究》，《美术学报》2015 年第 2 期，第 82 页；黄良奇：《城市元素与城市品牌形象的互动传播机制》，《中国广播电视学刊》2016 年第 2 期，第 66 页；张蔚鸰、杨芳、盛小丰：《以气质型吉祥物塑造气质型城市品牌形象——以珠海市为例》，《品牌研究》2016 年第 1 期，第 66 页。

[6] 彭立勋：《文化立市与国际化城市建设：2004 年深圳文化发展蓝皮书》，中国社会科学出版社，2004 年版，第 68 页。

[7] 《看古根海姆博物馆如何改变一座城市的命运》，艺术中国网。

[8] “141”城市空间发展战略是指一主城、四个城市组团、一个滨湖新区的多中心发展态势。来源：《合肥提出“141”发展构想》，《安徽商报》2005 年 11 月 7 日。

[9] 高福民：《贝聿铭与苏州博物馆》，古吴轩出版社，2007 年版，第 47 页。

[10] 《大数据：长三角文博会拉升上海旅游热度》，光明网，2019 年 11 月 28 日。

[11] 《西安打造“博物馆之城”，建设各类国有和民间博物馆》，澎湃新闻。

龙光塔己亥（2019）保护修缮工程

金石声 *

【摘要】龙光塔始建于万历二年（1574），系无锡的文峰塔，也是无锡城市的历史地理标志，具有重要的历史文化价值。本文从龙光塔建造源起介绍，包括其400多年的历史沿革，以及各个时期的修缮，重点介绍己亥（2019）保护修缮所解决的工程技术问题和显现出来的塔龛和铜葫芦等新发现及保护过程，记述增建碑亭、碑墙，增加文化看点等内容以及荣氏三代为修缮宝塔所做出的贡献。

【关键词】龙光塔　己亥（2019）　保护修缮　铜葫芦　碑刻

在无锡市委、市政府的领导下，在无锡市文物部门的指导和全社会的关心支持下，得力于荣智健先生的全额捐赠，由无锡市锡惠公园管理处主持的市级文物保护单位——龙光塔文物保护修缮工程于2018年10月17日开工。经过6个多月的紧张施工，于2019年4月20日完成全部建筑修缮工程。现将龙光塔400多年的历史沿革和本次修缮工程的详情做全面介绍。

一、龙光塔概况

（一）塔的建造缘起

锡山之巅早在龙光塔出现之前的200年就有塔，时在明代永乐年间，邑人王达曾有《锡山塔影》诗记之，载于明代万历年间王永积所编的方志《锡山景物略》中。诗云：“星河拂曙钟初定，平湖水碧天开镜。青山孤塔势凌寒，影入平湖镜里看。沙明宛若长虹卧，一雁斜飞惊欲堕。朱栏曲曲气层层，苍茫何处觅残僧。晚来记得渔郎语，风雪鲛人夜试灯。”诗中描绘的是塔影入平湖之苍茫景色。平湖是指锡山之北麓山池，塔倒映在湖面上，大雁掠过，渔郎夜灯，诗意盎然。此湖在旧时图画和老照片中可以看到，当地人称之为“烧香浜”，系山水泻泄形成的一个山池，此湖到20世纪60年代才被填没。在此湖原址，建造了一个居民新村，名“下河塘小区”，建筑多为两到三层小楼。

明初之塔不知湮于何年。到了明代正德年间，士人相聚闲谈，说本邑自南宋蒋重珍中进士第一，历200余年迄今竟然一个状元也没有考上，不胜感慨。有昆山顾鼎臣者献计，说“士无巍科，乃不角耳”，他把惠山比作龙，锡山比作龙头，龙头上不长角就不会出人头地，自然也就不会出状元了。顾鼎臣以新进状元的身份作这一建议当即被有力者采信，嘉靖元年（1522），顾懋章、顾可学父子出资，开始在锡山上建一石塔。当时致仕在家的南京礼

* 金石声：无锡市锡惠园林文物名胜区管理处文化总监，园艺景观部（文物管理部）部长

图一　明　施观民题、王问书龙光塔题刻

部尚书邵宝有《锡山塔基》诗云："东峰石塔对西峰，云来云去俯仰中。万古不磨铭地语，百年谁试补天功。雷将化雨春回蛰，斗避文星夜起虹。何日落成须报我，望湖亭上一尊同。"[1]表达了他企盼塔早日落成，无锡科举再次夺魁的心愿。

若干年过去了，"塔既成，果有发解者"，但还是不出状元。后又有高人指点，说这个塔是实心的石塔，所以不出状元，"龙以角听，宜空其中"。常州知府施观民迫切期望其所治之无锡县早出状元，决定听从建议，另造一砖塔以振文风。塔在建时的万历二年（1574）春天，无锡人孙继皋春闱进士第一，名振梁溪，应验了"此塔主文风"之说。孙继皋年青时曾在施观民所办的常州龙门书院读书，后来又投于名士王问门下，而王问恰是一直关心宝塔的尚书邵宝的学生。所以这两个老师一个题塔名，一个书写，因为这个得意门生高中状元而欣然命题"龙光塔"三字。龙光有龙头发光、出人头地之意，或出于唐人王勃《滕王阁序》"龙光射斗牛之墟"。石匾现嵌在塔之三层东面（图一）。

（二）塔的历次修复

龙光塔自万历二年（1574）建造以来的400多年间，历经沧桑，屡损屡修，兴废几度，终究屹立于锡山之巅，成为无锡城市的历史文化地标。龙光塔初修于清朝康熙壬子（1672），再修于雍正庚戌（1730），三修于道光丙戌（1826），四修于道光丙申（1836）。第四次修复后，邑人钱泳于道光戊戌（1838）欣喜地将唐、宋、元三朝无锡进士73人刻碑于塔上，名《锡山龙光塔进士题名》。同治四年（1865），因火灾毁去塔顶被毁，成为残塔。而同治七年（1868）4月29日上午，瑞士人阿道夫·克莱尔（Adolf Krayer）在他的日记中记述："惠山又称作塔山，因为山上有一座佛塔，这座塔有7层，保存完好。虽然天气不好，但我们在塔的最高层还是将美丽的太湖及周边迷人的丘陵景色尽收眼底子。"[2]他的这段描述，显然与无锡地方史志记录的塔已损毁不符，如此写来不知何故，存疑。

光绪元年（1875），邑绅施叔愚等倡议重修未果。张乃勋于光绪三十三年（1907）《晓帆诗草》里面有一首诗，描述龙光塔的情况："峰巅胜危塔，浩劫佛无灵。石磴扫红叶，孤僧犹诵经。"1915年，外国人曾拍下塔修复之前的影像（图二）。龙光寺僧普庆于1919年发起募捐。1921年，由周廷弼（舜卿）出银2000两修塔；后由邑绅祝大椿续薪，时在1924年，但终因资金匮乏等原因草草收场；1930年荣德生再次举旗，将塔的主要结构改成钢筋混凝土，修复工作得以圆满。其外观一直延续至今。

中华人民共和国成立后，园林部门先后于1955年、1957年、1965年、1976年、1993年、2000年6次重修。1993年的大修中，加固了飞檐和栏杆，对塔的倾斜度也做了纠正，并对塔刹的避雷装置进行了整理测定，加强了塔的避雷功能。此次修复中，还将塔的颜色从原来的杏黄色改成赭红色。2000年的大修在塔上及塔周边地面加装了灯光装置，并纳入城市照明系

1. 龙光塔全景

2. 龙光塔内景

图二　龙光塔（上海圣约翰大学 Sailor 教授的妻子 Sara Bailey 拍摄）

统，每晚塔灯照亮城市夜空。2010年来，由于塔内楼梯损坏，塔檐及栏杆均有风化脱落，存在安全隐患而封闭。

（三）塔的基本情况

龙光塔是无锡明代万历以来科举兴旺的象征、文峰标举，既是无锡历史地理标志，也是城市建筑景观标志。1949年前为无锡城区最高建筑。1957年由无锡市人民政府公布为市级文物保护单位，1983年11月21日重新公布为市级文物保护单位。

龙光塔架高于山顶地面0.29米，塔基为毛石填充，基础底部直达基岩。塔为七层八角楼阁式砖塔，每层从下往上渐收，层高3.5—4.9米，内部边长1.2225—1.37米，一层外部边长2.94米。墙体为砖砌，厚1.526—1.895米。塔高31.29米，宽7.09米，总建筑面积244.77平方米，总占地 41.73 平方米。

塔内设螺旋形楼梯，各层设有拱形门洞，游人可从此进入平台倚栏眺望，城市风光，尽收眼底。塔顶有铜葫芦。

塔的西入口明代王问所书“龙光塔”三字，于1993年11月塔重修时置额。塔之一层有1923年周廷弼题、邵晋康刻龙光塔诗。外墙另有龙光塔文物保护标志碑和说明碑各一方。塔之三层面东有一碑，系万历二年（1574）常州知府施观民题、邑人王问书法“龙光塔”题刻。塔之五层另有字迹不明之残碑一方。塔身通体为赭红色，外观与明代万历年间绘画作品中龙光塔颜色相同。

二、修复概况

（一）修复前状况

从外观看，龙光塔外墙斑驳、褪色，部分粉刷层脱落，内外墙都存在开裂、空鼓现象；室外地坪外角点混凝土地面开裂、脱落；屋面与挑檐出现混凝土开裂、局部露筋现象；室外水泥扶手所用钢筋严重腐蚀锈胀，表面开裂，铸铁栏杆表面锈蚀较为严重；室内楼梯栏杆扶手钢管与预埋铁件严重生锈，踏步板面、板底及梯段梁因钢筋锈胀而混凝土脱落，钢筋外露；底层柱脚墩角点处有开裂现象；室内楼地面起砂、剥落，凹凸不平；碑文、门窗套线条表面老旧、掉色；灯光照明设备线路老旧。塔整体结构尚好，但由于塔外扶手和飞檐混凝土构件风化脱落，时常会坠落，对游客造成危险，必须大修。

（二）项目立项

2017年1月，锡惠公园动议修复龙光塔。2月，锡惠公园向无锡市文化遗产局（今无锡市文物局）递交了《关于市级文物保护单位龙光塔需修缮的请示》，市文化遗产局当即派员现场查勘，认为龙光塔存在严重安全隐患，抢救性修缮迫在眉睫。指示封闭龙光塔周围场所，防止高空坠物。

在上级的支持下，锡惠公园着手前期准备工作，请上海同济大学开展龙光塔文物建筑勘察工作，查清病情病况，在此基础上请专业单位编写了修复方案，2017年12月，向上级递交了《关于上报龙光塔修缮方案的报告》。2018年1月，市文化遗产局组织专家对修复方案进行了论证，并下达“关于市级文保单位‘龙光塔’修缮方案的专家论证意见”，指出：龙光塔是无锡一处重要的历史文化遗产，也是无锡市具有标志性的建筑之一，具有较高的历史、科学和艺术价值。由于多年自然风化与侵蚀，目前已存在多种隐患，急需修缮。2017年10月21日同济大学建筑设计研究院出具的《龙光塔“文物建筑勘察报告”》是本次修缮方案制定的主要依据，该报告明确了龙光塔的现状和安全隐患。确定本次修复的重点：保持龙光塔原塔身主体砖砌结构，拆除钢筋混凝土的出檐、平座和栏杆，并按原形制、原材料加以恢复；拆除龙光塔塔内各楼层平台和楼梯，按原形制、原材料加以恢复；并对防雷、照明、露明和外墙颜色提出了指导意见。至此，完成了修复立项任务。经公开招标，由无锡市古典建筑工程有限公司承担此修缮工程，标的额272.86万元。

（三）项目捐赠

龙光塔修复工程经媒体广泛宣传后，引起了社会各界的关注。荣德生先生1930年曾捐资修缮龙光塔，他的孙子——香港隆源企业控股有限公司主席荣智健先生，闻讯后热忱向无锡市政府提出，由他个人全额捐款承担此次龙光塔的修缮费用。2018年8月13日，由无锡市副市长刘霞主持，荣智健先生的代表蒯建平、无锡市文化遗产保护基金会和锡惠公园签署三方捐赠协议，捐赠金额为495万元。

（四）项目启动

2018年10月17日，在锡山北麓、惠山古镇中国泥人博物馆东侧工地隆重举行“无锡市惠山古镇二期建设暨龙光塔修缮项目”开工仪式，江苏省委常委、无锡市委书记李小敏，无锡市政府、无锡市人大常委会、无锡市政协、梁溪区政府、无锡市文旅集团领导及此塔修缮捐款人荣智健先生等各方来宾见证了开工仪式。

（五）建设单位

本次工程主持单位为无锡市锡惠公园管理处，考古单位为无锡市文化遗产保护和考古研究所，勘测单位为同济大学建筑设计研究院，设计单位为无锡市信实建筑设计研究所，施工单位为无锡市古典建筑工程有限公司，监理单位为江苏园景工程设计咨询有限公司。另外，无锡市气象防雷、照明亮化专业单位参与了相关项目的论证和建设。

（六）工程介绍

龙光塔修缮工程包括前期的龙光塔文物勘察工程，明代古塔考古勘察工程，及本次龙光塔修缮工程，防雷工程，亮化工程，环境工程，碑亭、碑墙营建和碑刻等文化工程。

1.龙光塔文物勘察工程

根据专家意见，在修复工程开展前，必须探明龙光塔的结构和文物安全状况。2017年8月至10月，聘请同济大学建筑设计研究院赵鸣教授率领的工作团队对龙光塔进行了全面深入的检测，完成了龙光塔基本情况调查，龙光塔建筑特色及重点保护部位调查，建筑尺寸测绘，建筑结构测绘，龙光塔变形情况检测，龙光塔完损情况检测，主要结构构件材料性能检测，钢筋锈蚀率检测，基础情况检测，龙光塔结构安全性检测，龙光塔结构安全性评估等10余个方面的课题，最后对勘察鉴定做出结论及建议，递交了《龙光塔文物勘察工程》文本。检测认为目前龙光塔结构满足承载力要求，无不均匀沉降。塔身略向东南倾斜，但在正常范围内。主体结构砖墙基本完好，但混凝土结构普遍存在开裂，钢筋存在锈蚀问题，需要修缮。

2.明代古塔考古勘察工程

2018年1月9日至20日，无锡市文化遗产保护和考古研究所领队李光日带领考古队一行8人到锡山勘探明代石塔遗址。明代永乐初，锡山上曾有塔，后湮灭。嘉靖初，建石塔。万历二年，又建砖塔。现在砖塔尚在，石塔已不存。本次考古勘察就是要根据史料和古代绘画资料寻找那座湮灭的石塔。

推测可能发现石塔的地方，先是在石浪庵的北上平台挖探沟，发现房屋基础，未有石塔基础发现。经分析，此处较低，不应是建石塔的地方。后在山顶靠近平台的地方找到较大平地发掘，开挖50厘米×50厘米×800厘米十字形探沟数条（图三），仍未发现石塔基础。综合史料和实地挖掘勘探结果，考古队分析，石塔应该在今龙光茶室（内悬“湖山迎爽”匾）台基下。此处原为龙光寺藏经楼，中华人民共和国成立后拆除，改建成一座茶室。估计历史信息已被扰乱，现在开挖不便，就此收工。本次勘察，排除了一些不可能有明代石塔的地方，明确了石塔可能存在的线索和方位。

3.龙光塔修缮工程

2018年4月，龙光塔设计固化，出施工图。5月，锡惠公园上报此施工图。8月网络公示并公开招标，无锡市古典建筑工程有限公司中标。9月，开始做施工前准备工作，包括选择监理单位，研究施工方案。在锡山北坡架设机械运输便道，运送搭建脚手架用的钢管等。在锡惠公园的统一领导和安排下，成立龙光塔工程修复领导小组，建立了由建设、施工、监理、审计、照明、防雷等单位人员参加的每周工作例会制度，讨论、解决、推进、监管各施工项目。由专门的摄制组跟踪拍摄重要建设过程。

图三 勘探明代石塔遗址

本次修复，先期将龙光塔原塔身墙面粉刷涂层全部敲除剥离，拆除原有的照明灯具及电路串管、避雷针，然后拆除原来的混凝土飞檐、平座、栏杆，最后拆除楼梯。按原样、原工艺浇注或修复上述各部件，对塔内原有钢筋进行除锈、局部更换或补充、加强。按原样重新浇了水泥楼梯，材料强度按最新高标准配置。新做强度更高的不锈钢楼梯扶手。对塔顶铜葫芦及塔内各层发现的灯龛进行摄影测量，并绘图留档，印证古代史料记述，供后续研究。根据专家意见，在塔之五层对墙体旧砖砌体进行露明。

龙光塔外墙面粉刷，增加弹性，外墙刷腻子三遍，再喷涂弹性涂料及底涂。龙光塔外墙色彩，根据文物专家意见，参照本次修复前的颜色，按原色涂料涂刷。修复前的颜色是

图四　龙光塔己亥（2019）修复前

原园林局总工、教授级高级工程师李正于1993年确定的，为赭红色，10多年来，已为广大民众所认可（图四）。而根据明代松江画家宋懋晋所绘《寄畅园画册》，其中“苍源”“蔷薇幕”“寄畅园”等三景中有龙光塔图样，其塔身颜色也是赭红色，与目前相似，所以目前塔身颜色就是还原明代建造时的原色。本次外墙涂色时，根据专家确定的颜色先做了试样，等颜色沉着固定后再征求意见，做适当的微调，最后做全面涂刷。

4.防雷工程

对于防雷，为确保龙光塔安全，本次修缮时专门做了设计，废除了原有的避雷引雷装置。按照市气象台防雷中心的要求，利用塔顶铜葫芦做接闪器，另外从此接闪器接引两排钢带引入塔身外地表，按规范埋入地下。2019年4月15日通过了防雷中心的检测，施工质量达标。

5.亮化工程

宏力照明集团有限公司为此次修缮工程亮化设计单位，在市照明管理处指导下，和施工结合，将原有电线管道改成暗管，灯具也改成掩埋式，安装新颖可变色LED灯648套、各型投光灯152套。充分考虑灯光照射到红色塔身可能变色的影响，设计相协调的灯色来还原其本色。

6.文化工程

（1）铜葫芦拓片。锡山龙光塔塔顶有铜葫芦，由来已久，在清道光十六年（1836）赵函所撰《重修龙光塔铭》中有所记述，“相传古塔顶为铜壶卢”，后被神人摄去改易“铁灯檠”。至民国时，周廷弼、祝大椿发起修缮龙光塔，又以铜葫芦装置塔顶。无锡方志只记载时在1925年，此铜葫芦重1.5吨，其余则无详细描述。在此次实施修缮时，2018年11月，施工部门发现塔顶铜葫芦上有字（图五）。考虑到之前并无此铜葫芦的资料，决定拓片留档，请陕西工匠登顶作业（图六、图七）。同时对铜葫芦高度、内外径进行了测量并绘图。

根据本次拓片，查明铜葫芦上有功德芳名216人，其中，女性55人。铜葫芦上刻有当时无锡著名乡绅、官吏和工商实业家，如薛南溟、蔡兼三、杨翰西、杨石渔、蒋遇春、孙荷生、徐涵若、孙鹤卿、杨干卿、钱镜生、陶丹翼、高映川等，以及主持人祝大椿及其家族人员。另还有铸造作坊“民国十三年岁在甲子仲冬月之谷旦本邑南门外曹三房老全记铸造”重

图五　铜葫芦上的刻字

图六　工匠登龙光塔顶作业

图七　制作龙光塔铜葫芦拓片

图八　《重修锡山龙光塔记》碑

要信息。曹三房是明朝年间的无锡老字号，其铸造的法器现存最早的为明崇祯年间的，存浙江普陀山。浙江天童寺有曹三房老全记铸造的千僧锅，时在崇祯十四年辛酉（1641）。

薛南溟、杨定驹字面朝北。应该自薛南溟开始，竖排向左顺时针方向旋转，自葫芦锥状体平座朝上65厘米内为阳文，有118人。字大2.5厘米，厚度约4毫米，高度65—90厘米内为阴文，有97字。下部为阳文，阴文在上部，中部杂有阴文。朝东南方向有四排落款“民国十三年岁在甲子仲冬月之谷旦本邑南门外曹三房老全记铸造”，共28字，阳文。从铜葫芦上面的铭文可以看出，当时无锡的工商实业家和知名人士参与了铜葫芦的捐建铸造。其他都是民间人士，未发现有僧人或者其他宗教人士名字，也未见具体捐赠的金额。

2018年12月29日，综合无锡市古典建筑工程有限公司王子玲工程师和陕西省文物保护研究院杨帅的测绘资料，锡山龙光塔顶铜葫芦具体数据如下。①方位：南202度。②海拔：113米。③尺寸：葫芦高2.635米。分两节，由四个部分组成，底座圆柱体、底座托盘、底座、葫芦锥状体。底座圆柱体：高58厘米，直径100厘米，壁厚1.5厘米。底座托盘：厚3.5厘米，

图九 黄稚圭先生在镌刻碑

图一〇 碑墙

直径60厘米。底座：立柱高12厘米，直径28厘米，壁厚1.5厘米。葫芦锥状体：高189.8厘米，直径28—80厘米，壁厚1.5厘米，葫芦口直径20厘米。④铭文：南174度。据现有尺寸推算铜葫芦重853公斤。

（2）碑刻工程。本次修复实施的碑刻工程也是重要的文化亮点。一是新刻一方由无锡市人民政府撰写的《重修锡山龙光塔记》碑，记述龙光塔源流及历史的同时，表彰荣德生、荣智健祖孙俩为龙光塔修复所做功德，以及本次修复的概况（图八）。二是根据无锡市图书馆所藏旧拓片，重刻清代雍正和道光年间的重修龙光塔记和铭。三是根据民间提供的清道光十八年（1838）钱泳所撰书的《锡山龙光塔进士题名》，重刻唐、宋、元三朝进士73人，和有当时官员登塔观碑题名碑一方。四是根据史志记载重刻康熙年间秦松龄撰文的《重修龙光塔记》。以上共13方碑刻，请著名工匠黄稚圭先生镌刻（图九）。为陈列安放这些碑刻，专门申报设计了碑亭和碑墙（图一〇）。另外，对龙光塔内一、三、五层原有的三方碑，以及龙光塔保护碑、说明碑进行了出新，对三层万历年间的龙光塔塔名碑加装玻璃框以保护。市政府撰写的碑记如下：

重修锡山龙光塔记

至德名邦，山川秀美。无锡惠山崛起于平壤之上，南望太湖烟波，北瞰梁溪运河。其东峰锡山之巅，有龙光塔翼然立焉。此塔建于明万历二年（一五七四），是年春，邑人孙继皋状元及第，上距无锡首位状元蒋重珍夺魁已三五一年；此后邹忠倚、王云锦、顾皋相继高中春闱一甲第一。由此，龙光塔被邑人尊奉为振兴无锡文风之塔。

考有清一代，塔初修于康熙壬子（一六七二），邑令吴兴祚主其事；再修于雍正庚戌（一七三零），邑令江日容主其事；三修于道光丙戌（一八二六），未能完竣。四修于道光丙申（一八三六），杨惕斋等主其事。同治四年（一八六五），塔顶毁于火。民国年间，祝兰舫、周舜卿等邑绅分别捐款修塔，但未克全功。民国十九年（一九三零），荣德生先生捐资大修，改塔为砖混结构，以期永固，遂成今日形制。

中华人民共和国成立后，园林部门于一九五五年、一九五七年、一九六五年、一九七六年、一九九三年、二零零零年六次修缮龙光塔。一九五七年龙光塔被公布为无锡市文物保护单位。迨二零一八年，荣智健先生闻讯修塔动议，秉承祖父荣德生先生热心公益之美德懿范，遂慷慨捐资，襄赞家乡对龙光塔作全面葺治。

二零一八年十月重修启动，塔身保持七层八角楼阁形制，砖混结构，塔高三一点二九米；重塑飞檐栏杆、整修塔刹及塔内楼梯，彩其塔身，亮化美化；重刻清雍正、道光修塔碑记和道光龙光塔进士题名碑记，承续历史文脉，翌年春竣工。因其修旧如故，保留古韵，使孤标独秀之塔，巍然屹立于名山苍穹间。更为倾力保护历史文化遗产，传承崇文尚教之风，褒扬乐善公益之举，树立承前启后之标杆。

无锡市人民政府　立石

公元二零一九年二月

（3）灯龛与露明。在铲除内外墙粉刷层时，在一层的外墙南、北面和塔内一至七层都发现了大小不一的龛，是从墙壁上向内凹的坤门砖龛（图一一）。技术部门根据专家意见做了测量绘图。具体数据如下（表一）。

图一一　龙光塔一层外墙塔龛

表一　龙光塔龛楼层分布情况

楼层	方位		宽（毫米）	高（毫米）	深（毫米）
一层	内	东南	620	710	
		西南	720	760	
		西北	620	840	
	外	东北	600	700	600
		东南一上	700	900	
		东南一下	600	700	800
		西北	620	800	
二层	内	正北	610	810	
		正东	560	780	
		正南	620	780	
	外	正北	800	1800	
		正东	800	780	
		正南	800	718	

（续表）

楼层	方位		宽（毫米）	高（毫米）	深（毫米）
三层	内	正东	610	1540	
		正南	610	780	
		正西	610	1420	
		正北	610	1540	
	外	正西	800	1800	
		正北	800	1800	
四层	内	东北	600	1810	
		东南	630	1500	
		西南	630	1470	
		西北	630	2340	
五层	内	正北	650	760	
		正东	580	900	
		正南	610	740	
		正西	650	760	
六层	内	东北	550	830	
		西南	570	800	
		西北	520	800	
七层	内	正东	550	760	
		正南	600	760	
		正西	610	750	
		正北	610	780	

根据方志和明代邹迪光所作诗文推测，最早这些龛为灯龛，他在《石语斋集》卷九的《塔照亭看锡山塔返照注射如黄金色，次周承明韵》中记述：“霞幢云罨起岩阿，赢得浮屠瑞色多。盘立千寻仙掌丽，窗开八面佛颜酡。弥天宝藏疑成烧，大地金轮渐欲波。返照尽消兰炬出，隔帘已整雪儿歌。”又在《石语斋集》卷六的《锡山寺观塔灯歌》中说：“僧弥守护不少暇，往往烧灯过子夜。格泽嘘烟天外来，祝融吐焰云中泻。大如金轮挂玉岑，细如舍利散珠林。澹如冰绡印水月，炽如宝地铺黄金。踈如一点两点明星光历历，密如千树万树紫宝垂森森。”邹迪光在愚公谷中看塔灯，成为锡山一景。今日修塔发现的这些龛可推测当时用作灯龛。按照专家的意见，将塔龛记录在案，并仍旧掩藏在龙光塔墙中。为展示龙光塔原来的墙砖，在龙光塔内墙五层面东方向，对原有的砖墙砌块做了露明处理，尺寸为长50厘米，宽40厘米，让游客能够感受这一文物的原真性，从这一历史物件中追溯丰富的历史信息。

三、结论

龙光塔自万历二年始建，至2019年的445年间，饱经沧桑，承载了乡人的期盼和不尽的乡愁，历经15次修缮，仍然屹立在锡山之巅。

图一二　龙光塔修缮竣工仪式

图一三　龙光塔己亥（2019）修复后

相关专家在评审意见上指出：该修缮工程手续完备、程序合法，达到修缮方案的设计要求。施工质量良好，工程对龙光塔的本体进行了必要的修缮与加固，并保持了该塔原有的结构与外貌特征。与本工程相关的其他工程如防雷、亮化等工程均达到了相关的要求。2019年5月19日，市文物局根据专家意见，在此塔的验收意见中写道："该项目符合批准方案的有关要求，原则同意该文物保护工程通过验收。"至此，龙光塔修缮工程圆满竣工。

2019年5月21日上午，无锡市政府在锡山顶龙光塔下举办龙光塔修缮竣工仪式（图一二），荣智健先生的儿子荣明棣先生发言，他说："此次能为家乡光大名胜文化、为龙光塔保护修缮工程尽绵薄之力，是我荣氏乡邑家族择善而从的荣光之举。我们荣家发源于无锡，是这块文化涵养深厚、经济基础优渥的故土，培育、支撑和推动了家族先祖的民族工业事业的兴旺发展。故乡情怀，敦睦乡谊，让我们永远牵挂着无锡的这方热土；血脉传承，游子乡愁，让我们永远关心着家乡的时刻变迁。此次龙光塔保护修缮工程的顺利竣工，使我们见证了敬畏历史、尊重传统、传承文脉、永续保护的文化事业在无锡的发扬光大。"修复后的赭红色的龙光塔（图一三），在绿色山林的映衬下，光彩夺目，金火相镕。无锡这一江南盛地、太湖明珠必将光腾牛斗，无锡将开启更加美好的新生活！

注　释

[1]　〔明〕邵宝：《惠山记·惠山记续编》，古吴轩出版社，2006年版。

[2]　〔瑞士〕阿道夫·克莱尔（Adolf Krayer）：《一个瑞士人眼中的晚清帝国》，华东师范大学出版社，2015年版，第216页。

艺术

Art

元代钱裕墓云托日月鎏金银片研究

张　帆 *

【摘要】元明时期的墓葬中有不少云托日月片出土，主要分布在南方，尤其以江苏南部较为集中。钱裕墓出土的云托日月片是其中年代最早、尺寸最大、图案最为丰富的一对。一般出土的日月片中间以“日”“月”铭文标识，钱裕墓的则不同，是唯一压印日宫、月宫图像的一对。据考证，墓葬中置日月片是受道教思想影响，它们是用于祈求赦免死者罪孽、重获身形、早登仙界的冥器。但云托日月图并非属于道教系统，而是受神话影响形成的文化符号。在明朝，此种图案不断创新丰富，逐渐演变为装饰符号。

【关键词】云托日月　钱裕墓　金银　道教　文化符号

20世纪60年代，在无锡峄嶂山尧歌里发现了一座元代夫妇合葬墓，根据墓志得知墓主人是元代无锡当地有名的乡绅钱裕及其夫人陆氏。墓中随葬品丰富，出土了金、银、珠玉、漆器、服饰、纸币等百余件物品，其中春水玉带扣、“邓万四郎”款连生贵子纹高足金杯，以及至元通行宝钞等一批精美的出土物受到人们较高的关注，略显粗糙单薄的云托日月鎏金银片（图一）则受关注较少。本文通过梳理墓葬出土的同类器物，试图论证其功用以及文化内涵。

图一　钱裕墓出土的云托日月鎏金银片

一、钱裕墓出土的云托日月鎏金银片

云托日鎏金银片，鎏金大多脱落，在边缘和凹陷处有少许残存，通宽10.5厘米，通高14.2厘米，质薄，重约12克。器形较为完整，如意云纹上托圆片，是为日，云纹下部两侧的边脚有所断缺。圆片边缘压印两圈联珠纹，内以联珠纹压印出金乌脚踩浮云的图案。金乌形

* 张帆：无锡博物院馆员

似雉鸡，头部有扇形冠，羽毛丰满，压印的联珠纹内沁入白色物质或为石灰，显得图案更加突出。如意云纹大体呈左右对称分布，以联珠纹勾勒出如意云纹轮廓和形状。云纹片和圆形片以上下相叠的方式，在圆片边缘两圈联珠纹处压印相接，接口的边缘均清晰可见。相接的下部也就是银片的颈部有凸起的压印方框，内似有文字，但模糊不可辨。

云托月鎏金银片，云纹片残缺，仅存圆形月片。鎏金基本脱落，在边缘的联珠纹处略有残留。圆片与日片类似，边缘两圈联珠纹，内以联珠纹压印出桂树下玉兔捣药的形象：桂树沿圆片左侧边缘延伸至右上缘，圆片似框景，显现桂树一角；玉兔背对桂树，后肢站立，前肢及杵，杵在臼中；玉兔脚踩的桂树底下一片空间，同样以联珠纹压印，或为一片横云或是表现桂树下的一片平地。

这两件银片总体而言图案相对规整，但制作略显粗糙，尤其与一同出土的金银器相比。虽然两件都有缺损，其中一件还缺损严重，但价值较高的日月形象都较好地保存了下来。

二、出土的日月金属片

从考古出土来看，日月图像早在新石器时代即有发现，如大汶口文化陶尊和龙山文化陶尊上就出现了日月形象；汉代以来更是种类广泛，在壁画、画像石、画像砖、丝织品、瓦当和铜镜中均有发现[1]。但笔者梳理目前已发表的资料来看，此类云托日月的金属片最早发现于元代，即钱裕墓出土的这对；元到明晚期均有出土。下面将已知出土的此类金银片以列表的形式进行梳理。

表一　出土的日月金属片

序号	墓葬/出土地	位置	年代	墓主身份	出土位置及特征	数量（件）	材质	尺寸、重量	图片
1	钱裕墓[2]	江苏无锡	钱裕卒于元延祐七年（1320），其妻陆善应卒于泰定甲子年（1324）	乡绅	墓室中，位置不详，有2小孔	2	银鎏金	宽10.5厘米，高14.2厘米，重18克	图一
2	张士诚母曹氏墓[3]	江苏苏州	卒于元至正二十五年（1365）	元末农民起义领袖张士诚之母	两手心中分别握日月金片	2	金	重6.34克	图二，1[4]
3	汪兴祖墓[5]	江苏南京	卒于明洪武四年（1371）	荣禄大夫、同知大都督府事	出土时与玉带饰一起	2	日片为金，月片为银（已残）	高4.5厘米，宽3.6厘米	图二，2[6]
4	仇成墓[7]	江苏南京	卒于明洪武二十一年（1388）	明开国功臣安庆侯	玉带、铜镜旁，下端有2小孔	1（日片）	金	直径5.5厘米，重5.8克	图二，3[8]
5	汤和墓[9]	安徽蚌埠	卒于明洪武二十八年（1395）	明开国功臣信国公	不详	2	银	直径6.2厘米	图二，4—1、4—2[10]
6	张妙寿墓[11]	湖南长沙	葬于明永乐十一年（1413）	明朝谷王乳母	后室	1（日片）	金	直径3.7厘米，厚0.1厘米，重5克	图二，5[12]
7	蔡国公夫人武氏墓[13]	江苏南京	卒于明宣德七年（1432）	蔡国公徐忠夫人	墓室中，位置不详，金片上有5个小孔	1	金	宽3.8厘米，高2.5厘米	图二，6[14]
8	徐俌墓[15]	江苏南京	卒于明正德十二年（1517）	徐达五世孙，承袭魏国公	徐俌头部木枕下，左日右月	2	银	直径6厘米	图二，7[16]

（续表）

序号	墓葬/出土地	位置	年代	墓主身份	出土位置及特征	数量（件）	材质	尺寸、重量	图片
9	王洛家族墓M1a[17]	江苏常州	卒于明正德七年（1512）	王洛，昭勇将军镇江卫指挥使，秩正三品	缝缀于棉絮上，棉絮叠放于棺底	2	银鎏金	不详	无
10	王洛家族墓M2c[18]	江苏常州	明嘉靖至万历时期	王昶继室	缝于棉絮上	2	银鎏金	直径3.2厘米	无
11	花园底白氏家族墓M5[19]	江苏常州	明嘉靖年间	应为白埈妾室，白埈曾任锦衣卫都指挥同知管南镇抚司事	不详，云根处有细孔	1（日片）	银	残高5.5厘米	图二，8[20]
12	双柏村M10[21]	四川成都	卒于明正德十六年（1521），应葬于嘉靖三年（1524）	何氏，乡绅	不详	2	铜	长5.2厘米，宽2.9厘米，厚0.3厘米	图二，9[22]
13	南京中央门外小市出土[23]	江苏南京	不详	不详	不详，金片有4个小孔	1（日片）	金	长9.1厘米	图二，10[24]

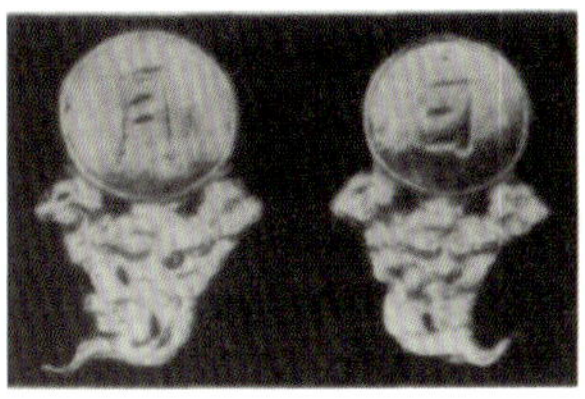

1. 元　张士诚母墓出土“日”“月”字纹金片

2. 明　汪兴祖墓出土云托“日”字纹金片

3. 明　仇成墓出土“日”字纹金片

4—1. 明　汤和墓出土“日”字银片

4—2. 明　汤和墓出土“月”字银片

5. 明　张妙寿墓出土“日”字纹金片

6. 明　蔡国公夫人武氏墓出土云托圆金片

7. 明　徐俌墓出土“日”“月”字纹银片

8. 明　花园底白氏家族墓M5出土云托“日”字纹银片

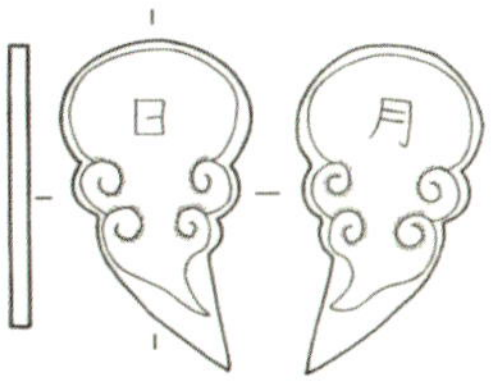

9. 明　双柏村M10出土“日”“月”字纹铜片

10. 明　南京中央门外小市出土云托“日”字纹金片

图二　出土的日月金属片

通过上表可知，出土日月片的共13处，除1处无确切出土信息外，其他均为墓葬出土。日月片多为成对出现，其中4处只有日片，1处无明显标记。其中仇成墓、汤和墓和张妙寿墓出土的日月片底无祥云托举，考虑其形制会有差异，但功能相似，故列入其中。四川成都高新西区双柏村M10除出土了一对云托日月片外，南墓室后壁还有云托日月的壁画。江苏常州花园底白氏家族墓M6出土了云纹片，但未见上托日月，故未列其中。

从出土范围上来看，出土日月片的13处，江苏10处，安徽、湖南、四川各1处，主要分布在南方，尤其集中在江苏南部。从墓主身份来看，墓主多为有地位的贵族或是有财力的乡绅。年代从元到明末期。元代以前未见出土，元代也仅有2处出土资料，明代出土较多。从出土位置来看，除了有些位置不详，基本位于墓室内：张士诚母墓的握于手中；徐俌墓的放置于头部木枕下，左“日”右“月”；王洛家族墓的两处均缝在棉絮上；此外钱裕墓、仇成墓、蔡国公夫人武氏墓、花园底白氏家族墓、南京中央门外小市出土的，上面均有小孔，推断应是缝在服饰或是被褥上的。

从形制来看，出土的日月片多为金质、鎏金银质或银质，只有1处是铜质。尺寸上，多为5—6厘米，小者3厘米左右，大者如南京中央门外小市出土的长达9.1厘米，钱裕墓出土的这对无论是高还是宽或是直径都是最大的。除钱裕墓出土的压印金乌太阳及桂树下玉兔捣药的月宫图案，其他均无图，在圆内以“日”“月”铭为记；或无内容，如蔡国公夫人武氏墓。从图像及铭文以及器物形制上看，钱裕墓出土的日月片与“日”“月”铭文片是否为同一类器物，还有待进一步讨论。但不可否认钱裕墓所出土的日月片图案表达的内容是清晰的，即云托太阳和月亮。“日”“月”铭文是否是此种日月片图案流传的简化？答案是不确切的。因为在宋墓中就出土有手捧云托“日”“月”铭文的陶俑[25]，如果是图案流传的简化，宋墓出土的应该是日月图像而非铭文；当然也有可能存在地域差异性。压印图案而非铭文，是否是元代无锡地区的流行做法？这也还需要更多的信息进一步确认。但我们从明朝嘉靖至万历年间的王洛家族墓可知，明朝中晚期无锡附近的武进已经采用“日”“月”铭文的方式。武进与无锡紧邻，在元代同属常州府，风俗变迁应有参考意义。

三、云托日月片功用及演变

对器物功能的考察，离不开它的使用环境。首先，从出土的资料来看，日月金属片几乎都出自墓葬，除一处信息不明外，都指向其与墓葬相联。其次，相较于同出的实用器，金属片单薄，制作粗糙，在墓葬出土时不少已经残损，因此此种云托日月金属片应该是作为冥器而制作，并无实用功能。再者，从出土时的位置可明确其冥器身份。张士诚母墓的握于死者左右手中；徐俌墓的放置于死者枕下；王洛家族墓则更加明确，出土时日月片与方胜、“天下太平”冥币一起缝在棉絮上。方胜和“天下太平”冥币是墓葬中使用较为广泛的厌胜之物，用于为死者辟邪祈吉，因此可知这种云托日月金属片为专用于墓葬中的厌胜冥器，也作辟邪祈吉之用。

据考证，墓葬中日月片体现了道教太阳、太阴的信仰[26]。日月片象征太阳和太阴，《洞真上清开天三图七星移度经》《上清天关三图经》中均有“魂神上玉九君，混合万变，共为一神，愿为我削阳罪於太阴，度阴气于太阳”，《上清天关三图经》中讲到信道修仙之人“首罪于太阴，修身于太阳”[27]。墓中放置日月片，其功用在于“乞请太阳、太阴赦免死者生前所犯罪孽，削除北阴死籍，重获身形，早登仙录”[28]。考古发现也证实了日月图像与道教紧密联系。在丹阳发现的南朝鹤仙坳南齐景帝墓，其拼砌砖画“龙、虎的中后身躯上飞舞着四个天人，位于上层的天人身躯硕大，持节而降；其身下三位较小的小天人各持法物，图像与《真诰》所载神降场合相合”[29]。类比同类型的金家村墓（图三[30]），可知这其中就有“小日”“小月”和“大日”“大月”的拼砌砖画[31]，日月图像为金乌和玉兔，与钱裕墓出土的图像类似。《真诰》是南朝道士陶弘景编撰的道教经典，鹤仙坳拼砌砖画营造的是一个道教的神仙世界。与鹤仙坳类似的，金家村、吴家村及狮子冲等齐、梁时期陵墓中均有此类的拼砌砖画。因此出土的砖画也证实了此种日月图案确实与道教构建的神仙世界相关。

虽然墓葬中放置日月片或是有些日月形象是道教思想影响下的产物，但云托日月图并非属于道教系统。儒家经典则更早出现日月图，在今本《尚书·益稷》篇十二章纹的论述中即有日月，“予欲观古人之像，日月、星辰、山龙、华虫……以五采彰施于五色作服”，明朝的《三才图会》收集了十二章纹，其中日月图像与钱裕墓压印的图案如出一辙（图四[32]）。孙机指出《益稷》篇关于十二章服的论述属于后人窜入，“周金言锡衣，仅及‘黹’‘衮’之饰，没有如此繁复的图案，更不要说虞舜之时了”[33]。十二章纹是汉代儒学大家郑玄提出，东汉明帝采东平王苍的建议，“袭十二章之服，自此以后形成定制，为唐代所袭”[34]，一直沿用到明清。只有天子礼服上才能有日月图案，也就是至迟在汉代这种日月图的组合一直存在，在儒家经典中这种日月图是权威和身份的象征。也是在“汉代基本奠定了月宫中有桂树、玉兔、蟾蜍的基础，并被后世所继承，同时也在不断创新”[35]。太阳中的金乌图也是如此，它是以神话传说为基础，[36]是古人天象观的反映，各宗教和学说利用日月图这种符号，表达自己的文化内涵。

同样，墓葬中放置日月片并不代表死者或是其家人信仰道教，更多的是体现一种趋吉避邪的心理和丧葬习俗。如出土了日片的张妙寿墓中，同时也有《金刚般若波罗蜜经》和《大佛顶首楞严经》等佛教经典出土[37]。到明代这种云托日月的形象逐渐演变为装饰图案，脱

1. 日拓片

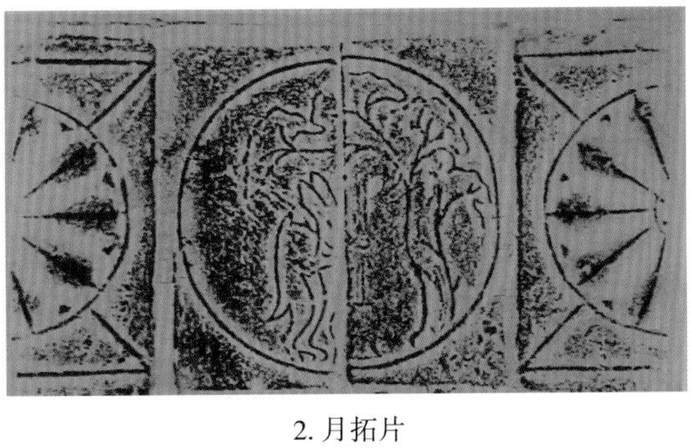

2. 月拓片

图三　金家村南朝失名陵砖画

图四　明　《三才图会》中的十二章纹

图五　明　沐晟墓出土“佛”字金簪

图六　明　华鸿山墓出土金簪

离了原本的内涵。如南京明正统四年（1439）的沐晟墓中出土的“佛”字金簪，将云托日月片铭文改写成“佛”字并制成了首饰簪戴（图五[38]），可知此时此种图案已完全脱离墓葬厌胜之器的功用。无锡明万历年间的华鸿山墓出土的一对金簪[39]（图六），金簪头类似云托日月形象，但一对簪子并非对称的日月，圆内是树下一只玉鸟，两只形象相对，已完全脱离了日月形象本身，化成一种装饰图案。

综上可知，钱裕墓出土的云托日月片为目前所知此类器物中年代最早、尺寸最大、图案最为丰富的一对，也是唯一压印日宫、月宫图像的一对。这种压印图像与“日”“月”铭文片是否为同一类器物，还有待进一步讨论。墓葬中日月片为厌胜冥器，是道教思想在丧葬中的体现，用于祈求死者重获身形，早登仙境。但这种云托日月的形象并非属于道教，儒家等文化中都出现过这种图案，并用它来表达自己的文化内涵。此种图案在明朝逐渐演变为装饰符号，其内涵被创新丰富。

注　释

[1]　冉万里：《汉代以来月宫图像的考古学观察》，《秦汉研究》第8辑，第54—60页。

[2]　钱宗奎：《江苏无锡市元墓中出土一批文物》，《文物》1964年第12期，第52—61页。

[3]　郭远谓：《苏州吴张士诚母曹氏墓清理简报》，《考古》1965年第6期，第289—303页。

[4]　图采自郭远谓《苏州吴张士诚母曹氏墓清理简报》，《考古》1965年第6期，第302页。

[5]　李蔚然：《南京明汪兴祖墓清理简报》，南京市博物馆编：《南京考古资料汇编》，凤凰出版社，2013年版，第2068—2073页。

[6]　图采自南京市博物馆编《明朝首饰冠服》，科学出版社，2000年版，第55页。

[7]　南京市博物馆：《江苏南京白马村明代仇成墓发掘简报》，《文物》2014年第9期，第46—57页。

[8]　图采自南京市博物馆编《明朝首饰冠服》，科学出版社，2000年版，第58页。

[9]　蚌埠市博物展览馆：《明汤和墓清理简报》，《文物》1977年第2期，第35—40页。

[10]　蚌埠市博物馆藏。

[11]　长沙市文物考古研究所、望城县文物管理局：《湖南望城蚂蚁山明墓发掘简报》，《文物》2007年第12期，第42—55页。

[12]　图采自长沙市文物考古研究所、望城县文物管理局《湖南望城蚂蚁山明墓发掘简报》，《文物》2007年第12期，第47页。

[13]　南京市博物馆、雨花台文化局：《南京小行明蔡国公夫人武氏墓》，南京市博物馆编：《南京考古资料汇编》，凤凰出版社，2013年版，第2202—2207页。

[14]　图采自南京市博物馆、雨花台文化局《南京小行明蔡国公夫人武氏墓》，南京市博物馆编：《南京考古资料汇编》，凤凰出版社，2013年版，第2203页。

[15]　南京市文物保管委员会、南京市博物馆：《明徐达五世孙徐俌夫妇墓》，《文物》1982年第

2 期，第 28—35 页。

［16］ 图采自南京市博物馆编《明朝首饰冠服》，科学出版社，2000 年版，第 59 页。

［17］ 武进市博物馆：《武进明代王洛家族墓》，《东南文化》1999 年第 2 期，第 28—36 页。

［18］ 武进市博物馆：《武进明代王洛家族墓》，《东南文化》1999 年第 2 期，第 28—36 页。

［19］ 常州市考古研究所：《江苏常州花园底明代白氏家族墓发掘简报》，《东南文化》2014 年第 6 期，第 43—52 页。

［20］ 图采自常州市考古研究所《江苏常州花园底明代白氏家族墓发掘简报》，《东南文化》2014 年第 6 期，第 48 页。

［21］ 成都文物考古研究所：《成都市高新西区双柏村宋、明墓发掘简报》，成都文物考古研究所编著：《成都考古发现（2013）》，第 605—645 页。

［22］ 图采自成都文物考古研究所《成都市高新西区双柏村宋、明墓发掘简报》，成都文物考古研究所编著：《成都考古发现（2013）》，第 638 页。

［23］ 南京市博物馆编：《明朝首饰冠服》，科学出版社，2000 年版，第 56 页。

［24］ 图采自南京市博物馆编《明朝首饰冠服》，科学出版社，2000 年版，第 56 页。

［25］ 江西南丰桑田北宋墓，四川蒲江北宋魏怡、魏大升墓均出土了手捧云托日月图的陶俑。

［26］ 张勋燎、白彬：《隋唐五代宋元墓葬出土的神怪俑与道教》，《中国道教考古》，线装书局，2006 年版，第 1716—1720 页。

［27］ 《上清天关三图经》，《道藏》第 33 册，第 812 页。

［28］ 张勋燎、白彬：《中国道教考古》，线装书局，2006 年版，第 1716—1720 页。

［29］ 左骏、张长东：《模印拼砌砖画与南朝帝陵墓室空间营造——以丹阳鹤仙坳大墓为中心》，《故宫博物院院刊》2019 年第 7 期，总第 207 期，第 54 页。

［30］ 图采自姚迁、古兵编著，郭群摄影《六朝艺术》，文物出版社，1981 年版，图一九九、二〇〇。

［31］ 左骏、张长东：《模印拼砌砖画与南朝帝陵墓室空间营造——以丹阳鹤仙坳大墓为中心》，《故宫博物院院刊》2019 年第 7 期，总第 207 期，第 46 页。

［32］ 图采自孙机《从历史中醒来——孙机谈中国古文物》，生活 · 读书 · 新知三联书店，2016 年版，第 58 页。

［33］ 孙机：《从历史中醒来——孙机谈中国古文物》，生活 · 读书 · 新知三联书店，2016 年版，第 57 页。

［34］ 孙机：《中国古舆服论丛（增订本）》，文物出版社，2001 年版，第 383 页。

［35］ 冉万里：《汉代以来月宫图像的考古学观察》，《秦汉研究》第 8 辑，第 69 页。

［36］ 刘惠萍：《图像与神话：日月神话研究》，陕西师范大学出版总社，2019 年版，第 165 页。

［37］ 长沙市文物考古研究所、望城县文物管理局：《湖南望城蚂蚁山明墓发掘简报》，《文物》2007 年第 12 期，第 54 页。

［38］ 图采自南京市博物馆编《明朝首饰冠服》，科学出版社，2000 年版，第 83 页。

［39］ 无锡博物院藏。

瓷板画《朱云扉先生传》略考

周利宁 *

【摘要】清末民国，乡绅因其学识、威望、财力、道德使命感和明清时期已经形成的庞大群体，成为地方事务的主要组织者和承担者。本文通过新征集的瓷板画人物传略，考察江阴地方乡绅于社会变革时期在维持地方秩序、兴办地方教育等方面的作为，勾勒乡村变革的缩影。

【关键词】瓷板画　朱云扉　乡绅　长泾

2021年3月，江阴市博物馆考古征集部新征集到一件民国时期的瓷板画，今略做考释，以供参考。

该瓷板长59.2厘米，宽38厘米，厚1厘米。为长方形，四角略为倭角，左下方倭角处略残。正面先施一层青白釉，烧制后再在其上用褐色釉写字、用红色釉画成印章再次烧造而成。除正面外，都不施釉。由于保存不善，部分褐色釉脱落，有黄褐沁色。（图一）

全文共1142字，皆能识别。释文如下[1]：

朱云扉先生传

传也者，借以留实迹，光幽泉，存传中人之真，使死者无有所憾，生者得致其严，而后其人传，其文亦与之俱传。降至/挽（晚）近，为子孙者一欲褒扬其亲，虽为恶人，皆务立传，以夸后世。立言者遂曲徇来请，妄言以博长材名，或素昧平生，/饰词以腊润笔礼。乌呼！世故太深，斯文将丧，此谀墓文之所以贻笑于通人也。吾才短，吾笔枯，不善谀人，人亦莫之/谀，吾葆吾真，而借此以显吾老友云扉朱先生之真。先生讳紫封，字云扉，吾乡之读余（圩）里人。父家桢公业农，故先生/幼年尝学稼，乘余暇从里中名师读。性聪颖，恒为诸师所激赏，遂一意敂（劬）学，文思锐进。既游庠，一应秋闱，不复往，盖/喜淡泊，课农桑，无幸进心。尝谓：“儒者读圣贤书，达则行善于天下，穷则为善于一乡，此固分内事，义不容辞。”故地方/有筑路建桥、兴学赈灾等善举，诸先辈必推先生，先生亦毅然胜任，不避劳怨，公而忘私。泪（洎）乎众望所孚，公举为乡/董，则以息事宁人为主。凡有雀鼠争，无不乐告先生，先生每视同家事，苦口婆心，反复劝谕，务使涣然冰释，于心始/安。若末由调解，受人唆使，涉讼公庭，则谢弗复问，故人多称为仁厚长者。至民国以来，庶政更新，又先后任乡会议/长、商团团

* 周利宁：江阴市博物馆副研究馆员

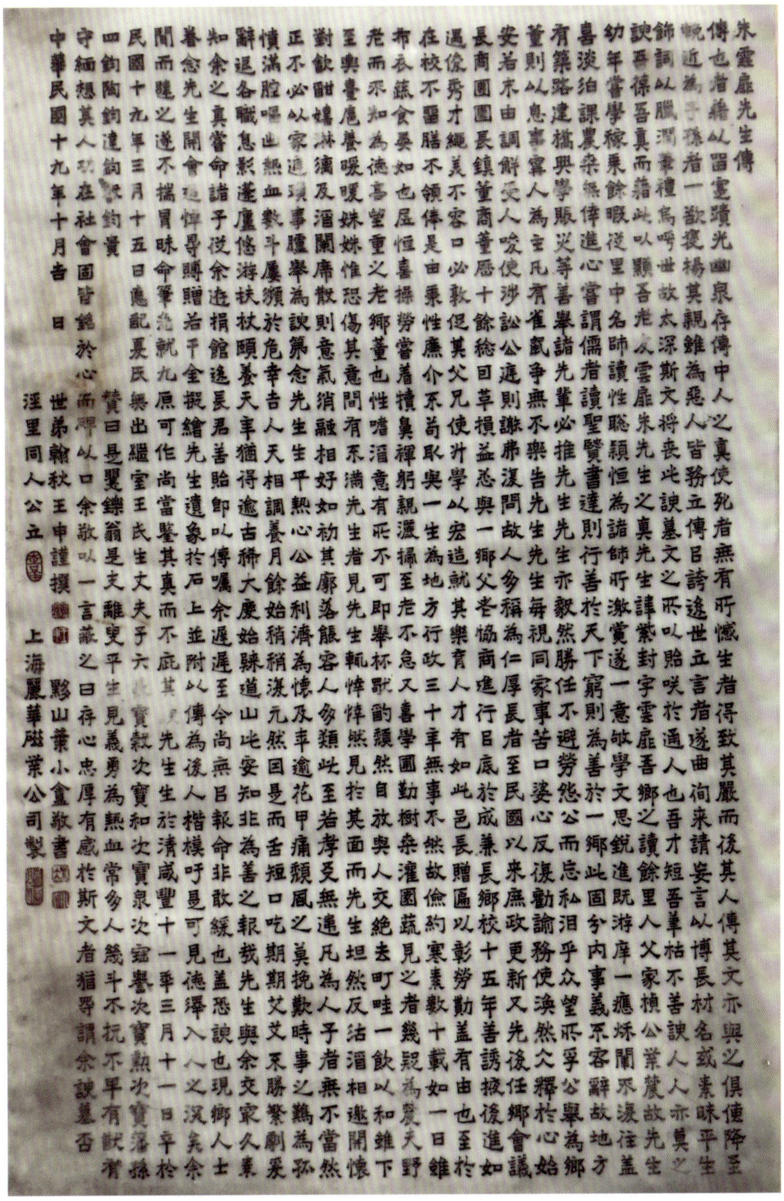

图一　《朱云扉先生传》瓷板画

长、镇董、商董，历十余稔，因革损益，悉与一乡父老协商进行，以底于成。兼长乡校十五年，善诱掖后进，如／遇俊秀才，绳美不容口，必敦促其父兄使升学，以宏造就，其乐育人才有如此。邑长赠匾，以彰劳勚，盖有由也！至于／在校不留膳，不领俸，是由秉性廉介，不苟取与，一生为地方行政三十年，无事不然。故俭约寒素，数十载如一日，虽／布衣蔬食，晏如也。居恒喜操劳，尝着犊鼻裈，躬亲洒扫，至老不怠。又喜学圃，勤树桑，灌园蔬，见之者几疑为农夫野／老，而不知为德高望重之老乡董也。性嗜酒，意有所不可，即举杯独酌，颓然自放。与人交绝，去町畦，一饮以和。虽下／至舆台，扈养暖暖姝姝，惟恐伤其意。间有不满先生者见先生，辄悻悻然见于其面，而先生坦然，反沽酒相邀，开怀／对饮，酣嬉淋漓，及酒阑席散，则意气消融，相好如初，其廓落能容人多类此。至若孝友无违，凡为人子者，无不当然，/正不必以家庭琐事胪举为谀。第念先生生平热心公益，利济为怀，及年逾花甲，痛颓风之莫挽，叹时事之难为，孤/愤满腔，呕出热血数斗，屡濒于危。幸吉人天相，调养月余，始稍稍复元，然因是而舌短口吃，期期艾艾，不胜繁剧。爰/辞退各职，息影蓬庐，悠游扶杖，颐养天年，犹得逾古稀大庆，始归道山，此安知非为善之报哉？先生与余交最久，素/知余之真，尝命诸子从余游。捐馆后，长君善贻即以传嘱余，迟迟至今，尚无以报命，非敢缓也，盖恐谀也。现乡人士/眷念先生，开会追悼，得赙赠若干金，拟绘先生遗象（像）于石上，并附以传，为后人楷模，吁（于）是可见德泽入人之深矣！余/闻而韪之，遂不揣冒昧，命笔急就，九原可作，尚当鉴其真，而不庇其谀。先生生于清咸丰十一年三月十一日，卒于/民国十九年三月十五日，德配夏氏，无出。继室王氏，生丈夫子六：长宝毂，次宝和，次宝泉，次宝誉，次宝勋，次宝藩。孙/四：钧陶、钧达、钧馨、钧贵。

赞曰：是矍铄翁，是支离叟，平生见义勇为，热血常多人几斗，不抗（亢）不卑，有猷有/守。缅想其人，功在社会，固皆铭于心而碑以口，余敬以一言蔽之，曰：存心忠厚，有感于斯文者，犹得谓余谀墓否？

中华民国十九年十月吉　日　世弟翰秋王申谨撰　黟山叶小龠敬书

泾里同人公立　上海丽华瓷业公司制

印章六方：“世弟翰秋王申谨撰”下两方方章分别为朱文“翰秋”、白文“王申”，为王申的印章；“黟山叶小龠敬书”下两方方章分别为朱文“叶大”、白文“小安”，为文字书写者叶小龠的印章；“泾里同人公立”下一方圆章为朱文“大吉羊（祥）”，是当时流行的吉语印章；“上海丽华瓷业公司制”下一方章为白文“丽华公司”。丽华瓷业公司是民国时期上海著名的瓷器公司，位于南京路441号，制作、销售江西瓷器，画像采用西洋画法。

据捐赠人严先生介绍，这块瓷板是其父于“文革”时期或稍后在长泾镇得来，原被村民用作搓衣板。考之于《长泾镇志》，第二十三章第二节《近代人物传略》中有朱云扉先生的小传[2]，全文如下：

> 朱云扉（1860—1930），字紫封，读圩里人。清庠生，光绪三十二年（1906年）首创仰延学堂。民国初年任长泾乡议会议长。民国二年仰延学堂改为长泾乡第一国民小学，朱任校长10多年，声望卓著。民国九年60寿辰时，江阴县署受“乐育英才”匾一方。民国十九年病逝，终年70。地方人士为纪念其热心办学，特制瓷屏两帧，一镌遗像，一镌传略，王翰秋撰文，均嵌砌于长泾小学壁内，现遗像屏尚存。

这则小传十分重要，与所征集瓷板内容相对照可知，该瓷板就是民国十九年（1930）长泾乡地方人士为纪念朱云扉先生特制的瓷屏。可以推测在“文革”期间，瓷板从学校墙壁内凿出后被村民作洗涤工具用，后由严先生之父从村民手中得到。镇志出版于1991年，之前瓷板已经被严先生之父由长泾镇携带返回江阴市内，长泾镇人民政府编写镇志搜寻资料时并不知道这一点，因此镇志只记载了遗像屏的下落。

从《长泾镇志》记载可知，制作瓷板的目的是地方人士为纪念朱云扉先生热心办学，两块瓷板一为画像（图二），一为传略。画像习俗由来已久，据《史记》记载，司马迁见到张良的画像时感慨，“余以为其人计魁梧奇伟，至见其图，状貌如妇人好女”[3]，可惜没说明画像的具体作用。至迟在五代时期，画像已明确使用于丧葬，据《宋史》卷二四《凶礼三》记载，孟昶丧礼用晋、周故事，有影舆一

图二 《朱云扉先生画像》瓷板画

图三 江阴市长泾实验小学校内刻石

辆，即一辆设置有画像的车[4]。宋代帝后有神御殿，大臣家有影堂，都供奉有祖先遗像。这种使用画像祭奠的传统被一直继承下来，直至现代。传略则来源于记述人物言行的行状，叙述死者世系、生平、生卒年月、籍贯、事迹，常由死者门生故吏或亲友撰述，多随讣闻分送亲友，或者留作撰写墓志，或为史官提供立传的依据。

使用瓷板画这种载体记录画像或事迹大致出现于明清时期，极盛于清代晚期到民国时期。瓷屏，就是指嵌入屏风的瓷板画，是在瓷板上使用特殊的化工颜料手工绘画、上釉，再经高温烧制而成的一种平面陶瓷工艺品，可作观赏用，也可用作纪念。用作纪念的人物画像瓷板一般可以分为三种情况：一是用于自身纪念，如中华人民共和国成立后一些工艺合作社把夫妻合影制作成瓷板画；一是作为赠送礼品，江阴市博物馆2020年入藏一件瓷板画，为民国时期陈金顺请景德镇绘瓷名家朱受之制作的《吴汀鹭先生玉照》瓷板画，作为馈赠品送给吴汀鹭；一是作为一种身后纪念，一般绘制遗像和传略，有的如本文瓷板分为两块，有的遗像和传略在同一块瓷板上，传略位于遗像之上。

瓷板画传略与镇志人物小传，基本勾勒了朱云扉先生一生的脉络。不同之处在于：其一，瓷板画传略上名紫封、字云扉，后者为名云扉、字紫封。从古人名字的称呼惯例看，称字为尊称，本名为长辈称呼，以字行于世的人很多，如同为清末民国的江阴著名中医曹颖甫，名家达，字颖甫，世人多称之为曹颖甫，其本名知晓的人不多。且瓷板画传略作者王申与朱云扉同乡，“交最久”，这篇传略由朱云扉长子委托所作，事后肯定经审定，不会出现这种低级错误。

其二为朱云扉的出生地，瓷板画传略为“读余里”，镇志人物小传为“读圩里”。根据成书于清雍正年间、后经增添的长泾地方史书《泾里志》中《各保村落全图》和卷二《田赋》记载为“读圩”[5]。清末民国江阴人夏孙桐曾写一诗，前有小序或诗名：“长泾北里许，有水村曰独渔，又曰读圩，秋日闲步过之，喜其萧野，笑与同人约言他日卜筑之计。”近代江阴人沙曾达也有一诗，诗名就为《读圩》，也证明正确的地名应该是“读圩”。瓷板画传略“圩”写作“余”，是因为方言两字同音。《长泾镇志》记载为“读圩里”[6]，在长泾镇北半里许，明清时期属化字号，民国至中华人民共和国成立初期归属变动频繁，1984年后归属长泾行政村，现辖于花园行政村，《江阴市志》上名为独圩里[7]。

其三为朱云扉生年。瓷板画传略为“清咸丰十一年三月十一日”，即1861年；镇志人物小传为1860年，显然从“终年70”推断而来，不知道70是虚岁，应以瓷板画传略为准。

瓷板画传略正文计25列，作者为王申，字翰秋，生殁及事迹失考，据文章内容可推断为长泾人，年岁小于朱云扉，与朱相交最久，曾和朱的几个儿子交往。朱云扉过世以后，其长子朱宝縠委托王申撰写此文。

从瓷板画传略及镇志人物小传中可知，朱紫封（1861—1930），字云扉。原配夏氏，无出。继室王氏，有子六人，孙四人。父亲名家桢，无功名，以务农为业。朱云扉幼年务农，从乡里名师读书，后为庠生。光绪三十二年（1906）首创仰延学堂，任校长15年。民国期间，先后任乡会议长、商团团长、镇董、商董等职务，达10余年。其六十寿辰时，江阴县署授予“乐育英才”匾一方。60多岁后中风，辞退各职，虚岁70逝世。

王申在传略中主要记述了朱云扉一生中最重要的两件事。其一是协理地方。“一生为地方行政三十年”，说明至少在清末，朱云扉已经作为地方士绅参与地方事务。他调解邻里纠纷时以息事宁人、冰释前嫌为最高宗旨，从不涉讼公庭。江阴自太平天国运动之后，除开浚东横河的汪坤厚，大都是糊涂刻酷的官员，有四人被江阴人民起了诨号，一曰许糊涂，二曰刘牌位，三曰金剥皮，四曰孙长毛，可见四人官声之差，吏治之腐败[8]。一旦涉及地方民事诉讼，当事人必须先上镇告诉董事，送钱于董事或与董事说得上话的人，称为“靠势”。董事在茶馆或家中评判曲直，称为“吃茶讲道理”，所需酒饭鸦片、土差跑力，动辄数十元。如董事调解不成，原告起诉后，仍需依靠董事主持，来回用度都由原告支付，官司结束后，家产无存者比比皆是。被告若是被拘押，走门路请求保释也是先求本镇董事。[9]因此，一旦涉讼，不良董事往往从中取利，鱼肉乡民。朱云扉以和为贵，从不涉讼公庭，正是他存心忠厚、不苟取与的表现，所以被称为仁厚长者，为乡里所推崇。

其二是兴学育人。朱云扉热心公益，积极参与筑路建桥、兴学赈灾等善举。清同治年间，由乡董包注、包栋成、张宝俭倡导，通过集捐改义烈祠、育婴堂为义塾。1905年（一说为1906年），由宋锡康、陈国安等捐资改建旧屋，添建教室，义塾更名为仰延学堂，朱云扉任堂长，这是学校的雏形。清宣统三年（1911），朱云扉任乡董，倡议推行新文化，经募捐筹资，将当时的“仰延小学堂”迁至河南街府城隍庙，并在城隍庙前排建厢房两幢、平房八间，设初小四个班，学生150余名。至此，学校正式成立并更名为“江阴县长泾乡国民第一小学”，朱云扉任第一任校长，此即现在的江阴市长泾实验小学前身。长泾实验小学德育的关键词“存真”就来自王申所作传略中“存传中人之真”，刻石现存于校内（图三），朱云扉“乐育英才”的美名也被一代代铭记。

江阴是太平军与淮军长期拉锯混战的地方，如同治三年（1864），长泾镇居民因战乱被杀，“尸积如山，我泾里之人不能存其三也”[10]。太平天国运动失败后，清政府的控制能力空前衰弱，乡绅因其学识、威望和儒家教育形成的使命感，成为国家权力的制度填补。官府与乡绅在长期交往中达成默契，形成一种作为非正式制度的乡村自治，识字并熟悉与主导意识形态的乡绅，就被人们看作规范的解释者和象征，在教化、礼仪、诉讼、契约、请愿等公共事务方面求助于他们。乡绅几乎承担了地方上所有的公共事务，主要有兴办地方学务，领导或管理地方公共事务，管理地方公产等[11]。朱云扉适逢其会，践行了“儒者读圣贤书，达则行善于天下，穷则为善于一乡”的誓言。科举制度取消后，乡绅失去了封建帝国的特权保障，多数利用进行公共事务的机会迅速劣绅化，无法发挥国家权力与乡村社会之间的调控作用，由“一乡之望”变为“平民之公敌”[12]。朱云扉“秉性廉介，不苟取与”，“痛颓风之莫挽，叹时事之难为”，不为世俗所异化，为人淡泊，颇具魏晋风骨，因此王申在赞语中用典出《庄子·人间世》的“支离叟”来赞颂他。

注　　释

［1］　全文部分古文字如“咲”“烁”“夊”“桒”等，现已不用，改为通用规范汉字，对于音同或形近的错字标正字于括号内。

［2］　江阴市长泾镇人民政府：《长泾镇志》，上海三联书店，1991年版，第299页。

［3］　〔西汉〕司马迁：《史记》，中华书局，2013年点校本，第2488页。

［4］　〔元〕脱脱等：《宋史》，中华书局，1977年点校本，第2910页。

［5］　覆花楼主人程国昶稿，忏因居士邵灿编订，同里耆旧同校：《泾里志》，长泾乡人民政府整刊，1986年版，第9页。

［6］　江阴市长泾镇人民政府：《长泾镇志》，上海三联书店，1991年版，第44页。

［7］　江阴市史志办公室编：《江阴市志（1988—2007）》下册，方志出版社，2012年版，第1763页。

［8］　徐再思：《澄江旧话》，中国文联出版社，1999年版，第28页。

［9］　徐再思：《澄江旧话》，中国文联出版社，1999年版，第113—131页。

［10］　覆花楼主人程国昶稿，忏因居士邵灿编订，同里耆旧同校：《泾里志》，长泾乡人民政府整刊，1986年版，第91页。

［11］　王先明：《近代绅士：一个封建阶层的历史命运》，天津人民出版社，1997年版，第53—55页。

［12］　张枬、王忍之编：《辛亥革命前十年间时论选集》第3卷，生活·读书·新知三联书店，1963年版，第302页。

徐悲鸿研究增添新史料

——徐悲鸿致刘半农信札释读与考略

刁文伟*

【摘要】江阴市博物馆收藏刘半农相关信札165通，已整理出其中的141通，皆为民国时期的知识界名人写给刘半农的信札。这批信札所涉及的名家众多，研究价值极高，是珍贵的民国史料。其中徐悲鸿致刘半农信札有七通，写信时间在1932年3月至8月之间。这批信札系首次公开，为徐悲鸿研究增添了新的史料，通过对书信内容的释读和研究，可以看出两者之间不平凡的关系，以及徐悲鸿对艺术追求的艰辛与执着。

【关键词】江阴市博物馆　徐悲鸿　刘半农　信札

江阴市博物馆珍藏的刘半农相关信札是2003年中国人民大学移交来的，这得益于刘氏后裔的无私奉献以及人民大学的宽阔胸襟，信札的史料价值与艺术价值，以及经济价值是不言而喻的。据刘半农之子刘育伦先生回忆，这批信札得以保全，历经诸多坎坷，而今展现在世人面前，实为万幸。由于这批信札过去从未公开，因此它的展现，为民国时期文化艺术的研究增添了新的史料。

这批信札共计165通，已整理出其中的141通。书信作者涵盖了当时中央教育行政机构、科研院所，北平各高校的领导、教授，以及美术界、文博界、出版界、收藏界的顶尖人物。刘半农兴趣广泛，于文学、音乐、戏曲、美术、摄影、考古、收藏均有涉猎，而其因工作、爱好形成了广阔的社交圈。刘半农是当时北平甚至全国知识界都有着较大影响力的人物，人脉关系极广，他与知识界诸多知名人士保持着良好的工作往来和私人交情。这批信札中有徐悲鸿致刘半农信札七通，写信时间在1932年3月至8月之间，即徐悲鸿赴欧洲举办巡回画展之前。

徐悲鸿（1895—1953）（图一[1]），江

图一　徐悲鸿1937年素描自画像

*　刁文伟：江阴市博物馆党支部副书记、副馆长，副研究员

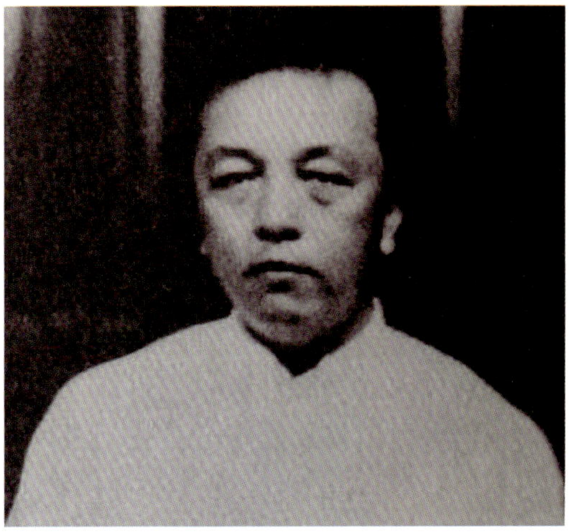

图二 刘半农（1928 年郎静山摄）

苏宜兴人。“是我国现代艺坛多能而杰出的艺术大师，是我国近代写实绘画的奠基者，又是卓越的美术教育家。”[2]刘半农（1891—1934）（图二），字半侬，后改为半农，以字行，江苏江阴人。五四新文化运动的先驱，著名文学家、语言学家。

一、七通信札释文

现将徐悲鸿致刘半农的七通信札按写信时间先后顺序排列，略做释读。第一通信札（图三），编号为LXC—025。毛笔行书，普通信纸，尺寸为27.2厘米×23.6厘米。

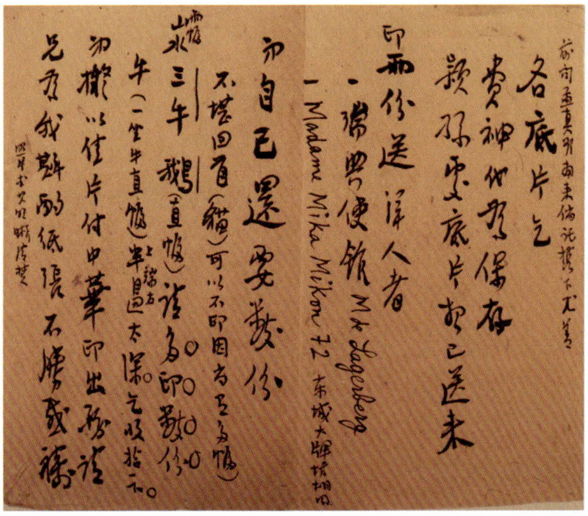

前闻孟真欲南来倘托携下尤善
各底片乞
费神代为保存
颖孙处底片想已送来
印两份送洋人者
一瑞典使馆 Mde Lagerberg
一 Madame Mika Mikon F2 东城大牌坊胡同
弟自己还要数份
不堪回首（猫）可以不印因当有多幅
两幅山水 三牛 鹅（直幅）请多印数份
牛（一坐牛直幅）上端右半边太深乞收拾一下
弟拟以佳片付中华印出务请
兄为我斟酌纸张不胜感祷
照片求其明晰清楚

图三 徐悲鸿致刘半农信札第一通

前闻孟真欲南来，倘托携下尤善。各底片乞费神代为保存。颖孙处底片想已送来，印两份送洋人者：瑞典使馆 Mde Lagenileng、Madame Mika Mikon F2 东城大牌坊胡同。弟自己还要数份。《不堪回首（猫）》可以不印，因当有多幅。两幅山水《三牛》《鹅》（直幅）请多印数份。牛（一坐牛直幅）上端右半边太深，乞收拾一下。弟拟以佳片付中华印出，务请兄为我斟酌纸张，不胜感祷！照片求其明晰清楚。

信中所提颖孙即郑颖孙，孟真即傅斯年，二人均为徐悲鸿朋友，刘半农同事。此信无抬头和落款，因此无法确认写信的具体时间，据书信内容推测，应该写于1932年3月底。

第二通信札（图四），编号为LXC—026。毛笔行书，普通信纸，尺寸为45.9厘米×24.5厘米。信末署四月四日（1932年4月4日）。

半农吾兄：

弟于二日抵宁，正是江南春色灿烂时节，苟无沪战，大足娱人。今则人有忧色，城多暮气，不若北平之俱忘为无罣碍也。拙作底片既积存尊处，当受累不浅。惟前所请，将全份赠洋人两种，务请饬人办到。又各片中，如颖孙交来之《鹅群》及《山水》横幅，均以无光纸为宜，余则足下饬印诸纸均佳。再者片中之牛（横幅《三只牛》）及直幅《山水》、《鹅群》（直幅）、《马》（无树）四种，均恳印五六份（能多，自然更佳）寄弟，拜祷！内子先弟一日由宜返家，大小无恙。尊书小卷请勿过长，如颖孙兄者最善。勿亟，祇期在年内交卷可耳。敬候

俪福

悲鸿 顿首

四月四日

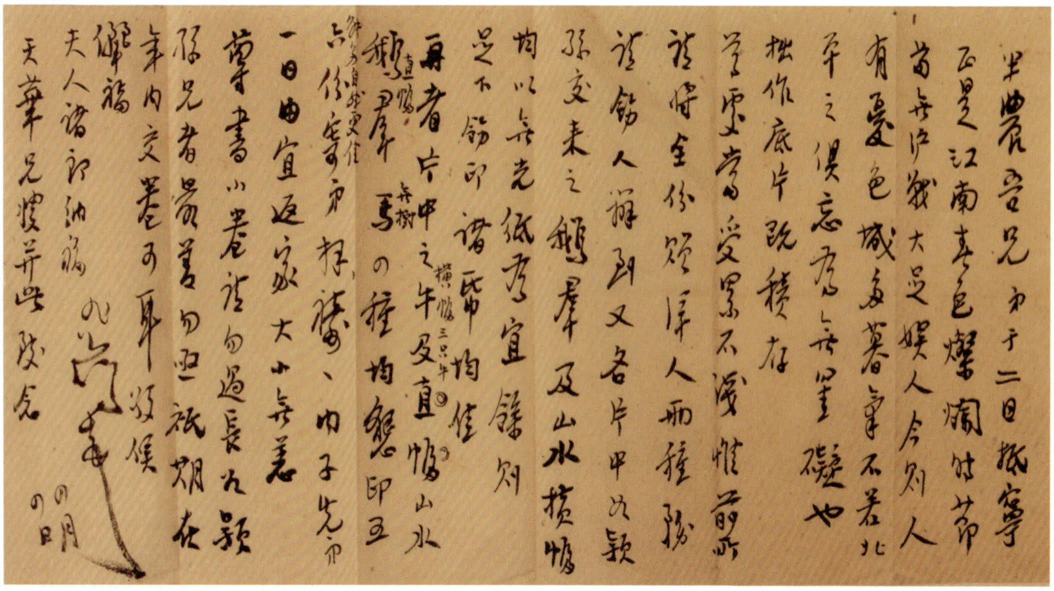

图四　徐悲鸿致刘半农信札第二通

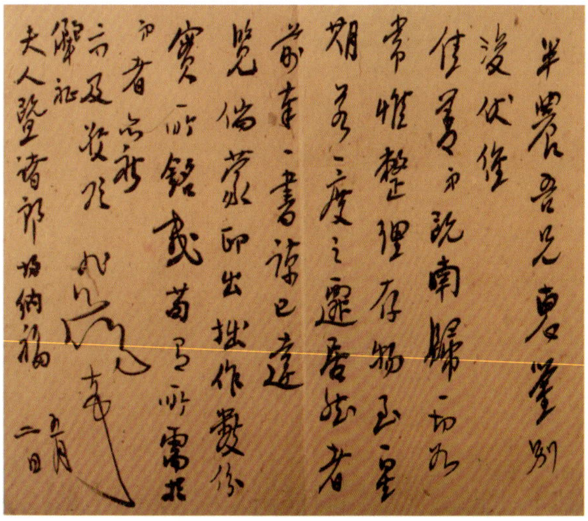

图五　徐悲鸿致刘半农信札第三通

夫人诸郎纳福！天华兄嫂并此致念！

第三通信札（图五），编号为LXC—027。毛笔行书，普通信纸，尺寸为46厘米×23厘米。信末署五月二日（1932年5月2日）。

半农吾兄惠鉴：

别后，伏维佳善！弟既南归，一切如常，惟整理存物至一星期，若一度之迁居然者。前奉一书，谅已达览，倘蒙印出拙作数份，实所铭感！苟有所需于弟者，亦祈示及。敬颂

俪祉

悲鸿　顿首

五月二日

夫人暨诸郎均纳福！

第四通信札（图六），编号为LXC—028。毛笔行书，普通信纸，尺寸为23.7厘米×23.5厘米。信末署五月十四日（1932年5月14日）。

半农老友：

小手卷殆无消息，为照片事屡渎清神，深以为歉！终愿勿撤洋烂污，拜祷！因Mika Mikon夫人拟寄往柏林某美术杂志，而瑞典先生亦有盛意也。近况想佳。敬祝

俪福

弟　悲鸿　顿首

五月十四日

夫人诸郎安善！

第五通信札（图七），编号为LXC—029。毛笔行书，普通信纸，尺寸为29.2厘米×21.8厘米。信末署六月廿七日（1932年6月27日）。

半农吾兄：

天暑，伏维佳善！前欲得弟画之二洋

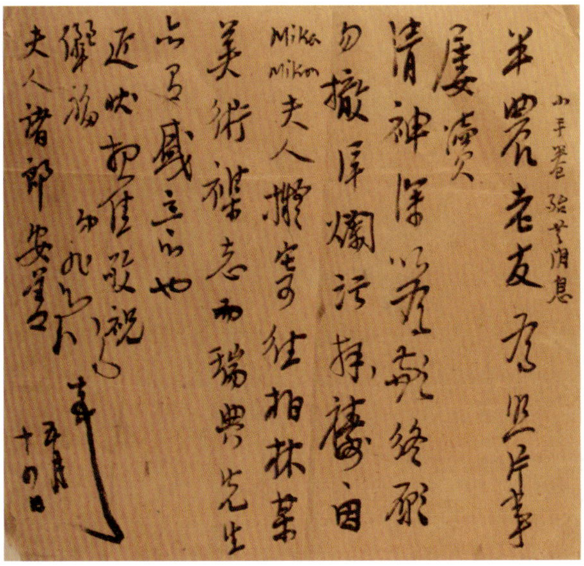

图六　徐悲鸿致刘半农信札第四通

人，皆定七月七日返国，恳兄无论如何将拙作印出两份分交。不胜拜祷！敬颂

俪祉

弟　悲鸿　顿首

六月廿七日

诸郎并吉！

诸底片印出后，恳饬人送东堂子胡同廿七号袁浚昌先生转弟。至祷！

第六通信札（图八），编号为LXC—030。毛笔行书，普通信纸，尺寸为29.8厘米 × 17.9厘米。信末署六月卅日（1932年6月30日）。

半农老兄惠鉴：

前奉数函，谅邀察及。Mika Mikon 七月初七即去华，彼欲发表弟作于柏林某大美术杂志，故须照片甚亟。倘尊处无暇，即祈代问他处一印，务祈弗误。拜祷！弟屡以琐事奉渎，至歉于怀！敬颂

俪安

悲鸿　顿首

六月卅日

第七通信札（图九），编号为LXC—031。毛笔行书，普通信纸，尺寸为46厘米 × 23厘米。信末署八月八日（1932年8月8日）。

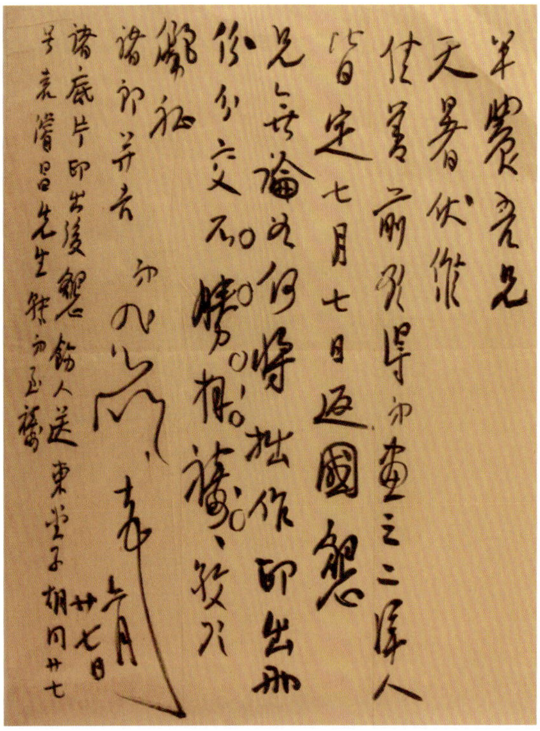

图七　徐悲鸿致刘半农信札第五通

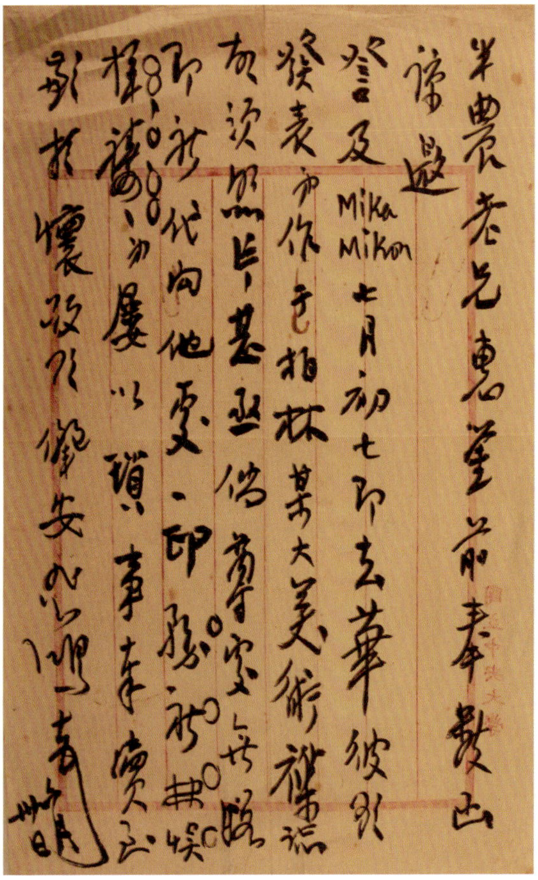

图八　徐悲鸿致刘半农信札第六通

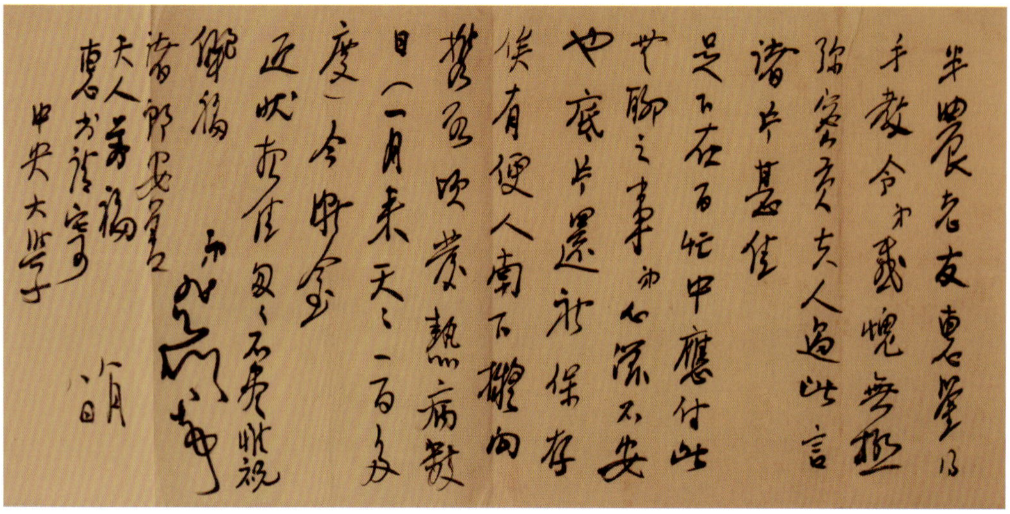

图九　徐悲鸿致刘半农信札第七通

半农老友惠鉴：

得手教，令弟感愧无极。弥密贡夫人过此，言诸片甚佳。足下在百忙中，应付此无聊之事，弟心滋不安也！底片还祈保存，俟有便人南下，拟问携否。顷发热病数日（一月来天天一百多度），今颇愈。近状想佳，匆匆不尽，惟祝

俪福

弟 悲鸿 顿首

八月八日

诸郎安善！

夫人万福！

惠书请寄中央大学。

二、徐悲鸿与刘半农、刘天华昆仲的关系

徐悲鸿比刘半农小四岁，按籍贯来说，民国以前，宜兴和江阴同属常州府，因此两人为同乡。在以往的文献资料中，很少见到他们两人交往的信息，而这批信札的出现，为探究双方的交往提供了重要依据。江阴刘氏三杰——刘半农、刘天华、刘北茂三兄弟，是民国时期比肩于周氏（鲁迅、周作人、周建人）三兄弟、沈氏（沈士远、沈尹默、沈兼士）三兄弟，活跃在文化、教育、音乐界的名人。刘天华是刘半农的二弟，民族音乐的一代宗师，他于1922年受聘于北京大学音乐研究会，担任琵琶导师。

1918年，徐悲鸿由日本回国后经华林介绍，结识了蔡元培，继而“被蔡元培聘为了北京大学画法研究会的导师”[3]，此后又应李石曾之邀，在孔德学校担任教学工作。刘半农是在1917年被蔡元培聘为北大预科的教授，比徐悲鸿早一年进入北大担任教职，他与孔德学校也有着颇深的渊源关系。

据徐悲鸿自述：“既居京师，观古宫及私家所藏，交当时名彦，益增求学之渴念。”[4]徐悲鸿到北京任教之后，结识了许多知识界名人，这中间包括了鲁迅、周作人兄弟和沈氏三兄弟、钱玄同、刘半农等。据鲁迅《戊午日记（1918）》12月22日条记载：“星期休息。刘半农邀饮于东安市场中兴茶楼，晚与二弟同往。同席徐悲鸿、钱秣陵、沈士远、尹默、钱玄同。十时归。”[5]从中可看出，参加当日聚会者除了徐悲鸿来自美术界，其他人均在北京大学文科任教职。刘半农邀请徐悲鸿参加，这说明来北京后不久，徐已融入这个

“高知圈”中了。

1919年元旦，也就是中兴茶楼聚会后不久，徐悲鸿辞去北大画法研究会导师之职，并于当年的3月20日携妻出国留学。他先抵英国，再至法国并考入巴黎国立最高美术学校。刘半农则于次年2月开始了留学生涯，先后在英、法、德三国学习。在欧期间两人是否有交往，尚无可靠之史料佐证，但自1923年至1925年，两人同在巴黎学习，加之原已是好友，彼此间的交流应该还是有的。

此后刘半农学成回国，继续任教于北大，而徐至1927年秋始返国。回国后不久，徐悲鸿即应南京中央大学之聘，任艺术系教授。1928年10月，应国立北平大学艺术学院之聘，赴北京任该院院长。次年1月底，因学校发生风潮而辞职南返，专心主持中央大学艺术系的教学工作。也正是在这短短的院长任期内，徐悲鸿与刘氏兄弟的关系得到了进一步的提升，主要原因不仅是原来已相识，还因刘天华当时在北平大学艺术学院担任音乐教员，徐悲鸿与之是领导兼同事的关系，由此更加深了彼此间的友情。这其中杨仲子也起到重要的作用。不容忽视的是，刘半农在摄影方面的专长，进一步拉近了彼此的关系，二人的友情也随之升华。刘半农不光会摄影，还会印照片，此次整理出的徐悲鸿写给刘半农的七通信，俱与此专长有关。

刘天华的后裔藏有徐悲鸿赠予刘天华的三幅作品（已捐赠江阴市博物馆），其一为刘天华素描像（图一〇），题款为“天华先生存念，悲鸿，戊辰冬尽”；其二为《墨马图》（图一一），题款为“天华先生哂存，悲鸿侨燕之际”。这两幅画应当都是1928年10月以后，徐悲鸿担任北平大学艺术学院院长至次年1月辞职南返期间所作。其三为《花鸟图》长卷（图一二），由徐悲鸿、张大千、于非闇、寿石工等十一位书画家联合创作而成。从寿石工的题跋中的“壬申孟陬”来推断，此画应作

图一〇　刘天华素描画像（1928 年徐悲鸿画）

图一一　1928 年徐悲鸿绘制的《墨马图》（赠予刘天华）

图一二　徐悲鸿等十一位美术家为刘天华创作的长卷（局部）

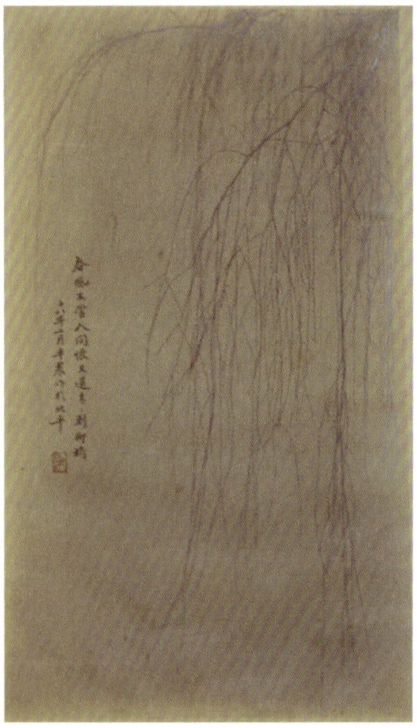

图一三　刘半农的摄影作品——《春风柳梢》（1929年摄）

图一四　1927年版的刘半农摄影理论著作——《半农谈影》封面

图一五　中国最早的摄影艺术专刊——《北平光社年鉴》

于1932年2月4日刘天华生日当天。也就是说，徐悲鸿当时正好是在北京，这可与上文信札内容相互对应。当年6月，刘天华就因病去世了。以上三幅作品说明徐悲鸿与刘氏兄弟关系亲密、深厚。1933年1月，徐悲鸿开始欧洲的巡回画展，直至次年8月方才回国，而此时刘半农已去世近一月了。

三、对七通信札的考略

这七通信札的主要内容是徐悲鸿请刘半农为自己的绘画作品影印照片，并将照片送给外国朋友和寄给自己。写信的时间是在1932年3月至8月之间。因为徐悲鸿当时正好在北京讲学和举办画展，而次年1月就开始欧洲巡展，这批信札是他由北京返回南京后与刘半农的通信。除了第一通没有抬头、落款之外，其余六通完整且时间明确。从信札内容当中归纳出以下重要信息：

（一）徐悲鸿绘画作品的摄影底片保存在刘半农处，而影印这些照片的工作是由刘来承担，并且将印好的照片送交给外国友人也是由刘来负责。

刘半农是我国摄影艺术的开拓者，他不仅

图一六　刘半农使用的德国禄莱福莱牌照相机

照片拍得好，有意境（图一三），还“撰写了中国第一部摄影理论专著——《半农谈影》（图一四），编撰了我国最早的两期摄影专业杂志——《北平光社年鉴》（图一五）”[6]。其实对摄影的兴趣爱好，刘半农在上高中的时候就逐渐养成，这样的爱好一直持续到出国留学、归国执教，并伴随其一生（图一六），故而刘半农有着一群摄影圈的朋友。同时他又是我国文物摄影的先驱，因工作的原因，他需要经常接触文物，因此给文物拍照就成了他的工作之一。从拍到印，直至后期制作，许多作品都留下了深深的“刘氏烙印”，极具个性与特色（2012年北京诚轩春拍曾以19.55万元拍卖成交了一幅刘半农《汉月言簿影本》居延汉简文物摄影手卷）[7]。徐悲鸿对此应该甚为了解，因而他作品的照片底片由刘半农来保存，这样随时可以请他制作并影印出来。至于他的作品是否由刘半农来拍摄，现在尚无直接的证据可以证明，但这种可能性非常大，毕竟刘在专业性上无可挑剔，请他来拍摄合乎情理。

（二）徐悲鸿对刘半农信任有加，对屡屡麻烦刘而深感歉意，而当圆满完成这些工作以后，对刘又是充满感激之情。

通过对这七通信札的整体研究，大致可以还原出事情的经过。1932年年初，应该是在一·二八事变之前，徐悲鸿因讲学、会友、画展的目的来到北京，这期间他和刘氏兄弟接触颇多，他的许多作品被拍摄成照片，而这些照片的底片则交给刘半农保管。经朋友介绍，徐悲鸿还邀请外国友人来看画展，并且彼此建立了联系，一起商量出版画册甚至出国举办展览的事宜。4月1日，徐悲鸿启程回南京，临走前将第一通信托人交给刘半农，这通信没有抬头和落款。第二通4月4日的信，开头有“二日抵宁”之语，说明在回南京后的第三天，徐悲鸿就给刘半农写信了。信的落款有“天华兄嫂并此致念”，说明徐悲鸿在北京时，和刘氏兄弟相处得很融洽。前三通信都是徐悲鸿拜托刘半农印照片，以便送给瑞典使馆的外国友人和自己出版画集。第四通则是在外国友人收到刘半农印的照片以后，徐悲鸿对刘表示了感激之情。第四和第五通信之间的间隔较长，当年6月8日，刘天华因得“腥红热”而英年早逝[8]，刘半农因为忙于天华的后事而无暇顾及。直至6月27日，徐悲鸿再次写信，请刘半农尽快印出照片，并送给上次的外国友人，因为这些外国友人要回国了。三天之后，他又写了一封信，叮嘱刘半农“务祈弗误。拜祷”，并在这六个字上加了着重符号，可见徐悲鸿的迫切之情。最后一通信写于8月，从信中可以看出，刘半农所印照片获得了友人的认可，徐悲鸿对此表达了谢意。

这就是事情的整个经过，正因为出于信任，徐悲鸿才会将如此重要的工作托付刘半农来打理。同样他也知道，刘半农是北大的教授，平时的工作是极为繁忙的，而打理这些照片又较为费时费力，因此在信中流露出歉意和感激之情。这七通信所展示的内容，在过去两人的资料中均未有记载，徐悲鸿的自述中也未提及，就让人觉得两人的关系仅仅是一般的朋友；当这批信札公之于众后，这种观点应当予以纠正。徐悲鸿与刘氏兄弟之间的关系用“好友”来称谓，应当是在情理之中的。

（三）展现了徐悲鸿追求艺术之路的执着和艰辛。

写这七通信的当年，正是徐悲鸿积极筹备赴欧洲举办巡回画展的关键时刻，而次年1月他就动身出发了，所到之地包括法、德、英、意、俄等多国。这次欧洲之行历时20个月，影响巨大，除了宣扬中国文化之外，对于他本人来说，经历的过程和专业上的收获同样重要，其知名度和影响力得到了再次的提升。1934年春，他应“德国柏林美术会之邀，在柏林举办了个人画展”[9]。信中所提到的这位外国友人Mika Mikon，曾答应将徐悲鸿的绘画作品在柏林的美术杂志上发表，为此徐还让刘半农加紧印出照片并送给她。这些应当都是画展的前期宣传和推广活动。这位外国友人的事迹现在难以考证，但是作为文化传播大使，将中国的画家介绍到西方，无疑是善意和积极的。事实上在柏林举办画展也成为现实，这其中不管是谁在起作用，这位外国友人和刘半农都曾经为此做出过贡献。

徐悲鸿长期在西方学习绘画艺术，因此他的“中西兼顾”，无论是实践还是理论，都超越了同时代的许多画界精英。至于对艺术的执着追求，从这七通信当中能够领会到这点。这样的追求除了在绘画技艺上的不断探索之外，同时也包括视野的拓展，而这样的拓展，从另外的视角来看，积累丰富的人脉资源就显得尤为重要了。徐悲鸿与外国友人的交往，始终保持着积极的姿态，并充分利用合适的时机，去创造更多的机遇，为此借助了刘半农的一臂之力。这样的执着，在他给刘半农这些信札的字里行间，表现得淋漓尽致。

注　释

[1]　本文使用照片均为江阴市博物馆藏。

[2]　王震编：《徐悲鸿书信集》，大象出版社，2010年版，第1页。

[3]　王震编：《徐悲鸿书信集》，大象出版社，2010年版，第2页。

[4]　李松编著：《徐悲鸿年谱》，人民美术出版社，1985年版，第20页。

[5]　徐瑞岳编著：《刘半农年谱》，中国矿业大学出版社，1989年版，第60页；李松编著：《徐悲鸿年谱》，人民美术出版社，1985年版，第21页。

[6]　翁雪花、刁文伟编著：《文开新域　流芳中华——江阴市博物馆藏刘氏三杰文物集萃》，故宫出版社，2019年版，第103页。

[7]　谭波：《刘半农的文物摄影〈汉月言簿影本〉手卷》，《中国文物报》2012年7月18日第六版。

[8]　方立平主编：《刘天华记忆与研究集成》，上海教育出版社，2009年版，第107页。

[9]　李松编著：《徐悲鸿年谱》，人民美术出版社，1985年版，第60页。

浅谈无锡博物院藏《宋无款四喜图轴》及其修复

陈　程*

【摘要】无锡博物院书画类文物藏量丰富，且不乏古代精品，维持其相对稳定的保存状态，在必要时提供合理有效的修复，是一项基础但重要的文物保护工作。本文以无锡博物院藏《宋无款四喜图轴》为例，通过介绍其绘画内容及装裱形制，阐述作品中蕴含的艺术审美及文化内涵，并借此作品完整的修复过程，简单陈述我国古书画装裱及修复的一般流程，为馆藏大量的书画类文物的装裱与修复提供相应的记录和参考。

【关键词】无锡博物院　《宋无款四喜图轴》　修复与装裱　修复理念

一、中国传统绘画中常见的“四喜”题材

“四喜”是中国传统绘画中的常见题材。其名中带“喜”，多以喜鹊入画，画家通过喜鹊与松、竹、梅、山茶等时令性植物的结合，传达出喜上眉梢、喜事连连等美好寓意。既取“喜”音，又借植物以抒情，从而表示祝福之意；同时，画面本身亦带有强烈的艺术装饰风格。

古往今来，有多位画家以“四喜”为主题进行创作，传世作品甚多。如现藏于台北故宫博物院的北宋赵昌的《四喜图》（图一），是图为其设色写生作品，收录于《石渠宝笈》初编，画面以竹、石、折枝梅花、喜鹊组织构图，动静结合，生趣盎然，元末夏文彦《图绘宝鉴》中称其“作折枝极有生意，傅色尤造其妙”[1]。又如明代院体画家吕纪的《四

图一　北宋　赵昌《四喜图》

*　陈程：无锡博物院馆员

图二　明　吕纪《四喜图》

图三　《宋无款四喜图轴》

喜图》（图二），现藏于天津博物馆，该作为松、石、喜鹊的组合，风格类似北宋院体画的工笔重彩，设色明艳，笔意精致，寓意吉祥，具有正统富丽的宫廷绘画的装饰性。再至近现代，如徐悲鸿、于非闇等画家亦均有多幅“四喜”相关题材的绘画创作。通过古今画家对于“四喜”题材的喜爱可以看出：第一，该类绘画题材受众广泛，上至皇室宫廷，下至民间百姓，形式从宫廷绘画到民间互赠之作均有；第二，中国传统绘画中艺术审美、装饰功能、感情寄托呈现出相互结合的密切关系。

二、无锡博物院藏《宋无款四喜图轴》及其装裱

无锡博物院藏《宋无款四喜图轴》（图三），立轴，绢本，纵149厘米，横80厘米。此作为无锡籍画家、收藏家周怀民所捐赠，属国家二级文物。该作选材内容传统，绘有松树及喜鹊四只：以松树作为画面背景，苍劲有力，高大雄奇；枝干上的四只喜鹊姿态不一，栩栩如生，颇具动感。作品整体的用色渲染自然逼真，墨色丰富流畅，在一定程度上受到南宋花鸟绘画的影响。纵观整幅作品的笔法，其

用笔顿挫之处颇多，擅于转折，又与明初院体的某些作品略有相似。根据整幅作品的画意内容可推测此作原画心应经过方裁，目前被装裱成立轴的画心或为原画心的一部分。该作无款识。近代画家吴湖帆在该作的诗塘处有如下题识："宋人四喜图。谛审图中笔法，似出马远、马麟父子之手。辛卯冬，吴湖帆鉴题。"该作于20世纪80年代经中国古代书画鉴定小组中的刘九庵及傅熹年鉴定，被定为元末明初时期的作品。

此作原裱为一色式立轴，画心上方有诗塘。所谓诗塘，即在画心上方加接一截空白纸，或上下都加接一截空白纸，供他人题字、题诗之用。此作诗塘部分为画家吴湖帆的题识，较为珍贵。此外，原裱上下有锦眉。锦眉指的是在画心上下各出一条1—1.5厘米的锦条。锦眉在视觉上对于延长画心有一定的作用，锦纹本身也具备别致美观的装饰功能。

三、无锡博物院藏《宋无款四喜图轴》的修复及重裱

（一）原作画心及其装裱中存在的问题

打开作品之后，从整体和细节两个方面对其进行考察。从整体看，比较直观的问题是整个画心呈现出不同程度的颜色改变。继而观察细节后发现：第一，画心的绢丝出现大量的断裂，画作的破损之处很多，但未涉及主要画意；第二，从画心到裱件，折痕数量多且明显，悬挂时尤其严重；第三，画面颜料存在脱落现象；第四，画心上下存在明显污渍等。

针对以上这些问题，期待的修复结果是：第一，修复后的作品面貌可以得到改善，文物状态可以稳定合理地提升，并适合日常保管的需求；第二，在需要展出的时候作品可以承受布展时打开、悬挂等所带来的正常压力。

（二）《宋无款四喜图轴》的具体修复过程

作为文物工作者，在文物进行修复之前，首先要做的是建立文物档案。文物档案包括客观描述文物的现状、存在的问题以及拍摄相关的图像资料等。在建立文物档案之后，再根据各类仪器、手段等得到的数据从而制定出详细的文物修复方案，待方案通过审核之后，方可实施具体的修复操作。

1.前期的检测工作

（1）检查文物色度，以便后期可将修复前后的色度进行对比。颜色是由亮度和色度共同表示的，色度指的是不包括亮度在内的颜色的性质，它反映出颜色的色调和饱和度。在修复之前采用彩谱CS-580A分光测色仪对作品的色度进行测量如下：

色度	修复前	修复后
L.a.b	右上角10厘米×10厘米空白处 46.53 6.12 23.68 左下角10厘米×10厘米空白处 49.52 5.60 19.07	右上角10厘米×10厘米空白处 46.91 6.35 24.12 左下角10厘米×10厘米空白处 49.15 5.34 18.78

（2）测量修复前后画心的酸碱度（PH值）。科学的修复要保持修复前后画心酸碱度的平衡，如果画心偏酸性，则有纸张变脆、强度下降等危险，进而影响文物的保存状态。此步骤使用酸碱度测试仪进行测试：

	修复前	修复后
PH值	右上角10厘米×10厘米空白处 5.61	右上角10厘米×10厘米空白处 6 .94

（3）使用棉签、蒸馏水、无水乙醇等测试文物颜料的溶解程度。

（4）对比修复前后文物光泽度。光泽度是在一组几何规定条件下对材料表面反射光的能力进行评价的物理量。对此，使用MIT-60光泽度仪测量作品修复前后的光泽度：

	修复前	修复后
光泽度	0.5	0.5

图四　置于洗画池清洗

2.具体的修复工作

（1）修复前文本信息的撰写。撰写详细可行的修复计划，并对文物存在问题的部分进行拍照记录，绘制对应的文物病害状况图，留取相关资料，以便后期进行前后对比。

（2）修复与装裱前的备料工作。修复备料应从作品本身材质进行分析考虑。该作画心为绢本，绫裱，故在此次修复中选用韧性较强的安徽产宣纸及湖州产绫子进行修复和装裱。

（3）清洗。首先，去除作品原先的裱件，并将旧裱件保存（事后交还库房），留下画心和诗塘的部分。将留下的部分置于洗画池的竹帘之上，打开热水，进行数次浸泡和冲洗，此步骤是为去除画心表面的灰尘和污渍等，清洗至水清为止。（图四）

（4）揭裱。揭裱是旧画修复中最为重要的一个环节，所谓的“揭”，指的是揭去覆褙和命纸。将清洗完毕的作品画心正面朝向案子，并进行四周的固定。采用手搓的方法揭去其覆褙。覆褙是指画心单片进行托裱之后最终覆在其最外层的纸。覆褙一般会提前准备好，通常由两张宣纸粘贴组成，比较牢固。覆褙起到保护整件作品的作用，并使作品在打开时具有更加挺括的效果。揭去作品覆褙之后，还要将直接贴在画心背后的命纸揭除。在揭去该作覆褙之后发现，其命纸的材料也是绢（图五），因而此作为一件以绢托绢的作品。为了可以更好地还原画心本身的神韵和色彩，在此

图五　旧裱托绢

次修复中决定将其原本的托绢揭去。

（5）修补。画心的修补，简单来说即是补洞。此作画心破损的部分较多，选择与画心材料相近的绢料来进行补缺。修补时，需将补绢处理成和破损处相近的形状，并要注意修补时两者纤维的经纬结构，尽量使补料和原有的画心形成较高的匹配度。（图六）

（6）托裱。此步骤为给经过修补的画心加托命纸。因原作为古画，出于保护画心的目的，故选择在画心的四周出局条后进行托裱。

（7）贴条等。托裱之后的作品需找出其中有折痕的部位，并在该处进行贴条，从而起到对画心的加强巩固作用。贴条之后给画心上胶矾水，随后上墙。

（8）全色。因原作的画心中缺损的部位不少，所以在上墙之后进行全色工序。

（9）装裱成轴。古书画的装裱应参照其原有的装裱风格和审美趋向，多采用与原裱保持一致的做法，选料配色以古朴典雅为宜。本作原裱为加诗塘的一色式立轴，修复完毕后的装裱选择与旧裱相同的形制，全过程经过备料、挖镶、上夹口纸、翻包首、覆褙、上墙、下墙、砑活、剔边、装杆、穿绳等几十道工序后完成，并保留原有的诗塘以及上下的锦眉。

图六　补缺

经过修复及重装之后的立轴，画面的破损部位得到改善，原本有折痕的地方变得平整挺括，装裱风格和画面内容和谐呼应，经过验收后点还归库进行保存。

四、针对本次修复的一些思考

在修复工作中，相关的文字材料十分重要。完善的文物档案有利于修复前后的对比以及日后的资料查阅，详细的修复方案为后续的实际操作提供理论上的支撑和技术上的保障。书画装裱并不仅仅是给书画作品增加保护的一种单纯方式，也要重视裱件和作品之间的艺术呼应，可从裱件的选料、配色、形制等多个方面对作品的整体性进行考察。在修复过程中，一般应选用与原作相同或相似、相近的材料，以保持其原有的艺术特色和审美风格，将最小干预、修旧如旧等文物修复理念贯穿修复的全过程。

注　释

[1]　〔元〕夏文彦纂：《图绘宝鉴》卷三，1914 年，上虞罗氏宸翰楼据元至正本影刻本。

『红色书信学术研讨会』成果

Achievements of the Red Letters Seminar

【编者按】无锡博物院有着非常丰富的革命文物藏品，其中，红色书信的收藏蔚为大观。2021年适值中国共产党百年华诞，以庆祝中国共产党成立100周年为契机，无锡博物院于2021年7月召开“庆祝中国共产党成立100周年红色书信学术研讨会”。此次研讨会旨在通过对红色资源的挖掘，进行理论的研究和总结，深刻阐释中国共产党的百年伟大历程、辉煌成就和宝贵经验。

研讨会自2021年4月启动征稿活动，其间得到了社会各界的广泛关注和积极支持。截至7月初，共收到近30篇参评论文。经评审委员会评选，最终确定10篇论文入选。入选论文以无锡博物院藏红色书信为主要研究对象，或就书信资源深入释读与阐述，或结合书信与革命精神做挖掘与理论升华。研讨会上，入选论文代表就论文做了主旨发言。这些论文既具有一定的史学研究价值，也具有重要的现实教育意义。

为此，本书特开设《“红色书信学术研讨会”成果》专栏，将此次研讨会部分论文整理汇编，为广大读者献上最新的研究成果。希望通过专栏的开设，吸引更多的人关注无锡博物院革命文物，扩大无锡地区革命文化的影响力，推动无锡地方革命史的研究；在深挖红色资源宝库、探寻红色基因密码的过程中推进红色血脉的赓续传承。

遗存显风骨　书笺写峥嵘

——从一封表扬信及部分相关文物谈志愿军第70师抗美援朝战斗历程

张　啸*

【摘要】无锡博物院珍藏一封由老战士吴志勤捐赠的，抗美援朝战争时期志愿军第70师首长写给该师209团2营的表扬信。信中对2营1953年1月至2月坚守一线阵地冷枪冷炮歼敌的战果作出表扬和肯定，并对今后部队作战与建设提出勉励。本文以对此信的解读为出发点，结合战史资料，并以吴志勤捐赠的其他与抗美援朝相关的文物作为补充，还原70师入朝—东海岸守备—在五圣山一线开展冷枪冷炮运动—参加第二阶段夏季反击战役—参加金城战役近一年的战斗历程，缅怀革命先烈，纪念中国共产党领导下的人民军队抗美援朝的光辉历史，弘扬伟大的爱国主义精神和抗美援朝精神。

【关键词】抗美援朝　志愿军　第70师　表扬信　吴志勤

无锡博物院院藏的红色文物中，有一批抗美援朝战争时期的珍贵文物，历经半个多世纪沧桑，无声地表达着对最可爱的人的敬意。在这些文物里，一封注明信息为志愿军第70师首长致该师第209团2营的表扬信引起了笔者的格外注意。这封信由时任2营教导员的吴志勤保存，于1997年11月，和他本人珍藏的与抗美援朝相关的其他实物一起被捐赠给原无锡革命陈列馆（现无锡博物院）。此信的主题是对2营前一阶段对敌作战成果作出肯定，并对今后部队作战与建设提出要求和勉励。通过对这封800多字的表扬信的解读，

* 张啸：无锡博物院馆员

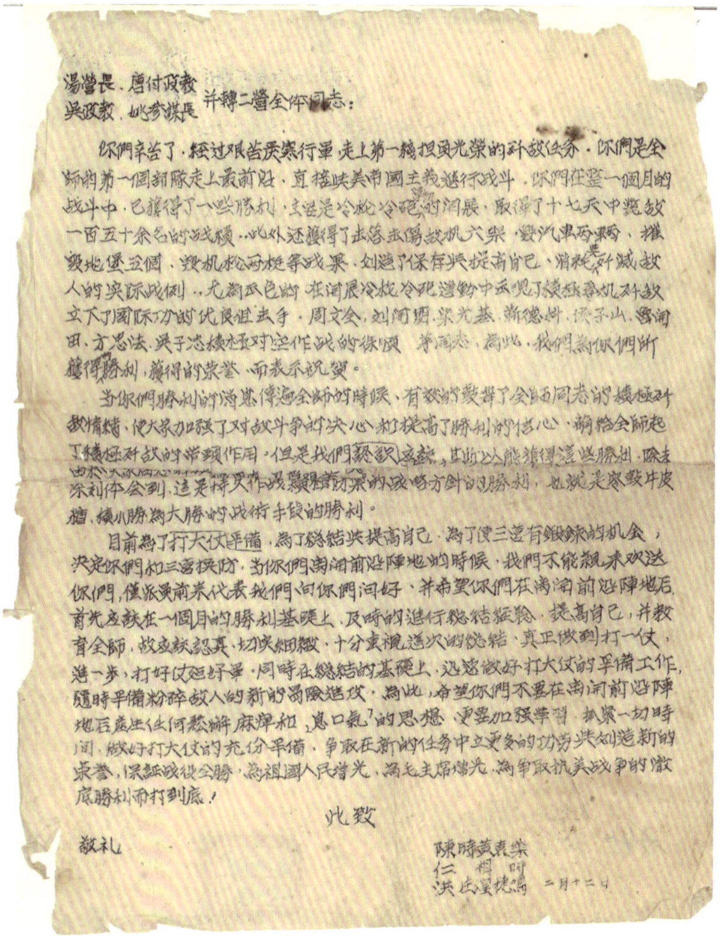

湯營長、唐付政教
吳政教、姚參謀長　并轉二營全体同志：

你們辛苦了，經过艰苦严寒行軍，走上第一線担負光榮的歼敌任务。你們是全師的第一個部隊走上最前沿，直接與美帝國主義進行战斗。你們在整一個月的战斗中，已獲得了一些勝利，主要是冷枪冷砲運動的開展，取得了十七天中斃敌一百五十余名的战績。此外还獲得了击落击傷敌机六架，毀汽車兩輛，摧毀地堡五個，毀机枪兩挺等战果，創造了保存與提高自己、消耗與歼滅敌人的实际战例。尤為出色的，在開展冷枪冷砲運動中出現了積極尋机歼敌立下了國际功的优良狙击手，周文全、刘開朋、梁光基、靳德科、侯子山、魯開田、方忠法、吳子忠積極对空作战的徐順等同志，為此，我們為你們所獲得勝利，獲得的荣誉，而表示祝賀。

当你們勝利的消息傳遍全師的時候，有效的鼓舞了全師同志的積極歼敌情緒，使大家加强了对敌斗争的决心和提高了勝利的信心，[illegible]給全師起了積極歼敌的带头作用。但是我們認識到，[illegible]能獲得這些勝利，除去[illegible]体会到，這是[illegible]的战略方針的勝利，也就是零敲牛皮糖、積小勝為大勝的战術手段的勝利。

目前為了打大仗準備，為了總結與提高自己，為了使三營有鍛鍊的机会，决定你們和三營換防，当你們离開前沿陣地的時候，我們不能親來欢送你們，僅派[illegible]代表我們向你們問好，并希望你們在离開前沿陣地后，首先应該在一個月的勝利基礎上，及時的進行總結經驗，提高自己，并教育全師，故应該認真、切实細緻，十分重視這次的總結，真正做到打一仗，進一步，打好仗还好[illegible]。同時在總結的基礎上，迅速做好打大仗的準備工作，隨時準備粉碎敌人的新的冒險進攻。為此，希望你們不要在离開前沿陣地后產生任何鬆懈麻痹和「息口氣」的思想，更要加强学习，抓紧一切時間，做好打大仗的充份準備，争取在新的任务中立更多的功劳與創造新的荣誉，保証戰役全勝，為祖國人民增光，為毛主席增光，為争取抗美战争的徹底勝利而打到底！

此致

敬礼

陳時黃袁柴
仁 [illegible]
洪 [illegible]　二月十二日

图一　志愿军第 70 师首长致 209 团 2 营的表扬信

结合其他文物和史料，可以对志愿军第24军70师这支英雄的部队赴朝参战的光荣历史，进行较为直观的回顾，以发挥红色书信“明史育人”的作用，缅怀先烈，弘扬伟大的爱国主义精神和抗美援朝精神。

一

信为纸质，黑字油印。信纸尺寸为纵27.4厘米，横24厘米。纸质泛黄，四边有裂损，中部有折痕，纸上残留污渍，其余部分基本完好（图一）[1]。此信连同抬头、落款在内共837字。信的全文如下：

汤营长、吴政教、唐付（副）政教、姚参谋长并转 2 营全体同志：

你们辛苦了，经过艰苦严寒行军，走上第一线担负光荣的歼敌任务。你们是全师的第一个部队走上最前沿，直接与美帝国主义进行战斗。你们在整一个月的战斗中，已获得了一些胜利，主要是冷枪冷炮运动的开展，取得了十七天中毙敌一百五十余名的战绩。此外还获得了击落击伤敌机六架、毁汽车两辆、摧毁地堡五个、毁机枪两挺等战果，创造了保存与提高自己、消耗与歼灭敌人的实际战例。尤为出色的，在开展冷枪冷炮运动中，出现了积极寻机歼敌立下了国际功的优良狙击手周文全、刘开朋、梁光基、靳德科、侯子山、鲁开田、方忠法、吴子忠，积极对空作战的徐顺等同志。为此，我们为你们所获得的胜利、获得的荣誉而表示祝贺。

当你们胜利的消息传遍全师的时候，有效的（地）鼓舞了全师同志的积极歼敌情绪，使大家加强了对敌斗争的决心和提高了胜利的信心，确给全师起了积极歼敌的带头作用。但是我们应该认识，其所以能获得这些胜利，除去由于大家同志的积极负责、忍受艰苦、克服困难的主观努力外，更重要的是应该深刻体会到，这是持久作战积极防卫的战略方针的胜利，也就是零敲牛皮糖、积小胜为大胜的战术手段的胜利。

目前为了准备打大仗，为了总结与提高自己，为了使三营有锻炼的机会，决定你们和三营换防。当你们离开前沿阵地的时候，我们不能亲来欢送你们，仅派员前来代表我们向你们问好，并希望你们在离开前沿阵地后，首先应该在一个月的胜利基础上，及时的（地）进行总结经验、提高自己，并教育全师。故应该认真、切实细致、十分重视这次的总结，真正做到打一仗，进一步，打好仗，建好军。同时在总结的基础上，迅速做好打大仗的准备工作，随时准备粉碎敌人的新的冒险进攻。为此，希望你们不要在离开前沿阵地后产生任何松懈麻痹和“息口气”的思想，更要加强学习，抓紧一切时间，做好打大仗的充份（分）准备，争取在新的任务中立更多的功劳与创造新的荣誉，保证战役全胜，为祖国人民增光，为毛主席增光，为争取抗美战争的彻底胜利而打到底！

此致

敬礼

陈仁洪　时生　黄祖煌　袁捷　乐时鸣

二月十二日

信是以五位首长的名义发出的，收信人为2营的营首长，并转2营全体指战员。落款时间没有年份，从信件内容和相关史实背景可推断出为1953年，具体将在下文做进一步解读。通过对这五位首长信息的查阅，可以认定他们当时的确在70师任职。他们的基本情况如下：

陈仁洪（1917—1990），江西省铅山县人，原名王继祥。1931年参加红军，中央红军长征后，任闽北军分区教导大队中队指导员，参加开辟资溪光泽贵溪游击区的斗争。抗日战争时期在新四军历任营长、副团长。在皖南事变中，率全营掩护军部突围，身负重伤，后升任副团长。解放战争中，陈仁洪历任旅参谋长、副师长、师长等职。1952年，陈仁洪率部入朝作战，先后任志愿军第24军70师师长、24军副军长。

时生（1914—2013），安徽省全椒县人。1937年投奔延安进入抗日军政大学学习，1938年2月入党。后回安徽地区开展敌后工作，先后任县委书记、纵队政委、团政委等职。解放战争中历任团政委、师政治部主任、副政委等职。入朝作战时，任志愿军第24军70师政委。

黄祖煌（1918—1987），江西省南康县人。1934年受哥哥黄祖炎的影响参加了红军。中央红军主力长征后，黄祖煌在南方坚持了三年游击战争，抗日战争全面爆发后被编入新四军第一支队，参加过黄桥决战、三次天目山反顽战役等重大作战。解放战争时期，历任团参谋长、团长、24军70师参谋长、副师长。1952年入朝参战。1955年8月，朱德委员长率友好代表团到朝鲜访问，时任志愿军70师师长的黄祖煌曾在志愿军总部受到朱德的接见。

袁捷（1919—1997），湖北省英山县人。1930年在县苏维埃童子团加入中国共产党。1939年8月编入新四军任排长，在抗日战争时期先后参加黄桥、泰兴、兴化等10多次战斗。解放战争中历任营长、团参谋长、副团长、团长等职。1952年入朝参战前，任24军

图二　吴志勤年轻时的照片

70师参谋长。

乐时鸣（1917—2015），浙江省定海县（今属舟山）人。1935年参加中国共产党领导下的抗日救亡运动。1936年参加革命工作，1937年9月加入中国共产党。1938年参加新四军，长期在新四军机关任职。解放战争中，曾任民运部长、团副政委、团政委等职。1952年入朝参战时任24军70师政治部主任。

收信人中的"姚参谋长"为70师下属209团2营参谋长姚海清，后在1953年夏季反击作战中牺牲。"吴政教"即为这封珍贵书信的捐赠人吴志勤（图二）。他是江苏无锡人，1939年16岁时参加了新四军"江抗"部队，是著名的沙家浜"十八棵青松"的原型，即36名新四军伤病员之一。1952年，吴志勤作为营政治教导员，随部队出发参加抗美援朝战争。离休后，他潜心研究新四军历史，多次以自己的亲身经历为无锡市民开展爱国主义教育。2016年，吴志勤老人走完了革命的一生。他捐赠给无锡博物院的这批抗美援朝文物，也将作为他和他所在部队光荣战斗历程的见证，被永世珍藏。

二

这封70师首长致209团2营全体指战员的表扬信，可以按内容划分为两个方面进行解读，配合相关史料，还原出70师入朝作战的轨迹。

由于信件落款处只有日期"二月十二日"而没有年份，所以须先确定这封信是哪一年的2月12日所写。通过查阅军事科学院编著的《抗美援朝战争史》等可靠资料，可以确定24军部队于1952年9月间轮换入朝，战斗到1953年7月朝鲜停战协定的签署，之后，主要执行剿匪、戍卫等军事任务，直到1955年回国。在这期间，70师一直在24军序列中执行任务。因此，该信的书写时间必然是24军入朝后在一线参与作战的1953年2月12日。确定具体时间后，即可开始信中第一部分内容的研读。信的第一段说：2营"经过艰苦严寒行军，走上第一线担负光荣的歼敌任务。你们是全师的第一个部队走上最前沿，直接与美帝国主义进行战斗。你们在整一个月的战斗中，已获得了一些胜利……"显而易见，2营在70师序列中第一个上第一线参加战斗，时间是1953年1月到2月，并取得了不小的胜利。按前文所查证，24军部队于1952年入朝，入朝后到第二年1月初，70师在朝鲜战场什么位置，以何种方式参加抗美援朝，又如何"经过艰苦严寒行军"到达一线，就是下一步要理清的问题。

首先，24军是1952年9月轮换进入朝鲜参战的。轮换作战的计划最早是1951年时志愿军副司令员邓华在"轮番作战"的基础上，首先向中央军委建议的，目的是以替换经过长期作战伤亡较大的部队，同时让国内部队轮流在战争中学习经验，促进军队建设。经过党中央、中央军委和志愿军总部的长期讨论酝酿，1952年6月底，中央军委制订了第一期部队轮换计划，其中24军被抽调入朝轮换已在朝参战19个

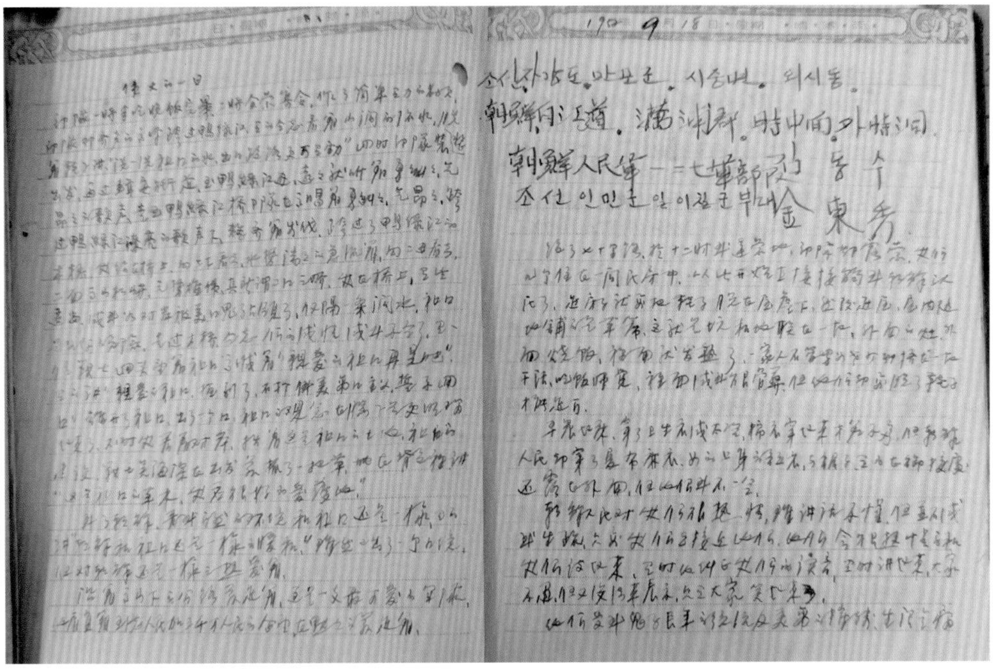

图三 “伟大的一日”——吴志勤日记中记述的2营入朝经过

月的27军回国[2]。紧接着24军即在上海和浙北地区集结，开展战前训练。关于70师入朝的时间，《抗美援朝战争史》记载为9月5日至15日，24军与同批第23、46军一起入朝[3]；时任24军参谋的张宏献回忆，前卫团、72师分别于9月3日和11日渡过鸭绿江，军部则率70、74师随后跟进[4]；时任24军军长皮定均的儿子皮效农、皮卫华在记录其父在朝经历的文章中记述是9月11日进入朝鲜[5]。至于70师具体何时入朝，都没有明确的记录。直到笔者查阅了吴志勤入朝时写下的日记，其中记述他率领2营跨过鸭绿江的当天是9月18日（图三）。据此可认定，70师部队入朝确切的时间应是在1952年9月18日前后。

24军入朝是为了接替27军的防务，替换使其回国休整，而27军此时正在朝鲜元山地区担负海岸守备任务。因此，24军的第一个任务就是担负起东海岸元山的海岸守备，防备敌人从海上进攻，制造第二次“仁川登陆”。10月上旬，各部队经过徒步行军已到达指定地区。据吴志勤日记，70师于10月10日到达阵地，与27军79师办理了接防。又据张宏献回忆，27军在撤走前，把下属的炮兵和高炮部队都移交给了24军，大大增强了24军的重武器实力。而这一时期没有什么大规模地面战斗，主要是应对美军空袭的防空作战[6]。直到1952年12月底，24军接到命令，开赴中线五圣山地区接替15军担负一线守备任务。这就是70师首长在表扬信中提到的，经过艰苦严寒行军，走上一线担负歼敌任务。对70师战斗力最大的考验到来了。

24军此次担负新的任务与志愿军总部部署反登陆作战准备有关。1952年底，志愿军贯彻中央军委关于做好反登陆作战准备的指示，制定了初步方案，要求“将敌人歼灭在海上和海滩……不仅西海岸如此，东海岸元山……方面均应作充分准备”[7]，计划把有在朝作战经验的部队部署在东、西海岸，防备敌军登陆。12月23日，志愿军总部下达23、24、46三支生力军与15、38、40军对调防区的命令。24军前往五圣山接替15军，而70师将要守卫的，正是

图四 吴志勤在朝鲜五圣山阵地
挖掘坑道时采集的矿石

英雄的上甘岭阵地。1月初，70师冒着严寒，抵达五圣山前沿。而吴志勤所在的2营来到558.0高地，直接与敌军接触。根据上级修筑防御工事、加强阵地建设的要求，2营组织挖掘坑道，准备与敌人长期对峙。吴志勤在挖坑道过程中，采集到一块矿石（图四）。战后，他特意将这块矿石带回国，作为他这段战斗经历的纪念。这块矿石后来也被他捐赠出来，收藏在无锡博物院中。

与24军当面对峙的，是美军第3师、南朝鲜（韩国）首都师和第9师，双方阵地之间的缓冲区很小，最近处仅相距30米。这种情形，正是第五次战役结束以来，正面战场中部战线敌我形势的直观反映。由于战争转入边打边谈的相持拉锯阶段，双方都修筑了坚固的防御工事，而志愿军武器装备数量和质量与“联合国军”有较大差距，无法迅速、大量歼灭敌人有生力量。在研究第五次战役经验教训的基础上，毛泽东在1951年5月致电彭德怀，提出打小歼灭战的方针，并用了个“零敲牛皮糖”的形象比喻，也就是表扬信中所提到的“零敲牛皮糖，积小胜为大胜”[8]。在此基础上，志愿军创造性地运用了冷枪冷炮战术，即狙击战术，以单枪或单炮，突然射杀敌单个目标。已构筑坚固坑道工事进行有效掩蔽的志愿军面对近在咫尺而疏于防备的敌人时，使用这种战法十分奏效[9]。15军45师在上甘岭战役中曾依靠冷枪冷炮歼敌5000余人，美军绝望地把537.7高地称作“狙击兵岭”。而接替15军进驻五圣山的24军也不遑多让，志愿军最著名的神枪手张桃芳就出自24军72师。70师则在进入阵地后的5个月作战中，歼敌5276名[10]。209团2营作为首批上一线阵地作战的部队，取得了不俗的战绩，17天中毙敌150多名，击落击伤敌机6架，毁汽车2辆、地堡5个、机枪2挺。表扬信着重强调了这一点，并提到了在狙击战中立下功勋的指战员，称赞他们“立下了国际功”。这些同志中，只有刘开朋作为烈士有信息可查，而这封信将他们的名字记下，在几十年后重新呈现在人们面前。笔者在此录下他们的名字——周文全、刘开朋、梁光基、靳德科、侯子山、鲁开田、方忠法、吴子忠、徐顺，并向这些英雄们致以崇高的敬意。

吴志勤所在的2营在第一线坚持战斗一个月后，被3营替换进行休整。70师首长在信的后半部分勉励2营认真总结经验，提高自己，“真正做到打一仗，进一步，打好仗建好军”，迅速做好打大仗的准备工作。随着1953年夏停战谈判的艰难推进，志愿军提出“以打促谈”，打大仗的机会很快到了。6月，70师在24军的编成内参加了夏季反击战役第二阶段作战，对美军第3师和南朝鲜第9师防守的阵地发起攻击。209团是主攻部队，而2营又是全团的前锋，被命名为“夏季反击战突击营”。教导员吴志勤本来要被调到师机关工作，也主动留了下来，继续指挥2营参加战斗。激战从6月12日晚发起，持续了两天两夜，2营歼敌2000余人。据吴志勤回忆，全营最后仅剩20多人，其中只有7人无伤，吴志勤自己也头部、胸部负伤。半个世纪后，他能清楚记起的，还有先后四次负伤后牺牲的参谋长姚海清、冲锋向前炸地堡的6连连长陈正安、像黄继光一样奋勇堵枪眼的战士尤传荣、拉手榴弹与敌同归于尽的战士周成林等烈士[11]。全营指战员以高度的英雄主义精神，实践了师首长在信中对他们提出的立更多功劳、创造新的荣誉、为祖国和毛主席争光的勉励。

值得一提的是，南朝鲜第9师在他们的战史资料中也提到了这次作战，他们称之为“北进”棱线防御战斗。虽然这份资料对第9师在此战中损兵失地的情况讳莫如深，但其中针对他们的对手——志愿军第24军的侦察情报倒是颇具参考价值。资料提到24军“士气旺盛，士兵大部分参加过多年抗日战争和内战，有忠于中共的共产党员作骨干，战斗力很强，善于山地作战和游击战”。资料认为24军补给充足，武器装备水平也不差，并在70师装备情况表中详细列出部队各层级单位各种武器装备数目（表一）[12]。

表一　南朝鲜战史记载的志愿军第70师装备情况

装备／部队单位	手枪	步枪	冲锋枪	轻机枪	重机枪	60迫击炮	82迫击炮	120迫击炮	76无坐力炮	75直射炮	37高射炮	火箭筒	57反坦克炮	自动步枪
班		4	7	1										
排	1	3	35	3										
连	12	12	128	18	6	2	2					3		9
营	63	452		31	12	6	6					6		27
团	363	2106	405	62	42	23	24				3	18		87
师	1526	7337	1542	190	154	81	84	12	12	12	12	54	48	254

客观来看，除去武器装备具体情况有待考证，南朝鲜方面对于24军和70师的评价还是符合真实情况的。24军在国内革命战争中是陈毅、粟裕指挥下的“叶、王、陶”三大主力[13]之一，首任军长王必成有“王老虎”的美誉，部队攻守兼备，极擅运动战。70师是24军的主力师，所属第208团是红军团，210团被称为“老虎团”，而吴志勤所在的209团同样是功勋卓著的老部队，自1952年参战准备开始，经过入朝后东海岸守备和五圣山一线冷枪冷炮作战的考验，无论精神士气还是战术水平都处于很高的层次。另外，经过前后方军民对运输线的长期保护，部队后勤补给也顺畅了许多，伙食条件虽然仍比较艰苦，但也不再出现“一把炒面一口雪”的窘况，都是部队自己开火做饭[14]。这些都为24军反击作战成功打下了基础。7月，24军又作为志愿军主力之一参加了抗美援朝战争最后一次大规模战役——金城战役。70师在7月16日协同72师攻占了537.7高地等数个高地，又在阵地坚守至27日停战协定签署。至此，70师在抗美援朝战争中的作战任务圆满完成。自1月到7月，70师在五圣山地区发起战斗55次，取得歼灭美军2345名，南朝鲜军6830多名，击落击伤敌机15架，击毁击伤坦克10辆的辉煌战绩。此后，24军调防朝鲜西海岸，承担剿匪和帮助朝鲜军民恢复生产经济等任务。1955年10月，70师随24军撤离朝鲜归国[15]。

综上所述，志愿军24军70师在抗美援朝战争中的战斗轨迹为：1952年9月入朝，10月至12月底在东海岸元山担负海岸防御及防空任务；1953年1月至5月在五圣山上甘岭地区担任一线守备，大力开展冷枪冷炮歼敌运动；6月参加夏季反击战役第二阶段作战；7月参加金城战役，直到停战协议签署。

图五　吴志勤的抗美援朝日记本

三

以70师首长的表扬信为起点，结合其他资料，该师入朝参战的情况可以得到初步地还原。而通过吴志勤捐赠的其他几件文字资料实物，还可对这段战斗历程做一些相关的补充，对这支部队的历史，乃至抗美援朝战争产生更深刻的理解。

其一是吴志勤的入朝日记（图五）。1952年9月到10月间，吴志勤随70师入朝前后，将他从驻地出发北上，跨越国境到向元山地区前进的所见所感写在了日记中。这本日记不仅帮助理清了与70师入朝有关的一些时间节点，更生动记述了部队和吴老自己的若干历史性时刻。在第一篇日记中，吴志勤记载了自己“历史上光荣的一页”，即1952年9月3日从驻地嘉兴平湖出发，走出了抗美援朝征途的第一步。部队乘火车行进途中，还在吴志勤老家无锡停车，让他感慨万千。9月8日到达靠近中朝边界的驻扎地后，部队明确任务、写决心书、召开誓师大会，开始为越境做准备。9月18日——吴志勤在日记中将这一天描述为“伟大的一日”：“部队一时半吃晚饭完毕，二时全营集合，作了简单有力的动员……四时部队整装出发，通过辑安街道，至鸭绿江边……高唱着勇（雄）纠纠（赳赳），气昂昂，跨过鸭绿江，嘹亮的歌声下，整齐着步伐，跨过了鸭绿江的木桥。”之后的行军多在夜晚，部队经常穿行于潮湿的山地，每天徒步行进60里到80里不等，其间在异国度过了国庆节和10月3日的中秋节，途中被敌机发现并打毁了一辆汽车，至10月10日到达位于朴川里的预定阵地，开始了接防和守备。读着这本历经风风雨雨保存下来的日记，仿佛也跟随着这支部队，告别了江南故土北上，跨过鸭绿江，冒着敌人空军的侦察与袭击，向目标地域挺进……感谢吴老，为后人留下了如此宝贵的历史资料和精神财富。

其二是70师开赴五圣山前209团战士递交的决心书、保证书。吴老对它们有着特殊的感情。在向原无锡革命陈列馆捐赠这批文物时，他说这是他作为营教导员为战士保存下来的。这批决心书、保证书一共7份，战士在上面用血写下“决心”或“决心书”的大字，并在署名处按下血手印。虽然这些战士们笔迹还比较稚嫩，语句不甚通畅，但通读这些文字，看着随岁月流逝略显暗淡的血字，一种对英雄的感动和景仰便会油然而生。以战士张嗣根写的保证书（图六）为例：

请求参战保证书

敬爱的营首长同志：

我经（在）党的教育和培养下，光荣地成为人民的勤务员。今天，党和人民交给我光荣伟大而艰巨的任务，我思想上万分的（地）兴奋，这就是给我一个实际考验。我为四排牺牲的五位同志以及祖国人民报仇，讨还血债，把我的鲜血变为我的决心和实际行动，特请求参战。保证如下：

1. 保证（在）行军中做到以身作责（则），克服一切困难，不叫苦，不向任何

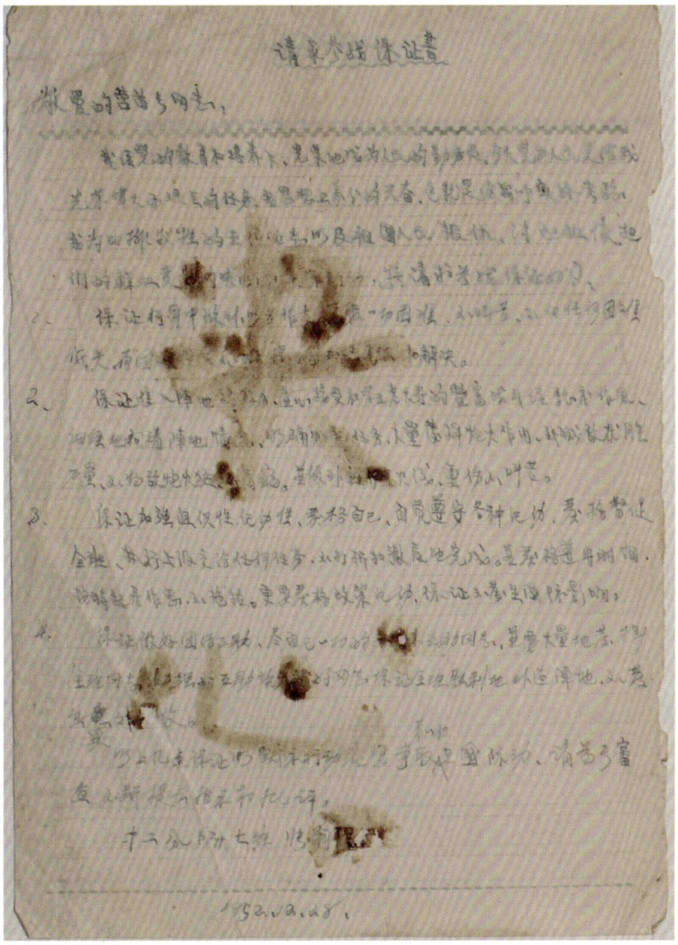
请求参战保证书

1952.12.28

图六 战士张嗣根写的《请求参战保证书》

困难低头。有困难坚决不向上提，想办法克服和解决。

2. 保证进入阵地接好房（防），虚心接受和学习老大哥的丰富战斗经验和作风，细致地问清阵地情况，明确分配任务。大量发挥炮火作用，歼灭敌（人）优（有）胜（生）力量，不怕敌（人）炮火猛，不畏缩，并做到轻伤不下火线，重伤不叫苦。

3. 保证加强组织性、纪律性，严格自己，自觉遵守各种纪律。严格督促全班，执行上级交给（的）任何任务，不打折扣，彻底地完成。并严格遵守时间，按时起居作息，不拖拉。更要严格政策纪律，保证不发生国际影响。

4. 保证做好团结互助，尽自己一切的力量来互助同志，并要大量地发挥全班同志体力强的互助体力弱的同志，保证全班胜利地到达阵地，不发生意外事故。

以上几点保证，以实际行动表现，争取第一个立国际功。请首长审查，不断提出指示和批评。

十二分队七班 张嗣根

1952.12.28

根据内容推断，张嗣根可能担任着7班班长或副班长，在保证自己完成好任务的同时还保证全班做好互助，安全胜利地到达阵地。从时间来看，此时正值24军从元山向五圣山地区与功勋卓著的“老大哥”15军部队换防。部队正准备冲破敌人封锁，开往一线，正式与“联合国军”展开较量。从字里行间可以看出张嗣根作为

图七　志愿军第 209 团编写的《英模竞选材料》

人民军队的一员，以能参加战斗而兴奋和自豪，满含为牺牲战友报仇的悲愤渴望，迫切地想要上阵杀敌，英雄气概跃然纸上。同时，保证书中强调的以身作则、组织性、纪律性、团结互助等等原则，正是这支人民军队的本色和风骨所在。

其三是209团编写的《英模竞选材料》（图七）。这本材料是1953年9月，为该团第二届功模大会上评选和宣传英模典型而编写的。材料记录了209团在入朝作战中涌现的如狙击手石玉生、孤胆英雄李瑞继等10位在作战中立下大功的指战员的先进事迹，他们之中有一些已牺牲在1953年夏季反击战役和金城战役的战场上。其中就有70师首长表扬信的收信人之一——营参谋长姚海清，材料中称他为“不朽的共产党员，坚定的指挥员”。材料总结了姚海清参谋长的事迹，认为他“在战前表现着坚强的求战求荣的决心”，“指挥部队迅速占领阵地，歼灭了坚守小青山、山头、西高地之敌人”，特别是“负伤三次指挥部队打垮敌人一个排至一个团的反扑，坚守攻占阵地”，再次被手榴弹炸伤，仍然大喊“冲呀，要为我报仇呀”，6月13日下午壮烈牺牲。这些记录与吴志勤关于这次战斗中姚海清的表现口述可互相印证。而吴志勤提到的周成林烈士牺牲的详细经过也能从材料中找到。姚海清、周成林，以及材料提到的其他209团的烈士们，是70师在朝鲜战场近一年英勇奋战的全体指战员的优秀代表，他们的事迹，也为这支英雄部队不朽的军旗增添了新的光彩。

英烈已逝，遗墨长存。当年读到这封表扬信的指战员很多都已长眠在朝鲜的土地上。作为有幸再次见到这封珍贵的信件的后来人，笔者自觉有义务使它和它背后承载的历史为更多人所熟悉，因此写下这些文字，并以此文向吴志勤老人、志愿军24军70师指战员和所有在抗美援朝战争中浴血奋战的最可爱的人们致敬。构思捉笔之余，笔者也为自己曾是人民军队的一分子而光荣和自豪。受制于笔者能力水平和公开的军战史资料的有限，本文中错漏讹误难免，望方家不吝指正补充。笔者愿以自身所学，为无锡和苏南地区的红色书信研究略尽绵薄，为传承好红色基因，弘扬爱国主义精神献出一份力量。

注　释

［1］　文中使用的图片除有特别注明外，来源皆为无锡博物院。

［2］　军事科学院军事历史研究部著：《抗美援朝战争史》第三卷，军事科学出版社，2000 年版，第 310 页。

［3］　军事科学院军事历史研究部著：《抗美援朝战争史》第三卷，军事科学出版社，2000 年版，第 311 页。

［4］　张宏献口述，施洋整理：《原 24 军副军长口述亲历抗美援朝》，《社会观察》2013 年第 7 期，第 48 页。

［5］　皮效农、皮卫华：《父亲皮定均在上甘岭阵地上的日日夜夜》，《福建党史月刊》2010 年第

7期，第24页。
[6] 张宏献口述，施洋整理：《原24军副军长口述亲历抗美援朝》，《社会观察》2013年第7期，第48页。
[7] 邓华、杨得志1952年12月17日关于反登陆作战准备的部署给毛泽东主席的报告，转引自军事科学院军事历史研究部著：《抗美援朝战争史》第三卷，军事科学出版社，2000年版，第353页。
[8] 军事科学院军事历史研究部著：《抗美援朝战争史》第三卷，军事科学出版社，2000年版，第20页。
[9] 王婷婷：《抗美援朝中的“冷枪冷炮”运动》，《中国档案》2020年第12期，第86—87页。
[10] 李延珂、李建军、纪红建：《劲旅雄风——解放军某警卫师的发展沿革及战斗历程》，《军事历史》2006年第1期，第63页。
[11] 2营参加夏季反击战的经历参见吴志勤的口述，引自肖根荣：《永恒的纪念——无锡博物院抗美援朝藏品解读》，无锡市新四军历史研究会编:《战地风云》第16辑，2020年12月，第42—44页。
[12] 固城、齐丰、龚黎译编：《朝鲜战争——抗美援朝战争敌军史料》第5卷，黑龙江朝鲜民族出版社，1988年版，第148页。
[13] “叶、王、陶”，指叶飞上将、王必成中将和陶勇中将，他们指挥下的部队在抗日战争和解放战争时期战功卓著，且互相常有巧妙的协同配合，因此在陈毅、粟裕华东解放军系统中常将这三大主力部队并称为“叶、王、陶”，并传为美谈。
[14] 张宏献口述，施洋整理：《原24军副军长口述亲历抗美援朝》,《社会观察》2013年第7期，第49页。
[15] 李延珂、李建军、纪红建：《劲旅雄风——解放军某警卫师的发展沿革及战斗历程》，《军事历史》2006年第1期，第63页。

书信·口述·家国情怀：微观视野中的抗美援朝

宿响木　殷昭鲁 *

【摘要】抗美援朝战争是中国人民保卫和平、反抗侵略的正义之战。无锡博物院藏有一批抗美援朝时期的红色书信，是中国人民志愿军英勇无畏、爱国情怀的见证，是抗美援朝精神的重要载体。本文以无锡博物院藏抗美援朝人民志愿军的决心书为切入点，辅以对辽宁省丹东市抗美援朝退役老兵的采访，重温抗美援朝战争的伟大历程，剖析抗美援朝精神的价值意蕴。

【关键词】抗美援朝战争　决心书　退役老兵　爱国情怀

为维护和平正义和保家卫国，中华人民共和国成立后不久，以毛泽东同志为核心的中共中央做出了抗美援朝的伟大决策。抗美援朝战争是全体中华儿女团结一心、反抗侵略的伟大壮举，抗美援朝战争的伟大胜利对中国和世界都有着极其深远的意义。无锡博物院珍藏着一批抗美援朝时期的红色书信，是中国人民志愿军英勇无畏、爱国情怀的见证，是抗美援朝精神的重要载体。

一、愤炎倾进：一封书信凸显的爱国情怀

朝鲜战争于1950年6月25日爆发，美军不顾中国多次警告，执意将战火燃烧到中国东北边境地区，给中国人民生命财产造成严重损失，中国国家安全面临严重威胁。党中央对局势严密分析后，做出了“应当参战、必须参战”的决策。在“抗美援朝、保家卫国”的号召下，全国掀起了参军、参战、支前的热潮，战士们群情激愤，纷纷写下请战书和决心书，奔赴前线。

无锡博物院藏有一封抗美援朝时期志愿军70师209团2营战士黄殿龙等6人书写的决心书（图一），信中表达了黄殿龙等6名战士自愿要求赴身前线、参加战斗、保卫祖国的决心。信的落款处是6名战士的签名和手印。书信的内容如下：

决心书

四班全体同志，志愿要求抗美援朝，要求迅速给我们光荣伟大新的任务，我们很愤怒的仇美恨美，为因我们受了长期压迫统治，不能抬头。今天有了伟大的毛主席英明领导把我翻了身，今天我有强大的

---

* 宿响木：鲁东大学马克思主义学院硕士研究生

殷昭鲁：鲁东大学马克思主义学院副院长、副教授

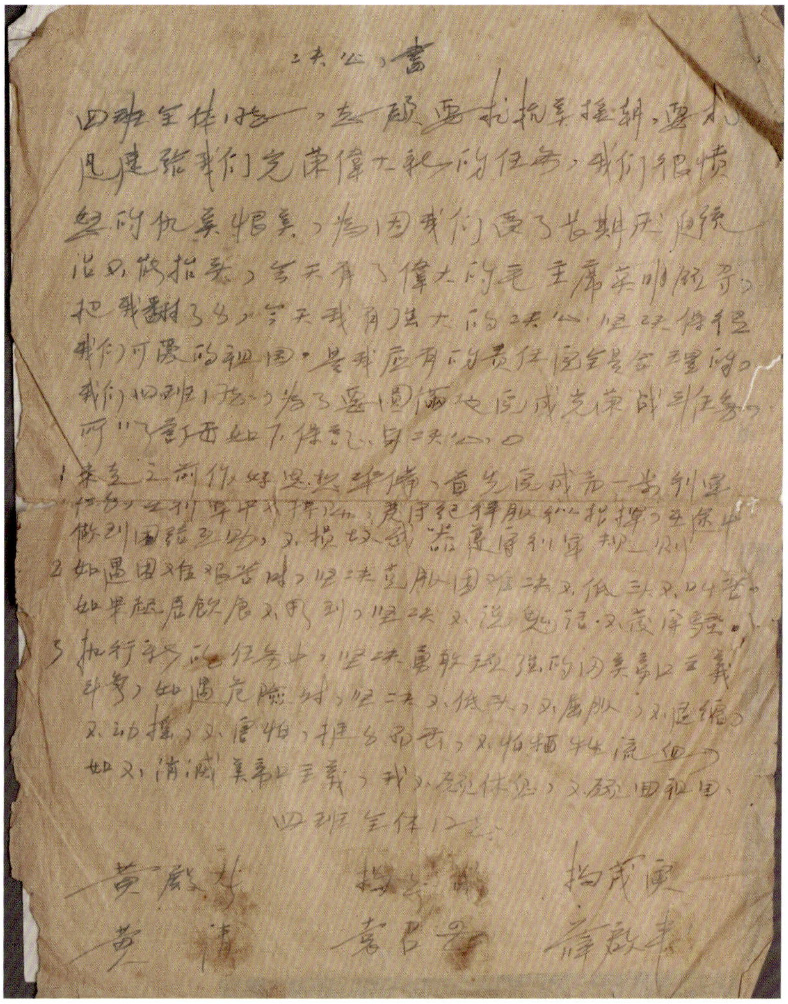
决心书

四班全体同志：这一次要去抗美援朝，这就是给我们光荣伟大艰巨的任务，我们很愤怒的仇美帝国主义，为了我们受了长期反动统治的痛苦，今天有了伟大的毛主席英明领导，把我们翻了身，今天我有很大的决心，坚决保卫我们可爱的祖国，是我应有的责任，完全是合理的。我们四班同志为了要圆满地完成光荣战斗任务，可以订出如下保证与决心。

1 未走之前做好思想准备，首先完成第一步行军任务，在行军中不掉队，遵守纪律，服从指挥，在途中做到团结互助，不损坏武器，遵守行军规则。

2 如遇困难艰苦时，坚决克服困难，决不低头、不叫苦。如果起居饮食不周到，坚决不说鬼话，不发牢骚。

3 执行新的任务中，坚决勇敢顽强的同美帝国主义斗争，如遇危险时，坚决不低头，不屈服，不退缩，不动摇，不害怕，挺身而出，不怕牺牲流血，如不消灭美帝国主义，我不愿休息，不愿回祖国。

四班全体同志

黄殿龙 杨志成 杨茂寅

黄清 袁召正 薛启丰

图一　黄殿龙等抗美援朝《决心书》

决心，坚决保卫我们可爱的祖国，是我应有的责任，完全是合理的。我们四班同志为了要圆满地完成光荣战斗任务，可以订出如下保证与决心：

1. 未走之前做好思想准备，首先完成第一步行军任务，在行军中不掉队，遵守纪律，服从指挥。在途中做到团结互助，不损坏武器，遵守行军规则。

2. 如遇困难艰苦时，坚决克服困难，决不低头、不叫苦。如果起居饮食不周到，坚决不说鬼话，不发牢骚。

3. 执行新的任务中，坚决勇敢顽强的同美帝国主义斗争，如遇危险时，坚决不低头、不屈服、不退缩、不动摇、不害怕，挺身而出，不怕牺牲流血。如不消灭美帝国主义，我不愿休息，不愿回祖国。

四班全体同志

黄殿龙　杨志成　杨茂寅

黄清　袁召正　薛启丰

这封书信并没有注明书写时间，并且经过岁月的洗礼，信纸已经褶皱、卷边、泛黄。由于信中没有更多信息，无法确定书写这封决心书的战士们的身份，相关人物信息和他们作战事迹大部分也已查询不到。笔者仅在查询抗美援朝纪念馆的烈士名单时，找到其中几名烈士的信息，但由于怕重名，出于严谨，只能确定其中一名烈士为薛启丰。他的基本情况如下：薛启丰，性别男，1914年出生于江苏省汇龙镇台角村，革命烈士，曾为志愿军24军70师209团2营4连班长。1948年作为中共党员参加革命。1952年在抗美援朝战争中牺牲。这封决心书充分表达出黄殿龙等6名战士对美帝国主义的深恶痛绝和他们坚决抗美援朝、保卫祖国的决心。虽然信的字迹比较模糊，语句也不甚通顺，但战士们在信中表达出的真挚又纯粹的爱国情怀让人动容。

在几千年的历史长河中，爱国主义始终流淌在中华民族的血脉中。正如习近平总书记所说：“不论树的影子有多长，根永远扎在土里……”[1]抗美援朝时期，爱国情怀直观地体现在中国共产党人和志愿军战士们的身上。在黄殿龙等6名战士的决心书中有这样一句话“今天我有强大的决心，坚决保卫我们可爱的祖国”，“决心”从何而来？当然是从浓浓的爱国情怀中来。这句话是志愿军战士们爱国情怀的最直接的表达。在国家安全受到威胁之际，中国的有志青年和年轻战士们坚决捍卫民族利益，义不容辞地肩负起反抗侵略、保卫祖国的重担，这一切都源于他们对故土家园的深厚感情和胸怀家国的责任担当。为了奔赴前线保家卫国，黄殿龙等战士在决心书中做出了三点保证与决心：遵守规则、不怕困难、顽强战斗。他们也许没有金钱、没有知识，但他们能为国家付出自己的生命，这是他们对国热爱、对党忠诚的最深刻体现。

这封抗美援朝的决心书虽寥寥百字，却表达出无数志愿军战士们的心声。怀着爱国之心的百万志愿军精神抖擞，拧成一股绳，爆发出强大的向心力和凝聚力，为抗美援朝战争的胜利提供了强大的战斗力量。抗美援朝的历程告诉我们，不管在过去还是在未来，爱国主义都是中国人民和中华民族宝贵的精神财富和强大的精神动力，正如习近平总书记在纪念五四运动100周年大会上的讲话：“历史深刻表明，爱国主义自古以来就流淌在中华民族血脉之中，去不掉，打不破，灭不了，是中国人民和中华民族维护民族独立和民族尊严的强大精神动力，只要高举爱国主义的伟大旗帜，中国人民和中华民族就能在改造中国、改造世界的拼搏中迸发出排山倒海的历史伟力！”[2]

二、斗志援朝：
老兵口述中彰显的舍生取义

1950年10月25日，中国人民志愿军打响了入朝作战的第一枪，抗美援朝战争的序幕正式拉开。在党中央的领导下，中国人民志愿军与朝鲜人民军并肩作战，开始了为期两年零九个月的激烈战斗。

为了更加直观地解读黄殿龙等6名战士在写下决心书时的心境，笔者回到家乡辽宁省丹东市，联系到当地的退役军人事务局，并采访了当地抗美援朝退役老兵，聆听老兵们的亲口讲述，从志愿军战士的角度了解抗美援朝战场以及他们当时内心真实的所念所感。根据老兵们的亲口叙述，可总结出抗美援朝战斗的三大特点。

其一是战斗条件极为艰苦，环境极为恶劣，装备和物资匮乏。决心书中提到“如遇困难艰苦时，坚决克服困难，决不低头、不叫苦”，那么到底是何种困难艰苦？采访过程中，很多老兵对美军飞机轰炸的印象极为深刻。老兵毕庆远说：“有一次，上级为我们运输来一火车的物资，还没等到我们接收，就被美军飞机轰炸毁了，大米等物资都运不进来。”老兵宋天崇说：“美军的飞机太厉害了，每天都出动数十架飞机轮番轰炸。美军飞机都是低空飞行，白天我们都趴在雪地里，把棉袄翻过来穿。棉袄里子是白色，跟雪一样，便于隐藏。”老兵安传福说：“一整个冬天没

有棉鞋穿，那年冬天雪很大，白天有阳光了在树林里趴着，把单鞋脱下来在那里晒干，用破棉裤把双脚包上。”老兵牛吉成说：“美军飞机嗖的一下飞下来，再次向上起飞的时候，在飞机机翼下投下两颗炸弹。晚上的时候，在住的房子里听见敌人的炮火声轰轰地响，就像放鞭炮一样。这样的场景太多了。”

抗美援朝战争中，中美双方无论是在武器装备还是后方物资供给方面都相差甚大，中国人民志愿军靠着步兵和少量炮兵顽强对抗部队全部机械化、武器先进的美国军队。长津湖战役中，在接近零下40摄氏度的冰天雪地中，志愿军全连战士们死守岗位，忍受着极度严寒，以战斗姿势直至牺牲，凝结为一尊尊冰雕。即使是这样，中国人民志愿军战士们仍毫不畏惧，以劣势装备进行殊死搏斗，这种气概正像决心书中说的：“如遇困难艰苦时，坚决克服困难，决不低头、不叫苦。”

其二是战斗过程极为凶险。决心书中所提到的“危险”是怎样的？采访中，老兵李魁武回忆起押运物资途中遭遇的危险，他说：“我们晚上行军，从新义州通往平壤的路上，乘坐着汽车。当时是晚上9点多钟，美军的飞机打着照明弹，1组4架飞机对我们进行轰炸，飞机上还有机枪对我们进行扫射。我坐在汽车上负责药品押运，车队因美军的轰炸扫射而撞到了路边的树上，车队后面堵住了80多辆运输车辆，那是最危险的一次。”老兵王远成说：“在一次行军途中，我们发现了美军飞机，需要赶紧隐蔽。当时我们躲避在一个厦子里，身上的棉袄被打开花了，只剩下一件衬衣，肩膀也挂彩了。”老兵安传福说：“那些送炸药包的战友明知道会牺牲，却还是坚决服从命令。我们一个师（42军126师）去的是一万三千多人，阳历年（1951年第4次战争）打的三八线，一晚上的时间只剩下一半战友。”老兵慕权玉是一名炊事兵，他说：“飞机对我军伙房进行轰炸，飞机离开后我们出来打扫战场。炊事班的战友们被炸得粉身碎骨。我们把战友的遗体收拾后埋在朝鲜的山上。立上墓碑，写上志愿军烈士。他们到战争结束也没和我们一起回来。”

正像黄殿龙等战士们所表达的“不怕牺牲流血”，一批又一批的战斗英雄在抗美援朝战场上牺牲了。据统计，在未满3年的抗美援朝战争中，中国人民志愿军阵亡人数超过18万人，损失了4位军级领导、7位师级干部和200多位团级指挥员。[3]受伤的战士更是不计其数。

其三是志愿军战士视死如归，显现出舍生取义的革命精神和浓厚的家国情怀。何为舍生取义？战士们写下这句话：“如不消灭美帝国主义，我不愿休息，不愿回祖国。”在采访的众多老兵中，有一位百岁老兵唐桂馨，他于1920年12月出生，自1947年参军入伍以后参加过许多战斗。在参加解放辽阳的战斗中，唐桂馨因营救重伤战友、作战英勇荣立二大功。1948年正月解放鞍山，同年秋天参加塔山阻击战，随后跟随部队解放锦州、东北。1948年所在部队以两个营的兵力进攻怀来城，在张家口消灭国民党军。1949年进入北京，同年4月随大部队南下，一路围剿国民党军至广西。1952年秋天进入朝鲜战场并参加最为惨烈的上甘岭战役。唐桂馨老人说：“什么是上甘岭？上一批，死一批，就是上甘岭。当时战斗非常艰苦，一边战斗一边打坑道，战斗人员在缺吃少喝的情况下打退了敌人一次又一次的进攻。我当时分配在打坑道部队。为了减少前线部队的伤亡，我们坑道部队也是拼了命地干。我和不少战友磨破了手，砸伤了脚，甚至有的为坑道献出了年轻的生命。”101岁高龄的他，穿着利索的军绿色军装，眼神中仍然有着军人的坚毅。帽子上的红星格外闪耀，胸前挂满了奖章（图二）。当问起他为什么一次又一次地参加战斗，他说：“抗战（抗美援朝战争）已经融

图二　抗美援朝退役老兵唐桂馨

入我的骨血，我希望我的子孙能和我一样，用一生来守护自己的国家。”

当时志愿军战士们是怀着怎样的决心踏上征程的呢？老兵李魁武说：“我的想法就是不打算回家了，没想过还能活着回到家。我当时想，我18岁就这样牺牲在朝鲜吧。”老兵王希宽说：“抗美援朝刚出发的时候，我就下定决心，拼上我的性命也要干。为什么呢？共产党取得的所有胜利，都是为了人民。”老兵们的每一句话，都直观地传达出他们视死如归、保家卫国的决心。

三、见微知著：微观视野里透视的价值意蕴

在抗美援朝战争中，志愿军战士们在极不对称、极为艰难条件下顽强取胜，书写了人类战争史上可歌可泣的壮丽史诗。他们浴血奋战，打出了近代中国反侵略战争的翻身仗，孕育出伟大的抗美援朝精神。如今，经过一代代人的不懈努力，中国已经强大起来。

2021年9月2日，第八批中国人民志愿军烈士的遗骸回国。根据中韩两国政府的协议，韩国政府从2014年起每年向中国移交由韩国方面发掘、整理并鉴定的中国人民志愿军烈士遗骸及遗物。从2014年首批开始至2020年，总共已有716名在韩中国志愿军烈士遗骸得以返回祖国。2021年9月1日上午，第八批在韩中国人民志愿军烈士遗骸遗物装殓仪式在韩国举行，109名中国人民志愿军烈士的遗骸以及1226件遗物返回祖国。[4] 9月2日上午，中国和韩国在韩国仁川国际机场共同举行在韩中国人民志愿军烈士遗骸交接仪式。[5] 9月3日上午，第八批在韩志愿军烈士遗骸回国安葬仪式在沈阳抗美援朝烈士陵园举行，109位志愿军烈士忠骨终归故土。[6]

中国迎接中国人民志愿军烈士的遗骸回国，回顾抗美援朝的伟大历程，不仅是为了学习历史，更是为了传达出其深层次的教育意义：即使在和平年代，也要居安思危，学习好、发扬好先辈的革命精神和优良品质，时刻保持昂扬的斗志和奋发向上的正能量，让抗美援朝精神在新时代焕发出更强大的生命力。正如习近平总书记在纪念中国人民志愿军抗美援朝出国作战70周年大会上所说：“无论时代如何发展，我们都要砥砺不畏强暴、反抗强权的民族风骨”“无论时代如何发展，我们都要汇聚万众一心、勠力同心的民族力量”“无论时代如何发展，我们都要锻造舍生忘死、向死而生的民族血性。”[7]

如今，国际局势纷乱复杂，国家正面临着新的风险和挑战。面对这百年未有之大变局，为实现“两个一百年”奋斗目标、实现中华民族伟大复兴，更加需要铭记抗美援朝战争的艰辛历程和伟大胜利，深刻剖析抗美援朝胜利的宝贵经验，挖掘抗美援朝精神的丰富内涵和时代价值，在全社会弘扬伟大的抗美援朝精神。“敢于斗争、善于斗争，知难而进、坚韧向前，把新时代中国特色社会主义伟大事业不断

推向前进”[8]，将伟大的抗美援朝精神永续传承，世代发扬。

作为鸭绿江畔长大的孩子，笔者希望将家乡的抗美援朝老兵们的故事讲给更多人听，所以文中引用了老兵们的口述，向人们展示参战老兵视角中的抗美援朝。谨以此文献给全体抗美援朝老兵以及所有为祖国和平事业作出贡献的老兵们！

注　　释

［1］ 习近平：《习近平谈治国理政》，外文出版社，2014 年版，第 58 页。

［2］ 习近平：《在纪念五四运动 100 周年大会上的讲话》，人民出版社，2019 年版，第 3 页。

［3］ 颜梅生：《忆抗美援朝中牺牲的四位志愿军军长》，《云南档案》2014 年第 11 期，第 23—26 页。

［4］《第八批在韩志愿军烈士遗骸遗物装殓仪式在仁川举行》，央视新闻 2021 年 9 月 1 日。

［5］《中韩双方交接第八批在韩中国人民志愿军烈士遗骸》，新华网 2021 年 9 月 2 日。

［6］《志愿军烈士安葬祭文来了，看完潸然》，央视新闻 2021 年 9 月 3 日。

［7］ 习近平：《在纪念中国人民志愿军抗美援朝出国作战 70 周年大会上的讲话》，人民出版社，2020 年版，第 8 页。

［8］ 习近平：《在纪念中国人民志愿军抗美援朝出国作战 70 周年大会上的讲话》，人民出版社，2020 年版，第 10 页。

从红色书信看马克思主义经济学家的心路历程

——读秦柳方书信

刘祯贵*

【摘要】无锡博物院典藏的秦柳方书信资料，全方位展示了秦柳方作为红色马克思主义经济学家的人格与品格。秦柳方涉猎广泛，是我国著名的马克思主义经济学家；治学严谨，具有孜孜以求的敬业精神；立足民生，为国为民出谋划策；政治性强，有着高度自觉的律己意识；对亲人严格要求，对同志有着深情厚谊；信仰坚定，有着为中华民族谋复兴的爱国情怀。

【关键词】书信　秦柳方　品格　经济学家

秦柳方，1906年1月7日出生于江苏省无锡市胡埭张舍一个私塾教师家庭，是我国著名的马克思主义经济学家。笔者20多年前攻读硕士学位的指导老师专门研究抗战时期的中国工合运动，并出版专著，其中涉及秦柳方的学术经历。20多年来，笔者业余收藏相关书籍过程中，也有幸收藏到几册秦柳方任编委的《经济周报》。2021年因参加无锡博物院举办的"庆祝中国共产党成立100周年红色书信学术研讨会"，笔者发现无锡博物院藏有大量秦柳方相关书信。通过研读这批秦柳方书信，进一步了解了这位红色马克思主义经济学家的心路历程，以及其严谨的治学之道和高尚的人格魅力。

一、涉猎广泛，是我国著名的马克思主义经济学家

自古以来，崇文重教的无锡人才辈出，秦柳方便是其中杰出的一位。他在马克思主义经济学方面的造诣，使其与他的老乡孙冶方、薛暮桥一起，成为中国经济学界的三座高峰。1933年秦柳方参与发起创建中国农村经济研究会并任理事，出版《中国农村》杂志。抗战时期，秦柳方曾任私立西南商专、四川省立教育学院教授，广西银行总行经济研究室主任等职。抗战胜利后，秦柳方又担任《文汇报》社论委员兼经济版主编，以及《经济周报》编委。中华人民共和国成立后，秦柳方曾任中国科学院经济研究所领导小组成员，政治经济学组负责人，《经济研究》编辑部主任，《世界经济》编辑部主任等[1]。几十年来，秦柳方始终坚持从事中国与世界经济相关领域的研究，撰写发表了不少经济方面的论著，为我国经济发展做出了贡献。

比起其他载体，书信具有信息更集中、材料更真实的特点。通过阅读无锡博物院藏品数

---

* 刘祯贵：成都市住房和城乡建设局二级调研员

据库中的秦柳方书信可知，秦柳方涉猎广泛，研究内容涉及农村经济、工业建设、财政、金融、商业、物价、货币以及国际金融等众多领域，堪称我国著名的马克思主义经济学家。1982年11月9日秦柳方给钦本立的信中提到，近两年，他只注意《世界经济调研》以及若干问题的内部研究，根据20年来的经验，工作还需要摸索。[2] 1998年是中国工合运动60周年，秦柳方专门撰写了《周恩来同志对工合运动的关怀》一稿。而1998年是刘少奇同志100周年诞辰，秦柳方又专门写了《刘少奇同志对理论工作的关怀》一文。这两篇文章分别向《重庆日报》理论版投稿[3]。1999年10月20日秦柳方给中国社科院老干部局送了3篇内容不同的文章，还包括信1封、书1本[4]。

秦柳方治学面广，其研究工作可分为三个阶段：中华人民共和国成立前，研究农村经济；中华人民共和国成立后，研究国内经济；改革开放后，研究世界经济。几十年来，秦柳方以孜孜以求的敬业精神，撰写了大量的关于经济方面的论著和文章，从研究农村经济到研究工业经济，从研究国内经济到研究世界经济，是我国涉猎多种经济学科的资深学者。到晚年秦柳方仍坚持进行多方面的学习、研究。2000年6月6日秦柳方撰写的《一年来的离休生活》言道，离休一年来，他认真学习江泽民同志关于“三个代表”的重要讲话，并认为：各级党组、党员要坚持学习“三个代表”的方针，加强党的建设，对离退休干部同样适用。此外，在这一年他还阅读8种报纸、8种刊物，撰写了有关曾山、卜明、韦善美的三篇纪念文章[5]。

二、治学严谨，具有孜孜以求的敬业精神

书信是交换信息的重要载体。通过阅读无锡博物院藏品数据库中的秦柳方书信可知，秦柳方具有孜孜以求的敬业精神，以科学的态度认真研究我国的经济，为我国经济的发展做出了贡献。无锡博物院所藏秦柳方在1947年写的《中国的农村经济》一文手稿，是秦柳方以中国农村的封建剥削为主要研究对象，着重研究导致中国农村贫困的几个主要因素，即：高度地租、买卖不公、高利借贷和帝国主义的侵入。手稿论述了抗战前中国农村经济的特征，揭露了农民生活的不安与农村经济的破产，指出了实行工业化与发展农村经济的必然关系[6]。秦柳方在给陆龙文的信中写道：“龙文同志：一、《中国各种经济合作社》大部分稿件托《中国合作经济报》记者陈青湖同志带沪，最后四篇连同目录和序言（附有陈翰笙题写的书名，排印在扉页）已于六月廿五日寄沪。现送上目录，请一阅。二、序言是否应排在目录之前？三、又张宝山‘学习和定做《刘少奇论合作社经济》’一文，拟编入《中国各种经济合作社》（列入第七篇之后），请你看看，是否合适？或者不采用。”[7]

秦柳方治学相当严谨。约在1981年12月，秦柳方看到《无锡文史资料》第一辑上所载《1927年春天石塘湾农民斗争孙氏地主的回顾》一文，仔细阅读后，认为内容写得较好，基本上符合当时的情况。但看了以后，还是觉得有些地方应该进行修改，于是他认真地给《无锡文史资料》的编辑写了一封信，提出具体的修改意见[8]。1987年12月11日至1988年3月13日期间，秦柳方先后给赵永良写了6封信，其内容是他收到赵永良寄给他的《无锡名人辞典》《无锡近代人物志》油印稿后，花了好几天功夫看了一遍，对上述两本书总的印象：无锡部分材料不够充实；社会科学家、工程技术人员、工商界以及在党政机关和部队工作的人物，搜集到的很少；20世纪三四十年代

的人物，也很不全；医药界的人物内容虽然比较充实，但大多数是在无锡工作的同志，在外地工作的无锡人物，情况也显得很不够充分。因此，秦柳方在信中建议：如一时不易搜集，只能继续采访，再版时进行补充。[9]

秦柳方对待学术一丝不苟。1988年10月18日，秦柳方写给《中国合作经济报》编辑部的信中说，《中国合作经济报》1988年10月8日第249期第1版所载《中华全国手工业社和中国工业合作社协会》一文，文中标题以及文内所说有关中国工业合作协会的情况，与事实有些出入[10]。1990年4月，中国社科院科研局委托秦柳方审阅《巴县县情调查报告》，秦柳方阅读此报告后，写了总评和具体审读意见。中国社科院科研局主管这项工作的同志把原报告连同秦柳方的审读意见交给中国社科院社会科学文献情报研究中心一位年轻同志审阅，该同志不同意秦柳方的意见。于是，秦柳方就把他对《巴县县情调查报告》的意见，写了一封信送给胡绳同志。胡绳同志认为秦柳方审读后提出的具体意见，“都很好，值得作者考虑修改”。随后，秦柳方专门写了《如何编写县情调查报告》一文。[11]

负责编辑期间，秦柳方尽心尽责，认真对待来稿，仔细审核。1990年10月20日，秦柳方给来稿作者邱功甫专门写信，指出其所撰写的《建国以来的供销合作》一文题目拟改为《四十年来的供销合作社》。文章第四、第五节，只说到1985年，秦柳方建议做简要补充，应说到1989年。文章第五节标题，原为《四年来改革的巨大成就》，秦柳方建议改为《十年改革的巨大成就》。当时，各省区市均成立了供销合作经济学会，全国有中国供销合作经济学会，并做了很多工作，推动了供销合作的理论研究和改革，秦柳方在信中请作者邱功甫在其文中补充说几句[12]。1998年9月6日秦柳方在给新保敦子女士的信中提及，唐孝纯女士撰写的《人民教育家俞庆棠》已经出版。对于这本书，秦柳方认为写得比较好，事实详尽，评价也恰当。至于熊贤君著《俞庆棠教育思想研究》一书，秦柳方认为书中谈及的有些事，与事实不符，有的评论不恰当。[13]

对于正式、公开发表的文稿中出现的错误，秦柳方及时给相关方面指出，并说明相关依据所在。《世界经济与政治》1999年第12期刊载《新中国国际问题研究50年》一文，秦柳方读完有些意见，于是2000年1月5日通过电话向该文作者指出。[14]2001年6月3日《北京晚报》及2001年6月4日《人民日报》公布：全国党员6451万人，占全国人口总数6.2%。秦柳方就按2000年曾进行的第五次全国人口普查、2001年3月28日新华社公布的人口普查结果，31个省区市及在役军人，总数为12亿6583万人——这是2000年当时的全国人口总数，按此计算，党员占人口总数的比例应该是5.09%，或5.1%。因此，秦柳方认为，《北京晚报》及《人民日报》公布的党员占比，是按过去人口总数进行计算的，不符合实际。2001年6月5日秦柳方给中共中央组织部办公厅写信，建议认真复核计算全国党员人数占比，重新进行公布。[15]

三、立足民生，为国为民出谋划策

阅读红色书信，可以看到革命者有血有肉的思想活动和情感生活。通过阅读无锡博物院藏品数据库中的秦柳方书信可知，体察民众之苦，做接地气的学问，这是秦柳方的治学之道。秦柳方早在革命时期从参加农村经济调研开始，撰写的调查报告就深刻揭示了中国半殖民地半封建社会的经济本质，反映民生多艰。因为深知民众疾苦，秦柳方凭着一名知识分子的责任与担当，加入革命的洪流之中。1935年，秦柳方参加救国会，在中国共产党的领导下，积极组织、开展抗日救亡运动。革命时期，他还担任中国人民救国会中央委员兼特种委员会委员，同时兼任中国民主革命同盟上海地委、国内工作委员。抗战胜利后，上海人民团体联合会成立后，秦柳方又担任该会理事，对加快上海解放起到了积极作用。1949年9月，秦柳方出席了中国人民政治协商会议第一次全体会议，后以政协委员的身份，登上天安门城楼，参加开国大典。

中华人民共和国成立后，国家的工作重点开始转入经济建设，秦柳方的工作重点也从研究农村经济转为研究中国经济。由他担任经理的中国花纱布公司华东区公司经营良好，对恢复生产、稳定市场做出了重要贡献。在理论工作中，他提出社会主义工业生产必须注重经济效益，提高劳动生产率。他还参与物价调查，积极开展商品生产价值规律、按劳分配等领域的研究，对社会主义经济建设起到积极作用。1980年7月5日，秦柳方在给相关同志的书信中建议就计划调节与市场调节相结合问题，继续进行座谈，并提出具体意见。[16]针对1982年八九月联合国可能召开会议，讨论有关国际经济新秩序的问题，秦柳方专门安排中国社科院世界经济研究所相关人员，建立协作小组，研究南北关系、南南关系等问题，并提出我国应采取的对策。[17]

改革开放以后，秦柳方又结合实际，针对市场经济等问题开展调研，并提出相关政策建议。1982年12月25日秦柳方写给梅益、马洪的信中说，《世界经济调研》今冬明春选题方向，已向国家计委等单位征求意见后确定。这些选题，既注意世界经济发展的新情况，又紧密配合国内社会主义经济建设的需要。[18]为了配合对美纺织品谈判的斗争，秦柳方于1983年1月写了一篇短稿《中美贸易必须在双边平衡的基础上向前发展》。[19]1983年1月，秦柳方看了《世界经济导报》1982年第113期发表的《经济学家吴大琨》一文，其中讲到有关《经济周报》的情况，与事实有出入。为了使读者们了解《经济周报》真实的历史情况，秦柳方根据几位老同志共同回忆和自己所核对的情况，起草了一份材料，并寄给《世界经济导报》进行发表。[20]

秦柳方为人物和经济研究积极出谋划策。1991年5月24日秦柳方给施学光的信中说，关于江苏籍研究世界经济的代表人物，他的意见需追溯至1920年，以瞿秋白、俞颂华、陈翰笙为代表。20世纪30年代曾在《新青年》《向导》《前锋》《东方杂志》《申报月刊》等写过世界经济文章的江苏籍人士，均可在相关著作中提到一笔。至于如何进行研究，秦柳方也提出相关建议，如：研究常州人瞿秋白时，秦柳方认为可参阅《瞿秋白文集》（政治理论第一册）；研究太仓人俞颂华，可参阅《俞颂华文集》[21]。1994年10月，秦柳方曾去福建调查福建省供销合作社的情况，在调查研究的基础上写了一份《福建调查福建省供销合作社的情况和建议》，供有关方面进行决策参考。[22]

四、政治性强，有着高度自觉的律己意识

书信是窥探心灵的窗户。通过阅读秦柳方的书信，感知到秦柳方的政治性强，具有高度自觉的律己意识。改革开放之初，秦柳方便将研究重点及时转移到世界经济上，以严谨的科学态度研究新的历史时期社会主义经济建设的许多重要问题，针对性很强。秦柳方通过学习1982年中央书记处的决定了解到：改革（指城市）是长期工作；关于政企分开，全国先从商业、外贸部门开始，先走一步，商业则先从批发开始，一步步来；政企分开，扩大企业自主权，政府该管的还要管。秦柳方要求相关部门根据中央书记处的上述指示进行采访工作。[23]

从秦柳方的书信之中，可以看出秦柳方政治性强，时刻和党中央保持一致。1982年11月，秦柳方专门去外交部新闻司听取他们对《世界经济导报》的意见，并根据党的十二大精神，拟写了《今后一段时间采访、组稿注意事项》。[24]1986年，秦柳方针对一些报刊出现理论混乱现象，提出“理论宣传要防止资产阶级自由化”的建议。[25]1986年2月22日，秦柳方根据当时看到的研究报告以及《世界经济导报》《经济学周报》等所载经济理论问题和其他文章，感到当时在某些方面存在一些混乱现象，摘录了有争论的七个经济问题以及贬低民族文化传统、对当代大学生做不恰当的估计等问题，写了一个报告，并附有关文章做参考，提出要根据国情和社会主义原则，加以述评，澄清当时所存在的一些问题。秦柳方在这个报告中，还提出了防止资产阶级自由化的四点建议。[26]

秦柳方认真学习党的方针、政策，及时指出相关问题。1986年《世界经济导报》278期第10版发表的《中国经济研究的十大变化》一文，内容强调《资本论》中找不到建设社会主义的现成答案，必须求教于西方经济理论，秦柳方认为《世界经济导报》278期转载这篇文章是不慎重的。[27]2000年1月8日秦柳方给王忍之、王洛林写信，提出对《世界经济与政治》1999年第12期所刊发相关文章的意见，并建议中国社科院对这个刊物要加强政治领导，不要使它成为资产阶级自由化思潮的理论阵地。[28]

五、对亲人严格要求，对同志有着深情厚谊

书信也是情感流露的载体，是交流感情的重要纽带。无论是在战火纷飞的年代，还是在和平时期，秦柳方秉承着“崇文重教”的家风。通过阅读秦柳方的书信，可以看到他对亲人的挚爱，看到他有血有肉的思想活动和情感生活，这些书信凝聚着秦柳方的情怀。中华人民共和国成立后，身居高位的秦柳方将子女送进了普通小学而非干部子弟小学就读。“靠自己”是秦柳方教育儿女立身存世的信条。秦柳方的儿女们，求学与入职有一个共同特点——国之所需，即我之所学所为。秦柳方的5个子女均继承了父亲治学严谨的作风，工作上兢兢业业，理论研究方面也颇有建树。5个子女屡屡获得各级各类奖项，也均有学术论著面世。在秦柳方的教育下，秦柳方的子女通过治学与实践相结合，为新中国国防事业、石油化工重大机械装备自主化建设贡献了自己的才智。[29]

秦柳方一心为公，关心同志。1984年1月10日，秦柳方家姐及其女儿去世后，秦柳方建议其房屋、家具归当地胡埭公社生产队所有。[30]2000年11月10日秦柳方写给邵铨伟的信中说，早在1995年5月24日他就提出将其在张舍的旧居交公，或捐赠给当地的胡埭镇政府。[31]1982年孙冶方同志被评为模范党员后，秦柳方要求根据新华社消息在《世界经济导报》发一则简讯进行报道。[32]1987年6月25日秦柳方关于《国外各种经济合作社》《中国各种经济合作社》二书在给卜三的信札中写道：“卜三同志：陈青湖同志来京，说您现正住院休息。工作太忙了住院休息一段时间，是很有必要的。想来健康一定恢复得很好。《中国各种经济合作社》一书，最近才编好。有九篇稿子，十六日已托青湖同志带沪，想已收到。现寄上另外三篇以及书名、目录、序言，翰笙同志题写的书名，请查收。这部稿子，总计约二十万七千字。书名是和翰笙同志商量决定的。希望能及时付排，早日出版。祝健康。”[33]

同时，秦柳方努力为一起工作的同事做一

些力所能及的事，特别是还原历史。1998年9月秦柳方在给张鸿慰的信中，证实上海市原副市长金仲华是中共地下党员。[34]1998年9月16日秦柳方在给汪道涵的信中也提及，金仲华是中共地下党员，“文革”中死亡。金仲华的家乡浙江桐乡准备为金仲华建立纪念馆，计划于1999年10月落成。金仲华的女儿托秦柳方请汪道涵为金仲华纪念馆写一幅题词。[35]

秦柳方始终无微不至地关心同志，并对做出贡献的同志给予充分肯定，而对自己则严格要求。1998年11月22日，秦柳方得知彭斯英热心为《文汇报》老职工服务，实属难得，尤为敬佩。知道她继续应聘一年，还要再干一个时期，建议彭斯英一定要节约劳动，保持健康。[36]1999年6月6日秦柳方得知韦善美因车祸逝世，深为痛悼。秦柳方在书信中表示，韦善美为发展广西壮族自治区教育，为弘扬雷沛鸿先生的教育思想，付出了毕生精力，做出了重大贡献，品德高尚，热情待人，令人无限敬仰。[37]1999年6月，秦柳方得知章剑慧逝世，深为痛悼，并对其做出高度评价，认为章剑慧为中国尤其香港地区，以及南洋各地纺织事业的开拓和发展，付出了毕生精力。[38]1999年8月18日，秦柳方在给肖林的信中说道：“我没有学会做（作）诗，不能同您唱和。当仔细阅读，认真学习。”[39]

六、信仰坚定，有着为中华民族谋复兴的爱国情怀

秦柳方生前将其千余件纸质文物和资料都捐赠给了无锡革命陈列馆（现无锡博物院）。秦柳方的手稿及书籍，凝聚着他一生的心血，倾注了他对革命的热忱，记录了他为国家所做的贡献，可以从中看到他炽烈的政治追求和深情的牵挂。早在1999年4月18日，秦柳方就给杨玉伦去信，说准备送给无锡市图书馆的书籍、杂志，早已整理好，无锡市图书馆如有便人来京，随时可接收、打包，运回无锡。[40]2000年，他将自己中华人民共和国成立前后公开发表的673篇文章（包括部分手稿），以及1400多本藏书、1100份资料，亲自装入35个纸箱，全部捐赠给无锡革命陈列馆。[41]从中可以看出秦柳方的故土情结、爱国情怀和坚定的政治信仰。

秦柳方要求在政治高度上搞好工作，个人、单位所从事的经济工作要为国家服务。1982年11月11日，秦柳方亲自撰写了《〈世界经济导报〉驻京记者采访、组稿注意事项》，要求密切注意资本主义世界经济衰退形势的变动情况，定期做出分析研究，为发展国家对外经济贸易做参考；要注意苏美、苏欧以及美欧、美日经济矛盾，及时进行客观的报道和分析。当时中美贸易不平衡，美国对我国输美纺织品进行严格限制，秦柳方建议用学术探讨方式提出意见，配合主管部门的谈判。[42]针对有单位约写回忆录，秦柳方认为不值得写回忆录，自己也不准备写，也不愿提供这方面的资料。秦柳方认为写这类材料，一要有详细的事实根据，二要有参考资料，不能凭空忆想。[43]

无锡博物院典藏的秦柳方书信，展示了秦柳方时刻学习革命先辈的智慧创造、流血牺牲和杰出奉献精神，并把对革命先辈的赤诚敬意转化为干事、创业、治学的干劲。秦柳方于2001年6月4日满怀激情撰写了《纪念中国共产党成立80周年》一文。秦柳方在此文中写道，中国共产党刚成立的时候，只有党员53人，经过80年的斗争和发展，到2000年底，全国已有党员6451万人，占全国人口总数12亿6583万人的5.1%。秦柳方认为，我们党是由马克思列宁主义、毛泽东思想、邓小平理论培育起来的特别能战斗的坚强的执政党。80年来的斗争中，万千革命烈士抛头颅、洒热血，做出了重大牺牲，对他们寄予无限的思念和哀悼！中华人

民共和国成立52年来，我们党已取得了新民主主义革命的胜利，特别是20多年来实行改革开放，我国已进入了社会主义初级阶段，完成了9个五年计划，综合国力大大增强，人民安居乐业。我国是发展中的大国，是社会主义的强国，屹立于世界的东方。现在进入21世纪，党中央、国务院已提出了第十个五年计划，作为我们的奋斗目标。秦柳方坚信，今后一百年，要基本实现社会主义现代化，任重道远，必须努力再努力！前进再前进！[44]

注　释

[1]　《秦柳方和他的儿女们——无锡一门三代接力追逐“中国梦”》,《无锡日报》2019年8月24日。

[2]　秦柳方：《1982年11月9日秦柳方给钦本立的信》，无锡博物院藏。

[3]　秦柳方：《1998年7月27日秦柳方给〈重庆日报〉理论版编辑部的信》，无锡博物院藏。

[4]　秦柳方：《1999年10月20日秦柳方给中国社科院老干部局的信稿》，无锡博物院藏。

[5]　秦柳方：《2000年6月6日秦柳方撰写的〈一年来的离休生活〉》，无锡博物院藏。

[6]　秦柳方：《秦柳方手稿》，无锡博物院藏。

[7]　秦柳方：《秦柳方给陆龙文的信》，无锡博物院藏。

[8]　秦柳方：《1981年12月1日秦柳方写给〈无锡文史资料〉编辑的信的复写件》，无锡博物院藏。

[9]　秦柳方：《1987年12月11日至1988年3月13日秦柳方写给赵永良的六封信的复写件》，无锡博物院藏。

[10]　秦柳方：《1988年10月18日秦柳方写给〈中国合作经济报〉编辑部的信的复写件》，无锡博物院藏。

[11]　秦柳方：《1990年11月18日秦柳方致梅行同志的信的复写件》，无锡博物院藏。

[12]　秦柳方：《1990年10月20日秦柳方给邱功甫的信》，无锡博物院藏。

[13]　秦柳方：《1998年9月6日秦柳方给新保敦子女士的信》，无锡博物院藏。

[14]　秦柳方：《2000年1月6日秦柳方给王洛林的信的复写件》，无锡博物院藏。

[15]　秦柳方：《2001年6月5日秦柳方给中共中央组织部办公厅的信》，无锡博物院藏。

[16]　秦柳方：《1980年7月5日秦柳方给宝鼎、一韦的信》，无锡博物院藏。

[17]　秦柳方：《1982年2月9日秦柳方写给钱俊瑞等同志的信的复写件》，无锡博物院藏。

[18]　秦柳方：《1982年12月25日秦柳方写给梅益、马洪的信的底稿》，无锡博物院藏。

[19]　秦柳方：《1983年1月17日秦柳方给陆平的信》，无锡博物院藏。

[20]　秦柳方：《1983年1月8日秦柳方给张执一同志的信》，无锡博物院藏。

[21]　秦柳方：《1991年5月24日秦柳方给施学光的信》，无锡博物院藏。

[22]　秦柳方：《1999年10月25日秦柳方给吴尚民的信》，无锡博物院藏。

[23]　秦柳方：《1982年1月秦柳方写给钦本立、陆平的信》，无锡博物院藏。

[24]　秦柳方：《1982年11月11日秦柳方给钱俊瑞的信》，无锡博物院藏。

[25]　秦柳方：《1986年2月22日秦柳方给胡乔木的信》，无锡博物院藏。

[26]　秦柳方：《1989年9月1日秦柳方写给胡绳、国光的信的复写件》，无锡博物院藏。

[27]　秦柳方：《1986年3月9日秦柳方给钦立本的信的复写件》，无锡博物院藏。

[28]　秦柳方：《2001年6月12日秦柳方写给江泽民的信》，无锡博物院藏。

[29]　《秦柳方和他的儿女们——无锡一门三代接力追逐“中国梦”》，《无锡日报》2019年8月24日。

[30]　秦柳方、秦含章：《1984年1月10日秦柳方、秦含章关于其姐秦咏春遗产处理给胡埭公社的信》，无锡博物院藏。

[31]　秦柳方：《2000年11月10日秦柳方写给邵铨伟同志的信的复印件》，无锡博物院藏。

[32]　秦柳方：《1982年12月18日秦柳方给钦本立、陆平的信》，无锡博物院藏。

[33]　秦柳方：《秦柳方关于〈国外各种经济合作社〉〈中国各种经济合作社〉二书信札》，

无锡博物院藏。
[34] 秦柳方：《1998年9月秦柳方给张鸿慰的信》，无锡博物院藏。
[35] 秦柳方：《1998年9月16日秦柳方给汪道涵的信》，无锡博物院藏。
[36] 秦柳方：《1998年11月22日秦柳方给彭斯英的信》，无锡博物院藏。
[37] 秦柳方：《1999年6月7日秦柳方给乌清和的信稿》，无锡博物院藏。
[38] 秦柳方：《1999年6月14日秦柳方给章剑慧家属的信》，无锡博物院藏。
[39] 秦柳方：《1999年8月18日秦柳方给肖林的信稿》，无锡博物院藏。
[40] 秦柳方：《1999年4月18日秦柳方给杨玉伦的信稿（附杨玉伦的信）》，无锡博物院藏。
[41] 《秦柳方和他的儿女们——无锡一门三代接力追逐“中国梦”》，《无锡日报》2019年8月24日。
[42] 秦柳方：《1982年11月11日秦柳方撰写的〈世界经济导报〉驻京记者采访、组稿注意事项》，无锡博物院藏。
[43] 秦柳方：《1988年4月18日秦柳方给赵启凤的信的复写件》，无锡博物院藏。
[44] 秦柳方:《2001年6月4日秦柳方撰写的〈纪念中国共产党成立80周年〉》，无锡博物院藏。

家国情怀视角下的地方教育践行者

——以匡村学校校长匡全海先生所收书信为核心的考察

王兴亮 *

【摘要】20 世纪 20—30 年代，匡全海先是毕业于匡村高小，后任匡村学校老师，又在匡仲谋赞助下赴日本留学，归国后任匡村学校校长。在这段时间里，他的亲友、同事、同学、学生和他有着频繁的书信往来。本文简要介绍了一批匡全海所收书信的基本内容，读者借此可以更好地理解当时无锡基层知识分子所处的社会环境、他们对民族出路的所思所想，以及怀揣的浓厚的家国情怀。

【关键词】匡全海　书信　家国情怀

如今信息科技发达，信息存贮与传播的方式已经由过去的纸张和油墨，转变为数字和网络。任凭天高地远、大江南北、中外东西，信息传达可以即时、全面地完成，其方便快捷，半个世纪之前的人是难以想象的。在这样一个流行碎片化阅读、信息资源唾手可得的时代，谁还会在无穷的思念中盼望鱼雁传书？从某种意义上讲，纸质书信这种特殊载体已逐渐退出了人们的生活圈，逐渐为时代所淡忘。但是，现在的电子书信并没有改变书信的内容，只不过是变革了传递信息的方式。凡有人群的地方，书信仍然有存在的价值，书信本身所具有的丰富的内涵、价值也并不局限于通信者之间。

书信是一种人际交往的文化。书信非文学创作，除非特殊环境下的人物，比如政治家、公众名人，揣测自己的书信内容迟早会暴露于大庭广众之下，或者所写书信的直接对象就是社会大众，那么他们在这种情况下所写就的书信就会有意吐露某种信息，或者对某个情节采取刻意地掩藏。但对于普通民众来说，这样的情况总体而言还是比较少的。绝大多数私人书信属于私下的信息沟通，因此极少有玄虚的故事。作者常常直抒胸臆，无须杜撰情节。不论是家书或是社交书信，不论是陈情述事或是酬应唱和，每封书信都有明确的目的。所以，书信这种特殊文体，也成为了解研究书写者生存环境，探究其内心世界的宝贵的记录介质和历史文献。

书信不是文学，却又胜似文学，是人与人之间的沟通与真情告白，有很大的隐私性和随意性，纵笔运墨少有顾忌，比起官样文章，更能敞开胸怀，直抒心灵，或许这也为书信内容蒙上了一层随意性的面纱。中国历史上留下

* 王兴亮：江苏科技大学张家港校区（苏州理工学院）公共教育学院副教授，兼苏州理工学院长三角社会发展研究所所长，历史学博士

了许多人们耳熟能详的名篇佳作，为后人所传诵不绝。比如司马迁的《报任安书》，作者向昔日挚友表达了忍辱偷生的痛苦与志向未申的愤懑；诸葛亮的《出师表》纵论天下大势，使天下英雄折服，令人击节叹赏；李陵的《答苏武书》[1]委婉悱恻，道出进退失据，忍垢蒙耻的无奈，使读者扼腕叹息；林觉民的《与妻书》所蕴积的刻骨铭心的爱恋，引发了多少青年男女的同情。近年来，中央电视台推出的《见字如面》《信·中国》栏目轰动一时。节目中的书信朗诵与解读，唤起了观众的情感共鸣和家国之思，让多少人闻之潸然泪下。

一、关于匡全海书信的基本情况

20多年前，笔者在做有关清末民初乡土教育的论文期间，在朋友的帮助下，搜集到了一摞旧资料，是一批尘封已久的书信，夹杂着少许证书。其中绝大多数书信没有信封，少部分有信封；但是信封上均无邮票，大概是某位集邮爱好者把邮票抠去，把书信当废品售出，可谓买椟还珠。当时发现全部书信都与一个名叫匡全海的人有关，后来查知其是匡村学校校长。经仔细梳理，这批资料近80份，其中书信70余封，外加匡全海在无锡辅仁中学高三一学期的学业成绩单及参会邀请函等（图一）。多数书信只在信尾注明写信的月份，而没有明确的年份。但据内容可以推定，书信集中写于20世纪30—40年代。这批书信多来自上海、江苏地区。其中，邮自上海的有上海正风文学院、上海大夏大学、中国公学大学、上海蓬莱市场、上海市工务局、上海市徐大房菜馆、上海青年工读社、上海匡仲记经租账房、上海报馆等多个单位。来自江苏的有武进公立礼嘉桥小学、无锡县立南双庙小学、无锡匡村初中附属小学、私立匡村初级中学、江阴私立青旸初级中学、无锡锡光中学、无锡江南中学女校、无锡私立培南中学、宜兴县立临津小学等。内容除了表达个人情感外，有的表达了对时政的看法，有的对本地经济萧条的情况表示了担忧，还有涉及本地教育改革，以及失业、失恋、自杀、求学、求职等等各个方面，构成了一位民国知识分子的生活史。这批书信，对民国时期的地方教育史、社会史研究不无参考作用。现将这批书信主体内容简要罗列如下。

图一 匡全海书信

1.匡全海致匡仲谋，是这批书信中匡全海写给匡仲谋的唯一的信。

2.女友奚吟仙（后来的妻子）致匡全海。

3.武进公立礼嘉桥小学李漱石致匡全海。

4.钱君石致匡全海，谈论校风问题。

5.过瑞炯致匡全海。过氏为无锡国专毕业生，著《韩非子法学研究》。

6.无锡私立培南中学校张增祥致匡全海，讨论有人出卖文凭之事。内中提及同学戚钧康，戚氏于20世纪30年代曾任培南中学校长[2]。张增祥后来在正风书院读书，信中提到传闻有人出卖文凭，拟成立无锡正风同学会。

7.过瑞炯致匡全海，询问匡校有无国文教员职位，欲求工作。

8.过瑞炯致匡全海。

9.过瑞炯致匡全海。

10.蒋逢熙致匡全海。补述晨报报道过的“芝兰自杀”事，捎带兰珍问候。蒋逢熙为薛公曼姐夫，后者著有《避难路上》[3]。

11.过瑞炯致匡全海。

12.过瑞炯致匡全海。

13.过瑞炯致匡全海。

14.过瑞炯致匡全海，为学校筹措资金。

15.过瑞炯致匡全海。

16.学生刘月英致匡全海。

17.学生刘月英致匡全海。

18.东亭小学教师（王）履康致匡全海。

19.上海报馆某致匡全海，催匡全海早日赴日留学。

20.学生鉴清致匡全海。鉴清之妹在匡全海校中。信中说：“先生为国家教育豁光明之建筑，为中国穷困子弟超拔良才，如是孚德，诚为我国教育界之鲜见也。”

21.学生周生福致匡全海。因开学时生病请假，延迟报到，申请返校。

22.武进公立礼嘉桥小学学弟李漱石致匡全海。欲换工作，请匡全海代为留意。

23.侄兰珍致匡全海。用纸为“上海大夏大学用笺”。

24.中国公学大学部□炳元致匡全海。匡全海此前邀其见面，炳元要去沪江大学其姑父处，改约见面时间。

25.杨誉致匡全海。信中说：“杨誉自中学毕业，以经济关系未得升学，辗转间已六载，服务小教，待遇微薄，而精神亦较不劣。然近年农村经济破产，局方经费竭蹶，更兼学童因困于经济而减少，导师待遇亦无形中随之降落……为前途计，不得不仰托知友谋一席位置。去岁已有口请，未识记忆否。”

26.上海公务局某致匡全海，为一女生入学事相托，“请求空一学额”。

27.过瑞炯致匡全海。信纸为“江南中学校用笺”。

28.薛凤超致匡全海。

29.过瑞炯致匡全海。鼓励匡全海在正风读书；谈及自己，有意进持志法科，“弟立志上进，虽不能有补国家，愿无损社会，或开办学校，养育人才；或振兴实业……是我可告无愧矣”。

30.凤仪致匡全海，求入学考试时题目及讲义。信中说：“观夫近日国事之伤，念及吾辈责任之重大，益觉能不奋臂。”

31.凤仪致匡全海。信中说：“今知吾兄升入大学，全仗令族兄仲谋先生之资助。夫仲谋先生之慷慨不啬，提携扶助寒才，良深敬佩。而足下之才德学识，亦可以借得片帆，惊浪破涛，不至晦暗，此等际遇，诚堪欣羡。为足下庆遇人之知，为国家庆野无遗才。”

32.蒋逢熙致匡全海。用纸为“匡仲记经租账房用笺”。论及蓬莱大戏院之事。提及王馥荪（1922—1997，无锡人，中华人民共和国成立初曾任无锡公立中华中学校长，后任南京师范大学中文系教授）。

33.渭沅致匡全海（2通）。谈及仲谋支持升学，考军官学校；谈及学校章程及费用。

34.林生致姻兄匡全海。谈及“泉林满师”（学徒出师），泉林可能为“全林”。

35.大夏大学（侄）兰珍致匡全海。已开学一周，尚未上课。谈到对匡全海的希望，“望叔常有信于侄，教导及指正一切为盼”。

36.外甥全林致母舅匡全海。催匡到上海，“和大人商量谢师之事，现在这样作（做）下去，没有一句话，想来一定是白做的”。自署“全林”，大概为第34号信所说“泉林”。

37.丁林生致匡全海。信中说：“兄来一信，云及满师之事，本应到端节已满，泉林在敝厂中，做太自由了。兄与泉林叙首，兄一问可也。”

38.匡村初级中学孙保鉴老师致匡全海。因病，请诸先生代为管理学生。

39.林树民致匡全海。信中说：“母校更动教员，现已定夺未？……祈代为玉成。”

40.侄兰珍致匡全海。内中提及婚姻自主，并提及校中邰爽秋（1896—1976，东台人，哥伦比亚大学教育学博士，此间任大夏大学教授。1936年发起中国民生教育学会，提倡“民生本位的教育”，任理事。抗战结束任辅仁大学、北师大教授）。

41.全海兄全□致某婶。提及“泉海弟”，以及邮寄田单的事。用纸为“徐大房菜馆信笺”。

42.虞荣庆致“汉民夫子大人”，概为薛汉民。提及“敝事乡虞亦思、沈行谦”，查无考。经查询，民国《金坛县志》有虞荣庆。

43.同学蒋雪夏致匡全海学生。“依然失业”，求助找工作。用纸为“宜兴县立临津小学校用笺”。

44.甥范绳祖致二舅匡全海。讲到学校老师等发薪水，催要工资，得知校长早就领走款项，大概赌博输掉了。“向大人商移大洋五元”，抱怨“简直校长先生要想饿死小学先生”。

45.朱耀初致匡全海。洪姓东家欲迁香港，要重新找工作，“匡校如有机会，祈请代为推荐”。

46.无锡县立南双庙小学剑光致匡全海。欲调换工作，请代为留意。

47.匡村初级中学妹六箴致匡全海。谈及学校老师张尔嘉前辞职，后愿意留下，并赠校留音机以谢罪。用纸为“私立匡村初级中学校用笺”，“十九年十二月八日灯下十一时”。

48.江阴私立青旸初级中学校王履康致匡全海。谈及“盖青中前有覃、袁二教员者，以共党被当道购缉而逸也”。

49.无名氏致匡全海，多戏谑之词。

50.无名氏致匡全海，谈人生观。

51.蒋学复致匡全海，委托让赵璞如插班。

52.林树民致匡全海。信中说：“下学期因生活环境之关系，决离杨小，别谋他事，母校有席务，希兄鼎力玉成。”

53.正风文学院陈惕如致匡全海。约稿“兄于毕业论文，有大贡献于一般之教育界之改革，是否能够寄弟发表……”

54.匡全海岳父周日学致匡全海（4通）。

55.匡全海致母亲信，安慰母亲不用担心经济。

56.匡全海母亲致匡全海（2通），反映当年农业收成及换田之事。

57.立法院编译处章鹏若（锡奎）致匡全海（残件）。提及立法院院长胡汉民及其亲家林焕廷。章鹏若著有《农村复兴之原理与实际》，上海商务印书馆，1934年版。

58.匡全海外甥范焕林致匡全海（7通），均谈论学习、学费、书报事。

59.辅仁中学王履康致匡全海长信。匡全海代《上海报》托王履康向鸿皋、李镛诸君约稿。王履康因此回信，谈及教育问题。

60.辅仁中学王履康致匡全海长信。谈及辅仁出席全省运动会的比赛结果，以及自己的体育教育的思考。

61.匡全海辅仁中学校高中部成绩单一份。

62.学生冯茂洪休学半年，申请复学。

63.上海正风文学院无锡同学会常（委）会邀请匡全海参会。

64.上海正风文学院无锡同学会执行委员会致匡全海参会邀请函。

65.上海正风文学院无锡同学会简章。

这批书信多数用毛笔写成，少数用钢笔写就，书体以行书、行草和楷书为主。书信作者有匡全海本人，匡全海的母亲、岳丈、女友（后来的妻子）、侄儿、外甥、同学、同事、好友；多数人有署名，少数人有名无姓，或者书写潦草，难以辨认。

二、匡全海其人其事

要说收信人匡全海，先要提到大名鼎鼎的实业家匡仲谋。匡仲谋，名启墉，字仲谋，以字行。生于清光绪三年（1877），无锡县杨墅园匡村人。幼入父亲的学塾附读，20岁时至上海大成纱布号当学徒，业余自学外文。于光绪二十八年（1902）在上海独资开设亚东棉业公司。光绪三十一年（1905）在杨墅园筹建亨吉利织造厂。20世纪20年代以后，他将亚东棉业公司改名为益友棉业公司，又投入工业、金融业、地产业。在上海与人合股开设宝成纱厂、天原电化厂，以及春元、大费钱庄等。同时在申锡两地自设永宁地产公司、三乡垦牧公司，收购地产1200多亩。1925年以后，在上海南市区蓬莱路创设蓬莱国货市场，抵制日货，并开办经营蓬莱电影院。还开设蓬莱银号，发放低息贷款，对蓬莱市场的商店给予扶持。为了扩大蓬莱市场的影响，他先后办了青年工读社和小型报纸《上海报》。日军侵占上海时，火烧南市，蓬莱市场的中央商场全部被毁。匡仲谋在经营工商业的同时，还致力于兴办教育事业，光绪三十二年（1906），他在家乡故居创办匡村初等小学堂。以后又开设高等小学堂，增设女子部及匡村初等小学分校，1918年又创办匡村中学。先后捐赠匡家岸田地168亩，并拨出巨款，作为学校基金。多年来的残酷现实，使匡仲谋深刻认识到只有通过兴学育才，才能达到救国之目的。

匡仲谋办学的步骤是立足农村，本部设在无锡杨墅园，取名“匡村学校”。分部先后设在稍塘桥（今属钱桥镇藕塘社区）、下（华）圻（今属洛社镇），广招农村子弟入学。[4]在兴办实业的同时，他热心资助教育事业。这批书信的作者中，率多在这些学校任教者，也不乏在匡仲谋所办的《上海报》、蓬莱市场等机构工作的人员，这些书信提及匡仲谋时皆敬称为“仲叔”。

匡仲谋为了办好学校，培养德、智、体全面发展之人才，慎聘学校管理人才。小学首任校长为章文藻（清末秀才），继为强步东、储元昂（江苏省立第三师范高师毕业）。任中学校长的殷芝龄（留美，教育哲学博士）、孙克明（教育界著名人士）、匡全海（留日，专攻教育），均为当时德才兼备的人才，对办好学校起了决定性作用。

匡全海是匡仲谋的族弟。他本人家境一般，在匡仲谋的资助下考入上海正风文学院，从事教育学的研究。和当时很多热血青年一样，1929年7月，他从大学毕业后，返回老家匡村从事教育改良，后任匡村中学校长。在无锡从教一段时间后，又在匡仲谋的支持下，到日本短期进修。匡全海终身投身教育实践，对“一般教育”（平民教育）有很深的研究，而且有多种论著发表，此时已经是很有影响的教育家。[5]

三、匡全海书信中所体现的家国情怀

无论是别人写给匡全海的信，还是匡全海写给别人的信，无不充体现了当时广大知识分子对社会的关心，对民众个人和集体的教育的关注，以及在国家危难关头挺身而出的勇气与责任感。他在高中毕业前，曾给匡仲谋写了一封信（图二）。信中说道：

> 去年暑假，做一首诗，说：“人生即奋斗，奋斗即人生，青年们啊！！不要为恶环境而失望烦闷，我们不怕超越险阻和荆棘。”然而，在过去的现在看起来，恐怕不能完全实现我理想，我再也不能深造。近半年中，不知为了什么，脑力薄弱，翻阅读物之后，追忆追忆，总觉着茫然无头绪。我始终怀疑，中国现在的学校教育，大多不能满足学生生活的须（需）要，他们只知道东拿一本《三角》，西拿一本《化学》，去硬灌学生。至于学生，当怎样指导他们，取聋盲主义，不闻不问的。唉，这样死板的教育，简直可以说‘教盲’，受这种教育

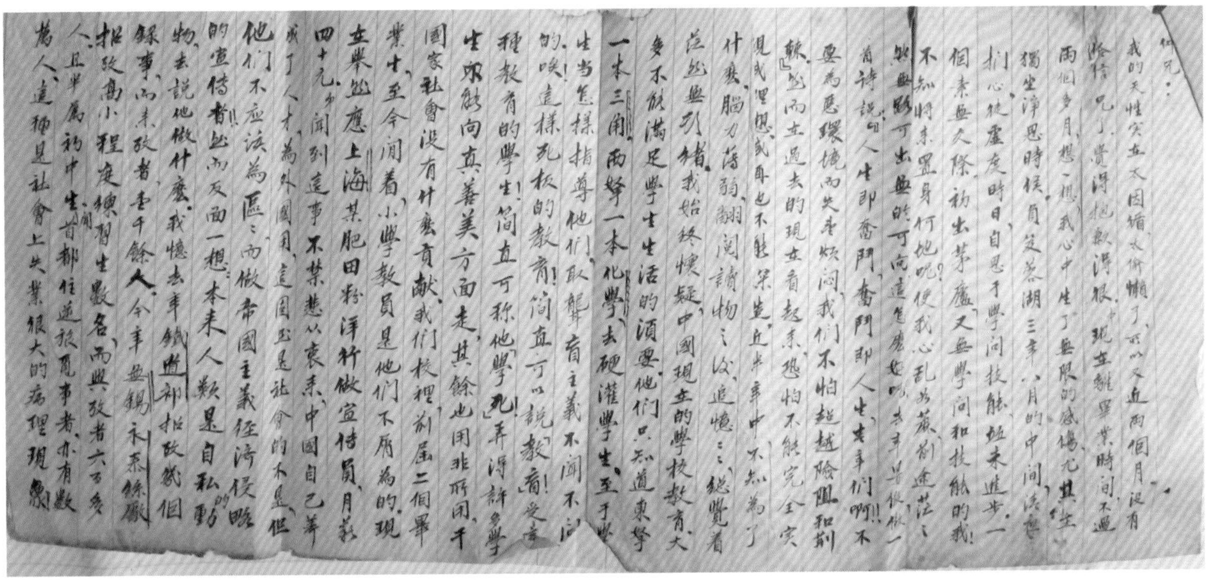

仲兄：
我的天性實在太固執、太偷懶了，所以又近兩個月沒有
給信兄了，覺得抱歉得很。現在雖畢業，時間不過
兩個多月，想一想我心中生了無限的感傷，尤其在
獨坐靜思時候，真是茫湖三年八月的中間，讀書
捫心，徒虛度時日，自思于學問技能，毫未進步，一
個素無大資，初出茅廬，又無學問和技能的我！
不知將來置身何地呢？使我心亂如蔴，前途茫茫，
然無路可出，無路可向，這怎麼好呢。去年曾經作一
首詩說：人生即奮鬥，奮鬥即人生，青年們啊！！不
要為惡環境而失意煩悶，我們不怕超越險阻和荊
棘。然而在過去的現在看起來，恐怕不能完全實
現我理想，或再也不能采集近半年中不知為了
什麼，腦力薄弱，翻閱讀物，以追憶之，總覺着
茫然無頭緒，我始終懷疑中國現在的學校教育，大
多不能滿足學生生活的需要，他們只知道東拿
一本三角，西拿一本化學，去硬灌學生，至于學
生當怎樣指導他們，取舍育主義，不聞不問
的。唉！這樣死板的教育，簡直可以說「教育！」受着
種教育的學生！簡直可稱他「學死」！弄得許多學
生不能向真善美方面走，其餘也用非所用，于
國家社會沒有什麼貢獻，我們校裡前屆二個畢
業，十至今閑着，小學教員是他們不屑為的，現
在畢業應上海某肥田粉洋行做宣傳員，月薪
四十九，少聞到這事，不禁悲從衷來，中國自己養
成了人才，為外國用，這固是社會的不是，但
他們不應該為區區而做帝國主義經濟侵略
的宣傳者，然而反面一想，本來人類是自私的動
物，去說他做什麼。我憶去年錢塘邨的破家
錄事，而來致者壹千餘人，今年無錫永泰絲廠
招致高小程度練習生數名，而典致者六百多
人，且半屬初中生，首都任近旅見事者亦有數
萬人，這種是社會上失業很大的病理現象！

图二 匡全海致匡仲谋信札

的学生，简直可称他‘学死’！弄得许多学生不能向真善美方面走，其余也用非所用，于国家社会没有什么贡献……我的个性太不适于城市生活，我不愿为社会的闲人，也不想做。十二分愿接近农工，表同情于他们。

上月春假旋里，闲着无事，就在东村西巷走走，看见了门上的户口表，触动了调查民以食为天的粮食问题，费了二小时工夫，做成我们村上确实的统计表，如后（前匡村）：

出外者八十一人，在家者三百七十五人，以上四百五十六人。

产量。糙米：九百零三石二斗五升；白米九折：肆百十二石九斗二升五（录自砻班帐〈账〉）

每人每日六，合计年共计壹千零二十石五斗四升（亏壹百零七石六斗一升五）

在家者年计肆百二十一石二斗五升（亏九石二斗五升）

由上表观之，亏数很大，照在家者算为数不多，然而二分之一为佃户，田主所得，虽无雄数，终有二百石以上，所以现在已有人家籴米吃了。我们村上是富庶的地方，尚且这样，其余的地方，不言可知。长此以往，人口倍加，十百年后，粮食必发生大恐慌，对于民生问题很危险的，所以农业生产有改良的必要。

这封信表露了作为高中学生的匡全海对乡村教育事业的热爱，以及对基层社会的深刻认知。或许，匡全海能进入匡仲谋的视野，受其资助到上海读书，又东渡日本留学，并在回国后任匡村学校校长，正是因为匡全海身上具有高度的责任感和社会担当。

亲情与爱情，是书信永恒的主题。在这批书信中，不乏同侪求职，晚辈寻求助学资金，极为生动；也有匡全海母亲写来的两封书信，以及匡全海回给母亲的一封书信。匡全海在外读书，和母亲有书信的往来。匡母谈及本村经济状况（“今岁收成减少”“家中经济甚紧”），以及换田之事。匡全海回信，劝慰母亲不用紧张，“换田一事，男甚表同情。今年以天时寒暖失常，早知乡下各镇收成不佳，不单我家中如此也”。犹如母子之间日常对话，

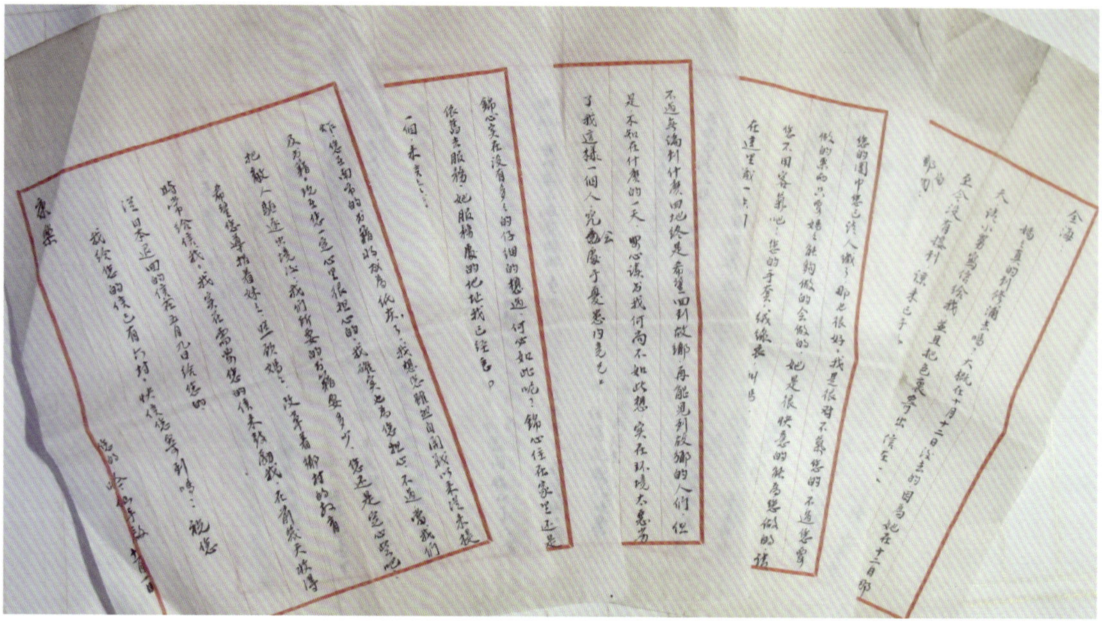

图三　奚吟仙致匡全海信札

母慈子孝之感跃然纸上。

奚吟仙是1935年匡村初级中学的毕业生，她和匡全海后来成为夫妻。在这些信件里，书体最为清秀的一封信，正是奚吟仙写给匡全海的（图三）。

> 妈妈真的到修浦（属无锡——引者注）去吗？大概在十月十二日后去的。因为她在十二日那天，请小舅写信给我，并且把包裹寄出。信在十八日收得，而包裹至今没有接到，谅来已于路上遗失掉了。是否可以请杨墅园（今无锡杨市——引者注）邮局调查一下？
>
> 确实，个人的生命置之度外，忧虑也是无用，但是人究竟是感情的动物，到一个时期来，她终于要痛苦的。当大场挥泪撤退，真茹（如）、彭浦放弃，我流了两次的泪。难道我真的回不到家乡了吗？
>
> 您的围巾您已经请人织了，那也很好。我是很对不气（起）您的，不过您要做的东西，只要妈妈能够做的、会做的，她是很快意的能为您做的。请您不用客气吧！您的手套、绒绿衣，叫妈妈去织好了。本来我想在这里织一条围巾送（您），恐怕路上遗失，所以还没有去购买头绳，现在您已请人织了，我也不用再来多此一举了。
>
> 校定于十一月廿日内第二次费交进，您能为我设法，使我不担心，那是我万分的（地）在异乡感激您；在我再见到您时，我是要向您深深地道谢。不过，无论到什么田地，终是希望回到故乡，再能见到故乡的人们；但是，不知在什么的一天。安心读书，我何尚不如此想，实在环境太恶劣了。我这样一个人，究会处于忧患的境况中，经得起几次的磨练呢？安心亦不过暂时的。责任，我的责任是很重大的，我像（想）做一个负责的人，所以我就不顾一切的（地）离开了家乡，我愿意牺牲我自己。但是，妈妈实在我对她太说不过去。她在这样的环境中。我没有能力使她舒适地在一个家庭中。我知道她痛苦，我知道她在流泪，我没有方法使她愉快。
>
> 锦心实在没有多多的（地）仔细的（地）

想过，何必如此呢？锦心住在家里还是依旧去服务？她（他）服务处的地址我已经忘却了，请您问锦心弟弟要一个，来信告我。

您的眼睛要当心的（地）调治，对于咳嗽更加要特别的（地）当心着。望您保重您的身体，望您利用现下的环境来实验研究教育。日下国际形势日趋紧张，日、德、义（意）三国立在同一线上，虽然是意中事，究如此的显明，欧洲之英、法、俄等之视（势）力，专在欧洲，而远东之事，再无力顾及，使日本更加的（地）横行于我国。南市日本预言轰炸，您在南市的书籍，将成为纸灰了。我想您虽然自开战以来从未提及书籍，现在您一定心里很担心的。我确实也为您担心。不过，当我们把敌人驱逐出境后，我们所要的书籍要多少，您还是定心些吧。

希望您导指（指导）着妹妹，照顾妈妈，改革着乡村的教育。时常给信我。我实在需要您的信来鼓励我。在前几天收到从日本退的信。在五月九日给您的。我给您的信已有六封。快信您寄（收？）到了吗？

祝您康乐！

您的吟仙手启

十一月一日

此信是吟仙写给后来为其丈夫的匡全海的一封情书。结合其他一些信件的信息，大致可以推断吟仙并非匡全海的原配妻子，信中所言“不顾一切的（地）离开了家乡”“牺牲我自己”，可能起因于两人的婚事。同时，从“校定于十一月廿日内第二次费交进”“安心读书”等语，可以推断，吟仙此时正在某处读书。另外，匡全海是在1933年6月之后的某个时间出国留学，于1937年八一三事变之前的某个时间返回祖国的。因此，此信作者说：“在前几天收到从日本退的信。在五月九日给您的。”

此信文字流畅，书体优美，情真意切，内容感人，充满了战乱时期作者对爱人的思念与关心。作者在信中除了嘱托家事之外，也表现出对时局的关心，对日本侵略军占领大场、真如感到愤怒和忧伤，同时又不忘鼓励丈夫“改革着乡村的教育”，向往着“把敌人驱逐出境”的一天。这都表明作者是一位感情细腻而又识大体的知识女性。至写信时，南市尚没有陷落。此信写完仅11天之后，日本就完全占领上海，时为1937年11月12日。（奚吟仙女士后来被本地人尊称为“奚婆婆”，已于前几年以高龄仙逝。）

教育，是这批书信中所占分量最大的一个话题，也是一百年来国人谈论最多的话题。在匡全海的这批书信中，夹杂了一份匡全海高三第一学期时的成绩单，或者能给当今的学校教育一些简单的启发。无锡辅仁中学创立于1918年，创立之初，属于教会学校，校名取自《论语》：“君子以文会友，以友辅仁。”学校英文名“St.John's Alumni School”。匡全海先生于1929年就读该学校高三。据国学大师钱锺书先生的资料，钱锺书先生1929年夏天于该校高三毕业。所以可以推测，钱锺书先生比匡全海先生要高一个年级，前者是后者的师兄。从成绩单看，当时高三学生学习的科目有：人生哲学、社会学、本国史、西洋史、心理学、伦理学、政治学、（国文）作文、经学、韵、英文、文法、修辞、英语作文、信札、翻译、几何、代数、大三角、解析几何、自然、物理、化学、科学概论、生理、体操、文学史。相比我国现在的高中教育，90多年前的中学教育，内容更为丰富、课程设计更为完备。

纵观这批书信，文献中有不少可圈可点之处。比如钱君石写给匡全海的信，信中讨论了初中、高中混校所带来的校风问题。经文献检索，钱君石1938年任无锡抗敌自卫队第六大队队长，后被日军捕获，不屈，被焚死。章鹏若（锡奎）在信中提及当时立法院院长胡汉民及其亲家林焕廷。作者章鹏若在中华民国期间，大力推动乡村经济建设，著有《农村复兴之原理与实际》，在中国近现代乡村重建领域颇有声誉。1945年曾任上海芦家湾区区公所副区长。辅仁中学王履康写有三封长信，具体谈到辅仁学校教育问题、寄宿生自治会问题，以及辅仁参加全省运动会事宜，涉及教育理念、德谟克拉西主义、民治主义等，认为“现今体育属于贵族的，而非普罗（贫民）的”等等。正风文学院陈惕如对匡全海给予厚望，在信中说“望吾兄共扶正风校誉，以促进社会改革，增进民众智能”。无名氏致书匡全海：“社会的恶劣，这是的确可使人厌恶的，而设使因为恶现在的社会，而出于厌世，或避世，而不自修，那是不善用其厌了。善用其厌者，乃是出于自修的一途。因为厌恶现在社会的恶劣而预免自己的蹈入，非自修莫由。这是我在书上看得的，大概是如此，也是我现在所持的人生观。”晚辈兰珍也对匡全海满怀敬仰，“叔于乡间，改换一切旧俗，打破一切恶习。望叔为一辈之先例，为一乡之先锋”等等。这批书信绝大多数内容都在谈论当时学校的教育、社会经济的发展与社会风气的转移，人生、社会、历史、政治、伦理被放在了更为显眼的位置。由此不难理解，为什么当时尽管国家财力困疲，政局不稳，民生困苦，而教育却仍能够培育出一大批在我们现在看来似乎不可企及、足以千古流芳的大师级人物。

注　释

［1］郭炳洁：《从书信落款“顿首”看李陵〈答苏武书〉真伪》，《中国史研究》2016年第1期。

［2］政协南长区文史资料工作委员会编：《南长文史资料选编》第1辑，1992年印。

［3］政协南长区文史资料工作委员会编：《南长文史资料选编》第3辑，1992年印。

［4］匡村中学为现江苏省锡山高级中学前身。

［5］关于匡仲谋、匡全海，以及匡村学校教育等信息，可参考匡氏后裔匡志新所著《布衣商人家国情怀：匡仲谋史料汇编》，上海书店出版社，2017年版；唐江澎主编《省锡中校史资料长编——匡村学校卷》三卷本，广陵书社，2017年版。

家训铸实党魂：烽火岁月中的共产党人家书

——以无锡博物院所藏红色书信为中心

刘雄峰 *

【摘要】在革命的烽火岁月里，共产党人以自身的笃学省思和躬身实践，留下了诸多的家书家训——红色书信。它们以简朴的行文和真挚的语言，不但给予身处革命斗争年代里的共产党人以精神上的极大鼓舞和支持，从而更加激励他们坚定共产主义信念奋斗到底，更以其鲜明的革命伦理价值观和共产主义理想的教化特色，对于促进人的全面发展、国家的繁荣昌盛、社会的不断进步发挥着不可替代的、至关重要的作用。现存于无锡博物院之诸多红色书信，便是其中的杰出代表。今天，以红色书信来激励和引导全体人民（不只是党员干部），对于实现中华民族的伟大复兴，无疑具有重大的现实意义和深远的历史意义。

【关键词】家书家训　红色书信　无锡博物院　中华民族伟大复兴

一、前言

一百年前，当那游荡在欧洲上空的“幽灵”（共产主义）最终酝酿出俄国“十月社会主义革命”的一声炮响，中国一群觉醒了的先驱者，便在浙江嘉兴南湖的一条游船上，宣告了共产党的正式成立。而“中国产生了共产党，这是开天辟地的大事变”[1]。“自从有了中国共产党，中国革命的面貌就焕然一新了。”[2]中国共产党就像一座闪耀着光芒的灯塔，照亮并指引着中国人民的革命征程。由此，亦开启了中国共产党为中国人民谋幸福、为中华民族谋复兴的初心和使命，从而铸就无数仁人志士、革命先驱为之顽强奋斗和矢志坚守的党魂。在革命的烽火岁月里，无数的仁人志士和革命先驱者亦以自身的笃学省思和躬身实践，留下了诸多的家书家训（所谓“红色书信”），百多年来蔚然而成为一代之风气。现存于无锡博物院之红色书信，便是其中的杰出代表。这些红色书信以简朴的行文和真挚的语言，不但给予身处革命斗争年代里的共产党人以精神上的极大鼓舞和支持，从而更加激励他们坚定共产主义信念奋斗到底，更以其鲜明的革命伦理价值观和共产主义理想的教化特色，对于促进人的全面发展、国家的繁荣昌盛、社会的不断进步发挥着不可替代的、至关重要的

* 刘雄峰：四川省社会科学院全球文明研究中心主任，教授，历史学博士

作用。

二、传统文化中的家书家训与红色书信

在汉语语言中，最初是将“国”与“家”分别来使用的。如对于“国”，《说文解字》曰：“国，邦也。从口从或。”段注曰：“邑部曰，邦，国也。按邦国互训，浑言之也。”[3]而对于“家”，《说文解字》曰：“家，尻也。从宀，豭省声。”段注曰：“尻，各本作居，今正。尻，处也。处，止也。牖户之间谓之扆，其内谓之家。”[4]由此，而引申出了“天子诸侯曰国，大夫曰家”的说法。后来，渐渐地将两个词合并起来使用，有了一个作为泛称的“国家”。如《孟子·离娄上》就有“人有恒言，皆曰天下国家。天下之本在国，国之本在家”。《汉书·高帝纪下》亦说“填国家，抚百姓，给饷餽，不绝粮道，吾不如萧何”。

由上可见，在中国古代，所谓“国”乃指一“邦”之域，邦即是国，国亦是邦，二者是通用的。国或邦的代表即是天子或诸侯，所以说“天子诸侯曰国”。而所谓“家”，乃指门户之内的地方，即居住之处（所），是以大夫作为家的代表。因而，所谓“国家”，便成了“天子、诸侯、大夫（当然也包括全体百姓人民在内）”之泛称。在这里，尽管从天子对于诸侯以及大夫等的统辖来看，国无论是在范围或性质等方面，自然是要大于家的，有国才有家。正可谓“国之本在家”。虽然，国大于家，但国之构成却是依赖于家。众多的家组成了国，家的兴衰成败一定程度上决定着国的气数运象。正是从这个意义上，可以说没有家便也没有了国。家在国中的重要性由此可见一斑。

依据马克思之历史唯物主义的观点，随着历史的发展，阶级的产生，人类社会出现了一种地位极为特殊、作用十分强大的社会组织形式。对于这一组织形式，世界上的各个民族都使用不同的语言形式来加以标记，如大不列颠民族有“Nation”或“Country”[5]、法兰西民族为“Nation”等。而当汉语赋予其“国家”一词的称谓时，着实是使她的含义变得更为直观和形象了，那便是所谓的“国为家之国，家乃国的家”。由此，而塑造出了中国知识人群之“修身、齐家、治国、平天下”的家国情怀，从而使中华民族及其传统文化千百年来得以绵延不绝。亦正是他们，在自身的生活实践中躬行并推己及人，“守家训（规）、知礼仪”而独树一代之家风，创作出了绵延数千年的家书家训，涌现出了诸如《颜氏家训》《朱子家训》等脍炙人口的佳篇杰作。

所谓“红色书信”，则主要是指在革命战争年代，革命先辈（共产党人）之间或是他（她）们同亲人之间进行思想、感情交流的亲笔家书家信。从这些红色书信中，既可以看到革命者（共产党人）有血有肉的思想活动和情感生活，亦可以深切地感受到共产主义者为了人民鞠躬尽瘁、死而后已的初心和使命。亦正是这一个个的鲜活而又崇高的灵魂，铸就了中国共产党的党魂。而从文化发生学及其赓续的视角观之，红色书信的产生并非无源之水，它无疑是对中国传统家书家训的继承、发扬和创新。与传统的家书家训乃出于“修身、齐家、治国、平天下”之家国情怀不同，红色书信则完全是发自于中国共产党一切为了人民之初心和使命的人民情结。因此，如果说红色书信是对传统家书家训的继承、发扬和创新的话，那么，共产党人的这种人民情结就是传统家国情怀的现实升华和时代结晶。

从1921年中国共产党成立到今天，已经过去了整整一百年。在这一百年的革命岁月里，无数的革命先辈们在腥风血雨的战斗中，在为了人民解放、民族独立而抛头颅、洒热血的同时，亦书写并留下了许多令人动容、催人泪下

的红色书信。无锡博物院就收藏有许多这样的红色书信，其中有一封《李伯敏给父母的信》，尽管它的篇幅并不是很长，只有区区数百字，但其为革命艰苦奋斗的内容，体现了相当深刻的革命教育思想。

三、《李伯敏给父母的信》中的革命教育思想

如前所述，作为对中国传统家书家训之继承、发扬和创新，并出于人民情结而形成之红色书信，在百年来的革命和社会发展中，以家庭革命教育的形式，将他们（中国共产党人）立世做人的思想理念和实践行为付诸下代，并由此而世代相承，从而形成了其革命伦理的核心价值观。同时，弘扬蕴含这种核心价值观之家风，为中国革命的胜利、社会的稳定和健康发展提供了可靠的保障和支持。无锡博物院所藏之《李伯敏给父母的信》正是其中杰出的代表。

《李伯敏给父母的信》是一封儿子写给父母的家信。家信写于1940年2月19日，作者是时任江西省委前方委员会书记的李伯敏。李伯敏亦名李祯祥，出生于1909年，无锡县玉祁乡李家巷人。他早年参加革命，1939年初，江西省委在新干县成立前方委员会，他出任书记，领导新干、兴城、吉水、高安、清江、峡江、三江口等7县的抗日救亡运动。这封信，就是李伯敏于该工作期间所写。其部分内容如下：

> 父母亲大人：
>
> 一月四日及廿日来信都收到。勿念！
>
> 前几天过阴历新年，心中自然又是另一种感想！倒不是异乡作客，感到孤寂，而是怀念着家中的老老少少、大大小小怎样过这新年。但一想到普天下不知有多少人家在那里过不了新年，不知有多少人家弄得家破人亡，我也只有更加咬紧牙根！
>
> 我是爱家的，爱我苦难的家，爱我年迈的爸妈！但我也爱千千万万人的家！这许多家都像我的家同样苦难的。父亲母亲，你们有我这个儿子是值得欢欣的，但不幸这个儿子他的脑筋中多了一些。他是愿意自己的家太平舒适过日子的，但他更愿意千千万万人的家都太平舒适过日子。为了这，他就暂时顾不了自己的家目前所受的苦难了。所以，从前战争没发生时，他也冒险的（地）不顾家而到了镇江；现在，他也硬得下心肠，一个人躲在外面！
>
> ……

从表面上看，这封家信和普通的家信并没有什么两样，体现出儿女和父母之间的伦理亲情，其内容亦是表达了过年时节儿女对双亲的思念之情。但透过信的字里行间，不仅能够看到普通人世间的亲情，更能深切地感受到一个革命者（共产党人）胸怀天下、舍小家为大家的浓浓的人民情结。

首先，作者在告诉父母收悉了之前的来信并请“勿念”之后，他表达了在前几天过阴历新年时，自己心中却“又是另一种感想”。但这“另一种感想”，却“不是异乡作客，感到孤寂”，而是“怀念着家中老老少少、大大小小怎样过这新年”，由此可以看出，李伯敏不是从自我的现状出发，而是着眼于整个家庭中的所有亲人，表达了他对家人的关怀。仅仅如此，那这封信就和普通的家信完全没有两样了。但他却话锋一转，“一想到普天下不知有多少人家在那里过不了新年，不知有多少人家弄得家破人亡”，从对自己小家的关怀，进而扩大到了普天下的人家，从而将共产党人的人民情结进一步地升华了。因此，他必须要“更加咬紧牙根”，克服在“异乡”的“孤寂”，继续为了“普天下”的人民进行战斗。

接着，他以诚挚的话语表达了对于自己的父母和家庭，乃至于普天下“千千万万人的

家”的热爱。并告诉父母，他并不是一个“不孝”的儿子，“你们有我这个儿子是值得欢欣的”。这种“欢欣”就在于“这个儿子他的脑筋中多了一些”内容，那就是“他是愿意自己的家太平舒适过日子的，但他更愿意千千万万人的家都太平舒适过日子”。这里，在将共产党人胸怀天下、人民至上的初心和使命表达得淋漓尽致的同时，亦将传统的孝道观扩展了，即仅仅关爱自家父母那还是小孝，并不算真正的孝，只有对千千万万的父母和家庭的孝才是大孝和真正的孝。

最后，作者李伯敏再次向父母表达了不能陪同在其身边的歉意，即为了“天下千千万万人的家”，“他就暂时顾不了自己的家目前所受的苦难了”。并且，他也表达了自己的决心，要“硬得下心肠，一个人躲在外面”了。而这一切，因为是“暂时”的，所以，是充满着最后胜利的希望的。

从以上对于《李伯敏给父母的信》中之革命伦理和教育思想的分析和考察可以看出，无论是李伯敏还是他的父母，对于家庭的革命教育，都是十分重视和强化的。显然，虽然李伯敏因为革命斗争需要，经常离家在外，但他和父母之间是经常通信交流的。因为，在他们看来，家风关涉家庭的希望和未来，而家庭的希望和未来亦是国家和社会的希望和未来。所以，只有良好的家庭教育才能树立起良好的家风，亦才会有益于家庭乃至国家和社会。正是在良好的家庭教育下，李伯敏才早早地投身于革命事业。而他作为党的地方领导人，亦用自身的革命实践影响和教育着家庭乃至于父母，从而发扬共产主义的革命伦理和教育思想。传统的伦理思想中，只能是儿女对于父母绝对服从，而这种儿女以先进的革命思想来影响和“教育”父母，则无疑更升华了亲情。

四、红色书信在当代社会治理中的作用及其意义

纵观中华民族的文明史，作为优秀传统文化之一的家书家训，以其独特的价值追求（“家国天下”）和行为规范准则（“修身、齐家、治国、平天下”），对于维系民族的团结、社会的和谐稳定和国家的兴旺发展，起到了重要的促进作用。而作为传统家书家训之继承、发扬和创新的红色书信，更以其深切的人民情结，铸就了中国共产党的初心和使命（党魂），蔚然而形成了一代革命家风，为中华人民共和国的成立和发展发挥了重要的作用，从而在中国革命的历史中谱写了光辉灿烂的篇章。社会发展到了今天，特别是进入21世纪后，随着全球化进程的迅猛推进，人类正面临着新的机遇和挑战。就中国而言，社会经济的飞速发展给人们带来诸多福祉的同时，亦冲击和影响着人们的思维方式和生活观念，进而影响个体、家庭乃至社会行为，从而形成特定的社会风气。而社会风气的好坏，又直接关系到社会治理和社会发展。因此，对于家风的问题，党和国家都给予了极大的关注和高度的重视，尤其是习近平总书记就领导干部的家风，多次讲话加以强调。如他在主持中央全面深化改革领导小组第十次会议时说：“领导干部的家风，不是个人小事、家庭私事，而是领导干部作风的重要表现。”在十八届中央纪委第六次全会时，又说道：“每一位领导干部都要把家风建设摆在重要位置，廉洁修身、廉洁齐家，在管好自己的同时，严格要求配偶、子女和身边工作人员。”

家庭作为社会的基本细胞，家风问题在社会治理和发展中具有极其重要之影响。家风直接关系着民风，乃是社会和谐的基础。

而创新社会治理体制，提高社会治理水平，就不仅要着眼于科学技术的发展、社会组织结构的优化、制度政策的完备等“物”的层面，更要着眼于作为社会构成之核心要素的“家庭（人）”。如此一来，作为家风建设之理论和实践指导的家书家训（当然包括红色书信），无疑是其题中应有之义。红色书信在社会治理中的作用，主要表现在伦理道德、教化机制等方面。

1.伦理道德。伦理道德作为价值观念体系，对家庭成员的道德规范、行为准则乃至家庭形象起着决定性的作用，进而影响着家风的形成与发展。严格遵守道德规范，是建立良好家风的核心所在，也是获得社会认可的基本保证。红色书信中所形成和颂扬的革命伦理道德广泛渗透到家庭及社会生活的各个领域，调整着人们之间的社会关系，同时，亦使家庭和社会中的一切活动处在伦理道德的约束之中。

2.教化机制。如前所述，教化，或曰教育，乃是红色书信的主要内容。红色书信的话语并不是法律，它不能像法律那样，去强制要求家庭成员必须共同遵守，而是要运用教化的方式，来规劝和引导他们该做什么和不该做什么。尽管它亦会对触犯了其行为规范之行为予以追究，但这种追究并非像法律那样严厉和苛刻，在大多数情况下是在伦理道德范围内加以调整。在一个民主的社会里，法律可以说是代表了这个社会最低的道德标准，而这些最低的道德标准存在着明显的缺失，这就需要法治以外的伦理道德和教化机制作为其重要补充了。红色书信的教化功能正是家庭在伦理道德的调节下保证其成员自身的行为不仅在法治框架内，而且在法治框架外也要符合社会和人民的意愿和需要。红色书信的教化机制和伦理道德一起弥补法律的缺失，同时也与法律制度共同维护社会的良性发展。

中国共产党已经走过了百年的历程，而红色书信亦伴随其历经了一个世纪。其所千锤百炼而形成之人民情结下的“江山就是人民，人民就是江山”的初心和使命，以及一切为了人民、人民第一的理念和核心价值观，为中华民族的生生不息发挥了至关重要的作用。从包括红色书信在内的传统文化中寻求创新的动力，乃是现实的要求和历史的必然。因而，红色书信对于当今的社会治理既具有重大的现实意义，又具有深远的历史意义。

五、结语

综上所述，以《李伯敏给父母的信》等无锡博物院所藏红色书信为代表的、形成于中国共产党领导的中国人民革命斗争中的红色书信，因其深切的人民情结、深邃的人生哲理和革命伦理道德而流传至今。由此而形成的一代红色家风，不但在当时的社会人群中产生了重大的影响，亦给后来者树立了标杆，从而激励着每一代人，以饱满的人民情结，实践着为共产主义事业奋斗终生的人生追求。而正是这家风，以及家风之下的每个人的社会实践活动，方才使我们的优秀文化（红色文化）得以传承，民族血脉得以延续，国家社会得以进步。因而，面对全球化进程所带来的诸多挑战，从文化传统当中来寻求迈向现代化进程的“调节性机制”，实是非常必要和大有裨益的。这是因为，包括红色文化在内的中华文化乃是我们中华民族最重要的心灵土地。而以红色书信、红色家风来激励和引导全体人民（不只是党员干部），树立良好的家规、家风，进而实现中华民族的伟大复兴，即是利用这一调节性机制的很好的实践。今天，在中国共产党建党一百周年，圆满实现第一个百年目标的历史节点，红色书信作为中国革命精神和中华民族精神的重要组成部分，必将激励人们更加充满信心，更加努力地学习和工作，为实现中华民族的伟大复兴做出更大的贡献。

注　释

［1］　毛泽东：《唯心历史观的破产》，《毛泽东选集》第 4 卷，人民出版社，1991 年版，第 1514 页。

［2］　毛泽东：《全世界革命力量团结起来，反对帝国主义的侵略》，《毛泽东选集》第 4 卷，人民出版社，1991 年版，第 1357 页。

［3］　徐中舒：《说文解字段注》上册，成都古籍书店影印，1981 年版，第 294 页。

［4］　徐中舒：《说文解字段注》上册，成都古籍书店影印，1981 年版，第 358 页。

［5］　关于英文“Nation”与“Country”之差异，乃属于语言语义学的问题，已超出本论之主题范围，故恕不枝蔓。

封封家信映现着理想信念和情谊

——重读六位无锡籍革命烈士的家信

褚　娟*

【摘要】2021年是中国共产党百年华诞，在庆祝中国共产党成立100周年之际，在全党全民开展党史学习教育的当下，为回顾党的百年奋斗历史，重拾峥嵘岁月回忆，笔者对吕品生、陆萍、陈凤威、李伯敏、缪伯勤、陆松茂六位无锡籍革命烈士的家信做些粗略研究，重温革命历史，缅怀革命先辈。这六位革命烈士用鲜血和生命写就的家信，洋溢着他们坚定的理想信念，充满着对革命胜利的渴望，体现出胸怀广大劳苦民众的情怀，浸润着家庭成员间在政治上、物质上相互关心和帮助的温暖亲情，再现了革命烈士舍生取义、英勇报国、炽热深沉的家国情义。无锡是一个具有光荣革命传统的城市，通过对这六位烈士的家信解读，传承红色基因，汲取奋进力量，进一步扩大无锡地区革命文化的影响力，推动无锡地方史和革命史的研究。

【关键词】红色家信　无锡籍　革命烈士　中国共产党

习近平总书记在2021年3月对革命文物工作做出重要指示，指出革命文物承载着党和人民英勇奋斗的光荣历史，记载着中国革命的伟大历程和感人事迹，是党和国家的宝贵财富，是弘扬革命传统和革命文化、加强社会主义精神文明建设、激发爱国热情、振奋民族精神的生动教材。一百年前，在风雨如晦的中国，一批批爱国青年挺身而出，以青春之生命延华夏之华年，奏响了浩气长存的爱国主义壮歌。“烽火连三月，家书抵万金。”在战火纷飞的革命年代，先烈们写给家人的每一封家信都弥足珍贵。这些家信无论是家长里短，还是豪言壮语，都是他们在革命年代内心的真情流露，也是留给后人追忆的精神寄语。笔者对吕品生、陆萍、陈凤威、李伯敏、缪伯勤、陆松茂这六位革命烈士的家信做了粗略解读和研究，感知革命前辈闪烁在历史长河中熠熠生辉的红色精神，颇受教育和启迪，得益匪浅。

一、字里行间体现着鲜明的时代特征

1937年七七事变爆发，全民族抗日战争开始。全国人民同仇敌忾，义愤填膺，迅速掀起抗日救国的热潮。旋即，日本帝国主义又制造了八一三事变，大举侵略上海。随着上海的沦陷，日军随即向南京进犯，战火从上海往南京一路燃烧，民众纷纷逃难，工厂停产，商店关门。同年11月25日，日军侵占无

---

*　褚娟：无锡博物院馆员

锡，对无锡人民犯下了滔天罪行。据统计，在无锡沦陷前后，日军在锡杀害14150余人，奸淫妇女万人以上，烧毁厂房28537间、店堂54268间、校舍及机关房屋10240间、民房65600间、名胜及祠堂2105间，抢走粮食545万余石；财物损失20730万元。[1]

无锡沦陷后，城乡民众以多种方式奋起抗击日本侵略者，同仇敌忾、共赴国难，陈凤威、李伯敏、吕品生、陆萍、缪伯勤、陆松茂等也相继投身于抗日斗争。陈凤威于1927年加入中国共产党，李伯敏于1938年初加入中国共产党，吕品生于1939年春加入中国共产党，陆萍、缪伯勤、陆松茂均于1940年加入中国共产党。对他们留存的家信分析发现，撰写的时间均为参加革命工作之后，尤其是陈凤威写给姑母陈希韫的信，是1942年10月14日在反“清乡”斗争突围时牺牲前三四个小时书写的；陆萍写给弟弟永清的信，是他1941年3月19日牺牲前一个月书写的。因而，这六位革命烈士的家信颇有鲜明的时代特征。

二、字字句句洋溢着坚定的理想信念

“理想信念就是共产党人精神上的‘钙’。”[2]坚定理想信念，坚守共产党人的精神追求，始终是共产党人安身立命的根本。在战火纷飞、艰苦卓绝的抗日战争年代，吕品生、陆萍、陈凤威等六位烈士为了人民幸福和民族解放，在中国共产党的领导和教育下，通过革命大熔炉的锻炼和考验，实现了自己的誓愿，为党的事业奋不顾身，壮烈牺牲。他们坚定的革命信念，在他们的家信中不时流露出来。

吕品生（1917—1941），字鑫初，无锡堰桥乡丁塔里人。年少时在家乡就读，因家境贫寒，无力负担学费，学校毕业后未再深造。在叔叔吕汉玉的帮助下，吕品生来到南京谋求生活，不久进入南京国民印务公司工作。

下面是吕品生写给父亲的一封信[3]（图一），这封信约写于20世纪30年代末。内容如下：

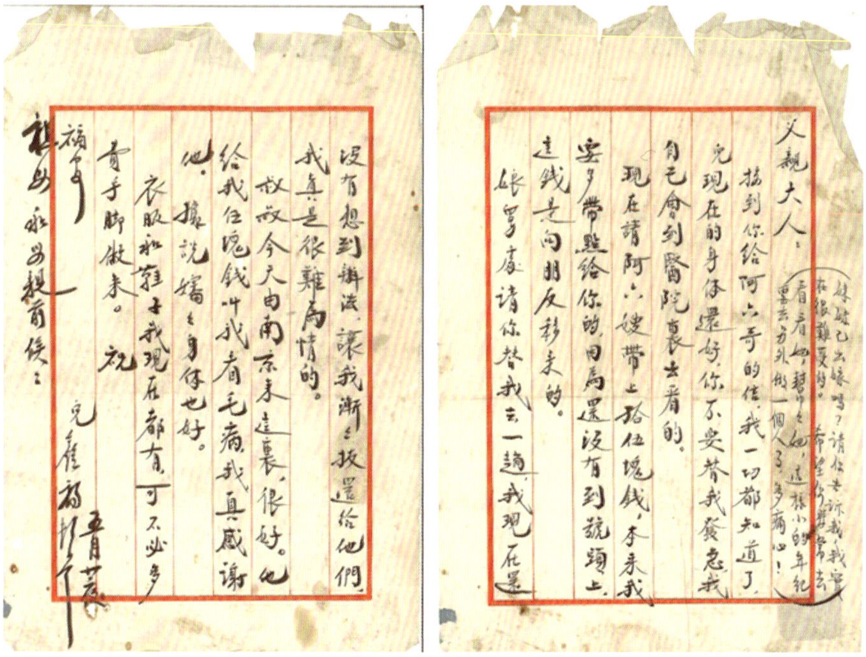
父親大人：
接到你給阿六哥的信，我一切都知道了。
兒現在的身体還好，你不要替我發急，我自己會到醫院裏去看的。
現在請阿六嫂帶上拾伍塊錢，本來我要多帶點給你的，因為還沒有到號頭上，這錢是向朋友移來的。
張家處請你替我去一趟，我現在還沒有想到辦法，讓我慚慚地還給他們，我真是很難為情的。
叔叔今天由南京來這裏，很好。他給我伍塊錢叫我看毛病，我真感謝他。據說嬸嬸身体也好。
衣服和鞋子我現在都有，可不必多費手腳做來。祝
福
兒鑫初稟　五月廿夜

图一　吕品生给父亲的信（一）

父亲大人：

接到你给阿六哥的信，我一切都知道了。儿现在的身体还好，你不要替我发急，我自己会到医院里去看的。

现在请阿六嫂带上拾伍块钱，本来我要多带点给你的，因为还没有到号头上，这钱是向朋友移来的。

娘舅处请你替我去一趟，我现在还没有想到办法，让我渐渐拔还给他们，我真是很难为情的。

叔叔今天由南京来这里，很好。他给我伍块钱叫我看毛病，我真感谢他。据说婶婶身体也好。

衣服和鞋子我现在都有，可不必多费手脚做来。祝

福安！

儿鑫初顿首

五月廿夜

祖母和母亲前候候。

（妹妹已出嫁吗？请你告诉我，我实在很难受的。希望你时常去看看她，帮帮她，这样小的年纪要去另外做一个人了，多痛心！）

现有的资料虽无法推知该信确切的写作年份，但是从这封语言朴实无华的家信中可以看到吕品生艰辛的生活历程和乐观的心态。吕品生早年外出谋生，历经生活冷暖，对家人的牵挂一直萦绕心怀。从这封家信的内容可知，吕品生家庭生活拮据，时常要向亲友借债。因生活所迫，妹妹尽管年纪还很小，却不得不早早地嫁作他人妇。吕品生痛心妹妹的遭遇，叮嘱父亲要时常去帮衬妹妹。作为家中男丁，他一边宽慰父亲不要担心自己，一边想方设法补贴家用，以解决父母的燃眉之急。尽管自己也常常捉襟见肘，但还是借钱并托人给家里带去。吕品生曾多次得到叔叔的帮助，在叔叔眼中，

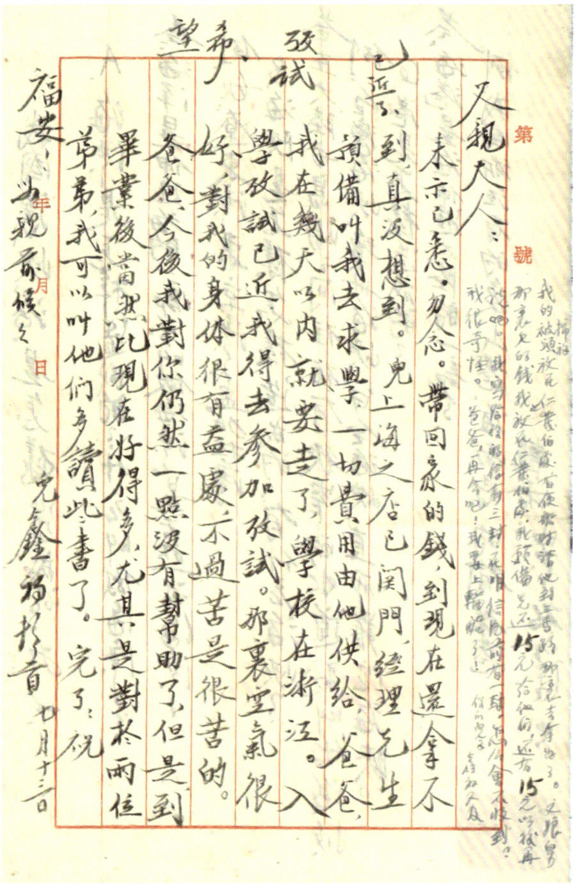
父親大人：
來示已悉，勿念。帶回家的錢，到現在還拿不到，真沒想到。兒上海之店已関門，經理先生預備叫我去求學，一切費用由他供給。爸爸，我在幾天以內就要走了，學校在浙江。入學考試已近，我得去參加考試。那裏空氣很好，對我的身體很有益處，不過苦是很苦的。爸爸，今後我對你仍然一點沒有幫助了，但是到畢業後當然比現在好得多，尤其是對於兩位弟弟，我可以叫他們多讀些書了。完了，祝
福安！
兒鑫稽首 七月十三日

图二　吕品生给父亲的信（二）

吕品生“年少英俊，待人接物，和蔼可亲，敏而好学，孜孜不倦，乃一有为之青年也”。

1938年秋，吕品生到上海和泰难民收容所当教员，参加革命活动。翌年，遵照党组织的安排离开上海，奔赴苏南地区进行抗日斗争。1939年7月13日，他离开上海前夕写给父亲一封信[4]（图二），信中写道：

父亲大人：

来示已悉。勿念。带回家的钱，到现在还拿不到，真没想到。儿上海之店已关门，经理先生预备叫我去求学，一切费用由他供给。爸爸，我在几天以内就要走了，学校在浙江。入学考试已近，我得去参加考试。那里空气很好，对我的身体很有益处，不过苦是很苦的。爸爸，今后我对你

仍然一点没有帮助了，但是，到毕业后当然比现在好得多，尤其是对于两位弟弟，我可以叫他们多读些书了。完了。祝

福安！

母亲前候之。

儿鑫初顿首

七月十三日

这封家信内容是吕品生接受党组织的安排，决定前往苏南地区参加革命工作。字里行间充满了吕品生对信仰的忠诚，对革命理想的坚守。1939年春，吕品生加入中国共产党。同年11月，受组织派遣来到太仓开展民运工作。1940年5月，中国共产党太仓工作委员会成立。同年7月，太仓工委改建为太仓县委员会，由刘景兴任书记。太仓县委在发展党员干部的同时，还筹建了四区、三五区两个区委，吕品生历任太仓三五区区委书记、县委宣传部长。1941年初，吕品生来到浏河镇开展革命工作，因汉奸告密被捕，被日寇枪杀于浏河，年仅24岁。烈士壮志未酬，遗骨异乡，令人感怀。

陆萍（1921—1941），原名永元，无锡南方泉人。1941年2月20日，陆萍在给永清弟的信中满怀信心，斩钉截铁地说："旧世界将没落了，来接替他的是自由民主的新中国，那时我们就可以幸福了。但是幸福并不是不劳而获的，正需要无数热血青年的投入去拼着呢。""在那幸福的时期临头时，我们可以会面的。"[5]陆萍15岁赴上海求新石粉厂当学徒，1939年春回家乡后参加村农民抗日协会。1940年初加入中国共产党，他开始与地下党员高伟、江吉萍等一起办识字夜校，组织农民抗日协会、妇女协会。同年9月任中共锡南区委副书记。1940年底，锡南党组织在梅村地区募捐钱粮赈济许舍受灾群众。陆萍冒着生命危险，穿越敌人封锁线，组织地下党员和民运工作同志把4800多斤大米、年糕及大批衣物运到锡南地区。1941年1月任中共锡南西区书记兼区民运工作指导员。

这封陆萍给永清弟的信字字句句映射出陆萍勇于拼搏、自强不息的进取精神，体现了他的忠肝义胆和对革命必胜的坚定信念。他不仅是这样说的，而且用实际行动践行着他的革命信念。1941年3月19日，陆萍和同志们去联络站宋巷善堂转移物资。伪军勾结日军包围了善堂，他们躲进了密室。敌人搜查不出，便纵火焚烧了善堂。为了保守党的秘密，他们宁死不屈，在大火中始终没有暴露自己，献出了宝贵的生命。陆萍在革命路途上顽强拼搏、不懈奋斗，直至生命的最后一刻。

陈凤威（1907—1942），又名陈迅易，无锡东亭仓下人。陈凤威幼年丧母，由姑母抚养。1927年加入中国共产党。1942年春，任中共锡北工委书记兼锡北办事处主任，在敌伪据点林立的水网地区坚持反"清乡"斗争。1942年10月14日，陈凤威在钱家庄顾巷浜口突遭日军袭击，渡河时不幸牺牲。陈凤威在牺牲前三四个小时写给姑母陈希韫的信中，豪壮地说："要知道，我们是在做历史上空前的民族斗争，是光荣伟大的任务。"[6]理念信心是做好革命工作的前提和动力。陈凤威把中国人民抗日战争看成是一场"历史上空前的民族斗争"，要与日伪军顽强战斗，视死如归，"是光荣伟大的任务"。陈凤威这封信写得镇静而乐观，抱定牺牲的决心，但更多的是充满胜利的信心，饱含他作为一个革命者视死如归、永不屈服的大无畏精神，"革命理想高于天"。[7]

三、一笔一画书写着相互关心帮助的家国情怀

家信，顾名思义就是家庭成员彼此往来的信件。这些红色家信有深情，有信仰，是情感的纽带，也是鲜活的历史。重读吕品生、陈凤威、李伯敏等革命烈士的家信后，感悟到他们

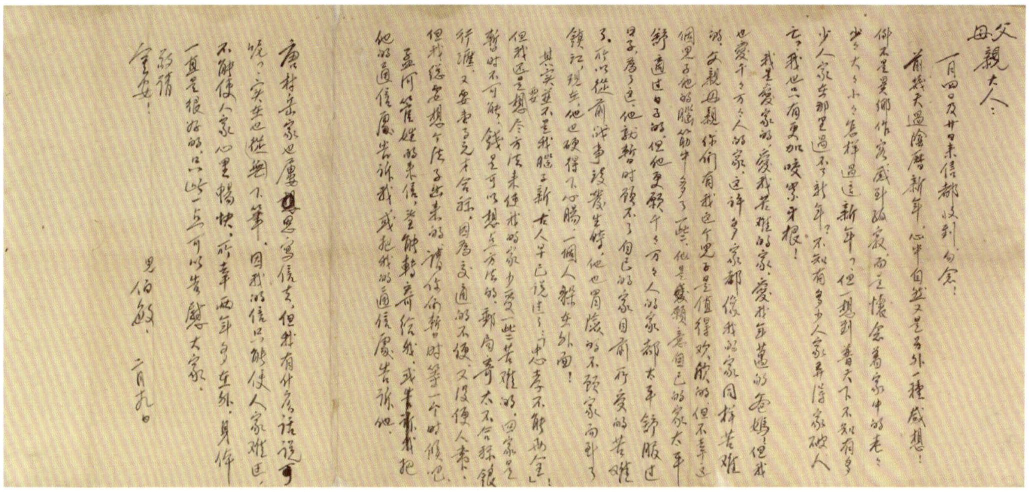

图三　李伯敏给父母亲的信

家庭成员相互关心、帮助的深厚情谊，以及顾念全国广大贫困群众的开阔胸怀。

李伯敏（1909—1942），原名李祯祥，无锡玉祁齐家社人。九一八事变后参加抗日救亡运动，是无锡学社、无锡各界青年抗敌后援会的创始人和骨干之一。1938年3月，加入中国共产党。李伯敏在奔波千里投身抗日的过程中，给父母亲写了下面这封信[8]，这封信充分展示了他以天下为己任的革命情怀（图三）。

父母亲大人：

一月四日及廿日来信都收到。勿念！

前几天过阴历新年，心中自然又是另外一种感想！倒不是异乡作客，感到孤寂，而是怀念着家中的老老少少大大小小怎样过这新年？但一想到普天下不知有多少人家在那里过不了新年，不知有多少人家弄得家破人亡，我也只有更加咬紧牙根！

我是爱家的，爱我苦难的家，爱我年迈的爸妈！但我也爱千千万万人的家！这许多家都像我的家同样苦难的。父亲母亲，你们有我这个儿子是值得欢欣的，但不幸这个儿子他的脑筋中多了一些。他是愿意自己的家太平舒适过日子的，但他更愿意千千万万人的家都太平舒适过日子。为了这，他就暂时顾不了自己的家目前所受的苦难了。所以，从前战争没发生时，他也冒险的（地）不顾家而到了镇江；现在，他也硬得下心肠，一个人躲在外面！

其实并不是我脑子新，古人早已说过了："忠孝不能两全！"但我还是要想尽方法来使我的家少受一些苦难的。回家是暂时不可能，钱是可以想点方法的。邮局寄太不合算；银行汇，又要壹百元才合算；因为交通的不便，又没便人带；但我总要想个法子出来的，请你们暂时等一个时候吧。

孟河管姓的来信，望能转寄给我，或把他的通信处告诉我，或把我的通信处告诉他。唐村岳家也屡思写信去，但我有什么话说呢？实在也无从下笔。因我的信只能使人家难过，不能使人家心里畅快。所幸两年多在外，身体一直是很好的，只此一点可以告慰大家。敬请

金安！

儿伯敏

二月十九日

写这封信时间是李伯敏1940年在江西开展工作期间。此时新年刚过，远离家乡的李伯敏不能和亲人团聚。他是愿意自己的家太平舒服

过日子的，但他更愿千千万万人的家都太平舒服过日子。李伯敏生长于无锡西北乡玉祁农村，就读学校亦在农村，长期在城乡小学任教，广泛接触贫苦民众，对广大贫困民众怀有深厚情感。日军侵占无锡前夕，他随无锡抗日青年流亡服务团西撤，后在江西、浙江从事革命活动。这封家信反映了李伯敏惦念、关怀广大贫苦民众的情谊。这也从侧面展现了革命先烈的铁骨柔情，他们也是有血有肉的普通人，他们也有自己的家庭、亲人和难以割舍的牵挂，但为了拯救“大多数痛苦的人类”，他们只能舍弃个人和小家的幸福，为了解放千千万万劳苦大众而义无反顾地去战斗。

陈凤威家在农村，是家中独子，出生后不论生活还是求学，都得到了姑母陈希韫的照顾。在日伪政府统治时期，日伪军常下乡“扫荡”，捕捉抗日群众，抢掠物品，闹得村镇不得安宁，群众无法生存，尤其是中共党员的家属。在这种极为困难的情况下，时任中共锡北工委书记兼锡北办事处主任的陈凤威反复劝导姑母：

> 敌伪的扫荡是不会停止的，在他退出中国之前，因此要时刻警惕。我自知留神，你们最好要离开家中，把门封锁起来，鬼子走惯了，不时会来，以至多受惊慌。你们想一想，有没有比较适当的地方，如王巷或王家湾宋泾桥等处，让大伯伯去居住。什么损失我们不要去算，在目前我们只要求平安，请你郑重考虑！我估计在割稻以后会再来一次更残酷的扫荡搜索，希望你在几天内办好，千万不可忽视。[9]

此信是陈凤威在牺牲前三四个小时写的，映射出为革命不怕牺牲的顽强意志，同时，流露出对亲人的深深牵挂和柔情。这再三嘱咐，珍藏着姑侄间35年来相互关切、相互牵挂和照顾的深厚情感。

陆萍家庭贫困，15岁即在上海求新石粉厂做学徒。该厂环保设施（环境）较差，石粉常侵入身体，危及肺部，为了生存他只能忍耐。由此，他要求胞弟好好度过学徒期，学会做人的道理，夺取民族解放战争的胜利。对于造成学徒劳动时间长、挨打挨骂、工资低的根本原因，陆萍认为：“这并不是你那里店主的吝啬，居停的罪恶，那是社会的罪恶，封建势力的残余，你不要埋怨他吧！”[10]也就是说根本缘由是帝国主义的侵略和封建主义的压榨。

陆萍不仅自己积极参加革命，还经常教育亲属不忘抗日救国。陆萍劝导胞弟写道：“旧世界将没落了，来接替他的是的自由民主的新中国，那时我们就可以幸福了。但是幸福不是不劳而获的，正需要无数热血青年的投入去拼着呢。”[11]这字里行间映射出对信仰的忠诚、对理想的坚守、为革命不怕牺牲的顽强意志，同时也流露出了对胞弟的挂念和鼓励。一个革命者，影响一家人。在陆萍的教育和影响下，1944年其胞弟陆永清（原名陆永玖）也加入中国共产党，用自己的行动实践着终生为人民服务的理想。

缪伯勤（1922—1944），又名缪伯琴，无锡东北塘人。他在给父母亲的信中写道：

> 父母亲大人：
>
> 小弟弟上次来的一封信已收到了，知道家中一切都好，我非常快活。我现在在校中一切都好。棉被棉表都已做好了，在生活方面一切都不成问题，非常舒服，和在家中没有什么两样，所以望放心好了。父母最近身体好吗？哥哥和嫂嫂好吗？今年本乡的秋收未知怎样，本乡是否太平，望详细告诉我。小弟弟写的墨笔字相当好，但作文、算术不知怎样，叫小弟弟告诉我。小弟弟读书，应常常严厉地去督促他，因读书只有这样才能有成绩出来！将来才有希望！我在外面，望家中不必挂念我，因为年轻的人在外面才学得出本领。过先生

处，我亦有信写去，但没有接到回信。以后，信仍寄老地方，即常熟唐市镇俞申老板转发记面馆陈阿毛收。没有什么话了，祝全家平安！

儿白琴敬禀

一·六[12]

缪伯勤1939年参加革命，1940年加入中国共产党，历任中共高邮县老二区区委组织科科长、区委副书记、区委书记等职。1944年5月13日，在高邮戴家舍遭日伪军袭击，壮烈牺牲。信中记述了缪伯勤在部队的情况，主要是互报平安、分享家庭的点滴小事，反映了缪伯勤关心家乡、家庭，尤其关心弟弟读书的真挚情感，体现了他们家庭成员相互关心、帮助的深厚情谊。

陆松茂（1923—1947），无锡南方泉人。陆松茂给堂弟陆永清的信中写道：

亲爱的清弟：

分别已有好久，没有和你通信过，甚念，想你身体健、生意兴盛。我同玖弟在这里，身体很好，生意也不差，次次都能赚钱。在生活上比较苦，吃的是面，但是在精神上很愉快，空气又很鲜美。弟：我自从去年到了这里后，不久就进校读书，已经快要毕业，就要回到老店中去了，做的生意同过去不同的，比较大些，对于我的事，要多负担一些了，钱也可以多拿一些。我还没有一定地址，到了店中再去信告诉你吧！我不会写信，再会吧！

祝你生意顺利，身体健康！

兄松茂

1946年7月27日

姑丈母身体好吗？菊妹好吗？还有你家各位伯伯、妈妈、兄弟、姐妹，请代问候。[13]

这是解放战争开始时陆松茂在苏中解放区寄给上海堂弟陆永清的信。陆松茂1940年3月参加革命工作，同年8月加入中国共产党，历任新四军太湖支队文化教员、副班长、排长。1945年10月随新四军北撤后，历任排长、见习作战参谋、副连长、连长等职。1947年2月22日在山东莱芜战役中牺牲。信中提及的在店中做生意，隐指在部队；用学校，替代在师教导营学习。陆松茂隐晦地向堂弟陆永清介绍了自己在部队的情况，该信字里行间体现了陆松茂对堂弟陆永清及其全家人的关心和深情挂念，同时隐藏着一段波澜壮阔的历史。

结语

红色家信充满着信仰的力量，绽放着人性的光辉，饱含着家国情怀，是宝贵的精神财富。站在新时代的起点，这些革命烈士用鲜血与生命留下的家信，值得永远铭记。习近平总书记指出，加强革命文物的保护利用，弘扬革命文化，传承红色基因，是全党全社会的共同责任。作为一名文博工作者，要用心用情用力保护好、管理好、运用好红色资源，发挥好这些红色家信在党史学习教育、革命传统教育、爱国主义教育等方面的重要作用，传承红色基因，激发广大干部群众的精神力量，信心百倍地为全面建设社会主义现代化国家、实现中华民族伟大复兴的中国梦而奋斗。

注　释

［1］ 中共无锡县委党史办公室、中共无锡市委党史工作委员会编：《无锡人民革命史》，中共党史出版社，1992年版，第105页。

［2］ 中共中央文献研究室编：《十八大以来重要文献选编》（上），中央文献出版社，2014年版，第52页。

［3］ 吕鑫初：《吕鑫初致父亲信札》，无锡博物院藏。

［4］ 吕鑫初：《吕鑫初致父亲信札》，无锡博物院藏。

［5］ 无锡市史志办公室：《丹心遗痕——无锡革

命烈士诗文选》，凤凰出版社，2018 年版，第 24 页。

[6] 无锡市史志办公室 :《丹心遗痕——无锡革命烈士诗文选》，凤凰出版社，2018 年版，第 169 页。

[7] 中共中央文献研究室编 :《十八大以来重要文献选编》（上），中央文献出版社，2014 年版，第 79 页。

[8] 李伯敏:《李伯敏给父母的信》，无锡博物院藏。

[9] 无锡市史志办公室 :《丹心遗痕——无锡革命烈士诗文选》，凤凰出版社，2018 年版，第 169 页。

[10] 无锡市史志办公室 :《丹心遗痕——无锡革命烈士诗文选》，凤凰出版社，2018 年版，第 24 页。

[11] 无锡市史志办公室 :《丹心遗痕——无锡革命烈士诗文选》，凤凰出版社，2018 年版，第 24 页。

[12] 无锡市史志办公室 :《丹心遗痕——无锡革命烈士诗文选》，凤凰出版社，2018 年版，第 185 页。

[13] 无锡市史志办公室 :《丹心遗痕——无锡革命烈士诗文选》，凤凰出版社，2018 年版，第 24 页。

附录

Appendix

无锡文博大事记（2020.7—2021.6）

2020年

7月

4日 “涪城汉韵——绵阳市博物馆藏汉代精品文物展”在无锡博物院开幕，展出两汉时期绵阳出土文物111件（套）。展期至10月18日。

15日 无锡首届文化场馆月启动，无锡博物院、无锡市图书馆、无锡市文化馆等十大文化场馆，共推出180场精品展览和社教活动，发布75场长三角城市文化场馆活动。

20日 “我和草原有个约定——阿拉善蒙古族民族民俗文物精品展”在宜兴市博物馆开幕，共展出文物151件。展期至10月27日。

25日 无锡博物院邀请徐州博物馆考古部主任、研究员耿建军做客锡博讲坛，做“大风起兮云飞扬——辉煌的徐州两汉文化”主题讲座。

26日 “玉出山河——南阳地区出土古玉精品展”在江阴市博物馆开展，展出170件（套）相关文物。展期至9月25日。

28日 无锡市文化遗产保护和考古研究所对无锡市文物保护单位忍草庵大殿遗址考古勘察，基本探清主殿的形制结构，并于8月底形成《惠山忍草庵考古发掘简报》。至8月2日结束。

是月 东林书院先后举办了“《庄子·寓言》析义”“庄子与孟子的朋友圈”“探寻吴畹卿的家世”三场线上讲座。

8月

7日 无锡博物院“繁华印记——文物中的无锡近代民族工商业”展在泰州姜堰区博物馆展出，此展览入选江苏省“2020年馆藏文物巡回展”项目。

18日 “花醉芳华——幸福像花儿一样”特展在江阴市博物馆开展。展期至2021年1月3日。

22日 无锡博物院邀请绵阳市博物馆展览和保管部主任李生做客锡博讲坛，做“富哉乐矣——四川绵阳汉代文物鉴赏”主题讲座。

25日 江苏省文物局组织浙江省文物考古研究所、南京师范大学、镇江博物馆的专家对阖闾城遗址（龙山石墙、石冢）考古发掘验收，并评议通过。

29日 东林书院举办东林国学讲堂系列“梁宝珊讲心灵的意义：从中西方哲学至儒学思想”线上讲座。同日，第五届入学礼在道南祠举办。

是月 无锡博物院夜场开放，8月的每周五、周六开放时间延长至21:00，除开放展览，还举办多场社教活动。

9月

3日 第二届大运河文化旅游博览会在无锡开幕，本届运博会以“融合·创新·共享”为主题，通过7大板块15项重点活动，搭建大运河沿线城市文旅融合发展平台、文旅精品推广平台和美好生活共享平台。

8日　杨世缄先生捐赠杨氏家族文物仪式在无锡博物院举行，这是无锡博物院自20世纪80年代起第四次获得杨氏家族大型无偿捐赠，此批捐赠物品包括糜耕云补图《贯华阁图卷》、杨令茀《雩坛修禊图卷》、杨园土地登记册、印章、金饰等珍贵文物及多种资料。

22日　全省文物舆情研判与处置培训班在无锡开班，各市文保单位负责人参加培训。

27日　由无锡博物院与无锡日报报业集团主办的“我为锡博代言”短视频大赛线上启动。至11月15日，大赛组委会共收到270多个视频投稿，全网播放量突破1130万次，获无锡市第八届网络文化季优胜项目奖。经过评审，最终确定了优秀入围奖、优秀组织奖及10位锡博代言人。

28日　江苏省文物局组织专家对阖闾城遗址考古、保护与展示项目进行现场验收，项目通过验收。

30日　“匠心筑梦·草木自馨——宜兴市民协成立十周年成果展”在宜兴市博物馆开幕，共展出150余位民间文艺家的200余件作品。展期至10月30日。

是月　无锡市文化遗产保护和考古研究所完成无锡市XDG—2018—54号地块考古发掘项目。发现宋、明、清时期的古墓葬共54座；出土有铭文的砖3块，上有文字“直隶常州府”“常州府无锡县”“窑户”等字样。至10月结束。

10月

10日　江苏省文物局公布2019—2020年江苏省博物馆教育示范项目，无锡博物院“‘行走’系列研学旅行之‘泥塑雅韵’”“‘吴地文明’AR系列课程之‘春秋吴王僚剑’”、江阴市博物馆“博悟研学课程‘又见江南’”、阖闾城遗址博物馆“我在闾江造古城——木工体验课程”入选。

15日至19日　第十届中国无锡国际文化艺术产业博览交易会在无锡太湖国际博览中心举行。本届文博会以“新文旅　新消费　新生活”为主题，无锡博物院、无锡市图书馆、无锡美术馆、江阴市博物馆等文化单位参加。

17日　无锡博物院邀请江苏省中国科学院植物研究所（南京中山植物园）园艺科普中心副主任李梅做客锡博讲坛，做“一花一世界——花语与花卉赏析”主题讲座。

31日　第五届江苏志愿服务展示交流会在苏州张家港举行，无锡博物院志愿者团队“共享历史、分享快乐”文明实践志愿服务项目摘得铜奖。

是月　无锡市文化遗产保护和考古研究所完成宜兴市东氿地块考古调查、勘探工作，发现新石器时期遗址一处，命名为宜兴东氿点大坟墩遗址。

是月　无锡市文化遗产保护和考古研究所协助宜兴市文管办制作宜兴凤凰村窑址现场展示馆展示牌内容，并为窑址的原址展陈提供原始资料。至2021年4月结束。

11月

3日　2020年无锡市“119”消防宣传月启动，无锡博物院获无锡市消防安全管理示范单位两连冠。

5日至8日　陕西省文物保护研究院马洪林研究员一行七人至惠山古镇开展石质文物保护，分析、试验工艺材料，在此基础上开展修缮。中央电视台《江南水乡古镇》纪录片摄制组进行现场拍摄。

7日　“迁想偶得——运河文化的创新语境群展”在无锡博物院程及美术馆开幕。展期至12月1日。

14日　大运河沿线包括无锡博物院在内的32家博物馆共同组建的“大运河博物馆联盟”

成立。

21日 无锡博物院举办锡博讲坛“文物安全管理”讲座，邀请江苏省文物局二级巡视员殷连生就博物馆安全管理工作开展专题培训。

25日 江阴市博物馆征集到江阴藏家顾青收藏的民国时期刘半农相关的书籍报刊21件，包括刘半农撰写的学术著作、翻译的小说和在期刊上发表的文章等。

30日 “瓷路相逢——宜兴市博物馆藏外销瓷精品展”在宜兴市博物馆开幕，展品共计110件。展期至12月30日。

是月 无锡市文化遗产保护和考古研究所完成宜兴新人民医院南侧地块墓群的勘探发掘工作。共发掘宋—明清时期墓葬16座，窑址2座。至2021年1月结束。

12月

5日 无锡博物院邀请南京博物院研究员程晓中做客锡博讲坛，做“古代瓷器的价值评估”主题讲座。

5日至6日 “江苏省博物馆学会2020年度会员代表大会暨论文研讨会”在盐城召开，无锡博物院书画库获得“金牌库房”称号，无锡博物院典藏部副主任韩健民获得“十佳保管员”称号。

16日 江苏省文物局可移动文物修复资质单位质量管理评估工作组对无锡博物院进行检查，无锡博物院通过可移动文物修复资质单位质量管理评估。

是日 “青韵天成——谈志坚从艺50周年回顾展”在宜兴市博物馆开幕，共展出谈志坚先生作品120余件。展期至2021年3月18日。

是日 徐霞客镇上报施工工地疑似挖到古墓葬。后经初步推断，为两组明代石室夫妇合葬浇浆墓和一座砖室墓。

21日 中国博物馆协会公布第四批国家一、二、三级博物馆名单，无锡博物院获评国家一级博物馆，宜兴市博物馆、无锡市鸿山遗址博物馆、宜兴陶瓷博物馆获评国家二级博物馆。

26日 “剪得春风入卷来——中国妇女儿童博物馆藏北方剪纸精品展”在无锡博物院开幕，展出80余件北方剪纸作品。展期至2021年2月28日。

是日 无锡博物院邀请南京博物院典藏部主任、研究馆员田名利做客锡博讲坛，做“文物艺术品的收藏和保护”主题讲座。

是月 无锡市社科评奖委员会公布第十五届哲学社会科学优秀成果奖，由无锡博物院主办的《无锡文博》获三等奖。

是月 钱锺书故居完成揭顶维修，并通过市级验收。

是月 无锡市文化遗产保护和考古研究所完成宜兴市周铁镇竺山圩区域考古调查勘探工作，发现墓群一处，新石器时期遗址一处，命名为宜兴周铁丁埂遗址。

2021年

1月

1日 “髹木流光——无锡出土宋元素髹漆器修复成果展”在阖闾城遗址博物馆开幕，展览选取了无锡市文化遗产保护和考古研究所于2010年和2012年发掘出土并经保护修复的一批宋元素髹漆器。

23日 无锡博物院邀请苏州大学艺术学院教授毛秋瑾做客锡博讲坛，做“敦煌写经及丝绸之路汉文书法”主题讲座。

28日 无锡博物院常设展“古墓奇珍——元代钱裕墓出土文物展”经过5个月的改造升级，以全新的面貌恢复开放，并赋予新名“大元处士——吴越王后裔钱裕的故事”。

是月 无锡市委、市政府下发《关于公布2020年无锡市有突出贡献中青年专家名单的通知》，无锡博物院副院长盛诗澜被评为“无锡市有突出贡献中青年专家”，全市仅80名专家获此殊荣。

2月

9日　“牛气冲天——中国牛文化百馆联展”于阖闾城遗址博物馆开幕。展期至3月31日。

26日　东林书院举办“乐活元宵·拾忆东林”元宵活动。

27日　无锡博物院邀请江南大学人文学院副教授刘桂秋做客锡博讲坛，做“漫谈中国传统节日风俗”主题讲座。

是月　“云心石面——上海博物馆、无锡博物院藏明清文人篆刻特展”以“云展览”形式登录无锡博物院官网。

3月

11日　无锡博物院召开第四届理事会第二次大会。会议审议通过《无锡博物院2020年度工作报告》和《无锡博物院2020年度财务工作报告》，并就2021年主要工作安排及“十四五”期间无锡博物院发展提出建议。

18日　“叙绘青韵——青韵天成展览”专题座谈会暨知名书画家画青瓷活动在宜兴市博物馆举办。

20日　无锡博物院邀请中国科学院紫金山天文台研究员、博士生导师赵海斌做客锡博讲坛，做“遥远的来访者——探秘近地天体”主题讲座。

是月　钱锺书故居征集到钱锺书写《围城》时所用的书桌，以及钱家人在上海使用的具有80年历史的老家具10余件。

4月

2日　“方寸忆峥嵘——无锡博物院藏邮票展”在无锡博物院开展，共展出1600余枚各时期的珍贵邮票。展期至6月30日。

7日　“匠心穿越时光——宫廷紫砂器仿制成果展”在宜兴市博物馆开展，共展出作品百余件。展期至5月9日。

15日　无锡市博物馆协会在无锡博物院召开换届选举大会，会议选举产生了新一届理事成员单位、监事和秘书长、副会长、会长。

17日　无锡博物院邀请国家级邮展评审员、江苏省集邮协会学术委员会副主任瞿百顺做客锡博讲坛，做“珍罕邮简的故事——无锡邮政加盖普4邮资邮简趣谈”主题讲座。

20日　“金石契——中国农业博物馆全形传拓艺术展”在宜兴市博物馆开幕，共展出全形拓作品近百幅，同时展出全形拓紫砂作品30件。展期至6月20日。同日，“‘唐音铿锵’——成都永陵‘二十四伎乐’音乐文化展”在宜兴市博物馆开幕，展出共计33件文物。展期至7月1日。

28日　“白头轩里共丹青——纪念吴荣康诞辰110周年暨吴荣康　钱钟珏捐赠作品展”在无锡博物院开幕，展出吴荣康、钱钟珏夫妇及其师友的精品画作60余件。展期至7月25日。同日下午，“吴荣康　钱钟珏绘画艺术座谈会”在无锡博物院举行。

是月　无锡博物院“大元处士——吴越王后裔钱裕的故事”获评“弘扬优秀传统文化、培育社会主义核心价值观”主题展览推介项目，“方寸忆峥嵘——无锡博物院藏邮票展”获评江苏省馆藏文物巡回展项目。

5月

12日　“深空深海重大科技成果展”在无锡博物院开幕。本次展览是我国探月工程重大科技成果在无锡的首次展出，也是深空、深海两个领域重大科技成果的首次“同台亮相”。

14日　无锡博物院馆校合作项目“悠悠古运河——大运河文化进校园”、研学游项目“‘行走’系列研学旅行之‘倪迂之境’”、宜兴市博物馆馆校合作项目“让历史与孩子同行——宜博青少年第二课堂”、无锡市名人故居文物管理中心馆校合作项目“‘名人故事会堂’品牌系列活动”、无锡东林书院研学游项目“书院生活体验之旅”入选2021年度江苏省博物馆教育优秀案例示范项目。

18日　无锡博物院在国际博物馆日开展“忆光辉岁月　铸百年荣光——庆祝中国共产党成立100周年系列活动”之“红色展览进校园”、“红色研学旅行”、惠民义务鉴定、“馆校联盟　同‘塑’未来”博物馆奇妙夜等特别活动。

19日　无锡博物院以“游园”为主题，将文博与古典文化融合，举办“古风”集市。

27日　“传承爱国情怀　弘扬江阴精神——纪念刘半农诞辰130周年座谈会”在江阴召开。同日，由江阴市刘半农研究会编纂的《刘半农研究》正式创刊。

28日　“2021文旅融合中博物馆创新发展研讨会”在宜兴市博物馆隆重举行，行业知名专家和全国部分博物馆代表等100余人出席，会期至5月30日。

29日　无锡博物院邀请中国书法家协会会员、无锡市书法家协会学术专业委员会主任陈东做客锡博讲坛，做“梁溪书画漫谈”主题讲座。

31日　文史专家、无锡博物院“博物馆之友”成员汤可可向无锡博物院无偿捐赠无锡艺兰世家子弟沈伯涛的绘画作品《听尔渔童吹短笛图》。

是月　无锡市文化遗产保护和考古研究所开始对宜兴东氿点大坟墩遗址进行考古发掘。

6月

11日　“江苏省2021年文化和自然遗产日”主会场系列活动在无锡博物院开幕。本次活动以“文物映耀百年征程”为主题，结合中国共产党成立100周年重大时间节点展开。

14日　东林学者讲坛“在东林书院与无锡历代名人对话”在东林书院道南祠举办。

16日　“清泉毓秀——宜兴市文管办移交历代古钱币展”在宜兴市博物馆开幕，共展出商周至明清的各时期古钱币19774枚。展期至8月29日。

25日　无锡船模制作达人章桂兴将精心制作的嘉兴南湖“红船”模型无偿捐赠无锡博物院。

26日　无锡博物院邀请江苏省考古研究所所长、研究员林留根做客锡博讲坛，做“考古与城市遗产保护之江苏模式”主题讲座。

27日　“锋印太湖——全国篆刻名家作品邀请展暨无锡市第二届篆刻作品展”在阖闾城遗址博物馆开展。展期至7月18日。

（整理人：陈如芳、许静）